〈断〉と〈続〉の中東

非境界的世界を游《およ》ぐ

編
堀内正樹
西尾哲夫

かけがえのない仲間であり先輩であり先生であった故大塚和夫教授に本書を捧げる

著者一同

まえがき

堀内　正樹

その一

本書は大阪の人間文化研究機構国立民族学博物館で二〇一〇年十月から二〇一四年三月までの三年半にわたっておこなった共同研究『非境界型世界の研究――中東的な人間関係のしくみ』（代表・堀内正樹、副代表・西尾哲夫）の成果をまとめたものである。われわれ執筆者はいずれも決して短くはない年月を中東地域と深い関わりをもって過ごしてきた。そしてわれわれにとって中東は単なる研究対象の位置を超えて、自分たちの人生そのものが織り込まれた生活の舞台だと思っている。本書はそのようなわれわれが最も書きたいこと、書くべきだと思ったことを書いたもので、これまでの研究と生活経験のエッセンスと考えていただいてよい。

周知のように、中東では国家をはじめ宗教・宗派、民族・部族、言語などさまざまな社会的・政治的・文化的な境界が決して一致することなく、きわめて複雑に絡み合いながら存在している。そしてそのことに起因するきな臭いニュースには、日々事欠かない。それにもかかわらず、中東に暮らす人々はかなり自由で奔放な幅広い人間関係を中東のみならず世界中にまで広げている。われわれはまずニュース報道などによってもたらされる混乱したイメージとは別の、ふつうの日常生活の現場から出発し、なぜそのような奔放な人間関係の構築が可能なのかという問いを立てた。本書のタイトルである〈断〉と〈続〉がその答えになると思っている。中東では人々のあいだの関係の切断が当然のこととして了解されているがゆえに、新たに人間関係を自在に取り結んでゆくことができるのではなかろうかという認識に至ったのである。もちろんそれがいつの時代にも、またどの場所でも、また性別や年代差などを超えてだれにでも当てはまるなどというつもりはない。しかしそのように考えることによって、一見強固にみえるさまざまな政治的・社会的・文化的・宗教的な境界が後景に退く様子を理解できるように思うのである。そしてそれに代わって前景に出てくる状況を「非境界的世界」と表現することにした。非境界的世界はこれまでのわれわれの中東認識に変更を迫るだけでなく、じつはわれわれ自身が無意識のうちにもっている近代的な境界的発想の限界を明らかにしてくれる。本書で執筆者たちは、そうした柔らかな非境界的「対象」と硬直化した境界的「自己」のあいだを游いでゆく。それはプレ近代とポスト近代を連結させる作業でもある。本書が提示するのは、近年のグローバリゼーションをめぐる投網的な発想とはまったく異なった、人々のあいだの広範なつながり方についての実相図である。

第Ⅰ部では、コミュニケーションの領域で生ずる人間関係の切断と接合のあり方と、その条件・結果を明らかにする。第Ⅱ部は、地理空間と社会空間が織りなす領域で生じている非境界的な現象を追う。第Ⅲ部は時間を超えた切断と接続の妙を述べる。第Ⅳ部は言葉・声・身体といった象徴レベルでの非境界的な様相を記述する。

＊　＊　＊

さてそれでは、〈断〉と〈続〉とはどういうことか、もうすこし説明を加えよう。〈断〉とはいうまでもなく切断・分断の「断」で、〈続〉とは接続・連続の「続」である。中東では多くの場合、この相反する行為が矛盾なく成り立つように思える。それはどういうことか。

人と人の関係に即してもっとわれわれに身近なイメージで述べると、たとえば中国人と日本人は違う人々だとする考え方がある（中東に即していえば、「シリア人」と「イラク人」でも、あるいは「イスラム教徒」と「キリスト教徒」でもなんでもよい）。それは両者を切り離す〈断〉で、そのとき中国人なり日本人なりは、それぞれが別々に内部でひとかたまりに結びついた〈続〉の状態にあると思うかもしれない。しかし本書で言いたいのはそういう「あちらを切り離してこちらでつながる」という〈断〉と〈続〉の相貌ではなくて、たしかに中国人と日本人は違う、それを否定しても仕方ない、しかし両者は違ったままの状態でも〈続〉を作り得るということである。ただしそれは「同じアジア人じゃないか」というようにレベルを一段上げることによる単純な拡大論法によって〈続〉の状態に入るのではない。たとえばある企業の同じ職場で働く中国人と日本人が気脈が相通じ、二人して無能な日本人上司に愛想を尽かす、などという例がよいだろう。同じアジア人だから気脈が通じるということでは決してない。中国人と日本人の国際結婚といった例を考えればそのことはもっとわかりやすい。アジア人同士だから結婚するわけではない。

では違うはずの中国人と日本人のあいだにどうしたらそのようなつながりが生まれるか。当たり前のことながら、個人が独立しているからである。それは「中国人と日本人」といった、自由なつながりを阻むようなしくみを脇に置き、誰とでもつながりを作ることのできる個人としての独立性をもっているからである。もちろんそれはさまざまな社会的な制約と折り合いをつけながら、その中で維持される独立性である。〈断〉と〈続〉とはそうした多様で自由なつながりを生み出す独立性のもたらす状況なのである。

だがそのようなすこし考えれば当たり前のようなことを、なぜわざわざ本書で、それも中東を取り上げて言わなければならないか。その理由のひとつは、こうして外国人同士が一緒になって働いたり、国境を越えて結婚したりといった現象が国際化やグローバリゼーションの進展に伴って最近生じてきたことではないからである。中東とその周辺では、〈断〉と〈続〉の織りなす社会がすでに千年以上も前から続いてきた。それは昔からのごく普通のあり方であって、こうしたことを新奇な現象だとする認識をあらためなければならないと考えるからである。

もうひとつの理由は、こちらのほうが大事なのだが、ともすれば〈続〉に固執するあまり〈断〉を貶めるような近代を支えた特殊思考が、われわれのまわりにはいまだに強く根を張っているように思うからである。たとえば、「親子の縁は切りたくても切れない」、「この美しい国日本に生まれたわれわれはいろいろあっても結局は一心同体だ」などと考えるとすれば、それは〈続〉を偏愛し、偏重する思考である。それに背けば親不孝者だとか非国民などと非難され、白眼視される。だがここに〈断〉を取り込むとどうなるか。「親子といえども所詮は他人、だからこそ大事にしよう」、「お互い偶然この国にいるのだから、せめて一緒にいるときくらいは仲良くしよう」となるはずである。

人と人の関係に限らず、どうもわれわれは〈続〉に並々ならぬ愛着を寄せているような気がする。空間認識にしても然りで、隣町へ行くのならともかく、遠く地球の裏側まで行くとなると一大事だから壮行会をやろう、水盃だ、となる。空間は自分のいる場所からだんだんと遠ざかるように連続して伸びていって、地球の裏側はとてつもなく遠いところに感じられるのだ。しかしその連続感を断ち切るとどうなるか。地球の裏側に行くにはたしかに時間はかかるが、我が家から一歩足を踏み出せば、隣町へ行くのとそうたいして変わらない。

では時間はどうか。平成の世は昭和の上に築かれ、昭和は大正の延長線上にあり、大正の世は明治あればこそ。このようにして延々と弥生、縄文、旧石器にまで時間は因果によってつながってゆく。だがこの時間の連続性を断つとどうなるか。平成の世は途中を全部はしょって鎌倉なら鎌倉へと直接に結びつく。鎌倉時代は遠く隔たったはるか昔の時代ではなく、同時代性を帯びたつい昨日・今日のことのように思えるはずである。

〈断〉と〈続〉の世界というのは、時間も空間もそして社会も、その連続性をいったんばらばらに切り離して、必要な部分をつなげながら常に組み替えてゆく世界なのである。そしてそれが必ずしも混沌や混乱に陥ることなく、一定の秩序を形作っている世界なのである。

＊　＊　＊

次に「非境界的世界」という語についても説明が必要だろう。そのためには、いま述べたような、〈断〉と〈続〉が生み出される際の二つの異なった様相をもう少し正確に確認しておく必要がある。

まず「中国人と日本人」といった発想における〈断〉と〈続〉のありようである。そこでは〈断〉の場所と〈続〉の場所が重ならないことに気づくと思う。断たれたもの同士は決してつながることがなく、別の場所つまり「日本人」および「中国人」の内部でそれぞれに〈続〉が作られる。この場合、〈続〉の必要によって〈断〉が作られるといってよいだろう。さらにいうと、その〈続〉は中身があらかじめ決められている。つまり「日本人」というのは日本人としてしかつながりが期待されていないのであって、たとえば男同士とか同世代とか既婚者同士とか同窓生などといったさまざまなつながりは一切無視されるか、あるいは排除される。そして断たれるべき「中国人」とのあいだの「違う」という関係性のみが必要となる。この場合の〈断〉と〈続〉は、内容と関係性をあらかじめ付与する全体的なしくみを根拠としているのである。

それに対して職場で気脈の通じる中国人と日本人という場合は、もともと無関係である。つながる必然性もなければ断絶する必要もない。同じ職場の同僚だからといっても気心の通じ合わない同僚はたくさんいるわけだから、二人がつながらなくても何の問題もない。その代わり「断たれる」必然性もない。つながってもよいのである。そのとき〈断〉と同じ場所に〈続〉が作られる。したがってこの〈断〉は先ほどの〈断〉とはちがって、「関係性が無い」という意味の〈断〉なのである。無関係という意味の〈断〉と有関係によって創り出される〈断〉とでは、中身が大違いなのである。そして無関係の〈断〉は関係性に縛られない自由な接続可能性を生み出す。これが独立というつながり方にほかならない。そして先ほどの〈続〉が内容の決められたひとつのつながり方でしかなかったのに対して、今度は無限といってよいほどの内容を含み込んでいる。男同士としてつながろうと、同世代としてつながろうと、既婚者同士としてつながろうと、あるいはもっと重要なのだが、何の共通点もなかろうと、どういう形でもつながり得る。

このように似て非なる二種類の異なった〈断〉と〈続〉のあり方を反映するのが「境界」と「非境界」である。境界とは分断線であるから、これは前者の〈断〉と〈続〉、つまり関係性を前提とした区分認識の発想に符合するものと考えてよい。分類の体系と言い換えてもよいだろう。事物のあいだの違いに基づき、それらの違いのうちのいくつかを組み合わせて明示的にカテゴリーを作り出す作業である。だから境界は「違い」を体系化してゆく分類作業の産物だといってよい。

そしてここで注意しなければならないのが、違いを認識することと分類（境界化）することはまったく別の事柄だということである。分類は違いを組み合わせて事物を区分けし、囲い込んでゆくことだから、単に違いがあるというだけでは境界は成立しない。われわれの住む世界はどこであっても、身の回りは膨大な数の違いに埋め尽くされていて、それを発見し、認識することは誰にとっても必要な能力ではあるが、そうした違いを選別して組織化するというのはそれとは異なる非常に意識的・意図的な行為だといえる。「中国人と日本人」といった発想がこれに相当するのは明らかだろう。そうした分類・関係性・体系といった特徴が前景に出てきて機能する状況を本書では「境界的世界」と呼び、それを支える思考を「境界的思考」と呼んでみたい。

境界的思考は、下に向かっては現象を分類し分類し分類しつづけ、顔を上げれば統合し統合し統合し尽くすという性向を持っている。それは単にある特定の分類体系の精緻化を目指しているだけではなく、別の分類体系との照合や組み合わせや合体を実現することによって、世界のすべてを席巻するかのごとき勢いを見せることがある。いわゆる「関連づけ」の操作である。因果律や比喩や相関分析などをはじめとした用意周到で複雑かつ精密な「関連づけ」の結果、そこにはより強固な新しい境界が作られてゆく。世界を整合的な秩序だったものとして理解したいという欲求がそこにはあるといってよいだろう。おそらく多くの科学やイデオロギーはそのようにしてできあがっているのではないかと思う。

問題はなにかといえば、分類やカテゴリー作りや関連づけといった境界的作業は、こと人間社会に関する限り、肝心の人間そのものを置き去りにしたままでもおこなえるということである。むしろ個別の人間を無視した方が作業はやりやすいかもしれない。そうすると何が起こるかといえば、具体的な事象が境界体系と齟齬をきたすとき、それを無視するのでない限りは、例外として放置するか、あるいは多大な労力をかけてそれを説明することを迫られる。それはかなり煩雑な作業になるだろうし、場合によっては境界の体系自体の組み替えや変更をしなければならないかもしれない。近代の学問の進歩というのはそういうことだったと思う。しかしそれはあくまでも境界的世界を主役とする立場に立つからそういうことになるのであって、分類される側から見れば案外シンプルなことかもしれない。

そこでごく簡単な実例を挙げよう。モロッコで知り合ったあるユダヤ教徒がいて、彼はモロッコとフランスとイスラエルの国籍を有し、移動するときには三冊のパスポートを事情に合わせて合法的に使い分けている。比喩を使えば、モロッコ、フランス、イスラエルという三つの異なったフォルダーあるいは整理箱に自分のコピーを置いているようなものである。しかし彼は生身の人間だから、自分のコピーをいくつも作ることはできないし、分身の術を使えるわけでもない。単にふつうの一人の男である。そんな単純なことについて境界的思考がつじつまを合わせようとすると、多重国籍を認めるか認めないか、あるいはどのような条件でそれが認められるか、どういった事情でそうなったか、といった数多くの言葉を必要とすることになるわけである。

もうひとつ例を挙げよう。やはりモロッコに私の友人がいる。彼女は出身村では「ファドマ」と呼ばれ、町では「ファーティマ」と呼ばれ、外国へ行くと「ファチマ」と呼ばれる。一人の人間に名前が三つもあるのは都合が悪いので、つじつまを合わせようとすると、村ではベルベル語が話されていて、ベルベル語ではアラビア語のtの音がdに変わり、町では正則アラビア語の表記が流通するので公式書類に書かれたとおりの「ファーティマ」になり、外国へ行くときにはパスポートに記載されたローマ字綴りのフランス語ふう発音になる、といった言い訳がましい説明が必要になる。「本当はどういうふうに呼んでほしいの?」とバカな質問を彼女にしたら、「どれでもいいじゃない、全部私の名前なんだから」と笑って返された。それがおそらく正解だろう。

このような生活空間を「非境界的世界」と呼びたいのである。それは境界がないという意味の「無境界」ではまったくないし、境界は取り払われるべきものだという「反境界」でもない。境界はどこに行っても当然にしてあるのだからそれはそれとして、畢竟それは境界的世界の支柱である分類のしくみに従属することのない独立した生活のスタンスを意味している。無関係によって成り立つ〈断〉と〈続〉の状態がそれを可能にしていることはすでに述べたとおりである。

そうするとこの「非境界的世界」の内容説明は無用の長物ということになろう。そもそも「非境界的世界とはなんであるか」を定義すれば、そこには新たなカテゴリー（境界）が出来上がってしまう。そして「では非境界的世界とはどこにあるのか」「中東が非境界的世界で欧米や日本が境界的世界なのか」といった、あらぬ質問を誘い出すことにもなってしまう。非境界的世界というのは中東のみならず、人間のいるところならば欧米だろうと日本だろうと、どこにでもあるもので、ただしそれが中東でとくに目につくとすれば、中東では境界的世界の整合性が極端に低いからだといえるかもしれない。人の移動の頻繁さも手伝って、国境や居住地分布や宗教の境界や言語マップや民族境界や政治勢力図など、そういったものが整合的に重なることは滅多にないのである。だから人々は境界を利用することはあっても、境界に依存することはほとんどないように思う。それとは対照的にもし日本が境界的な世界にみえるとすれば、さまざまな境界の整合性が高い、つまり国境と居住地と宗教と民族と言語と、そういったものがうまく重なりあっているか、あるいは重なるべきだ、重なるはずだ、という強制力が強烈に働いているからだろう。だがたとえそうだとしても、日本にも「建前と本音」「まあそう堅いことは言わずに」「それはそれとして」「それがどうしたっていうの」といった非境界的な素晴らしい言葉の数々が日常生活を彩っている。もしこれを大人の態度だとすれば、それは独立性（人によっては孤独）に由来しているといってよいのかもしれない。

だがそうすると、そもそも本書のタイトルで使用している「中東」という語はまさに境界的思考の産物ではないか、という批判が予想される。そのとおりなのである。「中東（Middle East）」という語は二〇世紀初頭にイギリス軍が戦略上使用し始めた語で、第二次大戦後一般に定着したものである。つまり大英帝国がロンドンを視軸として世界を分類して境界線を引くために生み出した語だといってよい。そのような境界的思考の典型のような語を本書が用いるのは、他に適当な語が見当たらないという消極的な理由がまずひとつあり、たとえば代替えになりそうな「近東」「中近東」「西アジア」「アラブ世界」「イスラム世界」「地中海世界」などの語にしてもそれぞれ曰く因縁があって、どれを採用しても都合の悪い点が出てくる。だがそれよりも考慮したいのは、本書のめざすのが、ある「地域」がどこからどこまでかといった囲い込みの定義でもなければ、その地域の特性はなにかといういわゆる「客観的」な分析・説明でもなく、むしろそのような境界的な発想からどうやって身を引き離すか、その場所で何を感じ取るか、という生活のスタンスの記述なのだから、名称は「中東」でも「西アジア」でもなんでもよいということである。「境界を利用することはあっても、境界に依存することはほとんどない」と先ほど述べたように、「それはそれとして」という姿勢を想起していただければよいと思う。

同じ理由から、本書では用語の表記の統一をあえて図らなかった。たとえば「イスラーム」と「イスラム」、あるいは「イスラーム教徒」「イスラム教徒」「ムスリム」などが混在している。基本に置くのは「どれでもいいじゃない」という先述のモロッコ女性の言と同じスタンスなのだが、それとともに、執筆者がどの表記を用いるかということが、当人の置かれた背景なり文脈なりを推測するための手がかりになるという利点ももっているのである。そのことについては、のちほど本書で「コラム」を付け加えた理由のところで触れさせていただく。

いずれにせよ、非境界的な現象はシンプルなのだが、それを境界的なやり方で記述したり説明したりすることはひじょうに困難である。しかし幸いにも境界的世界の姿のほうはかなりはっきりと目撃できるし、他方で非境界的世界の〈断〉と〈続〉のありようも経験的に感じ取ることができる。だから境界がどのように出現してきて、〈断〉と〈続〉がそこでどのように現象しているのかは、ある程度まで記述できるはずである。ただしそれは本書のように、あくまでも「私」を含み込んだ個別・具体的な状況に則して記述するほかない。というのも、非境界的な世界が先述のように「時間も空間もそして社会も、その連続性をいったんばらばらに切り離して、必要な部分をつなげながら常に組み替えてゆく世界」であるとすれば、個別・具体から離れることはできないからである。だからそれとは対極にあって、自身の姿を隠して客観性を装うような集団論に代表される鳥瞰的な見取り図や一般論、言い換えれば与えられた既存の論理整合性と関係性によって支えられている境界的思考の匿名的な武器（記述方式）はまったく無力であるように思う。本書がエッセイふうの文章を集めた特異な形式を採用しているように見えるのは、じつはこのような事情の反映なのである。個別・具体的な状況というのは「私」抜きには成り立ち得ないのであるから、「私」を隠し続けて客観性を保とうとするいわゆる学術論文風の文章に比べると、むしろ本書のエッセイふうの文章のほうがはるかに客観性に近いところにあると思う。そしてそれは本当の意味での学問的誠実性を大事にしたいという思いにつながっている。

では次に、そうした点も含めて〈断〉と〈続〉の世界がもたらすものはなにか。以下、本書のもととなった共同研究会の経緯とともに述べてみたい。

その二

冒頭に述べたように、本書は国立民族学博物館でおこなった共同研究の成果である。そこに集った十数人のメンバーは、以前にそれぞれがいくつものさまざまな研究プロジェクトに関わり、いわば離合集散の一場面としてこの研究会が発足した。そのうち直接の母体となったのは、日本学術振興会の科学研究費補助金による研究プロジェクト『アラブ世界におけるネットワーク型社会システムの維持メカニズム』（平成一五～一八年度、研究代表者：堀内正樹）と国立民族学博物館の共同研究『アラブ世界における音文化のしくみ』（平成一八～二二年度、研究代表者：堀内正樹）である。前者を通称「堀内科研」、後者を「音文化研究会」と仲間内では呼んでいて、本書の「コラム」のなかで何人かの人はこれらに触れている。そのほかにも本共同研究に重要な役割を果たした科学研究費補助金による研究プロジェクトとして『アラビアンナイトの形成過程とオリエンタリズム的文学空間創出メカニズムの解明』（平成一八〜二一年度、研究代表者：西尾哲夫）（通称「西尾科研」）、『イスラム世界の形成過程におけるアラブ音楽創出メカニズムの解明』（平成二〇〜二二年度、研究代表者：水野信男）（通称「水野科研」）、『アラブ的人間関係のグローバル展開―先発グローバリズムの研究』（平成二二〜二五年度、研究代表者：奥野克己）（通称「奥野科研」）などがある。遡ればさらに数多くのプロジェクトや個人研究があり、そうした研究調査活動を通じて各自が蓄積した経験と知識がこの共同研究に集められ、議論の俎上に上った。

振り返れば、この研究会自体が非境界的性格を強くもっていたように思う。最初から意図していたわけでは決してないが、結果的には、各人が本書で非境界としてテーマ化したさまざまな特徴が研究会にも如実に表れたからである。たとえば大川真由子のいう「不完全な意思疎通」というのはまったくその通りで、本書を辛抱強く読まれる読者にはおわかりになると思うが、互いの意図するところがあまり通じていなかったり、あるいは誤解やすれ違いがあったりもしている。それにもかかわらず、というよりだからこそ、毎回じつに真剣に対話が繰り返された。わかり合っていたら会う必要も、話す必要もない。わからないからこそ、対話を求めるのである。また井家晴子がモロッコの山村で遭遇した会話の場面のように、研究会では話題が時間と空間を越えて自由に飛び交い、必ずしも首尾一貫しないような話が熱を込めて語られた。それで研究会が頓挫したことは一度もない。

これはおそらく、参加したメンバーの生い立ちも経歴も専攻分野もさまざまなので、「コラム」を読めばおわかりになるが、自分をこの研究会のいわば外様だと感じていた人がじつは大半であって、だからこそ互いに無関係な〈断〉の立場で接しあうことが最後まで可能だったからであろう。それが結果としてつながりを生み出すことができたのだと思う。つながりというのはお互いが仲良くなったということではなく（それもあるが）、話が不完全でかみ合わないにもかかわらず、それをものともせずに接点や連続性が次々と作り出されていったという意味である。これは、意識するかしないかにかかわらず、メンバーがそれぞれ長年にわたって非境界的な世界を游いできたからだろうと思う。知らずして非境界的姿勢をそれぞれが身につけてきたからこそ、研究会自体にもそのような性格が反映されたというのはあながち的外れな私的感想ではなかろう。であるから、本書を通読されれば、きちんと整序され統一された学術論文集とはちがって一見ばらばらであるようにみえながら、しかし「なんとなく大事な点がつながっている」という感想を必ずや持っていただけるはずである。それこそが「非境界的世界のつながり方」の実例だと思っている。

とはいえ、そうしたつながりのあり方を「読者の方がそれぞれの文章から読み取ってください」というのはいささか傲慢だと思う。そこで各論攷の末尾に「コラム」を追加することにした。「コラム」の目的は読者に本書をより身近なものに感じていただきたいということにもあるが、それとともに、各執筆者のあいだの「つながり方」をより詳細に理解していただきたいということにある。「コラム」では本論の補足を書いた人もいれば、研究会の裏話を書いた人、あるいは自身の思いの変遷を綴った人などさまざまで、文章の長さも体裁も一様ではない。さらには先述のように、本論も含めて、各人の用語の使い方についてもあえて統一を図らなかった。これは執筆者の個別・具体的な立場や事情を本人の思いに沿ってできる限り文章の行間や用語の使い方から読み取っていただき、執筆者間に生じてくる誤解や齟齬も含めて、それも「非境界的なつながり方」の重要な一部をなすのだという理解を得たいからである。「コラム」によって、それぞれが書いた論攷のあいだの連続性のあり方がよりヴィヴィッドに示されていると思う。なお編者〔堀内〕はこの「まえがき」によって、同じく編者〔西尾〕は「あとがき」によって自分の思いを表明しているので、「コラム」は執筆しなかった。また手前味噌になって恐縮だが、編者〔堀内〕はこの「まえがき」の先触れとなる考えをより広範な視点から「世界のつながり方に関する覚え書き」〔堀内 二〇一四〕と題して別の場所に発表したので、長めの「コラム」あるいは本書の露払いとして一瞥して頂ければ幸甚である。

ともあれ、執筆者たちの、ときに溺れそうになり、またときに爽快な気分で非境界的世界を游ぎ続ける様子を本書から読み取っていただきたい。非境界的世界が決していいかげんなちゃらんぽらんな世界ではなく、冷静さと情熱をともに孕んだ人間味溢れるじつに豊かな世界であることを感じ取ってほしい。なお研究会の議論の具体的な様子は、国立民族学博物館から刊行されている『民博通信』（一三二、一三五、一三九、一四四号）という冊子に報告してあるので、あわせてお読みいただければ幸いである。

＊　＊　＊

さいごに、研究会の前後を通じてメンバー各氏から折に触れて私が得た印象深いキーワードのいくつかを紹介しておきたい。それらはどこにでも通用するかどうかは別にして、いずれも「非境界的世界」の特徴を示す重要な指摘である。

まず挙げたいのは、大坪玲子の「浮気性」という提言である。〈断〉と〈続〉のうちとくに〈断〉の側面を強調したもので、ともすればネットワークという語などに見られがちな「結びつき」を過度にイメージする傾向に対する異議申し立てである。既存の関係に縛られないこと（浮気）への社会的な相互承認があるからこそ新たな関係が臨機応変に作られてゆくという重要な認識をもたらした。この大坪の提言は本書のタイトル「〈断〉と〈続〉」に反映された。なお「浮気」という語のもつマイナスイメージを避けるために、大坪は「誠実な浮気者」という題で、所論を日本文化人類学会の機関誌に発表した［大坪 二〇一三］。

これに符合して説得力を持ってくるのが西尾哲夫の「織り込み済みの偶然性」という指摘である。偶然の出会いということが想定外の現象ではなく、常にあり得ることとして、人間関係の構築に際して織り込み済みの前提となっているのではないかと同氏はいう。人間関係に大坪のいう「浮気性」が成り立つならば、それにともなって人と人のあいだには非常に自由なつながりが可能性として浮上してくるわけだから、そこには偶然性が高い比率で入り込み、「想定外」はほとんどないことになろう。むしろ偶然性を積極的に活かすことにつながる。西尾はすでに「どのような新概念にも対応できる造語力を持っている言語」として中国語、ラテン語と並べてアラビア語を挙げ、これらを三大文明語としているが［西尾 一九九九］、新概念というのは偶然性の産物といってもよいだろうから、アラビア語は偶然性を取り込む能力のある言語ということになる。あらためて思い返すと、たしかにこれらの三言語が機能している（いた）世界こそ、非境界的状況が顕著に現れているように思う。そしてその中国語とアラビア語とラテン語の世界がリンクし合って生み出された好例が、西尾の研究が国際的な高評価を得ているアラビアンナイトのテキスト群であることを考えると、三つの言語世界がいずれも「偶然」を「当然」のなかに取り込みながら相互に連続していることに得心がゆく。

そうであるならば、齋藤剛の「個の集積として歴史や社会を構想する」という主張が有効性をもってくる

［齋藤 二〇一四］。というのも、さまざまな人物が偶然性を介して付いたり離れたりするということになれば、社会や歴史は決まった法則や必然によって成立するような抽象物ではなく、個々の具体的な人々の活動の集積だと見るのが自然な成り行きだといえるからである。齋藤はイスラームの長い知的伝統がこのような歴史観・社会観に基づいていると指摘する。しかも齋藤は個人を他から切り離された究極的な社会構成単位とは考えず、個というものを周囲とのつながりの中で定立すべきだという。

この個の定立方法は「非境界的世界」を考える上でわれわれに課された大きな宿題と結びついている。社会にせよ歴史にせよ、それらが〈断〉と〈続〉によって営まれている個の集積とするならば、その世界は偶然性に翻弄される無定型で無秩序で無原則なとりとめのない世界ではないのか、という疑問に答えるという宿題である。そこでヒントになるのが、小田淳一が折に触れて示唆し、また彼が本書でもテーマ化した数学的（統計学的）思考である。人物であれ事物であれ、それらが基本的に独立していて、さまざまに結びつき、また離れ、常に組み替えられているとすれば、人々の関心は当然、事象の「組み合わせ方」に向かうと容易に想像できる。そしてありとあらゆる組み合わせの可能性を考えるのがおそらくライプニッツ的な意味での数学的思考だと思う。齋藤が言うように個人が周囲とのつながりの中で定立されるとすれば、それも組み合わせの問題である。そしてその組み合わせを徹底的に究明しようとしたのが、ギリシアからアリストテレスを、またインドからゼロ概念を導入して発展させた中東・地中海世界だったのだから、非境界的世界と数学的思考は強い親和性をもったものだといえるかもしれない。世界を組み合わせから理解しようという、遺伝子解析にも通ずるような思考が非境界的世界とマッチしているとすれば、それは境界的思考とどこがどう違うのか。小田が本書で提供するトピック、つまり組み合わせを追求した天才的な科学者であった中世のカトリックの修道士が総本山のバチカンから疎まれたという事実にその答えが潜んでいるように思うが、この興味深いテーマは本書の射程からは外れてしまうので、その議論は別の機会に譲りたい。少なくとも宿題の答えがそこに見えているのではないかと思う。

＊　＊　＊

本書で展開する議論の少なからぬ論点は、われわれにとって大先達である歴史家の三木亘先生によってすでにかなり以前からさまざまな機会に与えられている。われわれの研究会で直接ご教示願う機会はなかったが、先生の論攷が最近一冊の本にまとめられたので〔三木　二〇一三〕、先駆的業績としてぜひ併読してほしいと思う。本書が「なにを今さら」と三木先生に笑われないことを願っている。

参照文献

大坪玲子　二〇一三「誠実な浮気者―イエメンにおけるカート市場の事例から」『文化人類学』第七八巻　第二号、一五七～一七六頁。

齋藤剛　二〇一四「ムフタール・スースィー『治癒をもたらす妙薬』―モロッコ南部ベルベル人とイスラーム的知の伝統」柳橋博之（編）『イスラーム―知の遺産』、東京大学出版会、二九七～三三八頁。

西尾哲夫　一九九九「神の選びたまいし言葉―アラブ・ナショナリズムと汎イスラミズムの中のアラビア語」庄司博史（編）『ことばの二〇世紀』ドメス出版、一一七～一三一頁。

堀内正樹　二〇一四「世界のつながり方に関する覚え書き」『成蹊大学文学部紀要』第四九号。六一～八五頁。

三木亘　二〇一三『三木亘著作選：悪としての世界史―中東をめぐって』三木亘著作選編集委員会、早稲田大学イスラーム地域研究機構。

〈断〉と〈続〉の中東——目次

献辞

第Ⅰ部　コミュニケーションの相貌

第Ⅳ部　象徴のはたらき

第Ⅰ部　コミュニケーションの相貌

1

「不完全」な意志疎通

――オマーンの生活世界はかくして成り立っている――

大川　真由子

＊はじめに

オマーンに出入りするようになって十五年以上が経つ。ここ数年はだいぶ慣れてきて、短期間でいかに効率よく調査をしようかということに重きを置いてきた気がする。毎回、日本から宿と車の手配をし、おおよそインタビュー先の目処をつけてフィールドに入る。限られた時間内で最大限の効率を上げるために多少無理をしてでもスケジュールを埋めていく。とはいえ、それは中東の国だから思うようにことが運ばないのは日常茶飯事である。約束のすっぽかしやドタキャンくらいで目くじらを立てては始まらない。社交辞令的な物言いやはったりのさじ加減にも慣れているので、過度な期待や落胆もしないようになっていた。

ところが、二〇一三年夏の調査は事情が違った。うまくことが運ばないことが多く、調子が狂ったのだ。一人憤慨しているわたしをみて、「日本で子供を産んだらオマーンでの生活パターンを忘れてしまったのではないのか」と友人からはからかわれる始末である。想定外のできごとに「どうしてそうなるの？ありえない」と気心知れた友人に愚痴をこぼすと、「クッルシェイ・マクトゥーブ」となだめられる。すべては神によって書かれている（こうなることは決まっていた）ということなのである。

自分としてはいつもと同じように調査をしているつもりであるにもかかわらず、なぜ今回はトラブルが多いのか。調査中も、そして調査後もそのことがずっと気になっていた。人類学においてフィールドでのこうした違和感は重要である。フィールドにおける人類学者の中立性や客観性に疑問が呈されて久しいが、近年のフィールドワーク論ではむしろ、フィールドの他者に対する驚きや怒りといった感情を素直に表現することの重要性が指摘されている〔西井 二〇一四〕[1]。長年フィールドとつきあうことで人類学者のフィールドに対する「まなざし」は形成されていく。だが、松田素二はフィールドワークを「自らのまなざしにそって対象を見ようとしながら、それに失敗する、いわば『不発の営為』」だとし、現地の人びととのやりとりを通じてそのまなざしを更新するという自省の営みであると述べている〔松田 二〇一一：八九～九〇〕。

本章は、わたしが経験した、あるいはその場に居合わせたトラブルを紹介し、その根底にある人間関係や意思疎通のあり方について論じるものである。結論をさきどりするようだが、そこからみえてくる特徴は大きく二つある。ひとつは、言語、宗教・宗派、民族など社会文化的背景が異なる人びと（以下、異質な人びと）の集まりであるオマーン社会では、外国人であるわたしだけでなく、現地の人同士でも実はきちんと話が通じていないのではないかと思われる点。だが意志疎通ができていないことにそれほどこだわっていない（もしかしてそもそも気づいていない）ようである。ふたつめは、だからこそ会社や組織ではなく顔がみえる個人とのつきあいを重視している点。こうしたオマーンの「文化」の仕組みについて考えてみたい。言い換えれば、それはフィールドで抱いた個人的な感情（今回の場合は、怒りを伴った違和感）に真摯に向き合う作業でもある。

＊慣れているはずのオマーンで話が通じない

今回わたしが経験したトラブルというのも一見ささいなことである。通常の調査では車を借りて自分で運転しているのだが、二〇一三年夏は共同調査ということではじめて運転手を雇った。ところが頼んだ運転手が時間をまったく守らない、道を全然知らない人物だったのである。外国人であるわたしが運転手を依頼し、しかも窓口になっている人物がインド人であったから会話は英語だったにもかかわらず、そこに差し向けられた運転手が英語をまったく話せないということにも違和感を覚えた。こちらがアラビア語で指示を出せるからよいものの、先方はこちらがアラビア語話者であることは知らなかったはずである。

共同調査初日、午前九時にとある省庁の長官とのアポが入っていた。訪問先の場所も前日自分の車で確認していた。オマーンにおいてこの作業は重要である。というのも、ここ数年オマーンでは道路建設ラッシュで、現地の人ですら道に迷うことがある。しかも数年ごとに省庁が統廃合し名称が変わる、さらには省庁の移転ラッシュときている。正確な場所を知りたくてもウェブサイトに地図が載っている機関は少なく、複数の知人に聞いても異なる回答が返ってくるというありさまだ。

さて、訪問先は我々が宿泊していたホテルから車で十五分程度で到着する場所だが、朝の渋滞も考慮して八時半にホテルを出ることにした。もちろん運転手には我々が八時半に出発するとはいわず、八時に来るよう伝えた。今回の面談相手は普段わたし個人でなかなか会えるレベルの人物ではないので、失礼のないよう配慮したつもりだった。

ところが八時十五分になっても運転手が到着しない。この程度の遅刻は織り込み済みなので、前日のうちに運転手の携帯番号はレンタカー会社の支店長から入手しておいた。電話を入れると、「あと五分」との返答だった。八時半になるとさすがにあせり、再度電話を入れると今度は「あと一〇分、すごい渋滞で」という。すぐさま支店長にも電話を入れ苦情を伝えたところ、陽気な声で表面的な謝罪の言葉（とわたしには感じられた）を述べ、言い訳を繰り返していた。結局運転手がホテルに到着したのが八時四五分。しかもホテルの車寄せまで上がってこない。電話で呼び寄せるのも時間がもったいないので、結局、我々が駐車場まで降りていくことになった。舗装されておらず砂ぼこり舞い立つ駐車場で、正装していたわたしの足許が汚れた。

ようやく乗車し、こちらが挨拶をしたのに返答がないことにまず驚かされた。挨拶——ときに過剰なまでの言葉のやりとりをするのが中東の常である——が重視される中東でこれは尋常ではない。当然、遅刻に対する謝罪の言葉もない。めげずにアラビア語で訪問先を告げると「え？　なに？」との返答。わたしのアラビア語の発音が悪いのかと思い、一語一語丁寧に発音した。

「人的・資源・登録・庁」

「……」

「じゃあ空港はわかるよね？」

「うん」

「空港の橋を降りて、最初のラウンドアバウトを左折してまっすぐ……」

「わからない」

「え、大きなマスカット銀行があるでしょ、それを右手にみて……」

「知らない」

「じゃあ、道中わたしが説明するから、とにかく出発して！」

このような具合である。

結局この面談には三〇分も遅刻した。本来であれば数分の遅刻で済んだものを、運転手がホテルを出発した直後、わたしの説明を無視して裏道を通り、みごとに渋滞にはまったからである。面会予定の長官とは初対面だったが、わたしが長年お世話になっているオマーン人の知人に頼み込んで紹介していただいたのだった。多忙な人物であるため、こちらの三〇分の遅刻が効いてか、我々の面談の途中で別の会合に申し訳なさそうに出かけてしまった。

この運転手は初日遅刻してきただけでなく、面談が終わる時間を告げて車を降りても、決まってその場にいなかった。四〇度を超える炎天下でこちらが何度も電話を入れ、待ちぼうけを食う羽目になる。スーク（市場）で買い物をするから三〇分後に迎えに来るよう伝えていても、そのまま音信不通になり、その後の重要な会食に遅れることもあった。

こうしたできごとは中東ではけっして珍しくないのかもしれない。今回この運転手（仮にナーセルとしておく）とだけではなく、彼の上司であるチュニジア人支店長とのやりとりもうまくいかなかった。公的資金での調査だったので大学に提出する領収証が必要だったわたしは、指定した日時までに領収証を用意しておくように事前に伝えていた。ところが約束の時間に行ってもその場にいない。だいぶ待たされ、ようやく現れたと思ったらタバコのにおいをぷんぷんさせ「礼拝に行っていて遅れた」と言い訳をする。当然領収証は用意されていなかった。一〇日間自動車を借りた分を二つの領収証に分けてほしいというこちらの要望が伝わらず、何度もやりとりし（しまいにはわたしが領収書のフォーマットまで作成し）、最終的にそれを入手できたのがオマーンを発つ数時間前だった。出発前友人らへの挨拶の約束をキャンセルし、レンタカー店の事務所で二時間にらみをきかせてようやく手にした領収証だった。

それにしてもなぜここまで話が通じなかったのか。中東ではあたりまえと思えるこれらのトラブルに、わたしはオマーンでの人付き合いを改めて考えさせられることになった。

＊なぜ道を知らない人物が運転手になれるのか

件の運転手ナーセルは、話を聞いてみると、つい一カ月前、田舎から上京したばかりなのでマスカット市内の道を知らないのも当然だった。外国人がよく行く地区の名前も知らなかったし、市内を運転していれば誰でも知っている渋滞情報（当然その時間や道は避ける）も知らなかった。なぜ交通事情にうとく英語が話せないナーセルのような人物が、外国人を相手にすることも多いレンタカー会社専属の運転手になれるのだろうか。それには外国人が大きな割合を占めるオマーンの雇用事情が関係している。オマーンが異質な人びとの寄せ集めであることを理解する上でも、まずはオマーンの人口構成から説明しよう。

二〇一三年の統計によると、総人口約四〇〇万人のうち、国籍をもつオマーン人は五七％、外国人は四三％である。外国人の内訳はインド、バングラデシュ、パキスタン、東南アジアやアラブ諸国からの出稼ぎ移民である。また、オマーンは湾岸アラブ諸国のなかでも国民内部の多様性が指摘されている。その大多数がアラブ系（イバード派とスンナ派）であるものの、非アラブ系住民もかなり存在している。インド系のラワーティヤ（シーア派）は三〜四世紀前に、インド系のバンヤン（ヒンドゥー）は十九世紀後半にマスカットに移住し、商人層としてオマーン経済を担ってきた。また、アラブに次いで最大の民族集団を形成しているのが現パキスタン出身のバルーチ（スンナ派）である。このほかにもペルシア系のアジャム（シーア派）、飛び地ムサンダムに住むシフーフ（スンナ派）、南部ドファール地方のジャッバーリー（スンナ派）などがいる。また一九七〇年以降、かつてオマーンの領土の一部だった東アフリカに移住し、引き揚げて来た「ザンジバリー」と呼ばれる人びとも存在する。彼らの主要な移住先がタンザニア沖のザンジバル島だったためにそう呼ばれるのだが、その多くはアラブ人とアフリカ人の混血で、スワヒリ語を話す。民族および言語の面で多様なこれら諸集団が一九七〇年以降、国民国家オマーンのなかで「オマーン人」となっていった。

この多様なオマーン人に人口の四割以上にものぼる外国人を合わせたのが、本稿で扱うオマーン社会の構図である。湾岸諸国（サウジアラビア、クウェート、バハレーン、カタル、UAE、オマーンの六カ国）のなかで、オマーンは国民に対する外国人の割合がもっとも低いが、それでも首都マスカットは人口の半分を外国人が占め、彼ら外国人が一九七〇年以降のオマーンの経済発展を支えてきた。そのため、国民の失業率の増加も相まって、オマーンでは一九八〇年代末以降、経済の多角化の一環として労働力の自国民化が推進されている。労働条件が比較的よい政府部門のオマーン人化はほぼ完了しているが、民間部門のなかでもサービス業は賃金も低く、デスクワークに比べて一段劣った職種として敬遠されがちである。これまで湾岸諸国では自国民がサービス業に従事することは考えられなかったが、オマーンでは大量のオマーン人失業者を民間部門に投入する策がとられ、これまで四〇年近くにわたって外国人が担ってきたサービス業が自国民に移行されるまさに過渡期に相当する（実際は遅々として進んでいない）。

その一環として、オマーンには自国民しか就業できない職業がいくつか設定されている。そのひとつが運転手である。タクシーやレンタカー会社専属の運転手、タンカーやトラック運転手などもすべてオマーン人でなければならない。運転手を自国民にする規則が設けられているのは湾岸諸国でも珍しい。その他の地域ではインド人やパキスタン人運転手が多く、英語も堪能であるから外国人訪問者にとっては都合がよい。

オマーンの民間企業では最低限雇用しなくてはならないオマーン人の割合が労働法によって定められており、実際にも厳しくチェックされている。そうした事情で、（能力はともかく）オマーン人を雇わなくてはならないのである。ナーセルのように、マスカット市内の道を知らないとか英語が話せなくても運転手として雇ってもらえるのは、オマーン人化政策の後押しがあるからだ。

こうした労働市場の状況は湾岸諸国ではどこも似たり寄ったりだが、自国民と外国人のあいだに圧倒的な経済格差が存在し、社会的な人間関係を結ぶことも少ないために、両者は緊張関係にはないものの、共生していないとか断絶関係にあるという見方が一般的である。[2] たしかに両者に通婚関係がないのは事実である。だが、日常生活での交流がないわけではない。サービス業を外国人あるいは最近ではオマーン人でも民族的マイノリティの人びとが占めている以上、彼らとのやりとりなしにオマーンでの日常生活は成り立たない。国民であるかどうかを問わず、オマーンではもともとアラビア語を話さない人びとが今も昔もオマーンの経済活動を担ってきたからである。

＊顔のみえる関係、個人を重視する商売方法

話をさきほどの運転手に戻そう。わたしは今回、ナーセルのような運転手をあてがわれたことに腹を立てていた。はじめて取引するレンタカー会社だったら運が悪かったとしてあきらめもつく。ところがこの会社からわたしは過去に三回車を借りており、今回もマネージャーであるキシュ氏を介しての契約だった。キシュ氏はインド人で、もともとは別のレンタカー会社N社でセールス・マネージャーをしていた。わたしが

キシュ氏と知り合ったのは二〇〇九年一月。知人の紹介でN社からはじめて車を借りたときの担当者が彼だった。だがその年の十二月にD社に引き抜かれたため、顧客であるわたしもキシュ氏を頼ってD社から車を借りるようになった。

オマーンをはじめ中東では定価はなく、表示価格と実際の販売価格は大きく異なる。したがって交渉が必要となる。たとえば、中型車を借りる場合、二〇一三年夏現在のD社のウェブサイトでの表示価格は一日あたり二二リアル（一リアル＝二・六米ドル、一週間借りた場合のレート）なのに対し、キシュ氏の提示価格は十八リアルだった。

だがこれはキシュ氏が勤務しているD社全体の取引価格ではない。キシュ氏個人が「もっている」価格である。なぜなら、二〇一〇年一月、前年借りたN社から再度車を借りようとしたら、一日あたり十二リアル（一週間借りた場合のレート。さらに当時はレート自体が低かった）といわれた。すでにこのときキシュ氏はN社を去っていたため、移動先のD社に連絡してみたら、キシュ氏は九リアルを提示してくれたのである。しかもキシュ氏を紹介してくれたわたしの知人が勤務する会社のコーポレート価格を適用してくれるなど、便宜も図ってくれた。わたしがキシュ氏を指名して取引する理由がここにある。つまり、わたしはN社やD社と取引しているのではなく、あくまでもキシュ氏個人と取引している。キシュ氏が移動すると顧客も一緒に移動する仕組みである。わたしの携帯電話にも、キシュ氏のフルネームは入っているが、会社名は登録されていない。

同様に、件の運転手ナーセルについてはどう考えるか。彼はキシュ氏率いるD社に勤務する運転手である。彼の失敗は会社の責任と考えることもできよう。ところがわたしはそう考えなかった。それには理由がある。

以下に説明しよう。

ナーセルのいい加減さに嫌気がさし、一日数件入れたアポのほとんどに遅刻するという失態についに堪忍袋の緒が切れ、二日目の夕方、チュニジア人の支店長に電話を入れ、翌日からの運転手を交代してもらった。支店長からマネージャーのキシュ氏に話が上がり、別の支店から運転手を派遣してもらうことになった。結果はいかに。ナーセルとのあまりのギャップにわたしは腰が抜けそうになった。まず時間通りにホテルに到着、英語は堪能、交通事情も熟知、我々乗客が携帯電話で通話をはじめようものなら、車内の音楽のボリュームを下げるという気の使いよう。わたしが腕をさすったらそっとエアコンを弱めてくれるなど徹底したサービス精神である。この運転手の名前を仮にハマドとしておこう。

ハマドはマスカット生まれの二三歳。民族的にはバルーチである。我々は二台の車に分乗したため二人の運転手を雇ったのだが、その日の運転手は二人ともバルーチで、両者のあいだではバルーチ語を話していた。もちろん二人ともオマーン人である（そうでなければ運転手にはなれない）。オマーンで生まれ、教育を受け、アラビア語にも不自由はないが、家庭内や仲間内ではバルーチ語を話すという。

同じ会社の従業員であるにもかかわらず、ナーセルとハマドの差があまりにも大きかったので、社内で運転マナーや顧客サービスなどの研修はあるのかと尋ねると、「もちろん」との返答だった。社内教育が徹底していないと捉えることもできるが、わたしはナーセルに懲りることなく、今後もキシュ氏率いるD社と取引するつもりである。値段に関しては引き続きキシュ氏と交渉し、運転手が必要なときは今後ハマドを指名すればよいのだ。ナーセルがひどい運転手だったからといって、D社全体の信用が傷つくとか、わたしがD社との取引を辞めることにはならない。まったくツテのないレンタカー会社で見知らぬ担当者とまた一から交渉するよりは、信用のあるキシュ氏とつきあいを続けた方がよほど確実で、安全で、よいサービスが受けられる。あくまでも顧客は運転手個人やマネージャー個人とやりとりをする。こうしたやり方はオマーンでは一般的である。

たとえば、オマーン人家庭でエアコンの修理工を頼む場合、インターネットや電話帳で最寄りの電気店を調べて依頼することはまずない。どこの家でも知人から紹介された修理工数人の連絡先をもっており、そのなかから気に入った順に電話をかける。なぜ複数名もっているかというと、修理工は例外なく外国人出稼ぎ労働者なので数年後オマーンにいるかわからないからである。顧客はその人の仕事ぶり、サービス、時間の融通、アラビア語か英語の能力で判断する。潔癖症の顧客の場合、修理工の清潔感も重要である。水回りや寝室のエアコンを修理してもらう場合、長時間プライベート空間に滞在することになるので、残り香が気になるというのだ。以上のような「相性」をもとに、顧客のおめがねにかなった者が「お気に入り」リストに登録される。次回依頼するときはその修理工の勤務先に連絡するのではなく、特定の修理工の携帯電話に直接連絡する。修理工だけでなく、マッサージ師や庭師を依頼するときも同様である。

＊組織に頼らないビジネス上のやりとり

マスカットでの調査後、我々は一〇〇〇キロ離れた南部の都市サラーラに飛んだ。土地勘がまったくないのでそこでも運転手つきの車を頼んだ。そこに現れたのがサーレフである。あとでわかったことだが、彼は運転手ではなくツアーガイドで、六月から九月の観光シーズン中マスカットからサラーラに出稼ぎに来ているとのことであった。生活基盤のあるマスカットには妻と四人の子供がいるが、サラーラには結婚してまだ八カ月の（二人目の）妻がいる。サーレフは現在四〇歳、新妻は二五歳で大学卒業後、薬剤師として働いている。

車内で話をしていたら、彼が二〇年間英語教師として勤めていた学校を辞めて、二年前にツアーガイドになったということがわかった。外国人相手のガイドには相当の英語力と話術が必要と思われるが、サーレフにはお堅い教師のイメージはまったくなく、話好き、冗談好きの気さくな性格で、道中は笑いが絶えなかった。

昼食の時間が近づいたのでわたしはお薦めのレストランに連れて行ってほしいと頼んだ。「着いてからのお楽しみ」というので、もしかしたらサラーラ名物のラクダの肉でも食べさせられるのかと思っていたのだが、到着したのは側道に入った住宅地にある簡素な作りのフラットだった。「わたしの家で昼食をどうぞ」というではないか。運転中、携帯電話で二度ほど小さな声で妻と話していたのはそういうことだったのだと腑に落ちた。まだ新婚だから妻から仕事中も電話がかかってくるのだなとほほえましく思っていたが、サーレフは「うちのフクーマ（政府）がね……」と尻に敷かれている様子を冗談めかして語っていた。

新婚カップルの家はつつましやかではあったが、心憎い演出と、心温まる歓待に我々は興奮し、心の底から喜んだ。典型的なアラブ人のもてなしの精神といってよいだろう。我々を昼食に招待することは、その日の朝ホテルのロビーではじめて顔を合わせた段階では考えていなかったのだという。万が一、客に何かあった場合は責任問題になるので、会社専属の運転手であれば勤務中（契約時間中）に客を自宅に招き入れることはしなかったのではないか。客をレストランに落とせば、食事中、自分は一人で休憩もできたはずだ。この招待も含めて、サーレフのサービスに我々は大変満足したので、通常より多めのチップを包んだことはいうまでもない。

オマーンではチップの習慣があり、運転手もサービス業なのでチップを受け取る。顧客の満足度によって包む値段は変わってくるし、会社にではなく個人の懐に入るものなので、チップは収入を大きく左右する。会社から給料を補償されている日本とは異なり、個人の能力が収入に直結するという意味ではシビアな世界でもある。

通常、運転手つきのレンタカーを契約するときは運転手こみの値段で提示されるが、今回は違っていた。明細をみると自動車レンタル代二〇リアル、運転手代三〇リアルという具合に別々になっていた。当初は不思議に思っていたのだが、サーレフはこのレンタカー会社と契約している（専属ではない）フリーのガイドだったのである。次回サーレフにガイドを依頼する場合は、レンタカー会社ではなく、サーレフ個人に連絡をすればよい。今回レンタカー会社に支払った運転手分の料金三〇リアルには会社側のマージンも入っているため、サーレフに直接依頼すればもっと安く済むのだと本人が教えてくれた。ぜひ知人にもサーレフのことを宣伝したいと思ったので名刺を要求したが、彼はもっていなかった。それでも後日、心温まるメッセージとともに、彼のメールアドレスを知らせるメッセージがわたしの携帯電話に届いた。

今回たまたま彼はフリーのガイドだったが、マスカットでのレンタカー会社専属の運転手ハマドしかり、気に入った運転手は会社ではなく個人として記憶・登録され、次回以降も指名されることになる。このように、オマーンでは対企業・組織ではなく、対個人でサービスのやりとりをしているのだ。

オマーンの仕立屋（筆者撮影、2013 年）

＊話が通じないという状況

サラーラの運転手サーレフやマスカットの運転手ハマドのように、気持ちよくやりとりできる運転手がいる反面、ナーセルやその上司のチュニジア人とのやりとりにみられるように、話がうまく通じないことは多い。わたしがオマーン生活に慣れていない（いや、ある程度慣れてはいるはずだが）外国人だからという理由だけではないように思える。

たとえば、女友達と女性服の仕立屋に行ったときのことである。二軒目に入った仕立屋で、彼女の知り合いが客として店主と話していた。事情を聞くと、仕上がりをみたらこちらが思っていたのと違っていたから直してもらっているという。縫製が甘いという話ではなく、こちらが伝えたとおりの仕上がりではないというのだ。とはいえ、その客はとくに怒っているような様子はなく落ち着いた感じで店主と話していたし、それを聞いていたわたしの友人もとりたてて驚いたり同情したりしているわけでもなかった。

オマーンでは仕立屋は圧倒的に南アジア出身者が多い。この客の対応をしていたインド系オマーン人（父親の代にオマーンに移住）は、スーク内に三店舗、従業員十二人を抱える老舗仕立屋のオーナーである。マスカットで生まれ育っているのでアラビア語にも英語にも不自由はない。客とはアラビア語で会話しているが、彼自身が仕立てるわけではなく、実際仕立てるのはアラビア語も英語もそれほど堪能ではないバングラデシュ人である。

三軒目に入ったアバーヤ（女性の外出用コート）専門店では、仕立て歴八年のバングラデシュ人従業員が生地の縫製をしているところであった。彼は八年生のときに家族でバングラデシュからオマーンに移住してきたのだが、高校卒業後しばらく仕事もせずにぶらぶらし、別の仕立屋で働いたのち、現在は父親が経営するアバーヤ店を手伝っている。こちらからの質問は英語とアラビア語のどちらがよいかと聞くと英語と答えた。作業中の彼はとくに型紙も使っていなかったし、ファッション誌をみているようでもなかったので、デザインのソースはなにかと尋ねると、スマートフォンを立ち上げて画像を見せてくれた。

オマーンではインスタグラムという画像共有ソフトが大人気で、顧客はここでお気に入りのアバーヤのデザインを検索する。よく使うのは、アバーヤ専門店が運営しているサイトである。顧客はお気に入りのデザインを探してそれを店に持ち込み、仕立屋はその画像をみて制作するという流れである。このバングラデシュ人の仕立屋が、「ほら、そっくりでしょ」といって得意気にみせてくれた画像には素敵なアバーヤが写っていたが、どうみても彼が今そこで作っているアバーヤとは似ても似つかない。同行していたオマーン人の友達とも顔を見合わせて苦笑してしまった。

別の女友達と洋服のオーダーメイドについて話していたとき、こんなことをいっていた。「仕立屋に行くのはシンプルなドレスを作るときだけ。複雑で細かな作りは無理だから」。オマーン人女性がアバーヤの下に着るゆったりとしたロング・ワンピースであれば大した造作もないので仕立屋で注文することもあるが、パーティーなどで着るような、体に比較的フィットし、デコレーションやデザインも複雑なドレスは既製品を買うということである。つまり、自分の思うとおりに仕立ててもらうということを最初から期待していないのではないか。仕立屋での事例をみても、店側と客側の意思疎通が完全とはいいがたい。その理由を以下で考えてみたい。

＊古くからの多言語的状況

先述したように湾岸諸国のなかでもオマーンはとくに国民が民族的に多様な社会であるといわれている。オマーン国籍をもつオマーン人であっても、そしてオマーンでアラビア語教育を受けた世代であっても、バルーチ同士であればバルーチ語を、「ザンジバリー」同士であればスワヒリ語（あるいは英語）をとくに家庭内では話すことが多い。年配者であればなおさらである。ブルンディ生まれのオマーン人の友人は、ブルンディにいたとき家の外ではキルンディ語、家のなかではスワヒリ語、学校ではフランス語、オマーンに来てからはアラビア語と英語を外では話している。彼とアラビア語で会話をしていると文法の間違いが目立つので冗談でわたしはよく指摘していたし、彼の書く英語は文法的にいえば日本の中学生レベルである。さまざまな民族的出自や移動歴のあるオマーン人には公用語のアラビア語に不自由がある者も少なくない。

一九七〇年代半ばに北部の港町ソハールを調査した人類学者のバルトも民族や言語の多様性について報告している。人びとは異なる社会集団同士であっても日常生活において大いに交流し、アラビア語、ペルシア語、バルーチ語、ジドジャーリー語、カッチ語など多様な言語が飛び交う。その交流はスークのなかだけにとどまらない。バルトは、こうした状況が実現しているのは各集団の価値観や習慣の違いが小さいからではなく、むしろ逆に、冷静、寛大、礼儀という人としての行為の理想を共有しているからこそ、集団ごとの差異が気にならなくなるのだと述べている［Barth 1983: 6-7］。[3]

こうした多言語的状況はここ数十年のいわゆるグローバル化にともなって発生した現象ではない。しばしば指摘されていることではあるが、オマーン海岸部のマスカットや、多くのオマーン人が移住した東アフリカ沿岸・島嶼部は海洋交易の拠点として古来より人の往来が激しく、「グローバルな」状況が確立していた。歴史家の家島彦一は、一九七四年にオマーンからイエメンにかけての港町を訪ねた際、アデンの町中で一〇カ国語近くの言語が話されているのを耳にし、アジア、アラブ、アフリカなど多種多様な民族が入り交じる様子を目にしたのが「インド洋海域世界」の構想を抱いたきっかけであったと回想している。そこでは雑多な人、モノ、文化が入り交じりながらも「何か渾然一体となった共通の」世界が存在し、長い持続性をもって生成・変化・変質してきたのだという［家島　一九九三：四六〇～四六二］。

マスカットには十八世紀に入る頃からグジャラート語やカッチ語を話すインド系ヒンドゥーやムスリムが移住し、商業活動を支配していた。マスカット経済活動の中心地であるマトラフでは二〇世紀になると、さきに紹介したバルーチやペルシア系のアジャムなどを含めた非アラブ系住民がアラブ系住民を数の上で上回るようになっていたほどである［福田　一九九五：八～九］。このように、インド洋交易の中継地として栄えていたオマーン（おもに海岸部）にはつねに商人が往来し、またオマーン人自身も移住していたため、流動性が高く、多言語・多文化混淆状態にあった。

現在のオマーン社会もこうした多言語的状況に変わりない。古くからの非アラブ系住民が依然としてオマーンのビジネスシーンで重要な役割を担っていることに加えて、一九七〇年以降は大量に導入された外国人労働者がサービス業に携わっている。労働法でオマーン人が独占的に就業している職種（運転手など）を除き、オマーンのサービス業はほぼ外国人によって担われてきたといって過言ではない。近代以前と違いがあるとすれば、かつては商業活動に携わる男性だけが多言語世界で生きていたところが、現在は女性も外で働いたり買い物に出かけたりするようになり、子供も生まれたときから家のなかに外国人メイドがいるから、言葉の通じない異民族と日常的に接しているという点であろう。

サービス業を外国人が担っているということは、オマーン人は何をするにつけても外国人とコミュニケーションをとらなくてはいけないということである。ハンバーガーを注文したり、自動車にガソリンを入れたり、電化製品の修理を依頼するときにも英語を話すことになる。英語は双方にとって第一言語ではない。外国人労働者の方が片言のアラビア語を話すこともあるので、レストランでの注文やスーパーでの買い物程度だったら問題ないかもしれないが、機械の故障具合を説明したり、美容院で髪を切ったり、パーティー用ドレスを作るときの微妙なニュアンスを伝えるときにはどうしても第一言語での説明のようにはいかない。不完全な説明・理解になってしまうと考えられる。

＊不完全な相互理解でも気にしない

だからといって、それが日常生活で大きな問題になっている様子はない。なぜならそれが常態化しているからである。サービス業は昔から外国人が担っていたのだから、細かいところまで伝わらないのはあたりまえである。そうした状況に目くじらを立てているのはたいていわたしのような外国人である。こうしたコミュニケーションを「不完全」とか「中途半端」と思ってしまうのも、日本語だけでことが足りてしまう日本にいる平和ボケというものだろう。

もうひとつ例を挙げよう。わたしがフィールドに行くとまっさきに顔を出すのがネイルサロンである。日本では入ったことのないネイルサロンに行くのは、オマーンはじめ湾岸では一年中サンダルと素足で過ごすからである。女性の場合、スーツのようなフォーマルな格好でも現地の人はサンダルでつま先とかかとがみえるし、家のなかではつねに裸足である。したがって足の手入れは女性のたしなみである（最近は男性客も多い）。

知人の紹介でとあるサロンをはじめて訪れたときのこと。足の爪を深く切られたためにその後巻き爪になってしまい、帰国後半年以上痛い思いをしたことがある。毎年フィールドに行くたびそのサロンには顔を出すので、そのことを後年伝えても、フィリピン人の従業員たちはけらけらと笑うだけだった。その節は申し訳なかったという言葉はいっさいなく、五年以上経った今でも笑い話にされている。爪の角の部分を四角く残すか、きれいに切り取るかといった爪の切り方をうまく伝えられなかったこちら側に非があったというのだ。つまり客側の要望がきちんと理解されない、伝わっていなくても店側にとって問題として認識されていないことを意味する。後日客からのクレームがあっても、日本のように店の責任問題だということにはならないのである。

わたしが訪れた仕立屋を例にとってみると、ファストファッションが大流行している昨今でも客数は減っていないという。都市に住んでいるとオマーンの伝統的衣装を着る機会もほとんどないし、モールに行けば密なコミュニケーションもせずに、てっとりばやく好きなデザインの服を手頃な値段で買える。二〇一三年夏、二〇〜三〇代の女性十人程度に衣装について話を聞いた。彼女たちはアバーヤの下にノースリーブとスキニーパンツを履いているような今時の都会の女性であるが、全員が年に数回、イード（宗教祭）前と結婚式前には仕立屋に行くと答えた。仕立屋だと生地を店に持ち込んで注文をし、完成したら取りに行くが、たいていはそこで満足のいく出来ではないので、再び注文をつけて後日取りに行く。相当に時間と労力のかかるやりとりである。値段交渉を必要としないショッピングモールにも行くが、必ずしも思い通りの品ができるわけではない仕立屋や、玉石混淆の商品を扱うスークで値段交渉をしながらの買い物もオマーン人にとっては欠かせない。

＊こだわりの濃淡

こうしてみてみると、古くからの多民族・多言語的状況だからこそのコミュニケーションに対するこだわりのなさがみえてくる。外からみていると、異民族間に通婚関係はないとか、オマーン人と外国人労働者は共存していないとか「境界的」思考でみてしまいがちだが、当人たちにしてみれば、ごく限られた状況（結婚）以外は、とくに民族や言語、宗教、宗派の違いを意識することなく日常を生きている。職業柄、相手の部族名や出身地を聞いて民族や宗派を推測（ときには質問）して理解しようとしてしまうのは、わたしのような外部の人間の悪い癖だろう。

今回紹介したのはおもに多言語的状況下における「不完全」なコミュニケーションの例であるが、アラビア語を日常的に話すオマーン人同士でも意志疎通ができていないのではと思われる事例もひとつ紹介しておこう。

ここ数年わたしは二〇世紀初頭のザンジバルでオマーン人が発刊した新聞のデータを入手したいと思っていた。一部はザンジバルの古文書館にて収集したのだが、二〇一〇年代になってオマーンの遺産文化省でそれをすべて所蔵することが決まった。省に問い合わせても資料整理中にて閲覧不可能といわれたので、ザンジバルの新聞に関する歴史書を出版した大学教授アフマドに尋ねたところ、「もっていない」との返答であった。それを聞いて不審に思ったのだが、口には出さなかった。

その後も省とのやりとりが続き、日本の大学からレターをもっていくなど何年もアプローチはしているのだが、その過程で複数の人間から「アフマド教授がもっている」と聞くことになった。わたしから再度尋ねるのも気が引けたので、共通の知人である別の教授ターリクに仲介を頼んだ。二人でアフマド教授のもとを再訪すると、「省に行ったらあるんじゃないか。〇〇だったら知っているだろう」と、関係者の連絡先を教えてくれた。「本当にもっていないのか」といぶかしみつつも、そのときはアフマド教授とターリク教授の会話にわたしはほとんど入らなかった。

後日ターリク教授とその省関係者に面会しに行ったところ、「本省にはない」との返答だった。当然である。なぜならそこは古文書を管理している遺産文化省ではなく、宗教ワクフ省だったからである。なぜ、文書に精通し遺産文化省ともつきあいがあるはずの歴史家アフマド教授がターリク教授に不適当あるいは遠回りと思われるような忠告をしたのか。その後もターリク教授は折にふれてアフマド教授に接触し、資料について聞いてはわたしに連絡をくれるのだが、いっこうに埒があかず、のらりくらりとかわすアフマド教授に対してターリク教授は「なんだかあの人はよくわからないね」ともらしていた。両者ともに穏やかな気質でコミュニケーションが滞っているようにはみえないのだが（二人ともアラビア語話者）、意思疎通がうまくいっているとはいえないだろう。

結局それから二年以上経っても状況に変化はない。資料をもっている（であろう）アフマド教授が嘘をついている、あるいは意地悪だといえばそれまでかもしれないが、ターリク教授に省関係者を紹介するあたり、完全にこちら側を拒絶するつもりはない。ターリク教授にしても事態に白黒つけるでもなく、アフマド教授と学内で顔を合わせれば笑顔で挨拶を交わし世間話もする。だがわたしや別の友人に対しては、アフマド教授の一連の行為について「変だ（gharīb）」というのだ。あいまいなままにしておくこうした態度も、完全に相手とわかりあおうという「こだわりのなさ」に通じるのかもしれない。

こだわりがないといっても、すべての面において妥協しているというわけではない。ここでいう「こだわり」とは、物質的なレベルではなく、コミュニケーションなど行動様式に対するものである。たとえば、衣装を仕立てに行く人は縫製やデザインにおいては最高の出来を期待しないにしても、最新のデザインをネットから探して提示したり、流行の生地やパーツを安く購入したりするためにドバイにまで足を伸ばすという労力は惜しまない。少しでも素敵なものを着たい、作りたいと思っているし、仕立屋で自分の思い通りの仕上がりでない場合はやり直しをさせることも多い。けっして自分の着る物の質やレベルに対して妥協しているわけではない。たんに自分の要望や意図を隅々まで相手にわかってもらう、逆に相手の意向を理解することに対して完全さを求めないということである。

職業へのこだわりのなさも目に付く。とにかく転職が多いのだ。スークで一軒目に入った仕立屋の従業員は、老年だったのでよほどのベテランかと思ったらキャリア二年の退役軍人だった。軍人から仕立屋という転身はなかなか想像しがたいが、パキスタン出身でアラビア語も英語もおぼつかない仕立屋がオマーンの伝統的衣装を作っている。また、二〇一三年夏の共同調査で知り合った運転手三人は、いずれも運転手としてのキャリアが二年以下だった。マスカットのレンタカー会社のインド人マネージャーのキシュ氏も同じ業種とはいえ、勤務先を変えていた。サラーラで出会ったサーレフも学校教師からツアーガイドに転身した。

調査三日目に遭遇した運転手ハマドも同様である。彼の仕事ぶりはプロフェッショナルだったので、運転手のキャリアを尋ねるとまだ一年半だという。専門学校を出たあとは無職で、一年半前に運転手の職を得た。さきに述べた労働力のオマーン人化推進政策の一環だろう。すでに妻子もいるから真剣に職探しをしたといっていたが、運転手を長く務める気はないらしい。それというのも、現在民間企業に勤める彼の給料は三二五リアル。二〇一三年六月からオマーン人の最低賃金が三二五リアルに引き上げられたばかりだが、それ以前の月給は二五〇リアルだった。マスカットで妻子を養っていくには三二五リアルでも不十分である。彼は二年以上前から防衛省への勤務申請をしている。軍隊に入ると初任給が四〇〇リアルで、毎年五〇リアルずつ昇給するからだ。軍隊や警察は現在オマーン人男性に人気の職である。当然申し込みは殺到し、倍率も高くなる。このほかにも、わたしのホストファミリーは公務員でありながら最近自宅敷地内にヴィラを四棟完成させ賃貸業を営んでいるし、親しい友人は会社勤めをしながら、タイからマッサージ師を呼んでマッサージ店を営んでいた。一年もしないうちにその店をたたんだが、ほどなくしてタイに出店するなど、数年前と同じ肩書きをもっている人の方がむしろ珍しく、転身が早い。職業面での恒常性に乏しいといってよいだろう。

だが逆にいえば、ひとつの状態にとどまらないからこそ、つぎつぎと新たな人間と関係性を結ぶ必要がある。特定の人と恒常的に深い人間関係を築くこともあろうが、適度にわかりあえるくらいの（ときには暫定的な）関係性を幅広くもつようになったのではないだろうか。はたからみるとそれほど関係がないような人に対しても「あの人のことはよく知ってるよ」「彼は友達さ」というのはオマーン人だけでなく中東の人の常套句である。

歴史学者の三木亘は、中東を広く旅し、現地の人びとと交流した長年の経験から、人生を旅とするような彼らの行動様式を人間移動のカルチャーと名付けた［三木　一九七五］。既述のように、オマーンにはインド洋交易の拠点として古くから人の往来があり、異質な人びとと交流してきた文化がある。またオマーン人自身もオマーンと東アフリカのあいだを移動していた。オマーンと東アフリカのあいだだけでなく、そのあいだにヨーロッパや他の湾岸諸国やアフリカ各地に移動先はおよび、そこでさらに雑多な人と交じり、ときには通婚をし、複数の言語を身につけた。

三木の論考には、同僚の言語学者、中野暁雄が一九七〇年代にオマーンを訪れた際の逸話が紹介されている。中野がマスカットの警察を訪問したとき、署長がウルドゥー語で容疑者の取り調べをし、中野に対してはアラビア語で対応し、自分の同僚とはスワヒリ語で会話していたのだという。オマーンにはそうした多言語話者が非常に多い。調査三日目に出会った運転手ハマドもアラビア語、バルーチ語、英語を話すし、サラーラで出会ったガイドのサーレフもアラビア語と英語、そしてわたしの前では話さなかったがスワヒリ語も話せると思われる。三木の言を借りれば、現代人がジェット機で世界中を飛び回るのと同じ感覚で、インド洋世界の人びとは千年以上も昔からダウ船で「インド洋世界を住みこなしてきた」［三木　一九七五：六九］といえるだろう。

＊おわりに

こうした雑多な多言語話者がオマーンの生活世界を構成してきた。そのために必要なのが対話である。異質な人びととの対話が過酷で厄介であることは三木や堀内も指摘している［三木　一九七五：堀内　二〇〇五］。道を知らない運転手ナーセルやその上司とのやりとりがうまく行かなかったのは、「了解不可能性」を前提に対話をするという作業をわたしが今回怠ってしまったからだったと思う。それは限られた二週間という期間で最大限の効率性を求めた結果である。あるいは効率性を求めて、無意識のうちに厄介な対話を必要としない相手、すなわちわたしのような外国人に慣れている人びととだけ近年はつきあっていたのかもしれない。それを自分がオマーンの生活に「慣れた」と勘違いしていただけなのか。人の移動が常態化しているオマーンはじめ中東では、そしてその移動がかつてないスケールとスピードで進んでいる現在、これまで以上の対話が必要とされるだろう。

だが、その対話が完全である必要は必ずしもない。はたからみれば「不完全」な意志疎通、相互理解であっても、長年のあいだそれはそういうものとしてこの地では機能してきた。「完全にわからなくても（わかってもらえなくても）よいのだ」という互いの了解がそこにあるというのは言い過ぎかもしれないが、異質な人びととやりとりをすることがオマーン人にとっては日常で特別なことではないから、その意志疎通の不完全さが気にならない、問題にならないということなのだろう。オマーンではこのような不完全な意志疎通を通じて異質な人びと同士がつながっているのである。

もちろん大小さまざまなトラブルが至る所で生じているし、完璧・完全な意志疎通に対するこだわりのなさが混沌を生み出していることも多い。逆にいうと、完全な意志疎通ではないからこそ、会社や組織に頼らず、個人を重視した顔のみえる関係にこだわるのではないだろうか。責任の所在が明らかであるという意味ではシビアな関係ともいえる。ネットからのレンタカー予約やファストファッションなど、便利性や効率性を売りにしたサービスは現在のオマーンにも豊富にある。その一方で、マネージャーと直接値段交渉をした上で車を借りるとか、仕立屋で洋服を仕立てるのは時間も労力も消費する、いわば不便で非効率なやりとりである。それでもオマーンをはじめ中東で後者のようなやり方が前者に淘汰されないということは、彼らの人付き合いの仕方が影響しているのだろう。効率性や便利性を二の次に置く彼らのコミュニケーションのあり方に、我々は学ぶところもあるのではないだろうか。

注

1　西井による本論が所収されている編著では、人類学者のみならず歴史学者や言語学者らによる、人間味あふれた、「生々しい」フィールドワーク体験が綴られている。

2　湾岸諸国を調査する研究者にはこうした分断状況を問題視している者が多い。だが、一見圧倒的に不利な状況下にある外国人労働者側にもさまざまな形の抵抗や戦略、現地社会へのコミットメントが存在し、彼らの多様性や主体性に注目した研究も増えている［e.g. Vora 2013; Kamrava & Babar (eds.) 2013; 細田（編）二〇一四］。

3　異なる民族・宗教集団が数世紀にわたってつねに平和的に共存してきたわけではない。十九世紀後半に一時厳格なイバード派政権の時代を迎えた際、ヒンドゥーのバンヤンは偶像崇拝者とみなされ、喫煙や楽器演奏の禁止、服装の規定、政権からの除外といった迫害を受け、人口が減少した［Allen 1981: 45-46］。

参照文献

西井涼子　二〇一四「人はみなフィールドワーカーである――人文学のフィールドワークのすすめ」西井涼子（編）『人はみなフィールドワーカーである――人文学のフィールドワークのすすめ』東京外国語大学アジア・アフリカ言語文化研究所、十二～三二頁。

福田安志　一九九五「オマーンにおけるエスニシティの多様性とその統合――経済開発の視覚から」『現代の中東』十八：二～十七頁。

細田尚美（編）二〇一四『湾岸アラブ諸国の移民労働者――「多外国人国家」の出現と生活実態』明石書店。

堀内正樹　二〇〇五「境界的思考から脱却するために――中東研究がもたらすもの」成蹊大学文学部国際文化学科（編）『国際文化研究の現在――境界・他者・アイデンティティ』柏書房、十九～五〇頁。

松田素二　二〇一一「海外フィールドワーク」鏡味治也ほか（編）『フィールドワーカーズ・ハンドブック』世界思想社、八七～一〇三頁。

三木亘　一九七五「人間移動のカルチャー――中東の旅から」『思想』一九七五年十月号、五五～七四頁。
家島彦一　一九九三『海が創る文明――インド洋海域世界の歴史』朝日新聞社。
Allen, Calvin. H. Jr. 1981 "The Indian Merchant Community of Masqat" *Bulletin of the School of Oriental and African Studies*. 44: 39-53.
Barth, Fredrik 1983 *Sohar: Culture and Society in an Omani Town*. Baltimore & London: The Johns Hopkins University Press.
Kamvara, Mehran & Zahra Babar (eds.) 2012 *Migrant Labor in the Persian Gulf*. New York: Columbia University Press.
Vora, Neha 2013 *Impossible Citizens: Dubai's Indian Diaspora*. Durham & London: Duke University Press.

研究会を終えて

【大川真由子】

本共同研究の前身である科研プロジェクト（代表・堀内正樹）も含めると八年。わたしにとっては長く感じた研究会だった。というのも、科研時代から出版をめざして何度も原稿を書き直してはダメ出しをもらい、何をどう書いたらよいのか困り果てていたということにくわえ、「非境界」の勘所を得るまでかなり時間がかかってしまったからである。

「まえがき」でも説明されているように、本研究会のいう「非境界」には二つ意味がある。ひとつは中東世界がもっている非境界性、もうひとつは研究者側の非境界的思考である。研究会中盤まではこのことがわたしを含めメンバーのなかで共有されていなかったように思う。もしかしたらしっくりこなかった人や居心地の悪かった人もいたかもしれない。わたしもいまだに「ぎこちない」理解にとどまっているし、今後自分がそういうスタンスで文章を書けるかどうかは自信がない。またそうした文章が学術論文として認められるのかというのも作文過程のジレンマではあった。

本研究会のメンバーのなかでも、研究対象に対して、おそらくわたしはもっとも境界的思考をもつ人間のひとりだったと思う。古くから移動が常態化していた中東世界、そしてインド洋を縦横無尽に渡り歩いていたオマーン人の移動をあたかも特別なものとして抽出し、東アフリカで生まれ、のちにオマーンに引き揚げてきた人びとを「アフリカ系オマーン人」と名付けて分析する拙書［『帰還移民の人類学――アフリカ系オマーン人のエスニック・アイデンティティ』明石書店、二〇一〇年］はその典型例である。本研究会代表の堀内先生からみたら、わたしはいじめがいのある相手だったと推測する。

だからこそ毎回の研究会は緊張の連続だった。境界的思考でしかフィールドの人びとを捉えられない自分の研究者としてのスタンスを問われている気がして、不安を覚えたこともある。言語とオマーン移民の関係を論じた研究発表も「まだまだ境界的」との批判を受けた（結局本書に収められた文章は発表とはまるっきり別物となっている）。

こうした境界的な思考からの脱却をめざす本研究会と同時進行で、わたしは「帰還移民の民族誌的研究」という、境界的思考を具現するような共同研究会にも参与していた。当初は学会で分科会を組織するなど積極的に関わっていたのだが、研究者側が帰還移民を定義し、世界中の「帰還移民」を比較検討するというアプローチに対して、しだいに罪悪感や違和感を覚えるようになった。現在は、自分が長年扱ってきた研究対象を違った視点で分析することはできないかと模索中である。

本研究会がスタートする直前の二〇一〇年春、数カ月前に出版していたわたしの民族誌に対して、堀内先生からは原稿用紙十五枚にもわたるコメントを頂戴していた。対象者のエスニック・アイデンティティを分析する際にさまざまなエスニック・ラベルをもちだしたが、シニフィエとシニフィアンを一致させることに終始した（堀内先生の言葉を借りれば、シニフィエに固執するあまりシニフィアンを都合良く使っている）結果、アフリカ系オマーン人が「差別・抑圧されたかわいそうで特殊な帰還移民」として生きているかのような描かれ方をしているというご批判だった。わたしが規定した「帰還移民」とか「アフリカ系オマーン人」という語彙（シニフィアン）は、それが一見指し示そうとする対象（シニフィエ＝東アフリカ出身のオマーン人）とは無関係だし、シニフィアンを欠いたシニフィエがあってもよいということである。だとしたらどうやって対象を描いたらよいのかと心のなかで反論したが、先生は「（目指すべきは）書き得ないもの、表現しにくいものをなんとか書こうと格闘している文章ではないか。そこには行間から生活のにおいとか人間くささといった人の姿がおのずとにじみ出てくる」とアドバイスをくださった。今回のエッセイは（学術論文ではないが）それに少しでも近づけていれば幸いである。

本章で描いたオマーン人のコミュニケーションはたしかに「不完全」ではあるが、けっしていい加減なものではない。彼らは話好きでとにかくコミュニケーションに時間をかける。携帯電話は、ネット利用時間よりも通話時間の方が圧倒的に長い。文字のやりとりだけで用事を済ませず、直接声を聞いて話すことが重要である。相手の都合を思いやって用件だけ伝えて早々に切り上げることはむしろ失礼にあたる。たしかに用件だけ伝えるのだったら大きな誤解やトラブルは生まれないだろう。オマーン社会での不完全な意思疎通は、もしかしたら情報量の多さ（とはいってもどうでもよい情報のほうが多いかもしれないが）と長時間のコミュニケーションによるところがあるのかもしれない。長時間話をしているうちに話題がどんどん飛んで当初の意図が的確に伝わらなかったり、情報が多すぎて相手の記憶に残らなかったり。彼らとつきあっていると簡便化したコミュニケーションばかりしている自分を恥じたくなるのは、それほどまでに彼らが話すことを楽しんでいるからである。不完全だが丁寧できめ細かいコミュニケーションを日々積み重ねることでオマーン人の生活世界は成り立っているのである。

2
私は舌を持っている

——イエメンのカート商人の局所的知識——

大坪　玲子

＊はじめに

正午すぎのイエメン共和国サナア市内のカート市場。カートはイエメン人の大好きな嗜好品である。

私はマージド氏と一緒に、通りの両側に並んだカートを売っている店舗を、一軒一軒（といっても店舗の間口は一メートル程度である）のぞきながら歩く。店舗の内側の壁には、扱っているカートの生産地、商人の名前、携帯電話の番号が書かれ、有名な政治家やモスクの写真や風景画も貼ってある。狭い店舗の中でカート商人は胡坐をかき、その周囲にカートの入ったビニール袋が十数個並んでいる。マージド氏はある店舗の前で足を止め、商人にカートを見せてもらう。壁にはハウラーン産と書いてある。マージド氏はすぐにカートを商人に返して歩き出す。しばらくして「よくない」とつぶやく。

店舗を一通り見てから、露店のカート商人の方へ近寄る。道路に直接に腰を下ろしている商人、高さ七〇センチくらいの台に座っている商人、箱に入って商売する商人などさまざまである。彼らはみな直射日光がカートに当たらないように、ビニール袋に入ったカートを黒い布で覆っている。カート市場が混雑するのは正午前後の数時間だけとはいえ、路上にも商人が座り込んでいるから、車の往来は不可能である。客も四方から商人に近寄る。カートを売る人も買う人も男性ばかりである[1]。

道路に腰を下ろしているカート商人がこちらを見ていた。マージド氏は彼に近づく。「ハムダーン産だ。無農薬だ。噛んでみなよ。」マージド氏は差し出されたビニール袋を開いてカートの匂いを嗅ぎ、葉を数枚手に取って見つめてから（商人が勧めても、カートを味見するのはマナー違反である）値段交渉を始める。

露店の雑踏

「ビカム（いくら）？」

「千二百」

「八百」

「千」

「ハラース（おしまい）」

その商人から離れると、マージド氏が小声で「農薬の匂いがした」と教えてくれた。

別の商人が「バニー・マタル産だ」といいながら、ビニール袋をマージド氏に手渡す。マージド氏は再びビニール袋を開いてカートの匂いを嗅ぎ、葉を数枚手に取る。「これはいい」といいながら、ビニール袋を私に手渡すので、私も匂いを嗅いでみる。「いいね」ビニール袋をマージド氏に返す。マージド氏は値段交渉を始める。

「ビカム？」

「千四百」

「千」

「千二百」

「二袋買う」
「じゃあ二袋で二千」
マージド氏はジャケットの内ポケットから札束を出して二千リヤル[2]数え、商人に渡す。

経済学やバザールを扱う諸学において、売り手（たとえば商人）と買い手（たとえば購入者）の情報の非対称性が注目され、それを補完する方法として、信頼関係の重要性が議論されてきた［cf. Geertz 1978；福井一九九五］。しかし商人だけ、購入者だけを考えると、個々の持つ情報は当然のことながら異なる。本稿では商人に焦点を当て、カート商人たちの持っている情報の違いについて検討したい。

ここで、塩沢のいう局所的知識は有効な概念である。それは時間的・場所的に限定され、人々の生きる状況に依存してのみ意味を持ちうる知識である［塩沢　一九九〇：六七］。局所的知識は商人的才覚の中にのみ現れるものではなく、農業的生産にも、工業的生産にも、科学技術の研究そのものにも大量に使われている［塩沢　一九九〇：六九］が、商人を例にすると局所的知識はどういうものなのか、少々長くなるが引用しよう。

> 商人の才覚は、ある商品の売価の差に他の人より早く気付いて行動するところにある。このような才覚はある種の知識をいくつも前提としている。当該商品がどこでいつでいくらで手に入るか、どこでいつ いくらで売れるか、輸送や販売のための諸経費について知らなければならない。商品の保存や取り扱い方法を知らなければならない。これらの知識は必ずしも確実である必要もないし、正確である必要もない。取引は何回かの平均として儲かれば、毎回確実に儲けなければならないものではない。予想と結果にわずかばかりの差があったとしても、そのことを気にする人はいない。

商人に必要な知識はこのように雑多である。なかには多少とも長続きする知識もふくまれていよう。しかし商機に関する知識の多くはもっとはかないものであって、刻々に仕入れられ、捨てられていく。商人の知識のなかにはさらに、他人に秘匿されていてこそ価値のあるものがある。商品の製法とか、どこにどういう顧客がいるかというものである。

営利に役立つ知識は、このように、多くは一時的なものであり、私的なものである。またその知識は同じ商売をしている人以外には、あまり興味のないものである［塩沢 一九九〇：六八〜六九］。

カート商人の持つ局所的知識をすべて紹介することは不可能であるから、筆者が知りえた局所的知識の一部から、カートというたった一つの商品を扱うだけでも、商人たちはいかに多くの選択と決定をしなければならないのか、そしてその決定も、すぐに新たな局所的知識を使って検討しなければならないのかということを紹介する。局所的知識に注目すると、堅い絆で結ばれていると想定される部族、家族、信頼が実はそれほど堅くないということ、カート販売に最善の方法はないということが見えてくる。

まずカートと、本稿に関係するイエメン社会の特徴について説明してから、カート商人の商売方法を紹介しよう。本稿は主に二〇〇六年年末から二〇〇七年年始にかけて行った調査に基づく。

＊カートと部族

カートとは

カートは、その新鮮な葉を噛むと軽い覚醒作用が得られる嗜好品である。原産地はエチオピアだと考えられていて、紅海を挟んだイエメンと東アフリカ諸国で主に生産・消費されている。イエメンでカートが生産・消費されるようになったのは数百年前のことであるが、長いあいだ一部の特権階級の人に限られた贅沢品だった。[4]一般庶民にまで消費が広まったのは一九七〇年代のことであり、[3]娯楽施設が極端に少ないイエメンでは男女ともカートを噛んですごす午後の数時間は、社交の機会となっている。

イエメンのカートは国産であり、いろいろな方法で分類できる。生産地（だいたい州の下の郡のレベル）によってその効果や味が異なる。冒頭の〜産というのは、郡の名称である。郡の名称で呼ばれるカートが多いが、中には郡の下のレベルの村の名称で呼ばれるカートもあり、また反対に遠方から来るカートは州の名称で呼ばれることもある。水分量が豊富で、いかにもみずみずしいカートもあれば、水分量が少ないものもある（通人は後者を好む）。葉の色は緑色だが、白、赤、青に分類される。生産地の区別は厳密で、異なる生産地のカートを混ぜることは収穫・販売・消費のいずれの段階でもないが、水分量、色の区別は生産地の分類に比べると厳密ではない。

売られている形態は、サナアでは主に三種類ある。葉だけをビニール袋に入れたものをガタル、三〇センチ程度の茎まで入っているものをルース、一メートルくらいの枝を紐で縛ったものをルバトと呼ぶ（ルバトの場合も、噛むのは新鮮な葉だけなので、枝や厚い葉は捨てることになる)。同じ生産地のカートであれば、ガタル、ルース、ルバトの順に値段が上がる。「有機栽培」のものは高く、そうでないものは安い。値段は日本円で百円程度のものから一万円近いものまである。サナア市にカート市場は二〇近くあり、市場によって扱っているカートの種類が異なる。購入者は、それぞれの嗜好と懐具合を考慮して、カートを購入する。

流通経路と値段交渉

午後に噛むカートは、その日の昼前後にカート市場で購入されたものである。そのカートはその日の早朝に生産地で収穫されたものである。つまりカートは収穫から消費まで数時間しかかからない生鮮食品で、午後三時をすぎると安く売られ始める。

カートは流通にかかる時間が短いだけでなく、流通経路も短い。生産者から消費者まで、介在する商人は一人か二人である。途上国のいわゆるバザールは、商品の流通に多くの中間業者が介在するため「細くて長い」流通経路が形成されることで有名であるが、カートは(そしてそれ以外の農作物もイエメンでは)「細くて短い」流通経路をたどる。

カートの流通は効率的に行われているが、官民どちらからも統制されていない。カート以外の農作物の流通を見てみよう。野菜・果物はイエメン政府によって国内に中央卸売市場が十一ヶ所設置され、そこを経由して流通している。穀物・豆類・香辛料は、少数の商社が各地の生産地から集荷し、国内外に販売している。このようにカート以外の農作物は官民いずれかによって統制が進んでいるが、カートは進んでいない[大坪二〇一〇]。カートの中央卸売市場は存在しないし、小売市場・商人/卸売市場・商人の区別も曖昧である。

その理由はカートが嗜好品という微妙な位置にあるからであろう（カートはイエメンでは嗜好品に位置づけられるが、国によっては違法薬物に認定されている）。付け加えると、カートを栽培するにも販売するにもライセンスなど必要ではない。零細な生産者と零細な商人が、新鮮なカートを消費者に届けたい一心で、効率的な流通が行われているのである。

流通に関しては効率的な点が指摘できるが、市場でカートを買おうとすると、定価も値札もない非効率に遭遇する。カートを噛みたいなら、バザールでおなじみの値段交渉をしなければならない。ただし冒頭のマージド氏が特にせっかちというわけではなく、購入者は一人の商人と数十分もかけて交渉することはほとんどない。バザールでよくあるように雑談したりお茶を飲んだりすることもなく、数分あるいは数秒のやりとりで、買うか買わないかを決める。

しかし慣れない人は誰から買えばいいのか、どの商人を信用すればいいのか、まったくわからない。生産地と形態の組み合わせは無数にあり、値段もピンからキリまである。カート商人が数倍の値段を要求することはないが、商人の言葉を信用する根拠は何もないことは、冒頭のマージド氏と商人のやりとりからも明らかである（とはいえ商人が嘘をついているとは限らない。マージド氏がカートの品質を見抜けないという可能性もある。それがカートの品質を見極める難しさでもある）。

部族的な紐帯

しばしばイエメンは部族社会であるという表現を目にする。特にサナア周辺以北の地域は部族的な紐帯が強いといわれる。

中東の部族といえば遊牧民（ベドウィン）を思い浮かべる方が多いと思う。彼らは定住農耕民を蔑視する傾向にあり［cf. 片倉 二〇〇二］、また遊牧民が都市に定住すると、部族的な紐帯はなくなるといわれる。しかしサナア周辺以北の部族民は定住農耕民であり、農業は彼らにとって誇るべき生業である［Dresch 1989］。彼らは自分の属する部族の領土の平和は自分たちで守るべきで、もし平和が脅かされたら武力を使ってでもそれを阻止するべきであると考える（実際にかなりの軍事力を保有していることが多い）。一九六〇年代から始まった幹線道路の舗装工事に従事した中国人労働者が、部族領土への「侵入者」として時には命を奪われたことは、サナア市郊外にある中国人墓地からうかがえる。部族民はその自立を誇りにしているが、保守的で攻撃的であることを非難されてきた。

イエメンの研究書を読むと、部族についての記述にかなりの確率で出会う。有名な部族連合、部族、部族長の名称もすぐにわかる。しかし実際にサナアに住んでみると、それらを耳にすることはほとんどない。人々が話の中で出身部族を尋ねたり答えたりすることはまずない。サナアは非部族的な空間なのである[5]。ところがカート市場に一歩足を踏み入れると事態は一変する。既に述べたようにカートの通称は生産地である郡の名称であることが多いが、郡の名称は部族名に由来することが多い。冒頭で述べたハウラーン、ハムダーン、バニー・マタルは郡の名称でもあり、部族名でもある。保守的で攻撃的な部族の名称が堂々と大声で叫ばれている、それがカート市場なのである。商人たちは髭が濃く、どちらかといえば人相の悪い人が多い気がする。

またサナアではカート市場以外で部族の名称を耳にする機会はほとんどないが、家族のつながりは大いに利用される。サナア旧市街の市場で働く手工業者や商人は、父親や祖父がやっていた職業を継いでいること

が多い [Dostal 1983]。小さな商売はだいたい親族で経営している。大きな会社も親族で重役を固めていることが多い。日本に比べれば家族のつながりは大きな意味を持つ。

以上のことから三つのことが想定されるだろう。一つめは保守的な部族領土で栽培されるカートは、部族的な紐帯を利用して流通しているのではないかということ。つまりハウラーン産のカートはハウラーン出身者でないと仕入れられないということである。二つめはカート販売はファミリービジネスのように展開しているのではないかということ。代々カート商人をやっている家系の方が何かと有利ではないかということである。三つめは冒頭のマージド氏のようにふらふらとカート商人の間をさまようのとは反対に、特定の売り手の得意客になれば、騙されることもなく、値段交渉もなく、安価で高品質のカートを提供してもらえるのではないかということ。本稿では、部族的な紐帯や家族のつながりに基づいて、売り手と買い手の間で信頼が発生する関係を地縁血縁関係、得意客とその商売相手の関係を顧客関係、地縁血縁関係と顧客関係を合わせて信頼関係と呼ぶ。三つの想定のうち、最初の二つは地縁血縁関係、最後の一つは顧客関係ということに整理できる。結論を先取りしてしまえば、三つの想定はすべて否定されることになる。

ここで本稿のインフォーマントを紹介しておこう。サナア市内にあるT市場でカートを販売している商人たちである。～年前という表現は二〇〇六年を基準にしたものである（産地市場、消費市場の名称は、アルファベットの大文字で表記する）。

ハーリド氏はアムラーン州ゼイファーン出身。長く地方都市タイズに住んでいて、八年前にタイズでカート商人になり、二年前にサナア市に戻り、T市場で商売を始めた。仕入れや販売のために手伝いを六人雇っている（サナアのカート商人はほとんどが個人でやるか、手伝いを一人雇う程度の零細であり、ハーリド氏のやり方はサナアではまれである)。

ムダッレス氏はダマール州オトマ郡出身。カート商人になって七年になる。高校生の頃からカート販売を始め、大学を卒業し、現在は学校の教師もしている。

サーレハ氏はライマ州出身。家族十五人を養っている。カート商人になって二十五年になる。四年前にライマ州でマラリアが流行り、それを機にサナア市に出てきた。

サーニー氏はサナア市近郊出身。十年前にカート販売を始めた。

アリー氏もサナア市近郊出身。サーニー氏のイトコで二十五歳。カート商人になって八年になる。高校を卒業するまで故郷で農業を手伝っていた。兄もカート販売を十二年やっていて、現在でも隣り合って商売をしている。

ダイファッラー氏はダマール州アンス郡出身で、カート商人になって六年になる。

アブド氏もダマール州アンス郡出身で、カート商人になって十一年になる。

*どこで仕入れるか

産地市場で仕入れる

カート商人のほとんどは、生産地に近いところにある産地市場か、生産地でカートを仕入れる。産地市場には多くの生産者が早朝収穫したカートを売りに来ているので、商人はカートを比較して仕入れることができる。商人は値段交渉をしてその日に売る分だけを仕入れて、原則として即金払いする。万が一持ち合わせが足りなくても、その生産者と信頼があれば、後払いも可能である。産地市場で仕入れているのはハーリド氏（D市場）、ムダッレス氏（R市場）、サーレハ氏（M市場）、アリー氏（A市場、M市場）、サーニー氏（M市場）である。

産地市場は幹線道路沿いにあることが多いので、自家用車を持っていない商人も乗合で仕入れに行ける。しかし仕入れたカートを自分で運搬しなければならないので、自家用車を持っている場合に比べて仕入れる量は限られる。正午にはサナア市の市場でカートを売り始める必要があるので、仕入れに費やせる時間はせいぜい六時間である。交渉に一～二時間かかるので、市内から片道二時間程度以内のところにある産地市場で仕入れるカート商人が多い（遠方のカートを仕入れる場合は後述する）。

生産地で仕入れる

カート商人の中には幹線道路を下りて生産地に行き、畑とそこで栽培されているカートを見た上で生産者と交渉して仕入れる者もいる。いくらカートを仕入れるためとはいえ、カート商人が部族領土に「侵入」することは命を失う危険もある。ダイフアッラー氏は最初は産地市場でカートを仕入れていたが、自分の目で畑を見てカートを仕入れたくなったので、まず自家用車を購入し、当時市場で知り合いになっていた生産者に相談して、その生産者の畑に行ってカートを仕入れるようになった。

生産地で仕入れる場合、三日～一週間分のカートを仕入れる契約を生産者と口頭で行う（契約は数日間分でも、毎朝カートを仕入れに行く）。このようにカートを仕入れているのは、ダイフアッラー氏とアブド氏である。二人ともカートを収穫する労働者十数人と、彼らを監督する若い親類一人を雇っている。

労働者たちがカートを収穫し袋詰めの作業をしている間、ダイフアッラー氏やアブド氏は車で近隣のカート畑を見て回る。見知らぬ生産者の畑のカートを仕入れたい時は、知り合いの生産者を連れていき、その生産者を紹介してもらう。この間に立つ人をダミーンと呼ぶ。もし紹介したカート商人が支払えなかった場合、その分をダミーンが支払うことになる。

市場で仕入れるカート商人が即金払いをするのに対し、生産地で仕入れるカート商人は前後二回に分けて支払いをすることが多い。これは生産地でカートを仕入れる方が、市場で仕入れるよりも、一回で契約するカートの量が多く、すなわち金額も大きくなるからである。生産者との間に信頼があれば、前払いの金額が少なくなり、あるいは全額後払いも可能になる。

流通経路の短縮と信頼

ここでカートを仕入れる方法について、二点確認しておきたい。まずカート商人は流通経路を短縮すべきだと考えていないことである。M市場にはワキール（仲買人）がいて、ワキールを通してカートを仕入れる方法と、ワキールを通さないで生産者から直接カートを仕入れる方法がある。アリー氏はワキールを通さない方が安く買えるというが、サーレハ氏はワキールを通した方が安く買えるという。また産地市場でカートを仕入れるカート商人は、産地市場で仕入れれば十分で、わざわざ生産地まで仕入れに行く必要はないという。生産地で仕入れるには自家用車が必要になる。車両後部や荷台部分を使ってカートを大量に仕入れることも可能になるが、収穫をする労働者と彼らを監視する信頼できる人（多くの場合弟や甥）の確保や、彼らへの報酬（現金、食事代、カート一〜数袋など）も必要になる（収穫を生産者に依頼することもできるが、そうするとその分仕入れ値に上乗せされることになる)。生産地で仕入れるのは手間も金もかかる、というのが彼ら産地市場で仕入れるカート商人の言い分である。ワキールに関しても、仕入れる場所に関しても、それぞれの商人がいかにカートを仕入れてきたのか、今後どのようにしたいのかという考えによって、現在のやり方が行われているだけであり、単純に流通経路の短縮が良いというわけではない。

次に信頼に関してである。信頼は「毎日同じ生産者から仕入れて、支払いが滞りなく行われれば築くことができる」というように、非常に簡単に獲得できる。そして「信頼があれば、万が一持ち合わせが足りない場合に後払いにしてもらえる」、カート畑で仕入れる場合も「信頼があれば全額後払いも可能となる」という表現を聞くと、なるほど信頼は重要であることがわかる。しかし後払いできるといっても、早ければその日の午後、遅くてもせいぜい二、三日後には支払わなければならない。バザールでよく見られる「その場で関係が清算されてしまう現金決済を嫌って、あえて延べ払いのような信用取引が好まれる」［堀内　二〇〇五］ことはなく、反対に、「完全に支払われてしまえば、債務者と債権者の関係は終わってしまう」［リーチ一九八九（一九八五）］ように、清算しながら信頼を築くのがカート商人と生産者なのである。しかも「信頼は重要である」という商人たちは、実は誰も生産者と堅い顧客関係を築いていないし、堅い顧客関係はカート商人にはメリットにならない。このことは後で検討しよう。

＊どう仕入れるか

仕入れるカートの種類

カート商人は何種類のカートを仕入れているのだろうか。一種類だけ仕入れるのはサーニー氏だけである。サーニー氏はバニー・マタル産か、ハイマ産のどちらかのガタルのみを仕入れる。

他の商人は、生産地は一つでも、その中で数種類を仕入れている。ハーリド氏はゼイファーン産のうち、良い（つまりやや高額な）ものと普通の（つまりやや安価な）ものを二種類、別々の生産者から仕入れる。アリー氏はハイマ産で色の異なるカートを仕入れる。ムダッレス氏は複数の生産者から色や水分量の異なるアルハブ産を四〜五種類仕入れる。サーレハ氏はバニー・マタル産で、色や水分量の異なるものを六〜七種類仕入れる。以上のカート商人はみなガタルのみを仕入れている。ダイファッラー氏とアブド氏は、複数の生産者からハムダーン産のガタルとルースを仕入れている。

また数ヶ月ごとに仕入れるカートをかえる商人もいる。サーレハ氏は調査当時はバニー・マタル産を扱っていたが、次はアンマール産、その次はアハジュル産やガティーナ産、その次はニフム産、その次はゼイファーン産、その次はガティーナ産を仕入れる。カートを扱う中央卸売市場は存在しないので、バニー・マタル産はM市場で、アンマール産はサァダ州にあるK市場で、アハジュル産とガティーナ産は生産地で、ニフム産はH市場で、ゼイファーン産はD市場で、というように仕入れる場所もかえる。アンマール産を仕入れる場合、サァダ州のK市場まで片道四時間かかるので、前夜八時にサナア市を出てサァダ市で一泊し、翌朝六時にカートをK市場で仕入れて八時に発ち、サナア市に昼頃に戻って市場で売り始めるという方法をとっている。アリー氏は数日前まではアハジュル産を、調査当時ハイマ産を扱っていた。これからバニー・マタル産、バニー・ホシェイシュ産、スフヤーン産、サァダ産を扱う。彼もまた仕入れる方法をかえている。ハイマ産、バニー・マタル産はA市場やM市場で生産者から、アハジュル産は生産地に行って生産者から、バニー・ホシェイシュ産はH市場に行ってワキールから、スフヤーン産、サァダ産はサナア市内の市場でカート商人から仕入れる。彼は兄と隣り合って商売しているが、兄は現在サァダ産を扱っていて、兄弟で異なる種類を売るようにしている。[6]

仕入れるカートと地縁血縁関係

ここでカート商人の出身地と、扱うカートの種類が明らかになった。これまで登場したカートの生産地は、部族的な紐帯の強い地域にある。

出身地のカートを扱っているのはハーリド氏一人である。彼は仕入れる時は産地市場で同郷の生産者から仕入れており、「有機栽培」の良質のカートを仕入れていると自負している。しかし彼は出身地のカートだからそのカートを仕入れているとは説明しない。彼の仕入れているカートは良質で、消費者が好んでいることが、彼が出身地のカートを仕入れる理由である。

ハーリド氏以外のカート商人は出身地のカートを扱っていないが、その理由は以下の通りである。まず出身地がカートの生産地として有名なのは、ダイフアッラー氏とアブド氏である。ダイフアッラー氏は、サナアで人気の高いハムダーン産を扱っている。彼の出身であるダマール州アンス郡もカートの生産地として有名であるが、彼自身はアンス産を扱わない。アンス産は年に一度収穫するなら品質が保てるが、現在のように年に三～四回収穫するには農薬や化学肥料を使わざるをえなくなるため、品質が良くないからだという。彼が現在扱っているハムダーン産も、生産者によっては農薬や化学肥料を使っていないわけではないが、彼は「有機栽培」のハムダーン産を仕入れている。[7] アブド氏もハムダーン産を仕入れているが、彼は出身のアンス産よりハムダーン産の方が良質だと断言する。

出身地がカートの生産地ではないカート商人は、どういうカートを扱っているのだろうか。ムダッレス氏が扱っているのはアルハブ産である。アルハブ産は味がよく、良質であり、さらに彼自身がアルハブ産を好み、消費者も多いからというのが彼の言い分である。サーレハ氏、アリー氏、サーニー氏もサナアで比較的人気のあるカートを扱っている。

インタビューしたカート商人は少数だが、カート商人は出身地のカートを仕入れているわけではなさそうである。出身地がカートの生産地として有名であるにしても、それに縛られることはない。もちろん地縁血縁関係を使うカート商人も存在し、地縁血縁関係は、生産者とカート商人という信頼と合わせて二重の信頼となるといわれる。しかしカートを仕入れる時に血縁地縁関係に依存しなくていいし、売りたいカートは地縁血縁関係ではなく、消費者や自分の嗜好、カートの品質（必ずしも高品質であることを意味しない）を優先して決めることができる。

とはいえカート商人たちが地縁血縁関係を全く利用していないわけではない。そのことは商売を始める時や、現在商売をする中で、地縁血縁関係を使っているカート商人がいることから明らかである。ムダッレス氏は高校生の時にサナアに出てきて、同郷の友人とカート販売を始めた。始めは出身地に近い産地市場に行って、カートを仕入れていた。しかし上に述べたような理由と、さらにアルハブ産の方が仕入れ先も近いことから、仕入れ先と仕入れるカートを現在のように変更した（この仕入れ先はT市場のカート商人に教えてもらった）。現在は平日は授業があるためイトコに仕入れを頼み、休日は一緒に仕入に行く。サーレハ氏はサナアに出てきてから、妻の親族にサナアでの商売方法を教えてもらい、現在も彼らと一緒に仕入れに行っている。サーニー氏も同郷の人とカート販売を始め、現在は同郷の四人と同じ場所でカートを売っている。アリー氏は兄から商売を習い、現在も兄と並んで商売している。その兄はイトコから商売を習った。

このように商売を始める時には地縁血縁関係のある人から習うことが多く、その後も仕入れに一緒に行ったり、近くで商売をしたりしている。しかし共同で商売をしているわけではないし、ファミリービジネスというわけでもない[8]。サーニー氏は同郷の人と、アリー氏は兄弟と並んで商売をしているが、会計は別である。ムダッレス氏とサーレハ氏はどちらも露店で商売をしているが、イトコや姻戚は店舗で商売をしている。ハーリド氏は地縁血縁関係を使わずに商売を始め、現在雇っている手伝いもみなT市場で知り合った人で、地縁血縁関係はない。

商売を始めることができれば、それから先は知り合いを頼るという単純な方法を使って、取引相手をかえ、扱うカートをかえる。地縁血縁関係は利用するものであって、縛られるものではない。

仕入れ先と顧客関係

カート商人の多くが複数の種類のカートを仕入れている。カート商人が数種類のカートを仕入れるメリットはいくつかある。まずより多くの消費者の嗜好に対応できることである。同じ生産地のカートでも、消費者の予算（ハーリド氏）、色や水分量などの好み（ムダッレス氏、サーレハ氏、アリー氏）、形態の好み（ダイフアッラー氏、アブド氏）に対応できる。消費者の嗜好と懐具合は千差万別だ。

また数種類のカートを仕入れることは、複数の仕入れ先を確保することにつながり、さらに商売の安定にもつながる。カートの木一本から、ガタルの場合で年間二〜四回の収穫が可能である。しかし同じ畑であっても、カートの品質は降水量や寒暖、あるいは栽培方法で変化する。また冬の寒さや夏の少雨でカート畑が壊滅状態に陥るなど、何らかのトラブルで仕入れ先のカートが手に入らなくなることもある。別の仕入れ先を一から探すというのは時間がかかるし、たとえ新たに仕入れ先を確保できたとしても、これまでの得意客が、あわてて仕入れることにした新しいカートを好むかどうか保障はない。仕入れ先を限定するのはリスクが大きいのである。

年間を通して複数のカートを扱うカート商人も、同じメリットがある。年間を通して複数の仕入れ先を確保できるからである。しかも同じ客が、仕入れるカートの種類が変化してもずっと買いに来るというより、その時扱っているカートを好む客が多く来るので、年間を通せば買いに来る人数は変わらなくても、買いに来る個人の数は増えることになる。

一方サーニー氏は、年間を通して仕入れるのはバニー・マタル産かハイマ産のどちらか一種類である。しかし自分の仕入れたい品質のカートを扱っている生産者なら、誰からでもカートを仕入れている。もちろん知り合いになっている生産者もいるが、特に彼らとの関係を優先させているわけではない。

カート畑から仕入れているダイフアッラー氏やアブド氏も、特定の生産者からカートを仕入れ続けているわけではない。もしカートの品質が変わってそのカートを仕入れたくなくなったら、別の理由を告げて（つまり「品質が変わった」とは直接伝えずに）その畑の持ち主からカートを仕入れるのをやめる。

このように特定の仕入れ先と堅い顧客関係を築くよりも、複数の仕入れ先を確保することは、カート商人にはメリットが多い。カート商人は「浮気性」なのである［大坪　二〇一三a］。

＊どこで売るか

T市場

T市場は、環状道路が南北に走っている部分から西に延びる通りにある、というよりも正午前からの数時間、通り自体が市場になる。交通量の多い環状道路から客が流れてくるため、環状道路に接している通りの東側にカートの店舗やムファッラシュ（直接地面に腰を下ろして商売をする商人）が集まり、その反対の西側はカートの店舗が少なく、ムファッラシュは全くいない。T市場には市場全体の持ち主が存在しないため、市場全体の持ち主がいる市場（このようなカート市場の方が圧倒的に多い）に比べ雑然としている。

なぜカート商人たちはT市場でカートを売っているのか。明確な理由を持っているのはハーリド氏だけである。ハーリド氏は以前タイズでカートを売っていたが、二年前にサナアに戻って来た時[9]にどこのカート市場が良いか、カート市場をいくつか見て回った。T市場はサナア大学に近く、学期中も長期休暇中も学生がよくカートを買いに来る。環状道路沿いにあるレストランや雑貨屋で働く人も多いので、T市場に決めた。

カート商人誰もが、ハーリド氏ほど明確な理由を持って市場を選択しているわけではない。商売を教えてくれた人がそこでカートを売っていたから、という程度の理由である。売るカートの選択に比べると、市場の選択はそれほど明確な理由に基づいていない。

とはいえカート商人は頻繁に市場の変更を行わないようである。カートを売る市場をかえたというカート商人はハーリド氏以外アブド氏だけで、これは自発的というよりは、それまでの市場の閉鎖という強制的な変更であった。市場を変更しない理由はまず得意客が既にいるため、市場の変更は得意客を失うことにつながるからである。またカート商人本人の通勤ルートとも関係する。自宅、カートを仕入れる生産地や市場、カートを売る市場の移動を考えると、市場の選択肢はそれほど多くない。

売る場所と場所代

T市場では通りの両側に並んだ店舗と、それ以外の露店でカートが販売されている。店舗は通り沿いの民家の一階部分で、それぞれの階上に住む住人が店舗の持ち主である。場所代は月極めで、大きな店舗は一万リヤル、小さい店舗は九千リヤルである。露店の種類は、地面以外に、マーサ（一人用のテーブル状の台）やサンダカ（人が一人座って入れる程度の箱状の売り場）やトラックの荷台など多様であり、場所代も多様である。これは市場全体の持ち主がいないため、それぞれの売り場の提供者が、売る場所と場所代を自由に設定できるからである。[10] 店舗を借りる時は文書で契約を交わすが、露店の場合、場所代は口頭で契約するだけで、日極めで支払う。

ハーリド氏は、市場の入り口（通りの東側）で、通りの中央の地面に直接腰を下ろし、カートを売っている。彼の手伝いも彼の周囲に腰を下ろしてカートを売っている。彼がそこにいるのには明確な理由がある。それは市場の入口は誰もが通るところで、カートを買いに来る客に声をかけやすいからである。たとえ既に他の商人からカートを買った客でも、帰りがけに声をかけ、そのカートの良し悪しなどをアドバイスすると、次回、自分のところから買ってくれることもあるという。ハーリド氏は場所代を払っていない。道路は政府が所有しているので、場所代はかからないということだ。しかし同じムファッラシュでも、場所代がかかるカート商人もいる。サーレハ氏はカート店舗の店先の地面に座って売っていて、彼は後ろの店舗で商売をし

店舗でカートを購入する

ているカート商人に一日百リヤルを支払っている。サーレハ氏のような商人は五人いるので、その店舗のカート商人は毎月およそ一万五千リヤルの場所代をムファッラシュたちから受け取ることになる。

ムダッレス氏とアリー氏は別々のところでマーサの上に座って売っている。マーサは、どちらもマーサのすぐ後ろにある雑貨屋がそれぞれ提供しているもので、ムダッレス氏は一日二百リヤル、アリー氏は三百リヤルを支払っている。

サーニー氏は路上に止めてあるトラックの荷台で売っていて、一日三百リヤルをトラックの持ち主に支払っている。トラックの後ろにある雑貨屋は閉まっているが、雑貨屋にも一日三百リヤルを払っている。同郷の四人も彼と同額をそれぞれ支払っている。

T市場の場合、店舗以外の場所は雨や直射日光に曝される。サナアではカート市場の賑わう正午前後に雨が降るのは、雨季であってもまれであるが、それでも降れば土砂降りになり、露店での商売は中止せざるをえない。路面の水はけも悪いので、雨が上がった後も地面に腰を下ろして商売ができる状態ではない。晴れの日も、一日のうちで日差しの強い時間帯に商売をするのは楽ではない。

露店に比べ、店舗は雨や直射日光をしのげるだけでも快適である。しかし露店で商売しているカート商人の、店舗に対する考えはそれぞれである。ムダッレス氏は、店舗は場所代が高く、現在は空きがないが、もし経済的にゆとりが出てきて、店舗に空きができたら、店舗で売りたいと考えている。店舗の方が居心地良く、客もたくさん集まると考えるからだ。実際に店舗で商売をしているアブド氏も、店舗の方が客が集まりやすいという。

しかし店舗で売る必要はないと断言するカート商人もいる。サーニー氏は、店舗は場所代が高いので、たとえ店舗に空きが出て、借りるだけの稼ぎがあっても、店舗に移るつもりはないという。ハーリド氏も店舗に移る必要はないという。カートを売るのに場所は関係なく、カートの品質に見合った値段でカートを売れば、良い客が来る。地面で売ると、店舗よりも多くの人が四方から近寄れるという利点もあるという。[11]

＊どう売るか

ビニール袋とマラフ

カート商人が産地市場でカートを仕入れる時、ビニール袋に小分けされたカート（これが一日分の消費量となる）を仕入れる場合と、小分けされない状態で仕入れる場合がある。小分けしたカートを仕入れているのがハーリド氏、ムダッレス氏である。後者の仕入れ方で、サーレハ氏は自宅でビニール袋に小分けし、サーニー氏とアリー氏は売る直前まで大きな布の袋（マラフ）にまとめて入れておき、客と値段交渉した後に目分量で小分け用のビニール袋に入れて客に渡す。

小分けしたビニール袋で売る場合は、仕入れ値に利益を上乗せした金額を、ビニール袋の数で割ればいいので単純であるが、マラフにまとめておき、客の欲しい値段の分量をその場でビニール袋に入れるやり方は、いくら利益を上乗せしたか覚えておかなければならず、経験がないとできない[12]。市場ではビニール袋に入れた状態で売るカート商人の方が多く、マラフを使うカート商人は少数である。

得意客

カート商人は得意客を抱えていることが多い。抱えている得意客の数は、ムダッレス氏は十五～二〇人、サーレハ氏は五人ほど、サーニー氏は十人、アリー氏は二〇人ほど、ダイフアッラー氏は数人、アブド氏は三〇～四〇人と答えた。得意客から予約が入ったり、得意客にカートを届けに行ったりもする。得意客との連絡には携帯電話は必要である。

得意客は、毎日そのカート商人からカートを買い、滞りなく支払いをするから得意客と呼ばれるわけであり、カート商人にとって好ましい存在である。得意客の持ち合わせが足りない時には、数日支払いを待つこともあり、カート商人は客の名前や金額をノートに記しておく（読み書きのできないカート商人もいるが、彼らはすべて記憶しておく）[13]。

カート商人は得意客とそうではない客とに、カートを異なる値段で売るのだろうか。筆者の聞いた限り、値段に差をつけると明快に答えたカート商人はいなかった。むしろ、得意客とそうではない客とに値段の差をつけないと断言するカート商人の方が多かった。一見客だからといって高く売ることはない。というのは次回（それは明日かもしれない）も買いに来てもらいたいからである。[14]

好ましい季節

市場には一年を通してカートが出回っている。[15] しかしカートは夏季に収穫量が増え値段が下がり、冬季には収穫量が減り値段が上がるという傾向がある。夏季と冬季でどちらがカート商人に好ましいのだろうか。冬季が良いと考えるのはムダッレス氏である。ムダッレス氏によると、夏季は一袋六百リヤルで仕入れても、利益は一袋あたり五十〜百リヤルだが、冬季は同じカートを九百〜千二百リヤルで仕入れて、利益は一袋あたり二百五十〜三百リヤルになる。夏季はカートを買う人が多いから、冬季よりも五十袋ほど多く仕入れるが、それでも冬季の方が利益が大きい。

反対にサーレハ氏、サーニー氏、アリー氏、アブド氏は、夏季の方が商売がしやすいという。夏季はカートが安いが販売量が多くなるので、結局は利益が大きく、反対に冬季は仕入れ値が高いために儲けを上乗せできず、販売量も少ないので、利益が小さいというのである。

サナア周辺のカート生産地では、夏季に雨が降り、カートの生長が早いため、灌漑用水も少なくて済む一方、冬季は寒く生長が遅く収穫量が減る上に雨も降らないため、化学肥料や灌漑用水を使う必要があり、その費用もカートの価格に上乗せされる。そのためカートは夏季に安く、冬季に高くなる。しかし仕入れるカートの特徴（比較的寒さに強いカートと弱いカートがある）や、実際にカートを仕入れる畑の標高や収穫のサイクルなども関係してくるため、カート商人の意見は分かれる。

＊おわりに

商人の局所的知識をほんの少し紹介しながら、三つの想定を否定してきた。部族的な紐帯がなくてもその部族のカートを仕入れることはできるし、地縁血縁関係がなくてもカート販売に不利ではないし、仕入れる時は堅い顧客関係を築かなくてもよい、というよりも「浮気性」でないと良いカートを仕入れることができない。

カートは手軽な商売である。三千〜五千円あれば、誰でも明日から始められる。ライセンスも特殊な技術も必要ない。所属すべき組織も存在しない。在庫を保管する場所も必要ない。店舗は空きがないと入れないが、露店で売る場所を確保し場所代など[16]を支払えば、カートを売ることができる。

誰にでも手軽に始められるということは、カート販売はむしろ有力な地縁血縁関係がない人に開かれている職業だということである。しかも堅い顧客関係を築く必要もないから、さらに新規参入しやすい。バザールでは親代々の地縁血縁関係が利用されるとか、堅い顧客関係が築かれているから新規参入者が苦戦するとか、信頼関係が幅を利かせていることが多い。しかしカート商人にとって信頼関係はむしろデメリットになる。彼らは消費者や自分の嗜好、商品の品質を最優先してカートを販売している。

カートは手軽な商売であるが、決して簡単な商売ではない。地縁血縁関係も顧客関係も必要ではないということは、たとえそれらがあったとしても、頼りにならないということである。どの生産地のカートを、どこで誰からどう仕入れて、どこで誰にどう売るのか、商売を続けていくのに必要となる局所的知識は決して少なくない。カート販売を始めても思うようには稼げず、やめてしまう人も多い。マージド氏は一時期カート商人になったが、すぐにやめてしまった。本人は理由をはっきり教えてくれなかったが、カートを見極める目だけを持っていても、商売は続かないのだ。

そしてさまざまなというよりも細々とした局所的知識に最善はない。何をすれば儲かるという正解はない。仕入れ先や客との関係をどう築いてきたのか、これからどう築くのか、すべて商人自身が自分で判断しなければならない。カートの種類は千差万別、消費者の嗜好と懐具合も千差万別である。人気のあるカートは購入者が多い分、それを扱う商売敵も多い。あまり人気のないカートは、そのカートを求める購入者の絶対数は少なくても、確実に買いに来るだろうし、商売敵も少ない。高品質で高額なカートを仕入れても、安価なカートを求める購入者が多い市場では売れない。たとえ現在の仕入れ方や売り方がうまくいっているとしても、仕入れ先のカートが壊滅状態に陥ったり、得意客が離れてしまったりなど、今後もうまくいくとは限らない。常に局所的知識は更新し続けなければならない。知識は「刻々に仕入れられ、捨てられていく」のである。

イエメンも含めたアラブはコネ社会だといわれる。しかし誰もが有力なコネを持つわけではない。ではコネのない人はどうすればよいのか。知り合いに知り合いを紹介してもらい、自分で切り開いていくのである。ハーリド氏は「アナー・インディー・リサーン（自分は舌を持っている）」と表現した。自分は大金も権力もコネも持っていないが、それらを動かすのに必要な舌を持っているということである。それは人を騙す話術ではなく（品質をごまかしてカートを売ったら、翌日から客は来なくなる）、局所的知識を生かす術である。嗜好品は生命維持には関係ないが、ないと寂しく感じる［高田　二〇〇四］、いわば人生に無駄なもの、贅沢品である。だからこそ消費者は自分の嗜好と懐具合にこだわり、カート商人には局所的知識がより多く求められるのである。

注

1　イエメンでは女性がカートを購入しに行くことはしたないことなので、カート市場で女性の買い物客を見かけることはまずない。女性のカートは彼女の兄弟、夫、息子が購入しに行く。カートを売っている商人もほぼ男性に限られる（市場によってほんの数人、女性の商人を見かけることはある）。本稿で購入者と表現する時は男性のみ、消費者と表現する時は男女両方を含意している。

2　当時のレートは一ドル≒一九二リヤル。

3　一九七〇年代、オイルブームに沸くサウディアラビアにイエメン人男性の多くが出稼ぎに行き、人手不足となった農村部では、栽培に手間のかからないカートの生産が拡大し、一方出稼ぎ送金によって都市部では貨幣経済が浸透したため、カートの消費量が急増した。現在のイエメンは一九九〇年に南北イエメンが統合して成立したが、一九七〇年代以降にカートの生産・消費が拡大したのは旧北イエメン（サナアを首都とし本稿の舞台でもある）である。旧南イエメンではカート栽培がほとんど不可能であるが、イギリスの支配下にあったアデンでは十九世紀からカートを輸入し、消費が広まっていた。南北イエメン統合以前の消費の拡大に関しては［大坪　二〇一三b］参照。

4　男女の生活空間の分離が比較的厳格なイエメンでは、ほとんどの場合男性だけ、あるいは女性だけでカートを噛む。兄弟姉妹、夫婦が一緒にカートを噛むことは問題ないが、前者はまれである。

5 サナア住民の中には実際に部族的な紐帯を失った人もいるが、部族的な紐帯を維持している人もいるので、サナア住民みなが部族的な紐帯の切れた都市民というわけではない。イエメンは部族社会であると筆者は考えないが、部族的な紐帯の強弱の地域差が大きく、また農村部＝部族民、都市＝非部族民という等号が成立しないことが主な理由である。

6 サーレハ氏とアリー氏のカートのローテーションが異なり、アリー氏と兄とで扱うカートが異なるのは、生産地の中でも畑の標高差や栽培方法などによって収穫時期が異なり、彼らが仕入れ先の畑の「旬」のカートを扱っているからである。

7 需要の増加に見合うよう、カート栽培に農薬や化学肥料が使われるということは、消費者の間ではよく話題に上る。付け加えておくと、冒頭でハウラーン産やハムダーン産のカートの品質が悪く、バニー・マタル産のカートが良いとマージド氏は判断しているが、その日に見たカートをマージド氏がそのように判断したということであり、それぞれのカートの一般的な評判ではない。

8 カートがファミリービジネスとして展開しない理由はいくつか考えられるが、まず指摘できるのは、分業せずに一人で仕入から販売まで可能であるということだろう。

9 ハーリド氏は母の実家がタイズにあり、子供の頃から父の故郷のゼイファーンとタイズとを行き来していた。二年前サナアにいる父の体調が悪くなったため、タイズからサナアに戻ってきた。

10 市場全体の持ち主がいるカート市場には、ダッカと呼ばれる売り場が設定されることが多い。五十センチ〜一メートル程度の高さの舞台をコンクリートで作り、その上を半畳程度の広さで仕切り、その一つがカート商人一人分の売り場（ダッカ）となる。ダッカの場所代は店舗よりも安く、地面よりも高いことが多い。

11 一般的に店舗は比較的高価なカートを扱い、露店は品質のばらつきが大きいので、店舗より露店でカートを購入する方が難しい。マージド氏はムファッラシュからカートを購入することが多いが、彼のイトコのファアード氏は店舗で購入することが多い。ファード氏の方が懐具合が良いことだけが、その理由ではないだろう。

12　マラフを使う売り方は、カート商人からすると経験の必要な高度な売り方であるが、購入者からすると好ましい売り方ではない。何よりカートがマラフに覆われていてよく見えない。しかもカート商人は購入者ごとに売るカートの量をかえることができる。マラフで売られているカートを購入するには、購入者にも高度な知識が必要になる。

13　購入者の立場からすると、特定のカート商人の得意客になることはメリットが少ない。カートの品質は変わりやすいから、一人のカート商人の扱うカートの品質は、たとえ同じ生産地の同じ村のカートだとしても、いつも同じではない。自分の買いたいカートの品質と値段にこだわりたいなら、好みのカートを扱う商人を数人知っておく方が良い。カート商人にとって商売の安定を考えるなら得意客は多い方が好ましいが、購入者もまた「浮気性」なのである。

14　これはあくまで商人側の意見であり、購入者がこのように商人がみな良心的であると思っているかは別の話である。

15　カートは一年三百六十五日市場で売られている。週末やイード（イスラームの祝祭、一年に二回ある）の時は、消費者が増えてカートの値段も高騰するので、カート商人には稼ぎ時である。

16　カート商人には場所代以外に交通費、市場清掃代、税金などがかかるが、本稿では省略した。カート商人は徴税官に毎日税金を支払うが、徴税官との関係によっては安く済んだり、ただになったりする（イエメン経済にとっては大きな損失である）。

参照文献

大坪玲子　二〇一〇「イエメンにおけるカートの流通とその特徴」『社会人類学年報』第三六号、一二三～一三六頁。
――――　二〇一三a「誠実な浮気者――イエメンにおけるカート市場の事例から」『文化人類学』第七八巻第二号、一五七

～一七六頁。

――――　二〇一三b「嗜好品か薬物か――イエメンが抱えるカート問題」『地域政策研究』第十六巻第一号、三三～五一頁。

片倉もとこ　二〇〇二『アラビア・ノート』ちくま学芸文庫。

塩沢由典　一九九〇『市場の秩序学』筑摩書房。

高田公理　二〇〇四「はじめに」高田公理、栗田靖之、CDI（編）『嗜好品の文化人類学』講談社、一～八頁。

福井清一　一九九五「バザールから卸売市場へ」小林康平、甲斐諭、師岡慶昇、福井清一、浅見淳之、菅沼圭輔『変貌する農産物流通システム』農文協、二一〇～二五一頁。

堀内正樹　二〇〇五「境界的思考から脱却するために」成蹊大学文学部国際文化学科（編）『国際文化研究の現在――境界・他者・アイデンティティ』柏書房、十九～五〇頁。

リーチ、エドマンド　一九八九（一九八五）『社会人類学案内』（長島信弘訳）、岩波書店。

Dostal, Walter 1983 "Analysis of the Ṣan'ā' Market Today." R. B. Serjeant & R. Lewcock (eds.) *Ṣan'ā': An Arabian Islamic City*. London: World of Islam Festival Trust, pp. 241-274.

Dresch, Paul 1989 *Tribes, Government and History in Yemen*. Oxford: Clarendon Press.

Geertz, Clifford 1978 "The Bazaar Economy." *The American Economic Review* 68(2): 28-32.

研究会を終えて

【大坪玲子】

〈イエメンの部族に関するノート〉

イエメンは部族社会だといわれるが、イエメンの部族はわかりにくい。イエメン全土が部族領土に分割されているわけではないし、イエメン人がみな部族意識を持っているわけでもない。部族は非常に限定された地域・人々の話になるのである。ここでは部族的な紐帯が強い旧北イエメンのサナア周辺以北（以下で上イエメン）の部族（その領土は本文の主なカートの生産地である）を中心に説明を補足したい。

欧米の植民地にならなかった旧北イエメンでは、植民地政府による部族の確定（部族名、部族領土、部族長を輩出する一族の固定化を意味することが多い）が行われなかった。そのためであろうか、上イエメンの主な部族はだいたいの専門書で意見が一致しているが、マイナーな部族は異同が大きい。主な部族はハーシドとバキールという部族連合に属するが、双方に所属する部族名も専門書によって微妙に異なるし、この部族連合に属さない部族もあるし、かつてはこれらに匹敵する別の部族連合も存在した。人類学者のドレシュも一九八九年と二〇〇〇年の著書で主な部族名が異なっている。

主な部族の系譜をたどると、イスラーム以前まで遡れる。イエメンの部族民の生業は農業なので、部族領土は面で捉えることができる。この部族領土はオスマン朝支配下で行政区分に採り入れられ、現在も州の下の郡のレベルに活かされている。しかし一つの部族が二つの郡に分けられている場合や、二つの部族が一つの郡になっている場合もあるため、すべての郡イコール部族というわけではない。専門書では部族扱いされていなくても、イエメン人に聞くと「それは部族だ」と答える郡もある。さらに付け加えると、「部族の系譜をたどる」と書いたが、現在の主な部族の系譜関係はかなりあいまいで、部族の下のレベルになるともっといい加減である。いい加減というのはつまり部族の所属を変えることが可能なのである。本文に登場するマージド氏はバニー・マタル部族出身だが、彼の一族はかつてハウラーン部族に所属していた。数世代前に一族で今の土地に移動してきて、バニー・マタル部族になったのだ。このような事例はドレシュも紹介しているので、特別に珍しいことではないのだろう。「部族領土を面で捉えることができる」と書いたけれど、数百年もがっちりと固定されたままというものではない。

また部族長は部族ごとに必ずいるというわけではない。一部の部族に有力な家系や、あるいは有力な部族長が存在するだけである。ハーシド部族連合には長がいるが、バキール部族連合にはいないといわれてきた。現在のハーシド部族連合の長は先代の息子であるが、一九六二年の共和政革命以降、政治に裏からも表からも影響を及ぼした父親ほど支持されていないし、影響力もない。一方バキール部族連合に属する部族の中に有力な部族長は数人いるが、バキール全体をまとめ上げる長は長らく現れていない。

現在では都市部にも部族民は居住していることは本文の注で述べた。同様に部族領土に住んでいる人がみな部族民というわけではない。その中で系譜をたどると預言者ムハンマド（のイトコで娘婿のアリー）まで遡れる人々はサイイド、サイイドではないが、代々イスラーム学者を輩出してきた家系はカーディー（通常アラビア語ではカーディーは裁判官を意味する）、他の人々が軽蔑する職業についている人々はダイーフと呼ばれる。サナアで出身を尋ねた場合、まず答えるのは州の名称であり、同郷であればさらに郡の名称を尋ねるかもしれない。お互い近くの郡だとわかれば、盛り上がることが多い。しかし「お前は部族民か?」あるいは「どこの部族か?」という尋ね方は聞いたことがない。尋ねるべきではないのだ。バニー・マタル部族のダイーフであっても、サナアで出身を尋ねられた時に「バニー・マタルだ」と答えることは嘘ではないし（正真正銘バニー・マタル郡出身である）、ダイーフの出自を隠す方便となる（もちろん同郷者にはばれるだろうが、同郷者がそんな質問をするわけがない）。一九六二年の革命までサイイドやカーディーは一種の特権階級を形成していたが、革命後の共和政下で「四民平等」となり、部族民か非部族民か、あるいはどの部族出身かというようなセンサスは行われていない（もっとも、サイイドやカーディーは名乗り方で出自が明らかになる）。

一九九〇年代からイエメンでは部族民が外国人を誘拐する事件が多発している。サナア以東の地域でパイプラインや変電所を破壊するのも部族民の仕業である。これらの事件によって、仲間の釈放を要求したり、自分たちの部族領土で採掘される石油の権益の分け前を要求したりする。しかしこれらの部族はほとんどマイナーな部族であり、専門書には名前も出てこないことが多い。この理由の一つは、主な部族の有力者は一九九〇年以降国会議員になるなど政治家として政府に取り込まれ、それなりに政府とのつながりもできている一方、マイナーな部族は政府とのつながりを持っていないからだと私は考える。

ところで上イエメン以外の地域（下イエメン及び旧南イエメン）は、部族的な紐帯が歴史のいずれかの時に破壊されたといわれる。その地域の人々は「自分たちは部族ではない、家族だ」という表現をすることが多い。その表情から、部族だなんてとんでもない、奴らと同じ扱いをしないでくれ、というニュアンスが見て取れる。しかし家族とはいえ、日本人に比べたらはるかに広い親戚付き合いをしている。

「部族ではない」と現地の人々も、また外部の人々も認める地域であっても、武力を用いた紛争が勃発すると「部族民」による「部族紛争」と喧伝される。部族民とは武力を行使する厄介者であるというイメージが強いようだ。しかしその一方で、ここ数年、「部族ではない」という地域において、政府や反政府勢力に対抗する過程で、部族や部族連合を名乗る動きが見られる。

部族民が田舎者を意味することもある。頭にソマータ（男性用の被り物）を巻くのは田舎者だという人もいる（格好つけて被っている男性もいるので注意が必要だ）。ダッバーブ（都市部を走る乗合タクシー）に乗り慣れていなくて、車内でおどおどしている人のことを「あいつはカビーリー（部族民）だ」と他の乗客が噂する。

部族民はこれまで書いてきたようにマイナスのイメージが強いが、カビーリーという言葉は時に気前が良い、寛容であるというプラスの意味でも使われる。どのように使われるのかは文脈次第である。だからなおさら、イエメンの部族はわかりにくい。

〈カートと信頼関係と非境界〉

私は二〇〇三〜二〇〇六年度の通称堀内科研（研究課題：アラブ世界におけるネットワーク型社会システムの維持メカニズム）による調査で、カート商人へのインタビューを本格的に始めた。カート商人がこちらの質問に答えてくれるのか、そもそもインタビューに来てくれるのか、不安とともに調査を進めた。約束をすっぽかす人はたまにいるものの、インタビューに来てくれる商人はだいたいこちらの質問に答えてくれた。何人かインタビューをすると、信頼という言葉がくり返し出てきて、内心喜んだ。バザール経済といえば信頼である。人類学ならギアツ以来の「伝統」である。「信頼があると後払いができる」待っていました！というべきフレーズである。

カートの売買で信頼関係がそれほど重要ではないということは、本文で書いたとおりである。顧客関係も地縁血縁関係も頼りにならない。このことに気が付いたあたりから、研究課題の「ネットワーク」という言葉に違和感を覚え始めた。あくまで個人的な印象レベルの話だけれど、ネットワークと聞くと、つながるイメージがある。ある部族領土で栽培されたカートはその部族民が売買する、といったものだ。けれど実際にカート商人はそんなものに頼らずにカートを仕入れ、販売している。堅い信頼関係を築いたら、商売は安泰どころか、むしろ行き詰ってしまう。そもそも信頼できる相手なんて簡単に見つかるものではない。信頼できる相手に出会えるまでの試行錯誤期間が「浮気性」なのであり、カート商人は商品の特質上ずっと「浮気性」でなければならないけれど、それ以外の商品を扱う商人も「浮気性」を経て信頼できる商売相手を見つけるはずだ。

堀内科研が終わり、二〇一〇年度から民博での研究会が始まった。その名も「非境界型世界の研究」。私はひそかに快哉を叫んだ。これもあくまで個人的な印象の話だけれど、ネットワークはつながるイメージだが、非境界は「越える」イメージだ。部族を越える、国境を越える、あるいは学問分野を越える。研究会では非境界を厳密に定義しなかったので、参加者が非境界と聞いてイメージするものはかなり異なると思う。私は中東が非境界世界だとは考えない。中東だって境界だらけである。非境界型の思考というものも中東に限られたものではない。世界中に見つけられるものである。たまたま中東地域を中心として境界を越えた事例の集まりが本書なのだと思う。

〈ケンカとカート〉

アラブの春はイエメンでは単に革命（サウラ）と呼ばれる。チュニジアに始まった政治動乱はイエメンにも波及し、イエメンでは三十年以上長期政権を維持した大統領の辞任、副大統領の大統領就任で一応の終息を見た。この副大統領はそもそも前大統領が任命したのだから、大統領をやめさせるだけでは不十分で、副大統領もやめさせるべきなのではと外野の人間は思うが、このあたりで手を打ち満足するのがイエメン人らしいとも思う。

イエメン人はだいたい徹底抗戦しない。反政府運動家は何らかの形で政府に取り込まれ（前大統領の得意技である）、あるいは海外に逃亡し帰国するチャンスを待っている（そんなチャンスは多くないのだが）。南北イエメン時代に国境紛争が二回起こったが、休戦条約で二回とも統合案が盛り込まれた。一つであるべき国が二つに分かれているから国境紛争が発生するのだ、だから統合しようというのだ。ずいぶん楽観的な話である（ただし歴史をふり返ると現在のイエメンに匹敵する領土を持った王朝・勢力は少ないし、一つのイエメンであった時代もそれほど長くないのだが）。一九九〇年に南北統合を果たしたものの、一九九四年に統合に不満を持つ旧南イエメンが再分離を目論み、内戦となった。統合を維持しようとする政府軍が勝利し、旧南イエメンの指導者たちはほとんど海外に逃亡した。

徹底抗戦をしないというのは、落としどころを知っているということかもしれない。日常的なケンカも実にうまい。一方が大声を張り上げて文句を並べても、もう一方はおとなしく聞いている。「わかった、わかった、お前のいうことはもっともだ」と非常に冷静に相手の話を聞く（聞いているふりをしているだけかもしれない）。一方がわめくだけわめいておしまいだ。もちろん二人が言い争うこともある。町中でそんなことが起こると、周りに人だかりができる。当事者どちらかが、相手の襟首をつかみ、こぶしを振り上げるところで、「まあまあ」と仲裁する人が登場する。パンチは絶対に決まらない。何度か仲裁者の登場する場面を見たことがあるが、いずれも絶妙のタイミングで登場する。ケンカしている本人たちも、誰かが仲裁してくれることがわかっているのではないか。

一九七〇年代の調査に基づく民族誌には、カートを噛む集まりは話し合いの場であり、問題解決の場であったと書いてある。現在ではカートを噛むことが日常化し、問題解決の話し合いにはそうそう遭遇しない。しかし日々顔を合わせて、たわいもない会話を続けることは、一種のガス抜きになり、大きな問題になる前に処理することが可能なのではないかと思う。

アラブの春たけなわ、各地でデモや武力衝突が散発していた頃も、カートは流通していた。一部の若者は広場でテント生活をし、みなでカートを噛んでデモに参加したそうだ。サナアでは市街戦に巻き込まれ、閉鎖されたカート市場もあるが、カートの流通が止まることはなかった。嗜好品は生命維持には関係ないからこそ必要なものではないだろうか。国内はいまだ政情不安が続いているけれど、イエメン人は絶妙の落としどころを見つけるだろう。

3
落ちた「子宮」

――モロッコ農村部の女性たちの語りの分析――

井家　晴子

＊はじめに

私は、二〇〇〇年より現在までモロッコ王国、オート・アトラスのシュルーフ[1]の山村と関わりを持ち、出産文化に関する調査を行ってきた。当初、困惑したことのひとつに、人々の語る内容があまりに珍奇である上に、出産をつかさどる器官、「ワルダ（子宮）[2]」に関する考え方がそれぞれに異なっているということがあった。その上、人々は認識が異なるということに対して、それほどこだわりを持っていない様子であった。

これまでの文化人類学の先行研究を概観すれば、同じ文化を持つとされる人々の身体に関する考え方は統一性をもって語られてきた。文化人類学の伝統的調査地となってきた途上国の農村部では、日常的に村人たち自身の手によって屠殺・解体が行われ、人々は経験的「解剖学知識」が豊富である、とされた。解体の際には、同じ体内の器官を見ているはずであり、民俗的身体名称のついた解剖図を描くことが可能だと考えられてきた。しかし、私の調査地においては、そううまくはいかなかったのである。

特に、モロッコにおける人類学の先行研究や保健省をはじめ国際行政機関による出版物において子宮とされてきた器官「ワルダ」に関して尋ねた際には、その語り、イメージがバラバラであることに気づいた。どう理解し、まとめたらよいのか分からない。データが集まるにつれ私の焦燥感は高まる一方であった。

女性たちは日常的に互いの家を訪問して集い、自他の見聞き体験した出産について語ることを好んでいた。ワルダに関して異なるイメージを持つはずの人々がワルダという言葉を用いながらも、お互いを理解し、語りに興じている。ワルダが言葉として地域で機能する限り、そこには何かつながりがあるはずなのであった。

本稿では、ワルダに対する認識がなぜ異なっているのか、ワルダとされるものが、人々の語り、実践の中でばらばらに語られつつもつながりながら、いかに出産の現場で実感を帯び機能しているか考えたい。

＊オート・アトラス山中のA村の暮らし

モロッコの中央部の大都市マラケシュから、乗合タクシーに流れる大音量のアラブ音楽を聞きながら、アルハウズ平原を南東方向に進む。タクシーを乗り換え、山に近づくと、車中に流れる音楽がアホワーシュ（ベルベル族の歌舞曲）に変わっていることに気づく。乗客たちが身体を動かしハミングする中、山間部のくねくねとした曲がり道に入る。激しく一時間も揺られると、眼前には、どこまでも続く真っ蒼な空、雄大なアトラスの峰々が広がる。細い道の下は、断崖絶壁。そんな場所にも羊や山羊が放牧され、牧羊犬、子どもたちが駆け回っている。いつ訪れても見飽きることのない壮大な光景を後にスーク・ラルバア（水曜市場）に到着する。スーク・ラルバアは、この地域一帯二〇キロメートル四方にある村々の中心となる市場であり、昔から毎週水曜に市がたつことからこのように呼ばれて来た。水曜になると地域の学校は休校となり、男たち、子供たちが市場に集まってくる。村役場、郵便局、無料診療所など地域住民の生活の要がここにある。

おつかいに来ていた子供たちに頼んで重い荷物をロバに乗せて運んでもらい、私はオリーブ畑の間の細道を登ってゆく。遠目にはA村は緑にあふれて見えるが、近くで見ると、石ころだらけの痩せた斜面を細かく棚田状に整地し、少ない降雨量に耐えうるオリーブや大麦を中心に栽培していることが分かる。

道中、何人もの村人が、私を見かけては声をかけ、あいさつをしに寄って来る。彼女たちは、熱烈なキスの嵐を私の頬に頭に肩にふらせては、私の近況、夫の近況を尋ね、会ったこともない私の両親や妹の近況を真剣に尋ねる。そして、自分たちの乳房をつまんで、「お前の子どもはどうした？」と興味津々な顔をして問うてくる。小さいから日本に置いてきたと答えると、「ミスキーナ（かわいそうに）」と娘に同情する声が一斉に聞こえる。そして、「母親は小さい子供と絶対に離れてはいけない」と私の乳房を触り、自分の乳房を握りしめ非難がはじまる。「小さな雛でさえ、親鶏と引き離されると泣き騒ぐのに」と。そして、「お前も子どもを産んでやっと私たちの子供に対する思い、苦労が分かっただろうね」と言いながら私を家へと招き入れようとする。また今度来るから、と先に進もうとするが、なかなか放してもらえない。時には私と一緒の方向に歩み始め、話を続けようとする者もいる。

このようなことを何度か繰り返し、山道を登っていくが、次第に私の来訪が、短時間のうちに人口約千人の村の津々浦々にまで伝えられたことを知る。私の行く手には親しい女性たちの出迎えの姿が見え始める。そして、ここでは私が先ほど出会った者たちに語ったばかりの話を彼女たちが既に知っているという不思議な現象が起こり始める。毎度ではあるが、村での情報が伝わるスピードの速さに私は驚愕する。そして、村の役人がかつて、私に笑って聞かせた「電話はないけど、それより速くて便利なベルベルホンがある」という話を思い出す。

村の家、私の滞在先に到着すると、老女たちが神に私と生きて会えたことを感謝しながら、「肝臓が震えている」「お前は私の目だ」と言って、自分の肝臓の辺りをさすりながら駆け寄り、涙を浮かべながら私を出迎えてくれる。

＊声の世界に生きる人々

A村は人口約千人。モロッコ農村部の他の多くの村と同様、男性たちの中には教育を受けたり、海外や都市に出稼ぎに出たりしていたために フランス語、標準アラビア語の読み書きできる者が若干名、またアラビア語のモロッコ方言を話す者も少数いる。女性に関して言えば、村出身の大学卒業者が中心となって識字教室を開き、アラビア語、フランス語の読み書きを教えるようになってから、少しずつではあるが読み書きが習得されている。しかし依然として、二十代後半以上の女性は誰一人として読み書きできない状況である。

聖典クルアーンが、もともとは声に出して詠まれるもの、伝承されるものとされ、テキスト化された後も、ムスリムたちは読誦を重んじてきたように、イスラーム社会は優れて声、音と日常、身体が結びついた文化であるとされる［西尾・堀内・水野（編）二〇一〇；谷 二〇〇七］。農村部で暮らすシュルーフの人々は、読み書きが十分にできる者がほとんどいない生活環境ということも手伝い、テキスト化された知識よりも人々の身体から出た声を重んじる傾向にあった。読み書き出来ない大多数の人々にとって文字は遠い存在であり、日常生活は音、すなわち声で溢れていた。

村ではそこかしこでにぎやかなおしゃべりが繰り広げられ、畑仕事や家事をする最中に出会った者同士が挨拶をはじめ、語り合う風景が見られる。人々が出会うと、毎日会う人なら簡単な挨拶、久しぶりに出会った人なら頬にキスを交わし、長々とした挨拶が始まる。お互いの体調を尋ね合った後、家族、そして親族の体調を尋ね合い、そこに何らかの目新しい出来事があれば、会話が進展していった。人々の会話には、身体器官の名称が頻出する。肝臓や心臓といった器官は日常的な感情をあらわす際の比喩として使われることが多い。また、会話している者たちだけでなく、共通の知人、所有する家畜について話が及ぶことが多く、体調を崩している際には、どのように体調が悪いのか臓器をはじめとして、骨の位置、筋肉の位置を細かく特定し、微細に説明しながら対処法にいたるまで会話が繰り広げられた。

ここではウォルター・J・オングのいう声の文化、そして心性を人々の生活のあらゆる側面で見ることができた［オング　二〇〇二］。会話の内容は、そのほとんどすべてが自らの身体、家畜、作物といった人間的な生活世界へ密着した、生活経験と結びついたものであった。さらに、村人たちは、よそ者であった私と信頼関係を結ぶ過程の中で、見たこともない私の家族、新しく生まれた娘はもちろんのこと、病気がちの甥などに対しても非常に密接に感情移入することが常となっていた。

また、オングの言うように声の世界で生きる村人たちの会話は、冗長的、累加的であった。自身の妊娠出産の長大な話をする中で、更に同時期の想い出がよみがえり、そちらに本筋がうつることもしばしばあり、後から何度となく聞いた想い出話が加えられた。さらに現在の体調のこと、過去の体調のことを語りながらも、時制を自由に超越し、自身の出来事を語っているかと思えば、他者に入れ替わっていたり、さらに実際の出来事を語っているかと思えば、夢の語りや精霊に関する語りに変わっていたりすることがしばしばあり、私は混乱させられた。

＊出産の語りの位置づけ

毎日のおしゃべりの中で、女性たちの妊娠・出産に対する語りがいかに展開され、さらにそれが他の話題に比べてどのくらいの比重を持つものであるか考えてみたい。

男性たちの多くは、毎週水曜に開かれるスークで語り合うことを常としているが、女性たちは家事の合間のあいた時間をぬって家を訪問し合っていた。

女性たちが集まると、いつでもどこでも身体に関する話で盛り上がった。男性がいないとなると、幼児が同席していようがお構いなく、お調子者が会話をリードし、猥談が始まる。また、現在村で進行している妊娠・出産に関しても毎日のように話題となっていた。その際、人々は好んで自他の体験、見聞きした過去の困難な妊娠・出産経験について言及するが、その語りは何度も繰り返して飽きず語られるので、女性たちはお互いの見聞きした過去の体験を知り尽くし、共有し合っているような状況である。調査を始めた当初は、飽きずに妊娠・出産の話ばかりしている女性たちに、私は不思議な印象を持った。しかし、五十歳以上の者の中には、十回以上の妊娠・出産経験を持つものは珍しくないという事実を後に知ることになった。

女性たちは、二〇〇四年の新家族法により十八歳が婚姻可能年齢と定められたが、それ以前は十四歳頃から求婚され、結婚する者がほとんどであった。八十年代までは、初潮がある前に結婚する者も少なくはなかった。そのため、婚姻後三十年間ほどの生殖能力を有する時期に妊娠・出産を繰り返すのである。基本的には村内婚を繰り返している女性たちは、各々の妊娠・出産が語りの際の共通の時間軸として村内では機能している。現在でも若い世代は多産の傾向にあり、女性たちにとって自他の妊娠・出産の記憶は想起する際の時間軸の機能を果たし、村で起こった出来事と共に語られていたのだ。

日常生活だけでなく、長丁場となる出産の場にはどこからか陣痛の噂を聞きつけた女たちがこぞって集い、症状に応じて、これまでの日常生活でさんざん繰り返して来た自他の出産経験を想起し合いながら対処法を提案するのが常となっていた。それはハヴロックの言う、記憶という名の百科事典から、記憶の断片を手がかりに、検索して対処法を見つけるかのような行為にも映る［ハヴロック　一九九七］。

日常的に繰り返される妊娠・出産に関する話を収集するなかで、私が「ワルダ／子宮」の指しているもの、イメージするものが人によって違うということに気がついたのは、調査開始後間もなくのことだった。

＊ワルダ（「子宮」）についての異なる語り

身体と結びついた多様な語り

ワルダという名称は、モロッコにおける人類学の先行研究、政府官公庁の出版物では、一貫して近代医療の「子宮」そのものとして翻訳され扱われている。村でも「子宮」について語る際にはワルダという名称が使われる。また、角の形に似ているからとタシュルヒートで「角」をあらわす「アスカウン（卵管）」を含めた「子宮」から「膣」内部までの総称として用いられることも多々あった。ただ、そのイメージするものが、各々異なっていたのは明らかであった。

村の人々の会話を聞くと、自分自身の感情や身体の状況をあらわす際に、「肝臓が燃える（強く心が動かされる）」など臓器の名称が頻繁に用いられ、人々の社会生活が身体とともにあることがよく分かる。一方で、身体の状況を表現する際に、身体器官は、己の内部にあるにもかかわらず、「腸が騒音を立てる（お腹がすいている）」など、他者のような存在として語られる。

一方で、ワルダに関しては、他者扱いされるのと同時に、生きているかのように表現されるのが印象的であった。女性たちは、ワルダの痛みを人間のように主語にして語り、「ワルダが食べたり、かきむしったりする」というように表現していた。その後もワルダの位置、形やその働きに関して注意して聞いてみると、人それぞれ語りが異なり、位置は定まっていないばかりか、ワルダの形状、複数のワルダを持つ者の存在をはじめとして、その働きも一定ではない。しまいには、ワルダは遠い昔に落としてしまったと言う者まで多く現れてきた。

このように他の器官とは異なる様相を呈するワルダとはいったい何なのかと頭を悩ませていた私に、村の伝統的助産婦カブラでもあるファドマおばさん（五十五歳）が語ったワルダ観が次の内容である。

「ワルダとはお腹の中を食べるもの。お腹の中を食べるものだけど、病気（ヤーティクラ）だよ。子供（ドゥリートゥ）[3]の場所（アドラール）はワルダと呼ぶけど、子供のいる所の隣にそれはある。人間のワルダは牛や羊と同じ。二つ場所があって、ひとつが子供の場所、ひとつが、そのワルダの場所。」

（二〇〇五年七月十九日）

ファドマおばさんのワルダに関するイメージ「お腹の中を食べるもの」「人間のワルダは牛や羊と同じ」というくだりは、多くの女性たちの見解と共通するものであった。

しかし、おばさんは、子供はワルダではなくお腹で育つと考えていた。このように子供がどの場所で育つのかという認識、その名称に関してはかなり曖昧であった。また、おばさんが述べたワルダの形状やワルダそのものが病気であるという見解も人により異なっていたのである。

顕著な例として、かつて出産に関するインタビューを行なった女性たちの中で、ワルダに対して明確に考えている者に関して、抜き出して紹介する。なお、実際に行なわれた語りの順序を入れかえて配列し、記述しているが、資料を分かりやすく表記するためである。また、女性たちの出産の長い語り（数時間続き、何度も脱線し異なる語りとなる）の逐語訳をここで紹介する訳にはいかないので、ここではワルダ（「子宮」）に関する語りをかいつまんで示すのみとする。なお、インタビューに出てくる女性の名は全て仮名表記にしている。

アルクーシュおばさん（六十五歳）の落としたワルダ（二〇〇五年七月十八日）

アルクーシュ「ワルダは私たちの中にある。虫みたいなもので、お腹の中で大きくなる。出産した後、ワルダが子供の場所に来て、食べる血を探す。ワルダが落ちると痛みはなくなる。お前（筆者）[4]には、まだない。一つ目の出産の後、そのワルダができる。私もそのワルダを持っている。」

筆者「子供はそこにいるのか？」

アルクーシュ「違う。子供のいる場所と、ワルダの場所は違う。子供が出て行くと、ワルダがそこで血を探す。今では女たちは薬を飲むから痛みはない。昔、私はお腹がすいている時に、ワルダを見つけることができた。お前のワルダは、まだ大きくなっていない。赤ん坊が大きくなるとワルダも一緒に大きくなる。子供は、ここにいて、ワルダはここにある（隣をさす）。場所が違う。」

筆者「落ちたワルダにへその緒はついていた？」

アルクーシュ「ない。それには口と小さな足がある。ワルダが落ちたときにまだ生きているのなら、亀のように歩き息をする。私のワルダには中身がなかった。（産後）私の腰は冷たかった。私は火をつけて、私は背中が温かくなるまで、暖めた。すると私のワルダは落ちたが、その中には何もなかった。というのは、それは死んでいたから。もう生きていなかった。それは血管みたいなものだった。」

筆者「それに足があったのか？」

アルクーシュ「あった。小さな足。ワルダが落ちると痛みはなくなった。それはお腹の中で動き、それが動くと、コロコロコロコロと聞こえる。」

筆者「それは障害を持った子ではなかったの？」

アルクーシュ「違う。それは本当にあったことだ。」

筆者「自分のワルダが落ちる前に落ちたワルダを見たことがあるのか？」

アルクーシュ「私は、ザハラ・ハッドゥの家でそれを見た。そして、アナーヤがそれを落としたのもウッダと見た。彼女は山道で苦しんで落としたんだ。流産すると、血がいっぱい出てくる。その中に小さなものがある。それは小さな赤ん坊のよう。それを私がとってよく洗った。私はそれをじっと見た。それはまるで小さな蜂のようだった。足も手も目も耳も小さな点のようにある。それは男の子だった。私はその彼女の母親に、捨てないように言った。それは私たちと同じように魂を持っている。それは三ヶ月中にいた。フサの妻が昔、四ヶ月で流産をした。それは、落ちたワルダには似ていなかった。それは赤ちゃんだった。それは小さな鼠みたいだった。」

筆者「ワルダが落ちると、血がいっぱい落ちてくるのか？」

アルクーシュ「そうだよ。私が今説明したことだ。ワルダが落ちると、痛みはもうなくなる。もし、ワルダに痛みがあると、血が大量に落ちる。痛みもなくて、ワルダがまだ中にあるなら、それは中で食べている。肝臓が痛むこと足が痛むことでそれを知ることが出来る。神が全ての人にお恵みを与えますように。」

上記のアルクーシュおばさんの語りのように、多くの者たちが、ワルダらしきものが血の固まりのような生き物であり、産後血を探して動き回って、産婦を苦しめるという認識で共通した見解を持っていた。また、第二子以降の出産後にワルダが動き回って産婦を苦しめるというくだりに関しては、経産婦の方がより後陣痛がひどいとされる近代医療の見解と重なっている。

また、アルクーシュおばさんは、ここで、ワルダが病気であると一見分からなかったとしても、肝臓や足が痛むことによって、その病気を発見できると述べた。このようにワルダは他の器官も巻き込んで痛みを知らせる臓器である点では、他の者たちも一致することが多かった。

ヘンニーヤおばさん（七十歳）の落としたワルダ（二〇〇五年七月十一日）

ヘンニーヤ「私は、正午ごろモハメドを出産し、翌日には服を自分で洗濯した。私が洗濯をしたし、料理も作った。私の夫は、「私の母はうまく料理がつくれない。お前が料理を作れ」と言って、寝ている私を起こした。お産をした後の人はヘンナを塗らなければならないと言われていた。私はヘンナを塗り、二日目にハンマームに入った。自分自身と子供にヘンナを塗った。そして私は何か働くことがないかと探しに行った。ワルダだけが痛かった。ワルダのせいで私は疲れた。ワルダのせいで、私はほとんど死にそうになった。シブラヒームが私に薬を送ってくれた。彼もまたお腹の病気だったから、薬をくれた。私は薬を飲むと、すぐに治った。」

筆者「どんな病気か調べず飲んだのか？」

ヘンニーヤ「昔は、調べるとかいうことはせず、誰かが同じ病気になったと聞いたら、その人から薬をもらっただけだ。私は、かまどに火をつけてスークで売るためのパンを準備していた。私はカビーラを訪問したかった。訪れた私はカビーラが寝ているのを見た。私は彼女にどんな薬を持っているかと聞いた。彼女はこれとこれをもっているといった。私は、背中が痛むから薬をくれるよう頼んだが、彼女は嫌だといった。私は、怖がらないで、ただ薬をくれるだけでいいからといった。彼女は私にくれた。彼女は私に自分が薬を渡したと他人に言うな、この薬であなたがどうなるか分からないから、と言った。私は長い間ワルダの病気だった。薬を飲んで二日後、また薬を飲んだ時にワルダが痛くなった。痛くなった時、私は死ぬかと思った。なぜならその薬は私の薬ではなかったから。一週間、血が出続けた。釘がワルダの中につきたてられるかのように感じた。その薬を飲んだせいで、私のワルダは落ちた。こんな風だった（と手を丸くする）。私が落としたワルダを集めると、ある女性が私に言った。それを太陽で乾かし、隠しておきなさい。陣痛に苦しむ人にそのワルダをいぶして煙をあてると、簡単に出産できるようになると。その後、私は病気に苦しむことはなくなった。」

ヘンニーヤおばさんも、伝統的助産婦カブラとして長年地域で認められていた。彼女は、男勝りの性格で知られ、探究心の非常に強い、賢い女性として人々の信頼を勝ち得ていた。彼女は賢いだけでなく、非常に感受性が強く想像力も豊かであった。いつも筆者に長い語りをしてみせては、後で筆者の文化ではどうかと聞くことを怠らず、驚いてみせては、自分たちとの文化のあり方の違いについて解明しようと試みていた。

アルクーシュおばさん、ヘンニーヤおばさんの語りに見られるように、女性たちは、落ちたワルダをはじめ、妊娠中に流産した子供に関しても、すぐにそれを捨てることはなく、よく見て何であるか徹底的に観察し見極めようとする。また、ワルダらしきものが落ちたことによって、痛みがなくなるという認識も多くの者に共通して見られたことであった。

一方で、落ちた物体が一体ワルダなのか何なのか分からないと疑問を持つ人々も多く存在する。たとえば、マフジューバ（二十九歳）という女性は、産後、他の女性たちのようにお腹に痛みを感じないが、静脈のようなものが落ちてくると私のインタビューに答えた。村人たちは、彼女にそれをワルダと呼ぶのだと教えたという。そして、近所の人はそのワルダが落ちた後には妊娠できないと彼女に教えたが、彼女はその後も妊娠し、子供を生んできたので一体どういうことか分からないと私にもらした。

他にも、落ちたワルダの語りをする者に対して「ワルダは子供が育つ場所なのだから、ただの病気を落とした」と考える若者が多くいた。その一方で、都市部に移住した村出身の若い世代の女性でも、落ちるワルダの存在を確信している者が多くいた。

また、解体された羊のワルダを見た時、二つのワルダがあり、それぞれに子供が入っていたので、ワルダが二つある場合があると主張する者、ワルダの中の胎児のワルダに胎児がいたのをテレビで見たと主張する者もいた。そして、このようにワルダの不思議さ、多様性を語る者に対し、疑問視する者たちもいた。

それでは、このように異なるワルダへの認識を結びつけている背景には何があるのだろうか。次に紹介するのは、ウッダおばさんの衝撃的な告白である。

ウッダおばさん（六十歳）へのインタビュー（二〇〇五年七月三十日）

筆者「人間と動物の身体は同じなのか？」
ウッダ「同じ。ファティマの娘の子供の中を見たザハラが私たちと動物は同じだと言った。彼女はお腹の中を出して、外においたままにしていた。私は誰かが私たちと動物の身体は違うと言うのは認めない。それらは一緒なのだ。彼女は自分の娘の中身を全部出した。私たちは一緒なのだ。動物も人間も。牛や羊でワルダがしまっているものは、出産のときに死んだりする。形も同じなんだ。」

ウッダおばさんが語るファティマとは、九十年頃、一時期ジンに取り憑かれたとされる村の女性である。彼女は、取り憑かれた際、幼い自分の娘を鶏だと錯覚してしまい、鶏の解体と洗浄をするように、膣から全ての臓器を出して殺してしまったとされる。彼女はマラケシュの警察精神病院へと収監された後、村へと帰ってきた。現在は、都市部の数軒の家で家政婦をしながら、村近くの都市で暮らしている。父母がA村で生活していることから、頻繁に村へ帰ったりするなど、普通の女性として生活を送り、筆者も懇意につきあっている。皮肉なことに、女性たちの数名には家畜の臓器と自分たち人間の臓器をファティマが起こした悲劇的な事件の際に、目で比較する機会があったのである。

さらに、インタビューを行なった中で、数名の女性がかつて自らのワルダが落ちそうになったが、中に押し戻しゆっくりと休養した結果、現在も内部にとどまった状態にあると漏らした。これは、近代医学では「子宮脱」、多産に因するところが大きい病と考えられる。加えて、牛や羊のワルダが出て来るのを見た者、それを押し戻した経験があるという者も少なからずいた。このように村では人、家畜の解体時の動きが止まったワルダだけでなく、実際に生きて動くワルダを目にする機会を持つものが多くいたことも付け加えねばなるまい。

＊ワルダの経験の多様性と共通性、不明瞭な存在から関係の中の存在へ

これまでワルダに関して見て来た。ワルダとは、村では「子宮」という器官をさし、「子宮」から膣までを総称している、と考えられる。しかし一方で、ワルダに関しては、人それぞれ異なる感覚、イメージをもっているのも事実である。そこには、人々が日常生活で行なう屠殺解体による「解剖学的」知識が背景となっており、自己の肉体をもって実感し、経験して見たことを語っているのである。近代医療では、「正常」とされる子宮の形状ではない場合、子宮奇形という病名がつけられ、治療の対象とされることが多い。しかし、実際は治療せずとも妊娠・出産が可能である者が多い。村のワルダに関する認識はその点で、近代医療の教科書的知識とは異なり、正解はないと言える。

村内で共通した認識としては、ワルダは、自分の身体の内部にあるのに、自ら勝手に動きまわる存在と捉えられていることであろう。たとえば「私のワルダ（walda-no）」という表現をされることはほとんどなく、ワルダ（walda）単体で使用される。同時に、お乳をやったり、ご飯を食べると痛くなる、など他の身体の

部位の運動も感じ取り、刺激を受けて動きまわりコントロール不能な存在としても語られる。

村において、ワルダという器官が指すものは人それぞれ異なるが、ゆるやかにつながりながら機能している。その共通性は、肉体感覚である「産後、身体内部でワルダが動く」ということである。それは、人々が共通して、産後にのみワルダを他者的な存在として擬人化して表現していることにも現れている。ワルダは何なのかよく分からない存在として扱われるが、人々が繰り返す語り、身体的に経験し、外に落ちたワルダそのものを見たり、医療知識を得たりするという、多様な身体経験とまなざしが結びつくことで、明確な実体性を帯びてゆくようである。

人々のまなざしの先にある、外に落ちて、身体内部からなくなったワルダに関してみると、近代医療では産後の「悪露」、つまり産褥期の子宮内部からの出血、子宮壁からの出血に、粘液や卵膜の一部などが混じったものではないかと考えられる。近代医療側からは、こういった人々の語る「食べる」「探す」など擬人化された動きは後陣痛としてみなされよう。産後に子宮が収縮し、経産婦ほど痛みは強いとされる。授乳によっても、分泌されるホルモンがさらに子宮の収縮を促す、と考えられている。

ワルダとは、結局のところ何なのだろうか。実際のところ身体感覚だけでは不明瞭な存在である。人々は、事あるごとに「人によって違う」「神は何でもお見通し」という言葉を発する。そこに、人々の身体の多様性、身体は何があるか分からないという不確実性の現われを見てとることができる。また、そのような捉え方は、村で多々起こる、科学では説明できない、しかも時には目にする不可思議な現象がもとになっていると考えられる。ファティマおばさんのジンに憑かれた例が最たるものであるが、たとえば私は、リュウマチで歩けなくなってしまったウッダおばさんが、フキーによって耳元でクルアーンの章句を唱えてもらった後、歩き出す光景を見た。村でも、多くの者たちから、「お前は、アッラー（神）のように科学を信じているけど間違っていることがそのうち分かる」と言われたものである。このような現象を成り立たせている日常生活の微視的な分析を行なうことが今後必要となってくるであろう。

注

1　モロッコの先住民族。ベルベル語タシュルヒート方言を使用し、シュルーフと自らを称する。
2　アラビア語モロッコ方言、ベルベル語タシュルヒート方言ともに「ワルダ」は「子宮」と翻訳され使用されている。
3　「ドゥリートゥ」は胎児、新生児、十歳未満くらいまでの幼児に用いられる（ベルベル語タシュルヒート方言）。性別は問わずに用いられる。
4　インタビュー実施当時、筆者は結婚していたが、まだ妊娠・出産を経験していなかった。

参照文献

ハヴロック、エリック・A　一九九七『プラトン序説』（村岡晋一訳）、新書館。

堀内正樹　二〇〇五「境界的思考から脱却するために」成蹊大学文学部国際文化学科（編）『国際文化研究の現在――境界・他者・アイデンティティ』柏書房、十九～五〇頁。

西尾哲夫・堀内正樹・水野信夫（編）二〇一〇『アラブの音文化――グローバル・コミュニケーションへのいざない』スタイルノート。

オング、W・J　一九九一『声の文化と文字の文化』（林正寛他訳）、藤原書店。

谷正人　二〇〇七『イラン音楽――声の文化と即興』青土社。
箭内匡　二〇〇〇「マプーチェ社会における口頭性――思考と存在の様式としてのコミュニケーションの様式」『国立民族学博物館研究報告』二五巻二号、一七七～二〇二頁。

モロッコの出産と私の出産

【井家晴子】

モロッコ農村部で調査をはじめた当初、私はできる限り「正確さ」を期した調査を行なおうと人々の発言を録音しながら、フィールドノートをつけていた。人それぞれ、ある事物や出来事に関してある程度異なる話をするのは、個々人の価値観の違いを考えれば経験不足な私にも想定可能であった。しかし、人々の会話の内容は私の常識をことごとく覆すものであった。集まって村での日常生活の話をしていたはずの村人たちは、いつの間にか町、外国、夢の中にまで自由に話の場をうつす。そのなかでは昨日の出来事も何十年前の出来事も時空に境目なく、人間、聖者、動物、精霊、臓器が主語として登場し会話が展開される。後日、聞き取れなかった点、確認したい点をまとめ、発言者に話の詳細について確認を行なうと前回とは違う話をする者が続出し、話に一貫性がない。「前に話した内容と違う」と私が訴えようが、誰も大して気にもしない。当時の私は、本当かどうか分からない話を「正確に」記述するという作業に矛盾を感じながらも、結局は、話し上手な者の語りの世界についつい魅了され、村の他の女性たちのように反論することなく、相槌をうちつつ聞き入ってしまった。

拙稿のテーマとなった「子宮」とされる器官、ワルダを落としたと主張する女性たちに対しても疑問視する者はいたが、嘘つきだと言う誹りの声は全くなかった。家畜の解体時に実物を目で確かめることができるはずのワルダ（子宮）に関するバラバラの語りがなぜ発生し、共存可能なのか、私はその謎を解明しようと、何度も医学書を眺めつつ、人々の発言を思い出しながら、「正解」を探して考え込んだものである。一方で、村の友人たちは私がなぜ本や医療関係者に頼って正解を探そうとするのか疑問視していた。「いつか子供を産めばあなたにもわかる」と言って。人々は、医師や人間の作った知識は神には勝らないし、不思議な現象が起こり、人ぞれぞれ違うのは当たり前で、私の作業に何の意味があるのか分からないと考えていた。

長期調査を終えた後、私自身が妊娠・出産体験を終え、なぜか不思議なことに村人が、なぜ産後、子宮を自分の体内にありながら、他者のようにコントロールの利かない存在として語るのか、実感として理解出来るようになっている。また、普通分娩を望みながら、緊急帝王切開に切り替わった経験からも、いかに準備しようが自分の思い通りにはならない自分の身体、神頼みの出産の虚しさを味わった。一方で帝王切開に至る過程から、自分とそれをとりまく人々、社会がいかにリスクと名付けられた医学的権威的知識にとらわれ、振り回されているのかにも気づかされた。

現在、私は第二子の出産を間近に控えている。そして、出産方法として日本では近年、母子ともにリスクが高いとして避けられる傾向のある帝王切開後の経膣分娩（Vbac）を希望している。しかし、私自身は医学的権威知識を疑いながらも、それに頼ろうとする姿勢は変わらない。医療設備が万全に整えられ、子宮破裂の事故が起こった場合に即座に対応できるように、Vbacに関する医学論文を吟味しつつ、経験豊富な医療施設を選択した。

一方で、そのようなこだわりを持って選んだ大きな医療施設においては、電子カルテで患者情報が管理され、大勢の人々が関わって出産に挑むことになる。どういったメンバーで私を支えるのか、それでどのようにチームワークが生み出されるのか、分娩の当日になるまで病院側にも私にも分からない。そのため、私は出産当日、ミスを起こす人がメンバー内にいないよう、いても私と胎児の命に差し障りがない程度のミスであるよう神に念じるしかない妙な心持ちになっているのである。必要なのは無事にお産が済み、命が守られることであり、この際つまらないこだわりは捨てよう、と。このように考えてみると、権威的知識を支えるのは不完全な人間であり、モロッコ農村部の人々と私との間に大した違いはないように思えてくるのである。

4
短めの言葉
――暴力の経験を語りだす人――

池田　昭光

＊言葉にならないもの
＊自己の境界
＊想像力があらわになるとき
＊ひとつの解釈

＊言葉にならないもの

本稿では、レバノンにおけるコミュニケーションの記述を通して、「非境界」的世界の只中に身を置くというのはどういうことだろうかという点につき、フィールドワークの資料を交えつつ、記述的に提示したい。「非境界」的世界が、モノや情報の独特のやりとりを通して生みだされる世界なのであれば、そのやりとりというのはいかなるものであるのかが、まずは記述されなくてはならない。したがって、本稿の意図は、そのごく初歩的な段階での問題に限り、レバノンから見えてくる光景を読者に提示することである。

はじめにお断りしておくが、本稿は、本格的な分析および議論を行なう段階には至っていない。コラム欄にも書いたが、結局のところ、私はこの研究会の趣旨をよく理解できぬままであった。したがって、マージナルな立場から研究会を眺め、ひょっとしたら手持ちの資料が少しは研究会と交差するかもしれないといった程度のスタンスで、暫定的な解釈を試みることしか行なっていない。

通常、フィールドワークは、特定の村落や組織の中で、人々と親密な関係を築き、綿密な観察や詳細な聞き取りを通じて行なうものと考えられている。本稿の記述からもうかがえるかと思うが、私の場合、こうしたモデルは当てはまらなかった。私はどこかのスパイなのではないかという疑念は人々の間に絶えずあり、親密な関係を築けたとは言えないし、こうした疑念のせいか、聞き取りはうまくいったためしがなかった。ただしそれは、レバノン人にとってみればどこか当たり前のことかもしれない。なぜなら、私がレバノンでの調査経験を一年、二年と積み、結局うまくいかなかったということを言いだすようになると、それまでの過程を見てきたレバノン人の友人たちは、「そりゃあそうだよ。レバノン人って、相手に対していいことだけは言うけど、相手の欲しているものは決して与えない」と言い、私の経験には必然性があるのだと教えてくれたからである。

ところが、そんなヨレヨレの状況であっても、人々と日々接していると、何か彼ら自身でもうまく言葉にできないことがあり、それが「ある」ということが私にも確かに感じられ、その言葉にならないことというのは、レバノンの人や社会を考えるうえではとても大事なことのように思われてくる。だから、そのぼんやりしたところに、ある場合には巻き込まれ、別な場合には踏み込んだりしてみると、何か大事なことを、人々が不意に示してしまうということがあるのである。そこをとらえて言葉にし、調査地の人々もそうでないレバノン人にも、折にふれて話してみると、「意外に聞いてもらえる」というのが、これまで私が経験してきたところである。そうしたとき、レバノン人というのは、焦点がどこにあるのかわからない目をしながら、私の前でじっと話を聞いている。[1] 誰かが途中で口を挟もうとすると、それを手で払いのけながら「イケダにしゃべらせろ！」などと言うのである。だからといって、こちらの参考になりそうなことをついでに教えてくれるわけではない。むしろ、何も言わず、無表情でその場を立ち去る場合が多いように思う。ともあれ、こうした機会における彼らの集中は、他の調査の場面で目の当たりにした、私の質問をスルリとかわしていくととらえどころのない所作と、きわめて対照的である。

このようなコントラストが、なぜどのように生じるのかは、私自身、うまく説明できないことも多い。ひとつ言えそうなのは、従来想定されてきたような、観察する側と観察される側とが切り離されている科学的なモデルというのは、レバノンではろくに機能しないらしいということである。巻き込まれたり、翻弄されたりする中で、ちらりと現れるものをどうにかとらえる。レバノンにおけるコミュニケーション及びその状況で調査をすることとは、まずはこのようなものだととらえたい。

＊自己の境界

とはいえ、私の視点ばかりからものを言っているとどこかバランスを欠くように思われるので、レバノン人同士のコミュニケーションというのが、レバノン人自身によってどのように考えられているのかについて述べる必要があるだろう。ここでは、レバノン人の友人との会話から「境界」を意識させる一例について触れておきたい。

あるとき私は、スアード・ジョセフという人類学者が、ベイルートの調査にもとづいて書いた論文[Joseph 1999]に登場する、マロン派キリスト教徒がもつ"Flaur"という女性の名前について友人に尋ねた。[2]これがレバノン人女性としてどの程度一般的な名前なのか、また、そもそもどういう発音をすればよいのかがわからなかったからである。友人は、それが古い世代にみられた名前であることに言及した。私はその名前が一九七二年頃のベイルートにおいて、スアード・ジョセフというレバノン系の人類学者によって記録されたものであることを告げると、友人は、スアードという女性の名も昔風であり、さらに言えば、それは「重たい名前」だと指摘した。

私は「重たい名前」という表現がとっさにわからず、その意味を尋ねた。すると友人は、発音を聞くと重たい印象を受ける名前であると言った上で、「もし、誰か女性に『スアードです』って自己紹介されたら、

『うわ、あんまり仲良くなれないかも』って思いそうだ」と、想像的ではあるが実感のともなう状況を例として挙げた。

つまり、「重たい名前」というのは、アインやサードなど、アラビア語に特徴的な、咽頭音や咽頭化音［松田 一九八八：四六五］が用いられている名前と言ってよいだろう。日本語の場合、ある人の名前を聞いたとき、漢字の字面をもとに名前の意味に意識が及ぶことがあるが、この「重たい名前」の場合は、意味ではなく音に意識が向いている。

ここで気をつけたいのは「重たい名前」だからただちに社会関係に支障を来すということにはならないという点である。たしかに、先に挙げた引用からでは、「重たい名前」が悪い印象につながると理解されてしまう。だが、件の友人は、先の引用に対して、次のように続けた。

でも、もし「スアードです」って言った後に「スースーって呼んでください」なんていう風に言ったら、そのあとのやりとりはまったくスムーズに行くと思うよ。

つまり、音を基準に「重たい名前」と判断され、それによって相手が親しみを損なうこともあるが、その重さを減ずるような措置（ここでは綽名の使用）がなされれば、疎遠になるどころか「まったくスムーズ」な関係性が築けそうだとみなされるのである。一言付け加えるか加えないかといった、コミュニケーションを行なう当事者間でのやりとりのちょっとした違いが、両者の距離にかなり影響する。この点をまず確認しておきたい。

次に注意をうながしたい点も、やはりこの名前をめぐる友人との会話に見出される。友人は、名前を聞いたときのこの一瞬のやりとりについて、次のように言った。

出身地とか姓とか、あと宗派や政治的な傾向。こういったものは、ちょっとしたことで判断され、いったん判断されたらそれは隠れてしまう。それを後からあからさまにしようとして尋ねるのは失礼だよ。名前もそういったもののひとつだ。いったん隠れたら、それから先は、例えばスアードが「ハサン（という男性）は自分のことを『……な人だ』と思ってるのだろうな」と考えていたら、ハサンの方では「スアードは、自分が彼女のことを『……な人だ』と考えているのだと思ってるのだろうな」って考えるようなことがお互いにあるだけ。

なぜ、このような探り合いがなされるかと言えば、自己紹介の中にデリケートな情報が含まれるからである。その最たるものは宗派（およびそれと関連する政治的傾向）である。宗派をあからさまに尋ねるのは憚られるが、姓と出身地の情報から相手の宗派を推測することは充分に可能である。ある特定宗派の中で偏って用いられる姓であれば、自己紹介の際、相手の名前を聞けば、ただちに宗派的帰属まで、かなりの確率で判断可能である。逆に、複数の宗派で用いられる姓（ハッダード［鍛冶屋］、ナッジャール［家具職人］など職業に関するものが多い）であれば、出身地等の情報を加えて宗派的帰属の可能性を狭めていくことができる。

したがって、もし自己紹介でのやりとりをもとに素性（とくに宗派）を詮索されたくないのであれば、首都のベイルートのように、多様な人間が暮らす場所を挙げれば、詮索をある程度は回避することができる。

実際、とある人類学者はこうした詮索を嫌い、自分はベイルートの出身だと、自己紹介の場では述べる。私はこの人物が、ベイルートでホテルのボーイとやりとりをする場に居あわせたことがあるが、「レバノン人」と名乗っていながらその姓がパレスチナに多いものであることと、にもかかわらず「ベイルートの出身」と言われて、ボーイはひどく混乱し、「本当にレバノンの方ですか?」と尋ねる始末であった。

ともあれ、相手の素性についていくつかの情報をもとに瞬時に判断がなされること、いったん判断されると「隠れてしまう」こと、ちょっとした機転の利かせ方が判断に大きく影響することから、自己の輪郭という「境界」であっても「隠れてしまう」ものとセットで作られていることがうかがえる。ある個人の境界のすぐ脇には、触れれば失礼にあたるような陰影があるのは我々だって同じなのかもしれないが、筆者の友人の言葉からは、それが他人と知りあうことに常についてまわり、うっかりするとそこに踏み込んでしまいそうな危うさの中で相互のやりとりがなされる点がみてとれる。

＊想像力があらわになるとき

この「隠れてしまう」ものは、しかしながら、人が他人を判断し位置づける、ごく基礎的な過程をなしている。逆に言えば、隠れているものは、それ自体が社会的過程による産物なのである。したがって、この隠れてしまう社会的なものが、冒頭に記したような「言葉にならないが人々の関心をひくもの」でありうる。

レバノンでのフィールドワークにおける筆者の扱いに戻るなら、人々が私をどのように位置づけていたのかは「隠れてしまう」のだから、はっきりとはわからない。しかし、私をどこかから派遣されてきたスパイではないかという疑いは、人々の判断の中に大きな位置を占めていたと考えてよい。実際、調査地で最も親しくしていた家族からも、「みんなが、池田のことをスパイだって言っているよ」という風に時々言われていた。しかし、そう告げられるのはほとんど常に間接的な仕方を通してのことであった。

対面的な状況を少し離れてみれば、このようにみなされることには、充分な歴史的・政治的根拠がある。私が調査をしていたカップ・イリヤースという町は、ベカー地方に位置するのだが、この地方にはかつて、「(日本) 赤軍」が活動や訓練を行なっていた場所が存在した。町の人は「(日本赤軍は) 何もしませんでしたよ。ただ、うるさかっただけ」と言う。しかし「何もしなかった」と語られるからといって、日本赤軍の存在が、人々の記憶や、記憶を通じた筆者の位置づけに影響していないと判断するのは早計だろう。むしろ、この発言の後半部分にある「うるさかっただけ」が重要なのではないか。誰であれ「うるさい」ことをレバノンで企てているのではないかという想像力が、日本赤軍と筆者とを結びつけるからである[3]。

より客観的に言えば、私がレバノンに滞在していた当時、レバノン情勢はきわめて不安定であった。たしかに、一九七五年から十五年続いた内戦は一九九〇年に終結し、レバノン全土での復興は進み、表向きは落ち着いたかのように見えてはいた。とはいえ、内戦時の被害について、国民全体で「和解」したわけではなく、軍の駐留をはじめ隣国シリアの影響力は存続していた。さらに、内戦後の復興を牽引し首相職も担当したラフィーク・アル＝ハリーリー氏が二〇〇五年に爆殺されると、シリア政府の関与を疑う側と、それを否定する側に、国民全体が二極分解する状況が生まれた。その状況を、米国、フランス、イラン、サウジアラビアをはじめ、諸外国が様々な形で自らに有利な側を「支援」した。レバノン人にしてみれば、そうした「介入」により、国自体が分解するのではないかという可能性が現実味を帯びていった。カップ・イリヤースのあるベカー中部一帯は、現にさまざまな宗教・宗派集団が混在する地域だったため、「ここら一帯はどうなるんだ?」と、本当に分解したときの衝撃をまともに受けるのではないかと、住民に思われていた。

そうした状況下で、二〇一一年にカップ・イリヤースで半年ほど調査をしていたときのことである。もうあと数日で帰国するという段になっていた。この時点で、この町には数年間のうちに三度、のべ二年ほど滞在したことになるのだが、何度訪れても人びとが私をスパイではないかと疑うことに嫌気が差し、もうこの町での調査は止めようと、いくらか真剣に考えはじめていた。

あるとき私は、町の住民であるパレスチナ人の一家が営む八百屋兼雑貨屋で、帰国の件も含めた立ち話を、次男の大学生（仮名でマフムードと呼ぶことにする）としていた。[4] この店はよく利用していたので、買いものついでに、帰国の予定は事前に告げておこうと思った。すると、雑談をするうち、私の行なっている研究に話が及んだ。町から諸外国へ移住した人びとのこと、人びとが記憶している町の歴史のことなど、いくつかトピックを挙げながら答えていると、マフムードは急に、「お前は何か隠している」と言いだした。彼からこのように言われるのは初めてだったので、動揺はしたものの、先に答えた通りの事柄に興味があり、それについて博士号を取るのが目的であり、それ以上のものではないと応答した。

マフムードは、いったん言い出すと、「隠している」という想念にとらわれたかのように、隠している、隠している、と繰り返すばかりになった。私は、あらためて自身の関心を説明したり、「それ以外に何と言えばいいのでしょう?」と説得を試みたり、何とかその場をおさめようとしたのだが、全く埒があかない。マフムードの執拗さに、自分はこれほどまでに信用がないのかと、情けなくもなった。

精根尽き果てたような気分になって、私は、この町での調査をいっそのことあきらめるつもりで、強く出ることにした。関係が壊れても構わないので、一体何が人々をそこまで疑わせるのか、正体を確かめようと思ったのである。マフムードに向かって「何それ、公安みたいだね」とからかって言う。すると、軽い言い争いのようになった。細かなやりとりは覚えていないのだが、我々の交わす言葉は、急速に不毛なものへと変わっていった。ただ、ここまで人々と対峙したことはなかったので、「向きあうとこういう風になるのだな」といった感慨はあった。

私の中では、今ここで恐怖感の根拠を尋ねたらどんな答えが返ってくるだろうかということに興味が移っていった。私は、「何をそんなに怖がっているのか?」とマフムードに尋ねた。「いや、怖いことなどない」との返答。いや、そんなに私を疑うということは怖がっているじゃないか、何が怖いのか言ってみろ。私はさらに押してみた。すると彼は、

戦争が怖い

と、ぽつりと言った。目を伏せるように言うその表情がとてもみすぼらしく、私は愕然とした。普段はどちらかといえば礼儀正しく、明るく、こざっぱりしたところのある、外国人である私にも構えるところのない、話しやすい若者だと思っていた。それが今では、怯えたような、何かに負けたような、形容しがたい表情をしている。そのみすぼらしさに圧倒されたのだと思う。私も力が抜けたようになって口をつぐみ、我々のやりとりは、そこで途切れた。

しばらく二人とも黙っていると、自分は一ヶ月投獄されたことがあると、マフムードが言いだした。それ

からまた、その一件とは別に、二週間投獄されたこともあると付けくわえた。後者のほうは、数年前の「ナイフを伴った、大きな問題」なのだと言った。それぞれについて詳しいことは言わない。「ナイフを伴った、大きな問題」も、何のことだか、結局は明かされなかった。「投獄」という結末だけを中心に、こんなこともあった、こんなこともあったと、ぼそぼそと並べてゆくような口調である。その調子のまま、さらに、父方オジの娘には婚約者がいたのだが、その男性が彼女を殴ったことに腹を立て、兄と一緒に彼を「誘拐」し、目隠しをしたうえで拳銃をこめかみに突きつけると失禁したのだと、力のない笑いとともに話していた。

マフムードがなぜこういう話を持ちだすのかは、その場ではさっぱりつかめなかった。傍目には「戦争が怖い」の一言に続けて、自らのかかわった暴力の記憶が芋づる式に引き出されてしまったという体に見える。私は言葉を失い、もはや当初のように強く出る気もなくし、そうか、そうかと、マフムードの言うことをただ聞くばかりであった。その後、私たち二人は、ふと我に返ったように、再びどうということもない雑談をしたり、つけてあったテレビを少し観たりした。それ以上は場が緊張することもなく、私は店を辞した。

＊ひとつの解釈

私とマフムードとのやりとりは、当初はあたりさわりのない、私の帰国の件を話すというところから始まった。マフムードが私の研究について尋ね、私がそれに答えるというやりとりにも、さして変わったところがあるようには思われなかった。町の人々からは、何度も尋ねられた事柄だからである。ただしこの質問は、状況次第では先方の疑念を引き起こす可能性をはらんでいる。実際に経験した例だが、私は当初は農業の調査を行ない、その後、この町から諸外国へ渡った移民に興味を持ち、そちらに調査の比重を移していった。すると、「興味を変えたこと自体」が彼らの注意をひき、何か別の目的があるのではないかと勘ぐられるのである。

マフムードも同様の疑念を抱いていたのかもしれない。それで、私が何か隠していると口にしたと考えることはできるだろう。ただ、二年にわたる滞在を通して、彼がこのような態度を示したことは一度もなかった。そのため、私は驚くとともに、彼もまた疑いを持っていたのかと思い、愕然としたのである。そもそも、レバノン国内で微妙な政治的立場に置かれたパレスチナ系の人々を調査していると治安機関に判断された場合、どのような事態を迎えるのか、私には予測がつかなかった。それで、マムフードやその一家に対しては、聞きとりを試みたことはなかった。

それが、「戦争が怖い」というマフムードの一言により、流れの方向が変わった。私はこのとき現場で、ひょっとしたら何か今のレバノン情勢について彼が不安に思っていること、あるいは、レバノン内戦時に町で起きたことなどが、エピソードとともに語られるのではないかと期待したところがある。[5]日頃の調査では、こちらの質問に対して返ってくるのは、沈黙や断片的な表現やほのめかしといった、文化形式の観点からみて把握のしがたいものである。「まとまった資料」と言えるようなものはほとんどろくに得られなかった。そういった調査上の困難をレバノン人の研究者に相談すると、言いかたはそれぞれに異なるが、「イケダはおとなしすぎる。もっと強く出なくてはだめだ」と言う場合がほとんどであった。[6]したがって、彼らの助言にしたがってみたら何か「まとまった資料」が得られるのかどうか、少しは期待した。

ところが、そこで得られたのはやはり「戦争が怖い」という一言だけであった。先に「私は愕然とした」

と書いたのは、マフムードのみすぼらしさを受けてのことであるのはもちろんだが、それに加えて、結局、対峙したところで得られるのは短めの言葉だったからだということもある。レバノン人の研究者たちが言うことを受けて強く出たらまとまった資料が得られるというわけではないのだ。科学的な発見をたとえて「発見＝覆いを取る（dis-cover）」と言うが、結局、覆いをはがしたところで、短めの言葉がもうひとつ出てきただけだったのである。

「戦争が怖い」の一言の後、その場の緊張は収束していった。決して緊張が「緩和」したとか、我々は「打ち解けた」などと言いたいのではない。また、マフムードが力なく暴力について語る様子、イトコの婚約者が失禁した件を語ったときの笑いが妙に乾いていたことを考え合わせるなら、マフムードが、我々の間の緊張を「鎮めよう」として、うまくその場を取り繕ったという風にはとても見えなかった。

マムフードのエピソードは、次のように特徴づけることができる。そもそもマムフードとその一家については、既述のとおり、私の調査対象ではなかった。店で買い物をし、いくらかは世間話などもするが、それだけの関係であった。それだけの関係に、私のほうでとどめるようにした面もある。マムフードが私の存在に疑惑や恐怖感を感じていたのであれば、調査のことなど尋ねず、単なる店と客との関係にとどめることは充分にできたのだと言えよう。実際、おおかたの住民は「いいことだけは言うけど、相手の欲しているものは決して与えない」という水準で、私が発する質問に答えなかったり、はぐらかしたりしていたのである。しかし、マムフードはそのレベルにとどまらなかった。一歩踏み込み、すでに述べたやりとりが生じた。その結果現れたのが、暴力に関連する想像力や語りであった。

あくまで覚え書きの範囲にとどめることを許されるなら、私はこの現象を、ナショナリズムに関するベネディクト・アンダーソンの指摘に比してみたいと思う。即ち、ナショナリズムという「萎びた想像力」のために多くの人が「すすんで死んでいった」という指摘である〔アンダーソン　二〇〇七：二六〕。もちろん、ナショナリズムという広範な現象と、フィールドで観察される二者間のやりとりとを直接的に比較するのは無理がある。しかし、人が想像力を媒介に、暴力に自ら寄り添っていくありかたは、私とマムフードとのやりとりにおいても認められたのである。

ただ、ここで取りあげた暴力の語りに登場するのは、ナショナリズムの想像力に認められるような（そして堀内が批判するような）主語をめぐる想像力（ベトナムとカンボジア、アラブとベルベル等）ではない。行為（ピストルを突きつけた）とその結果（失禁）に焦点が当てられていたり、出来事の部分（ナイフ）で全体を語ろうとする態度は、やはりナショナリズム論との比較では解明しきれない部分を含んでいる。

けれども、ナショナリズム――本書における堀内の立場によれば境界的思考の代表例――と暴力とが密接に関わってきた点を踏まえるのであれば、マムフードのエピソードには、境界的ではない（非境界と言えるかどうか、判断がつきかねる）思考と暴力とが密接に関わる場合もあるのではないか、という問いの可能性が含まれているように思われる。[7] さらなる検討を別稿で試みたい。

注

1　私の感触からすると、この目をすることによって、どんな言葉も等しい重さで聞き取ろうとしているかのように感じられる。

2　ここで登場する友人というのは、三十代前半のマロン派キリスト教徒である。そのため、ジョセフの論文に登場するマロン派の Flaur という女性について尋ねるにはふさわしいと考えた。

3 のちに登場するマフムードにより語られる暴力の記憶において、「投獄された」ということだけが語られることと形式においてきわめて似通っているように思われる。

4 したがって、本節ではレバノンに暮らすパレスチナ人が扱われるが、便宜的に「レバノン」「パレスチナ」という名称を用いるにせよ、それをただちに「レバノン人」「パレスチナ人」といった、境界づけられた文化・民族概念にスライドさせてはいけない。非境界型世界・思考を論ずるうえで、従来用いられてきた文化概念・民族概念がどのように使用されるべき（あるいはされない）べきかという議論は、研究会のなかで、ある程度の方針を固めるまでには至らなかったように思う。また、それは今の人類学が抱える一般的な問題ともみなしうる。さしあたってここでは、境界づけられた、実体的な文化・民族概念を前提とせず、ある政治的な状況への対応策として用いられる一連のレパートリーを「文化」とみなす、ジェームズ・スコットに似た立場を採用する［スコット 二〇一三］。スコットの立場は、前近代の東南アジアを非境界型世界と読み替える可能性を示唆したものとみなすことができるが（その点で、スコットが、発想の源のひとつとして、モロッコのアラブ＝ベルベル関係をとりあげたゲルナーの業績を挙げているのは興味深い）、それでもやはり、「シャン」「フモン」といった、従来の文化・民族のラベルを採用せざるを得ないという意味では、ここでの問題を完全に解決しているわけではない。

5 ただ、マフムードは二〇一一年の時点で大学生になったばかりだったから、年齢はせいぜい二十歳といったところであろう。内戦の記憶について期待するのは無理があったかもしれない。

6 研究者ばかりではない。一度、乗り合いバスのなかでイスラーム教徒の女性（ヒジャーブを付けていたので宗教は明らかだった）が、私がレバノンで行なっていることに興味を持ち、しばらく話をしたことがあった。彼女はドイツで生まれ育ったのだが、結婚して、今は夫と一緒にレバノンに住んでいるのだと言っていた。私がここで記したようなレバノンでの困難に言及すると、彼女は、自分も似たような経験を何度もしたと言い、「『怖がるな！　オープンにしゃべりなさいよ！』って言ってやったらいいじゃない」と助言をしてくれた。強く出るべきだという意見は共通している。

7　三木亘は「非境界」に相当する現象（彼自身の表現によれば「人間移動のカルチャー」）を早い段階で指摘しているが、それが中東地域の様々な暴力的事象を背景にしたものであることを忘れてはいけないと注意を喚起している［三木一九七五：七三］。また、ナショナリズムとは本当に主語をめぐる想像力の問題にとどまる現象だったのか、という問いもなされて当然だろう。

参照文献

アンダーソン、ベネディクト　二〇〇七『定本　想像の共同体――ナショナリズムの起源と流行』（白石隆・白石さや訳）書籍工房早山。

スコット、ジェームズ・C　二〇一三『ゾミア――脱国家の世界史』（佐藤仁監修・訳）みすず書房。

松田伊作　一九八八「アラビア語」亀井孝・河野六郎、千野栄一（編）『言語学大辞典　第一巻　世界言語編（上）』三省堂、四六二～四七二頁。

三木亘　一九七五「人間移動のカルチャー――中東の旅から」『思想』第六一六号、五五～七四頁。

Joseph, Suad 1999 "Brother/Sister Relationships: Connectivity, Love and Power in the Reproduction of Arab Patriarchy." Suad Joseph (ed.) *Intimate Selving: Self, Gender, and Identity in Arab Families*. Syracuse University Press, pp.113-140.

隙間のある言葉

【池田昭光】

私が人類学を通じて行ないたいのは、「レバノン人に似合う文章」を作ることだと思う。「似合う」というのは、たとえば服屋の店員が、「お似合いですよ」と言いながら商品をすすめる場面を想像してもらえればよい。「似合った」のであれば、本文の最初の方に記したようなかたちで、「通じた」という経験が生じる。このとき、「これお似合いですよ」として私が言葉を提示することと、「ひょっとして似合うかも」と彼らが受けとめることとの間に、隙間がないとうまくいかない気がする。

たとえば、確かにレバノンの人々は「政治」に関心が強いけれども、だからといって「政治」の話をすれば「通じる」かといえば、必ずしもそうではない。私もいちど試みたことがあったが、彼らにとってあまりに当たり前すぎるのか、「通じた」とは思えなかった。隙間がなかったのである。

だから、この隙間をどのように見極めるかが、私にとってのフィールドワークだったのだと思う。共同研究会では(特に水野信男氏とのやりとりを通じて)このことに気づかせてもらった。

その反面、研究会の核心については、正直なところ、結局はわからなかった。いや、当初はわかったつもりだったのだが、三年半の間に私のレバノンへの視線が変わってしまったのか、研究会も終盤になると、齟齬のほうが目立つようになった。

もっとも理解に困難を覚えたのは、中東社会に非境界的な側面が強いことを認めるにしても、なぜ、それがグローバリゼーションと距離を置いた生きかたになるのかという点である。もし私が、本当に非境界的に生きられるのだとしたら、グローバリズムやネオ・リベラリズムとべったり結託して、そこから甘い汁を吸っていそうな気がする。そういうことにはならないという風になかば前提にされている点が、不可解であった。レバノンでの経験をいくら思い返しても、わからない。

しかし、それは私にはまだ見えていない世界なのだろう。そういった意味では、本文でも注記したとおり、拙稿はあくまでも共同研究会の入り口でうろうろしたまま、気がついたら研究会が終わってしまったことの記録にとどまっている。あまり多くを期待しないでいただきたい。

最後に謝辞をひとつ。二〇一三年度立教大学異文化コミュニケーション学部での授業中、マフムードとのエピソードを学生たちに話してみた。全員が集中して聞いており（誰も寝なかった唯一の回）、その様子をみながら、そういえばレバノン人は私の話をじっと黙って聞いてくれることがあったなぁと思いだした。「じっと耳を傾けるレバノン人」について本文中に活かすことができたのは、学生たちのコミュニケーショナルな態度のおかげである。

5

商いと人

——モロッコのベルベル人に学ぶ非境界——

齋藤　剛

＊はじめに

中東に関する一般的なイメージの一つに紛争が絶えない地域というものがあるかと思う。そして、紛争が生み出される遠因として、中東諸社会においては部族や民族への帰属意識が強いがゆえに対立が深まるのだと考えられたり、多様な民族、宗教、宗派が混在しているがゆえに混迷が深まるのだと考えられることがあるかもしれない。

こうした一般的なイメージを覆し、中東社会における社会編成の特徴を理論的に明らかにしようとした研究者の一人に板垣雄三がいる。板垣は、多様な社会的・文化的・宗教的背景をもつ人々が混在し、離合集散を繰り返す中東諸社会の社会編成の特徴の一つは、部族や民族などの集合的なカテゴリが個に優先されるのではなく、むしろ個々の人々が相手や状況に応じて、柔軟に関係を切り結んでいく点にあると捉え、「アイデンティティ複合論」という理論を提唱している［Itagaki 2001］。民族や部族などの集合的カテゴリを強固な社会的凝集力を持ったものとして捉える視点を退け、むしろ個々人が臨機応変に関係を切り結んでいく点に注目をした理解は、板垣のみならず、本論集の編者である堀内正樹、そして、本論集に論文を寄せた複数の論者が言及をしている歴史学者三木亘などにも共通して見いだされるものである。

だが、それでは、中東における人間関係は具体的にはいかにして切り結ばれ、また情報やモノは取得されているのだろうか。本稿では、モロッコに暮らすベルベル人の出稼ぎ／商いと都市生活を事例として、アラブ人やベルベル人などの民族範疇や、親族、家族、同郷者、身内とよそ者といった区分によって、彼らの商業活動や生活において社会関係がどのように築かれているのか、その一端を明らかにしてみたい。

ベルベル人は、ベルベル語を母語とし、北アフリカから西アフリカの北縁におよぶ広大な地域に暮らしている人々である。[1] モロッコでは総人口約三千万人のうちの四〇％から六〇％を占めると考えられており、アラブ人と並んでモロッコ社会を構成する主要な民族の一つである。本稿が対象としているのは、モロッコに存在する三つのベルベル系言語集団の一つで、モロッコ南西部スース地方などを主たる故郷とするシュルーフ、あるいはイシュリヒーンと呼ばれる人たちである。彼らは、モロッコを代表する商業民であり、その商業ネットワークの形成には彼らの強固な親族、部族、同郷者としての連帯があると考えられてきた。

一方では強固な同郷者意識、部族意識を有すると考えられ、他方では多様な人々が混在する都市で自らの生活空間を広げて商業活動に成功したと考えられるベルベル人の事例をとりあげ、彼らの出稼ぎや都市生活の詳細を明らかにすることで、中東における人間関係に関する一般的なイメージを超えた理解を得るよう試みること。これが本稿の第一の目的である。第二の目的は、具体的な事例を踏まえて、板垣によって提唱されたアイデンティティ複合論を再検討することである。

シュルーフの暮らしぶりや考え方について多くのことを教えてくれたのは、私がハーッジと呼んでいるある老人である。ハーッジとは、メッカ巡礼そのものを指す語であるのと同時に、巡礼を成し遂げた者に与えられる尊称でもある。現在推定で七七歳のハーッジは、フランスがモロッコを植民地支配下に置いていた一九三七年頃にスース地方東部の一山村に生を受けた。幼い頃に故郷を襲った疫病の蔓延で両親を亡くして後、ハーッジは同じ村に住む親族の伝手を頼って首都ラバトに赴き、ラバト市旧市街にある大衆食堂などで丁稚奉公を始めた。苦労を重ねた末に同じ旧市街に店舗を購入して生活の基盤を都市におくようになった後もハーッジは、今日に至るまで故郷の人々との絆を大切にしている。たとえば、故郷に残る兄が亡くなるまで送金を続けていたほか、彼の子供をはじめ、故郷に残った甥たちを次々にラバトに呼び寄せて働く機会を与えてきた。同郷者とも日常的に交流を続けてきている。このような故郷とのつながりを大切にする姿勢は、ハーッジのみならず同郷者に広くみられる。だが、仔細に出稼ぎの様子や仕事に対する家族の関わり、民族関係などを見て行くと、現実の社会関係や仕事、生活は、民族や同郷者、親族などの範疇に依拠しつつも、それだけには限定されない豊かな人間関係で成り立っていることに気づかされる。本稿で筆者が明らかにしたいと考えるのは、そのような生活の豊かさの詳細である。

以下の節では、まず、ハーッジたちベルベル人が向かった都市がいかなる場であり、そこで職業選択がいかにしてなされているのか、同業者間の関係はいかなるものであるのかといった諸点に目を向け、都市における商業活動の特徴の一端を浮き彫りにする。そのうえで、親族や同郷者の紐帯、問屋や店員、顧客との関係の切り結び方への理解を深めてゆく。結果として明らかになるのは、親族や地域、民族を基準とした分類枠組みを受け入れつつも、自らの経験と目でその場その場で相手を見定めて行こうとする「現実主義」的、「経験主義」的な姿勢である。これらの議論を踏まえて、中東における個人の捉え方をめぐる理論的枠組みとして板垣が提唱した「アイデンティティ複合論」を批判的に検証する。

＊出稼ぎと都市

ハーッジ（写真左）とその友人

シュルーフは、今日ではモロッコ各地の都市はおろか、フランスなどにおいても雑貨店や金物屋、大衆食堂をはじめとした小売店を経営している人が多く、モロッコを代表する商業民として夙に知られるようになっている。[2] 商人としての名声を彼らが得るに至ったきっかけの一つは、フランスによるアルジェリアやモロッコの植民地支配にまで遡る。その先駆けは、一八三〇年にフランスの植民地支配下におかれたアルジェリアの中で経済的発展を遂げた西部の都市オランへ、シュルーフが十九世紀後半に出稼ぎに赴いたことに求められる。次いで、二〇世紀初頭にモロッコの大西洋沿岸の都市カサブランカなどが西欧列強との通商によって繁栄すると、シュルーフは、数年おきに飢饉や伝染病の蔓延にさらされる故郷を後にして、北部の諸都市へ向かうようになった［Waterbury 1972］。さらに、第一次・第二次世界大戦期には、ベルベル人は戦時経済下における労働力としてフランス本国に移送され、戦後、フランスに滞留する移民層の下地が形成されることにもなった［堀内　一九九三］。つまり、出稼ぎ民／商業民としてのシュルーフの経済活動は、フランスによる植民地支配を一つの契機として展開してきた近代的現象である。[3]

ハーッジの出身村落の人の場合、フランスやイタリアなど海外に出稼ぎに赴いた者がいるほか、モロッコ国内ではスース地方内の中心都市アガディール、タルーダント、中西部のカサブランカ、ラバト、サレなどに多くの者が出稼ぎに赴いているほか、モロッコ中央部のベニ・メッラールなどに赴いた者もいる。

それでは、彼らが出稼ぎに赴いた都市とはどのようなものであったのだろうか。ラバトをはじめとしたモロッコの諸都市には、フランス植民地政府が採った都市政策に由来するある構造的な特徴がある。それは植民地支配以前から存在する都市の横に、新たにフランス式の都市を建設するというものである［Eickelman 1976］。一般に前者は旧市街、後者は新市街と呼ばれている。植民地支配期以前から存在する旧市街は、城壁で囲まれ、迷路のように入り組んだ道が縦横無尽に走っているのに対して、新市街は、ロータリーを中心にして直線的な道が放射線状に何本も伸びているパリに見られるような整然とした空間構成で成り立っている。[4] 新市街建設後には、旧市街の富裕層が新市街に流出するという現象が起きた。さらにモロッコ独立（一九五六年）後には、フランス人入植者のフランス本国への大量引きあげと期を一にしてモロッコの地方から都市への大量の人口流入が生じ、旧市街のみならず新市街周辺部にも中低所得層の人々が集住する地区が形成されていった。

ハーッジの出身村者の多くは、このような庶民街に住んだり、店舗を構えたりしている。それは、ラバト市旧市街ではバーブ・メッラーフ（メッラーフ門）、バーブ・ルフバ（ルフバ門）、バーブ・ル゠ハッド（ハッ

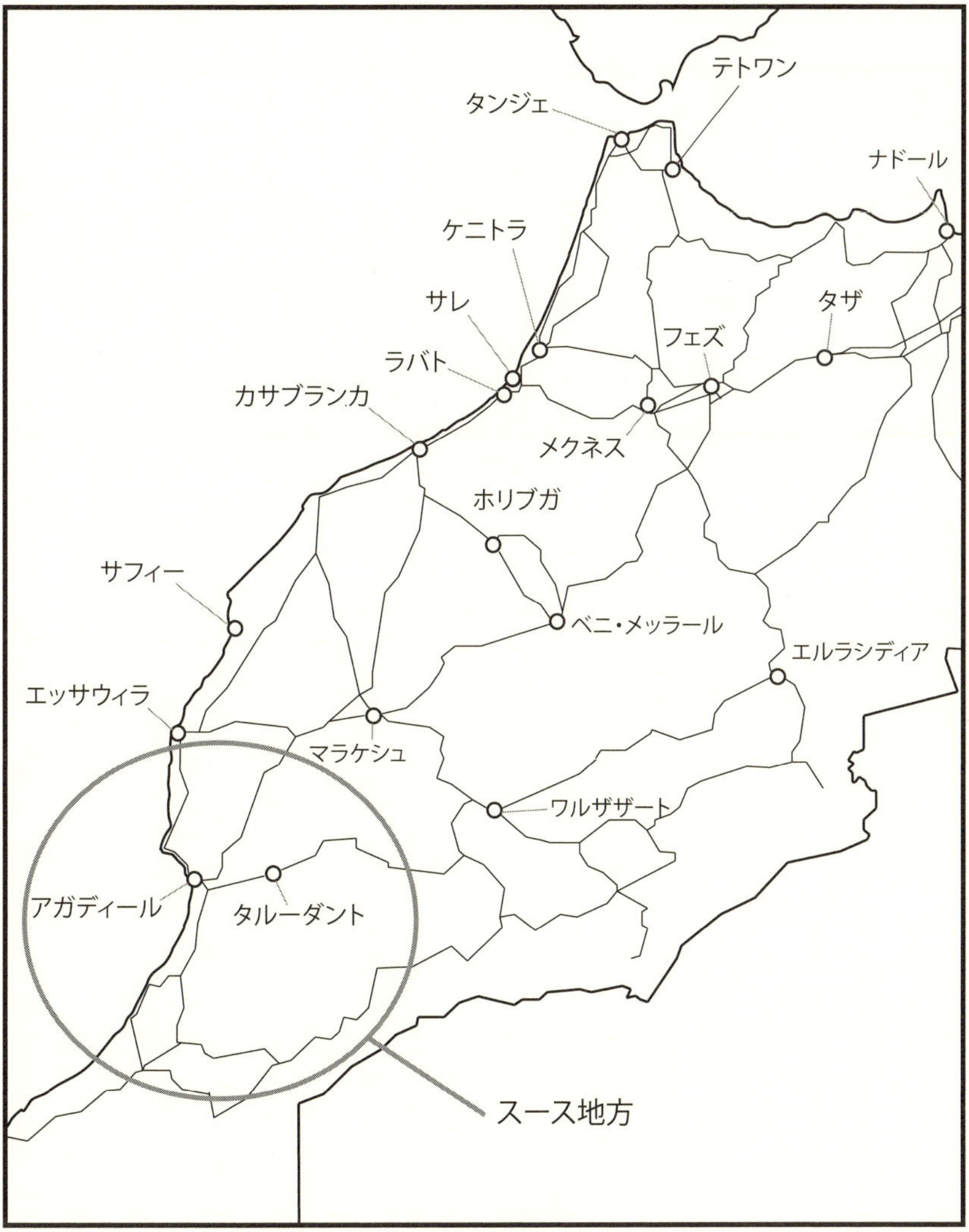
テトワン
タンジェ
ナドール
ケニトラ
サレ
タザ
フェズ
ラバト
カサブランカ
メクネス
ホリブガ
サフィー
ベニ・メッラール
エルラシディア
エッサウィラ
マラケシュ
ワルザザート
アガディール
タルーダント
スース地方

モロッコ関連図

ド門）近辺など、新市街ではデュール・ジャマア地区、ロセアン地区、ジーサンク、アッカーリー、郊外ではテマーラなど、廉価で商品を購入できることで知られ、人が集まりやすい場所である。さらに、アビー・ラクラーク河を挟んでラバトに面しているサレ市の旧市街や市内のタブリクト地区、郊外のムーレイ・イスマーイール地区などの庶民街にもハーッジと同じ部族の出身者や同村出身者、親族などが多数住んでいる。もっとも、長年の商売で財をなした者の中には、今日ではリヤード地区、郊外のハルホーラなど高級住宅地として知られる地区に邸宅を構えている者もいる。

彼らは、財力の有無にかかわらず日常的に互いの店舗や住宅を訪問し合ったり、結婚式やお七夜、葬儀などの人生儀礼に際して集まっており、故郷を離れて後も緊密な関係を保っている。さらに、訪問に際しては、お互いが共通の知り合いの消息や最新のニュースなどについて尋ね合うのが常であり、ラバト市、サレ市に在住する同郷者に留まらず他地域、あるいは故郷に残る人々についての最新の情報が日常的に分かち合われている。見知らぬ人が集う都市ラバト、サレで出稼ぎを開始したハーッジ達は、このような同郷者間の日常的な紐帯を維持しつつ、慣れない都市生活を開始し、自分たちの生活基盤を築いて来た。

＊職業選択と偶然

シュルーフは、出稼ぎを通じて、とくに小売業に進出をしてきた。だが、彼らの職業の選択や転職は一体どのようにしてなされているのだろうか。ハーッジの例をもとに職業選択の様子の一端を見てゆく本節の論点は、偶然という要素に関わる。ハーッジ達の場合、予想不可能な出会いや出来事との遭遇を肯定的に捉え、受け入れようとする姿勢がみられる。それは、彼らが時代や社会状況の変化、生活環境の変化に柔軟に対応をしていくうえで自分たちの理解や計画、予想の限界に自覚的であるからのように筆者には思える。

二〇世紀初頭の出稼ぎ開始期には部族ごとに大衆食堂、雑貨店などといった職種の棲み分けもあったというが［Adam 1973］、時代が下るにつれてそれは薄らいでくる。というのも、職業上の「棲み分け」は、あくまでも出稼ぎ開始期に親族の伝手をたどらざるをえなかったという要因に由来するものであり、必ずしも他の職業への転換が禁じられていたわけではないからである。ハーッジの同村出身者や親族の場合、ハーッジと同世代の者は大衆食堂に関わることが多かったのに対して、五〇代の者には、金物店経営に進出している者が多い。

さらに個人の生涯に目を転じても、仕事を変えることはしばしばある。ハーッジの場合、幼い頃に故郷を離れてラバトにやってきて以降、さまざまな仕事をしてきた。親族の伝手で始めた大衆食堂の給仕を皮切りに、大衆食堂の経営、衣料品販売、カイサーリーヤと呼ばれる様々な店舗や屋台が軒を寄せる小さなモールのオーナー、家具屋、生地屋などだ。最初に覚え、長年慣れ親しんだ仕事でもある大衆食堂の経営は、他の仕事の経営がうまくいかなかった時に何回も繰り返している。

いろいろな仕事に取り組んできたハーッジではあるが、十年前にカーテンやソファー用の生地販売を始めてからは、この仕事を今に至るまで継続している。この仕事は災難の中から偶然始まった。ハーッジは生地屋を始める前に、生地販売を生業とするウマルという人物に店舗を貸していた。ウマルは、もともと旧市街のすぐ外で生地屋を営んでいたが、より人通りの多い旧市街を好んでハーッジの店舗を借り、そこで生地屋を二年あまり開いた。しかし、問屋への代金の支払い、ハーッジの店舗賃料の支払いなどを滞らせて、雲隠れしてしまった。そのため、カサブランカにある複数の問屋が、店舗貸主であり、かつ店舗にも毎日顔を出していたハーッジのもとを連日訪れ、雲隠れしたウマルの所在と、彼に預けた商品の引き渡しをハーッジに要求するようになった。ところが、こうした督促と詰問が相交じったやりとりを続けるうちに、ハーッジとその家族は、カサブランカの問屋の人たちから信頼をされるようになり、彼らからの誘いもあって、ウマルとは全く無関係に仕事を開始することになったのである。

しかし、ハーッジはそれまで店舗に顔を出していたものの、ウマルの販売に頼っていたこともあり、生地の種類や価格、売れ筋の商品をはじめとした生地販売に必要な知識は、全く持ち合わせていなかった。だが、ウマルからの賃料の支払いが一年近く滞っていたハーッジはすでに生活費が尽きかけており、他の仕事を始めるための元手もなかった。以前のように店舗を貸すという手段もありえたかもしれないが、店舗の借り手が出てくるのを待ち、改修工事を経て開店するまで収入が滞る状態を耐えるだけの余裕も、この段階ではなかった。そうしたこともあり、問屋の誘いに乗って、この仕事に賭けてみることにした。言ってみれば災難の中から偶然始まった商売だったが、当時モロッコの経済状況が活況を呈していたこと、モロッコでは客をもてなす習慣があり、客間にお金をかける傾向があることなどもあり、ハーッジたちの生地販売はあたり、やがてハーッジの通りにある複数の店舗がハーッジたちに倣って生地屋へと仕事を変えていくことになる。

＊同業種の集中と模倣

今しがた見たのは職業選択において偶然が作用をする一例である。こうした例とあわせて模倣という現象にここでは注目をしておこう。偶然の出会いや出来事を受け入れていく姿勢が、自らの考えや計画、予想を超えたさまざまな変化に柔軟に対応していくための一つの方法であるとするならば、模倣は人々が生活を変えるためのヒントを身近な人から得ようとする行為である。そして、生活の場に根ざした模倣は、人々が互いの動向に関心を寄せて情報収集をすることによって支えられている。模倣は偶然の取り込みと並んで、人々がスークにおいて商業生活を営んでいく上で枢要な行為である。

ところで、中東にある市場（スーク）は、多種多様な店舗の存在とあわせて、同じ業種の商店が一つの場に集まる傾向があることでも知られている。たとえば、ラバトの旧市街には、靴屋が集まっている通りがあるが、そこは「靴市場（スーク・スッバート）」と呼ばれている。このように職種が地名になるまでには至っていないものの、ハーッジ達が店舗を構えている通りの裏には、木製家具を製作するナッジャール達が軒をならべ、さらにその奥には、モロッコの伝統的な衣装であるジュッラーバやフキヤなどのための生地を販売している店舗が肩を寄せ合うようにして集まってもいる。旧市街には、これ以外にも貴金属店が集まっている通り、中古品ばかりが集まったジョティヤと呼ばれる街区、観光客向けの土産用品や絨毯屋が並ぶ通り、金物屋が集まっている通り、八百屋や肉屋が集まった通りなどもある。

もっとも、特定の街区に特定の店舗しか開店できないというわけではない。特定の種類の店舗が軒を並べる通りにも、他の職種の店舗は普通に見出される。そもそもハーッジが店舗を構える通りには、多様な業態の店舗が軒を並べていた。マフラバと呼ばれる乳製品販売店、公衆電話店、マットレス販売店、絨毯屋、金物屋、フッラーンと呼ばれるパン焼き屋、コピー屋、木材加工店、毛布屋などである。通りをさらに進んで行くと、散髪屋、日曜雑貨店、カセットテープ／ＣＤ販売店、食器屋、服屋、靴屋、クリーニング店、女性用の肌着店、タジン鍋販売店、ナツメヤシなどを売る豆屋をはじめ、多くの店舗がひしめいている。

今日では、この通りには十数軒の生地屋が立ち並ぶようになっているが、ウマル、ハーッジ以前にこの通りで家具用の生地屋を開いていた店舗はなかった。どの店舗もハーッジ達の成功を受けて相次いで開店したものである。このような先例に倣った「模倣」が、同種の店舗がひしめく街区形成の一つのきっかけとなっている。

こうした模倣については、たとえばベルベル人の出稼ぎについて論じたウォーターベリーも記している[Waterbury 1972]。彼によれば、旱魃や飢饉、疫病の蔓延などとあわせてモロッコ南西部の山中からベルベル人が北部の都市へと出稼ぎに赴くようになったきっかけの一つは、出稼ぎから帰って来た者がもたらす土産や金銭などを目の当たりにした時の同郷者の間の競争心である。たしかに、出稼ぎのために故郷を離れたハーッジ達も、同郷者の間で互いを模倣し、競いあいながら都市での商売を展開してきている。だが、ウォーターベリーが見落としたのは、こうしたライバル意識は、何も出稼ぎに従事する親族内、部族内、同郷者内のみで起きることではなく、出稼ぎ先の都市で出会う同業者、隣人、友人などの間にも広く見られるという点である。そして、成功している人を真似るという行為は、商売のみならず、生活の中でしばしばみられる現象で、子供の名前の命名や、車の購入、あるいは服装、保有している携帯電話の機種など、様々なところで見てとれる。このことは、人々が日常的に、自分たちの身近な人たちの動向に関心の眼を向けており、新しい動向を感知すべく情報を入手することに余念がないことを示唆する。

スークの様子

＊問屋と小売の不文律とその侵犯

しかし、同業の小店舗が隣接地域に数多く立ち並ぶと、複数の店舗に並ぶ同一商品の比較が簡単になり、低価格販売店がすぐに明らかになってしまう。一つの商品に対して二つの店舗が掲げた価格の差は、それぞれの店舗が置いている商品全体にも適用可能なものとして、顧客によって想像をされてしまう怖れもある。

このような事態を避けるために、少なくともハーッジが携わっている生地販売では、問屋と小売店の間にある不文律が存在する。それは同じ街区の複数の店舗と取引を行なっている問屋は、同じ商品をそれらの店舗に渡してはならないというものである、そのようなことをすれば、同じ商品を受け取った商店の間で値下げ競争が始まってしまい、「市場を壊す（kaihrrs sūq）」結果となってしまうからだ。なので、同じ柄の商品はモロッコの各都市の店舗に振り分けるか、同じ都市であっても離れた街区にある店舗に送るのが通常である。

さらに、問屋や工場は、販売を拡大するために次々と新しいデザインの生地を作成して、小売店へと搬送している。[5] 問屋や工場が新たなデザインの商品を次々に生産して流通させるという傾向は、スークにおける商品の多様化をもたらすものである。これに対して、問屋と小売店の間の不文律は柄や素材の多様化とあわせて、同業種の共存と差別化を可能にしている。「スークには多種多様なものがあふれている」という指摘がなされることがあるが〔堀内　二〇〇五〕、今日のモロッコにおける家具用の生地に限って言うならば、商品の多様性の一端は、このように販売者によって仕掛けられている。

だが、実際には、問屋の側が自分の事情で「不文律」を遵守しないことも当然起こりうる。たとえば、ハーッジの隣の店舗で同一商品が販売されていたことがある。事態が判明して後、ハーッジの息子のムハンマドはカサブランカにある問屋ハーリドの下に赴き、同行した私の目の前で関係を断ってしまった。問屋を後にしてからムハンマドが説明してくれたところによれば、以前ほど販売が思わしくないために、この問屋は同一商品を同じ通りの店舗に卸すことが各店舗に与える影響や打撃について考慮しなくなってしまったのだという。同一商品を近接する店舗に卸してはいけないという不文律が存在する一方で、実際には問屋の経営事情や店主の人柄などによって、不文律はかくも容易く破られうる。

だが、それではこのような不文律の侵犯に対する制裁として「関係を断つ」という厳しい手段がとられないといけないのであろうか。当然のことながら、そうとは限らない。アラブ世界では、粘り強い交渉が重視されることや、雄弁に語る能力を持つ者が高く評価されることが一般に知られている。その視点に立つならば、問題が生じた時にムハンマドが様々な手段や説得を通じてハーリドとの関係改善をはかることだって充分にあり得たはずである。だが、この時は、ムハンマドはそうはしなかった。

実のところムハンマドは、ハーリドの一件に先立って、安値で販売される生地よりも高値で売れる生地に特化した販売への方針転換、多くの問屋との関係の見直し、少数の信頼がおける問屋のみとの取引実施への移行などをすでに考えていたという。加えて、ハーリドが以前から他の問屋に比べて対応が悪いことも常々感じていたという。つまり、関係を断つという決断は、必ずしも問屋が同じ商品を卸したことにのみ起因するものではない。ムハンマドなりの複数の考慮点がある中で、不文律の侵犯は、あくまでも関係を断つ上での引き金であったのにすぎない。取引先を厳選しようとする戦略をムハンマドが採用していなかったならば、あるいは、問屋とそれまで良好な関係が多年にわたって構築されていたならば、多少問題があったとしてもなんらかの妥協点を探って問屋との関係を継続していた可能性も捨てきれないのである。結果だけに注目をしてしまうと、妥協の可能性があったという点が見逃されてしまうが、関係を絶つという選択は、相手の動向や性格を注意深く見つつ、相手との関係を総合的に判断する多年にわたる交渉の積み重ねを元にしてなされている。

この小さなエピソードは、交渉におけるコミュニケーションでは、明言された言葉以上に、口にされなかったことが重要な意味を持つことを示唆する。ムハンマドがハーリドとの関係を断つのにあたって考えていた先に挙げたような様々な考えは、相手には伝えられていない。これは、相手との交渉や関係において、直接的なコミュニケーションに乗せられる情報が必ずしも問題の全容を現しているものではもちろんなく、断片的なものにすぎないということを示唆する。こうした「本音を隠す」という振る舞いは、交渉や商いなどにおいては定石であるかもしれないが、「本音を隠す」という振る舞いとは対照的ともとれる饒舌なまでのお喋りにアラブ世界ではしばしば出会う。そうした語りの重要性は研究者によっても認識をされ、現地社会についての理解を深めるための鍵概念として「ケルマ（言葉）」というフォーク・タームに関心が寄せられてきた［Eickelman 1976］[6]。

だが、過剰とも思えるほどの饒舌な語りがなされつつも実のところ、本当に重要なことは発話されていないのかもしれないのだ。たとえば筆者はハーッジの同郷者との会話において、しばしば「意味が分かったか」と問いかけられたことがあるが、ここでいう「意味が分かった」とは、発せられた言葉の意味を字義通りに理解したという意味ではない。そうではなく、知人達が私に向けた問いかけは、発せられた言葉の裏の意味、言外の意味が分かったか、という主旨のものである。このようにして「意味」、それも「言外の意味」の理解が日常的な会話のやりとりで求められるのだとするならば、饒舌な語りを前にしても、言葉は額面通りには受け取られず、発話者の意図はその饒舌な語りの裏にあると判断されるということになろう。さらに、彼らは自分が直面した出来事について話をする際に、しばしば何気なく取られた行為や身振り、表情、声の音色や音量、姿勢や、誰に向けて話したかなどといった言葉以外の要素にも微細な関心を寄せて、発話者の意図を見出そうとする。いうなれば、ここには意味への執着の強さと、言葉を通じて伝達される意味の直截的な理解への懐疑がある。つまり、コミュニケーションと情報の取得においては、言葉や概念のみを信頼するというような形で意味は探求をされていないのである。むしろ、人々の振る舞いへの注意深く鋭敏な関心と観察が相まって意味は追求されているのである。

＊出稼ぎをめぐる倫理と人間関係——親族、家族、女性

これまでのところで商いを行なう上でのいくつかの特徴として偶然のとりこみ、模倣、そして交渉における過剰なまでの語りとは裏腹に語られぬこと、それを見極めるために言葉以外に手がかりを求めようとする鋭敏な観察眼などに眼を向けてきた。本節では、目を転じて、出稼ぎを支える相互扶助をめぐる規範と、家族や女性の関わりに目を向けていきたい。

時代に翻弄されつつ自分たちの生活を切り開くうえで、スース地方出身者がしばしば活用したのが、親族や同郷者の人間関係である。実際、それは、出稼ぎを開始するための伝手としてのみならず、店舗の購入や商売上の金銭の融通、商売のパートナー探しや結婚相手探しなどにおいても、今日でも重要なものであり続けている。

そうした伝手を活用して出稼ぎに赴く者の夢は自分の店舗を持ち、自分独自の商売を始めること、成功の暁には家を購入して家族を都市に呼びよせることである。ただし、これらの話はいずれも自分の家庭に関わることであって、これらの実現だけでは、同郷者からはさほど尊敬の念をもって受け入れられることはない。商売と家庭を安定させた暁には、親族の出稼ぎや開店の手助け、故郷に残る人の生活支援――未舗装道路の舗装化のほか、井戸の設置、モスクの改修などの支援――に廻ることが求められる。自分のことだけに専念をしていては周囲の人からは評価をされない。同郷者を支援できて、はじめて敬意を持って受け入れられる。こうした家族や親類縁者を支えるだけの器量と実力を備えた人のことを、ハーッジなどは「カパーブル」(有能)と形容したり、「アルガーズ」(男)と呼んでおり、自身も多年にわたる仕事の末に自分の店舗を構えるようになってから、兄や姉の息子達を故郷から呼び寄せ、店舗で働かせたり、あるいは彼らが自分の店舗を持てるように支援をしてきた。こうした点からすると、出稼ぎは、個人の利益追求のみを是とするのではなく、社会的責任を伴ったものであるといえ、それが強固な親族関係や同郷者の紐帯を形成するのに一役買っているともいえる。

ただし、支援を受けた者が支援者を出し抜いたり、恩を忘れることもしばしばある。シュルーフの出稼ぎについて研究をしたウォーターベリーによれば、出稼ぎに従事するシュルーフが最も忌み嫌うのは「食べられてしまう」こと、すなわち、店舗を任せた人に商品や売り上げを盗まれることである。ところが、ハーッジの店舗に集まる同郷者の会話でも、故郷に帰省をした男性達が集う場においても、しばしば話題となるのが、こうしたスキャンダルである。親族、同郷者に関わらず商品や売り上げが「食われる」ことは、実は起きている。

それゆえ親族や同郷者を重視する一方で親族、同郷者であれば対等に扱うということには必ずしもならない。個々人の個性や人柄を注意深く見極めることも求められるからである。たとえばハーッジの場合、姻族との関係にそうした特徴が顕著に認められる。彼は、自分の親族を積極的に支援する一方で、多くの姻族との関係は注意深く距離をとり続けてきた。その理由は、「難しい」人が多いというのだ。ただし、妻方の親族を軒並み忌避していたのかというと、そうではないのが面白い。義兄にアリーという人物がいたのだが、彼は、日々真面目に働き、嘘をつくことなどもなく、故郷で飢饉があったときに故郷の人々をカサブランカに避難させたり、礼拝をはじめとした宗教的義務を遵守するなど、アルガーズの規範とも言うべき人物であった。ハーッジはこの義兄に信頼を寄せており、一緒に商売を始める話を進めていたという。こうした点をみていると、ハーッジが姻族の人となりをよく見ているのみならず、関係構築においては人柄が重要な点となっていることがうかがえる。

ところが、ハーッジとアリーの商売上のパートナーシップに難色を示したのがハーッジの妻ハーッジャである。「商売は姻戚関係を悪化させる」というのだ。商売で何らかの問題が生じた場合に、夫と兄の間で自分が板ばさみになることも、自分が好きな二人の仲が悪化することも望まないので、商売を一緒にするのは避けてほしいと常々言っていたのだという。ここには男性中心的に見える商業活動において、実は女性の見解や発言が重要な役割を担っていることがうかがえる。

もちろん、このようなハーッジャの考えとは異なり、姻族との関係を積極的に活用する者も存在する。ハーッジの甥イブラーヒームがそうである。イブラーヒームは、妻方のイトコを故郷から呼んで店舗を切り盛りしてもらっただけでなく、故郷に帰省する際にもアガディール市や故郷にある姻族の実家に挨拶に赴き、良好な関係を保つことに余念がない。イブラーヒームの場合には、ハーッジの場合とは逆に妻の強い後押しがあって、姻族との関係は保たれている。

つまり親族や姻族との関係を築きあげていくうえでは、夫婦間の関係において妻が自分の兄弟などの支援を求めるか否か、それを夫が受け入れるかどうか、姻族の性格や評判、あるいは店舗を任せることができる人物が他にいないのかどうか、呼ばれる姻族の経験などをはじめとした諸要因が深く関わってくる。その意味では、親族や姻族を重視すべしという規範がある一方で、現実には、個々人によって柔軟な対応がなされていると言って良い。

そして、一見すると男性の領域を想定されがちな商売において女性が果たす役割の大きさも垣間見えてくる。実際、ハーッジの家族の生活を日々見ていると、彼らは食事のときをはじめとした団欒の機会に、日々、事細かにその日起きた仕事上の出来事や隣人、知人、同郷者について話し合い、夫、妻や、兄、妹などの関係にかかわらず、お互いの意見を出し合っていた。たとえば、現在フランスで生活を送っている長女ファーティマは、二〇一三年夏に帰国をした折に店舗に立ち寄って、店の飾り付けや商品の展示法、店員の顧客との接し方や働きぶりを見たうえで、帰宅後、自分の見解を兄や母、父に事細かに伝え、商売の仕方の改善を求めたことがある。ムハンマドは店舗に出た折に妹の意見が妥当なものかどうか自分なりに確認をし、それを取り入れて店員たちの働き方に改善を求めたり、商品の展示法を変更している。

中東の社会は男性中心主義的で、家は女性の空間、屋外は男性の領域とみなす理解が提示されることがある。しかし、ハーッジたちの様子を見ていると、男性の領域と思われがちな「外」――この場合では「店舗」や商売――における活動が実は女性たちの見解や助言によって支えられていることが見えてくる。

さらに店舗は男性が主に経営をしているが、ハーッジが大病を患った折には、ハーッジャや娘たちが店舗に出て働いていたこともあるほか、ハーッジが店舗を構える通りには、女性が長年にわたって店主として経営を切り盛りしている店舗もある。女性の店舗経営への関与は、それぞれの家族の事情に応じて変化するといえ、単に女性がその場にいないということをもって、商売を男性の領域とみなすのは、表層的な理解に留まる可能性があろう。

＊人を雇う、人に雇われる

ところで、ハーッジたちの商売をみていると同郷者や親族が重んじられる一方で、他地域のベルベル人やアラブ人などとも緊密な関係が結ばれていることに気づかされる。

店員を雇う立場からすると、親族を雇うことは相互扶助の規範に基づいて求められるのと同時に、ヨソ者ではないという安心感をもたらすものであるが、他方で、しばしば困難を伴うものである。たとえば今日では、店員を選ぶのは息子ムハンマドが専ら行なっているが、店員として働く親族の多くは年齢が近いことが多く、長年ハーッジの下で働いてきた経験があり、かつヨソ者ではないことなどもあって、ムハンマドの販売方針や接客方針などに従わなかったり、無断で欠勤をしたり、自己流での接客を通すことなどもあったようである。問題がこじれた際には、姪の息子や甥は店を出ていくのだが、姪や甥の親兄弟の仲介があったり、本人自身の希望があったり、あるいはハーッジ達の方から声をかけて、何度も働きに戻ってきてもいる。こうした問題が繰り返された後に、生地店を開いてから早い段階で働き始めた親族は、いずれも数年前に店舗を去ってしまった。

もともと親族関係の難しさを常日頃から感じていたムハンマドは、こうした経験もあって、親族以外の人の方がうまくいくと考えるに至っている。ハーッジの場合は、姻族と距離をとる傾向があったが、ムハンマドの場合、幼少のころより目の当たりにしてきた親族間の問題などを踏まえて、父が重んじた父方の親族との仕事上の繋がりにも距離をとるようになっている。

だが、それでは、親族以外の人は一体どのようにして、店員として働くようになったのだろうか。たとえば、本稿執筆の時点で、旧市街の店舗では二名の男性、ジャマールとアブドゥルラティーフが働いている。彼らの場合、重要なのは口利きである。ベルベル人ではなく、ワッザーンというモロッコ北部の都市出身のジャマールは、もともとハーッジの店舗の裏手のジョティヤにある伝統的衣装用の生地屋で働いていた。その近くにハーッジと同村出身のアリーという男性が勤めている大衆食堂がある。アリーは生活費を節約するために旧市街で家賃を折半して住める相手を探していたのだが、この話に近所で働いているジャマールがのった。そして一緒に住むことになったジャマールが店を変わりたがっているということで、ハーッジに紹介をしたのである。

これに対して、アブドゥルラティーフの場合には、ハーッジ達が関係する仕立屋の口利きで働くようになった。日本では、カーテンにせよ、ソファーにせよ、生地は既に一定のサイズで規格化されていることが多い。これに対してモロッコでは、ソファー用の生地を購入した上で、それを仕立屋に持ち込み、自分たちが望む形や寸法に仕立ててもらう必要がある。このため顧客は、生地を購入したらそれを仕立屋に持っていかなければならないのだが、仕立屋についての知識がない場合には、店舗の人に仕立屋を紹介してもらう必要が出てくる。仕立屋としては、少しでも顧客を獲得するために、生地販売店に顧客を斡旋してくれるようあらかじめ依頼をしている[7]。他方で店主としては、自分たちが出す様々な要望――仕立ての期日の短縮や、仕立て方の変更、追加注文など――に応えられる仕立屋と関係を結んだ方が仕事がやりやすいので、持ちつ持たれつということで、仕立屋と「非公式的」なパートナーシップを結んでいる。

このため、仕立屋と小売店の間には日常的にやりとりがあり、お互いの親族や雇用者などについての情報も共有されている。アブドゥルラティーフの場合には、ハーッジ達が関係を有していた仕立屋アブドゥルマジードと同郷者で、アブドゥルマジードの親戚が経営する仕立屋で働いていたのだが、そこで問題があり、アブドゥルマジードの口利きで、ハーッジの元で働くこととなった。ちなみにアブドゥルマジードたちはモロッコ東南部のオアシス地帯エルラシディアの出身で、ハーッジたちは、彼らのことをサハラーウィーと呼び、シュルーフとは区別をしている。

現在では、この二人が働いているが、たとえば生地屋をはじめて以降働いていた人たちを振り返ってみると、(一) ムハンマドの友人 (ラバト出身のアラブ人) の弟や、(二) 雲隠れしたウマルの親戚で、ウマルの店舗で働いていた男性 (アラブ系)、(三) 先ほど挙げたハーッジの甥および姪の息子たち、(四) エルラシディアというモロッコ東南部出身のサハラーウィーのムハンマドなど多様な人がいる。親族以外の人は、友人、仕事上のつき合いのある人々を経由して、働き始めている。

さらに、ハーッジ達は、現在では仕立屋を用いずに、自分たちのところで仕立てを行なうようになっている。これは、仕立屋に注文をした場合におきる誤解や時間のロスを避けられ、[8] かつ、仕立てにかかる利益も得られるからであるが、この仕事にあたっているのは、かつて別の仕立屋で働いていたコンゴ出身のキリスト教徒の男性である。ムハンマドは、別の仕立屋で働いていたこの男性の仕事ぶりをみて声をかけたところ、呼びかけに応じたのだ。彼を引き抜いた理由は、仕事が確かであること、真面目に働くことが大きな理由であるという。

このような店員の雇われ方、彼らの出身、宗教を見ていると、ハーッジの親族が雇われることもあるものの、必ずしも親族や同一部族、民族にこだわりがなく、自分たちの知り合い・友人や取引のある人々の口利きや引き抜きなどを通じて様々な人との縁が広がっていることがみてとれる。また雇用に際しては、口利きをした人を信用して、働くことになる人の仕事ぶりを事前にチェックしたり研修期間をおくということもしない。

以上のことから、ハーッジがかつて親族の伝手をたどってラバトに出てきた時のように親族や部族が重要な紐帯の一つであるのは事実であろうが、それらのみを取り出して彼らの社会関係を捉えようとするのは、現実の生活における彼らの社会関係の広がりの一面にしか光を当て得ないということになろう。むしろ、個々人は、自分が置かれたそれぞれの状況の中で、たまたま知り合いであった、たまたまルームシェアをしていた、たまたま他店で見かけて仕事ぶりを気に入ったといった類の日常生活の中に溢れている偶然をきっかけとして、家族、親族、同郷者、知人、顧客をはじめとした関係や出会いを柔軟に活用しつつ自らの生活を切り開いているのである。

＊引き抜き、他者への関心、雑談

今しがた確認をしたことを言い換えると、日常生活の中で出会う人びとは、みな伝手となる潜在的可能性を秘めているということである。そういう意味で、自分が行きつけにしている商店などの店員も、単なる店員と顧客の関係に終始することなく、新たな関係へと発展する可能性は否定できない。

ハーッジの例ではないが、私がモロッコに長期滞在をはじめた当初にラバト市でアラビア語の教師となってくれたムハンマド（ハーッジの長男ムハンマドとは別のムハンマド）の例をここでは見てみたい。筆者が初めて出会った頃、ムハンマドはラバトにあるムハンマド五世大学のイスラーム学科を卒業して数年経ち、ラバト市内にある書店の店員として働いていた。当時その書店は在庫を管理するためにパソコンを導入したばかりで、その役割を担当したのがムハンマドであった。この仕事を通じて、彼は書店内にある書籍についての知識を深めた。そのうえでムハンマドは、モロッコ国内外から書籍を探し求めてやってくる顧客に対して、データ入力で得た知識も活用しながら、顧客が探し求めている書籍に加えて関連書籍をあわせて薦めたり、イスラームについての話をするという丁寧な対応を取っていた。こうした対応を続けていたところ、彼は顧客の一人であったクウェート大使館職員からその働きぶりを評価され、クウェート大使館の現地職員として働くこととなったのである。一介の書店員が大使館の現地職員になるという話について、ハーッジの長男ムハンマドをはじめ、私の知人はそうあることではないと答えるが、その一方で、偶然出会った人に引き抜かれたりするのは、ごく当たり前の、よくあることだと認めている。

前節の伝手の話や、ここでの話は、転職などに際しては、引き抜く側も引き抜かれる側も、たとえば公募、履歴書の査定、面接などといった煩雑かつ形式的な手続きを経ることなく、直接自分の目で相手を見て、どのような働きをしているのか、その姿を確認することが基本になっているということを示唆する。日常生活ほど、その人の実力が如実に出る場はないからである。個々の店員の対応やしぐさ、言葉は本人の個性が溢れたものとなる。他の仕事へ移りたいと考える者にとっても、働き手を探している者にとっても、日常的な振る舞い、会話や雑談を通じた情報交換こそが重要なのである。その意味で、仕事と日常生活の間に、仕事とプライベートの間には隔たりはない。

ウマルが雲隠れをした後でハーッジが生地屋を始められたのも、ある意味では人々の雑談や噂話のおかげである。シュルーフはカサブランカやラバトをはじめとした諸都市の至る所で店舗を構えていて、故郷と都市の間のみならず都市内部や都市をまたぐ緊密なネットワークを形成している。例えばウマルのもとに商品を届けていたカサブランカの問屋の店員たちは、ハーッジに関する情報を、ハーッジ自身のみならず、近隣の店舗の店員との雑談を通じて入手していた。

それゆえ、ハーッジ達が初めてカサブランカの複数の問屋を訪れた折には、問屋の店主達はすでにハーッジ達のことをよく知っていた。とくにシュルーフの問屋の中には、初対面であるにもかかわらず、既に信頼に価する人物かどうか評価を定めていた者もいる。彼らは、前金を受け取ることも、書類を作成することもなく、ハーッジ達が好きな商品を希望するだけ持って行くことを認め、さらに支払いについても、期限を特に切ることなく、払える時に可能な範囲で支払いをすれば良いと告げたという。通常の取引関係であれば商品を受け取る際に前金を支払い、さらに納品した商品の書類や個数を記した請求書や納品書にあたる書類を作成し、支払いについても期限が切られるものである。それゆえハーッジに対する、このような対応は破格のものであるといえる。こうした信頼を支えているのが、個々人の動向に関する強い関心と、親族、部族、民族、同業者や近隣住民が渾然一体となった日常的な雑談を通じた情報交換と人物評価なのである。

だが、日常生活における隣人の動向への関心は一般的なことのように思えるかもしれない。しかし、その度合いがモロッコでは強いように感じる。これは何も筆者個人だけの感想ではない。セフルーというモロッコ中部の地方都市で調査を実施したH・ギアーツという人類学者は、モロッコにおける隣人への関心を指して「衆人環視（publicity）」と表現してさえいる［Geertz 1972: 334］。さらに、こうした感想は、筆者やギアーツのような外国人だけが感じているものではないようで、モロッコ人自身が、FBIをもじって「ハディー・アイ」という造語を生み出しているほどである。ハディーとは、アラビア語モロッコ方言で、「注意する」、「注視する」という意味である。アメリカ人のギアーツに言われるまでもなく、自分たちで、自分たちの特徴を的確に把握し、コミカルに表現しているのである。

*アイデンティティ複合論の批判的検討

これまでのところで、筆者は、ベルベル人ハーッジの例を手掛かりとして、モロッコのベルベル人の商いと人間関係について論じてきた。議論を通じて、彼らの人間関係がそもそも他者への強い関心によって裏打ちをされていること、人に関する情報が日常生活における無目的な雑談などを通じて広がっていくことが社会の中で重要な意味をなしていること、人間関係は家族、親族、部族、同郷者、民族などの範疇を手がかりとして形成される一方で、相手との関係はその都度、状況に応じて柔軟に変化をすること、そうした場面においては偶発性や偶然性あるいは変化への感覚が彼らの関係を規定する重要な側面であることなどが明らかになってきた。こうした議論と事例を踏まえて、論文冒頭に提示しておいた論文の第二の目的であるアイデンティティ複合論の批判的検討をここで行ないたい。まずその理論的特徴を簡単にまとめた上で問題点を取り上げてゆく[9]。

立論に際して板垣が注目をしたのは、アラブ世界における名称体系に固有の二つの特性である。第一の特性は、名は、個人名に父方の先祖の名前を連鎖させて成立するというものである。祖先の名の連鎖を拡張させていくと、理念的には人類の祖にまで至りうる。この人類の祖にまで至りうる自己と祖先のどの時点の人物を自分にとって意味ある祖先として抽出するかによって、個人が位置づけられる祖先の範囲と祖先を共有する子孫集団の範囲は柔軟に変化しうる。当該個人の選択によって分節の入れ方が調整可能で、帰属集団の範囲を自在に拡大縮小されうるのだとするならば、当該個人が身内とヨソ者の範囲を相手との関係に応じて変化させられうるということになる。

第二の特性は、ニスバである。それは、個人が有する特性――個人の出身地、居住地、家名、職業、趣味など――が名として用いるのに足るものと感知されさえすれば、どのような属性でも名の一部に付加しうることを特徴とする。理念的には、個人は多数のニスバを自己の名として使用しうるが、その使用に際してもどの属性をニスバとして用いるかは相手に応じて決定されるという柔軟性、選択性が発揮されうる。

つまり、名称体系からうかがえる中東・アラブ世界における個人の有するアイデンティティは、複合的なものであり、かつ、相手との関係に応じてその都度、暫定的に決定をされるものである。こうした板垣の議論は、都市における出稼ぎや商業活動に焦点を定めた筆者のこれまでの議論にも沿うものである。

だが、イスラームの都市性や商業活動との親和性を前提として生まれてきたアイデンティティ複合論は以下のような疑問をもたらす。そもそも円滑な商業活動を行なおうとするならば、個人は、利益を最大化するために特定の民族や宗教、宗派にこだわらずに多様な人びとと、場合によっては敵対する人びととも良好な関係を取ろうとするのは、当たり前のことではないだろうか。つまり、本稿で筆者が提示し、また板垣がアイデンティティ複合論で理論的に提示した社会関係の構築の状況依存性、柔軟性、可変性は、戦略的に振舞い、自己の利益を最大化しようとする功利主義的人間像、経済合理主義に立った人間像に近似するものになるのではないかという疑問をもたらすのである。

板垣自身は、中東におけるアイデンティティのあり方、あるいは社会のあり方が、西洋に先駆けて「近代性」を帯びたものと捉える逆転の発想を持っている。すなわち、堀内が述べるように、板垣の議論は「個人主義や合理主義、普遍主義、社会契約、市場経済、都市生活、法治主義、市民社会、都市生活等々といった近代化の特徴が決して西欧に起源を有するものではなく、それよりはるか以前から始まっていた旧大陸全体の近代化プロセス（ないしは都市化プロセス）自体の特徴だととらえ」ている［堀内 二〇〇五：二一］。

だが、近代化が西欧に先行して中東を中核とした旧大陸で始まっていたという見方は、その帰結として合理主義の産物である戦略的個人主義、経済至上主義、功利主義をもアイデンティティのあり方として抱き込んでしまうことになる。言い換えるならば、板垣によって理論的に提示された中東的な個人像は、グローバリゼーションへの注目が集まっている今日的な状況においては、ローカルな共同体の利害を省みること無く、自身の利益の最大化のために社会関係を利用してゆくタイプの人間像に近似することにもなるであろう。果たしてそうなのだろうか。本稿で取り上げて来た個人像は、そのように自分が有する社会関係を利用可能な「資源」、「資本」とみなし、あくまでも収奪の対象とするようなものなのであろうか。

少なくとも、板垣の議論においては、こうした議論の難点について説明は加えられていないように思える。筆者自身の理解は、状況に応じて同郷者や親族、あるいはそれ以外の人びととの関係を切り結ぶハーッジたちの姿勢は、そのような柔軟性にもかかわらず、必ずしも自己の最大利益の追求を至上命題とするような経済合理主義、あるいは戦略的個人主義に必ずしも則っているようには思われないというものである。というのも、親族や同郷者、あるいは近隣住民との社会関係の中にあって、たしかに彼らはそれらの関係を自己の戦略のために援用するという側面が見られることがあるとしても、それと同時に、むしろ自己の利益にとっては損となるような選択を引き受けることもしばしばあるからである。

たとえば、親族や同郷者から裏切られたとしても、それにもかかわらず、自分たちの元を去った人びとを再び受入れたり、あるいは、そうした人の良さを肯定的に評価して関係を保ち続けることがある。また、店舗における雇い入れの事例にもあったように、人からの頼みを断らず、利益になるかどうかは考えないで仲介入を信頼して受け入れるということもある。

そういう意味では、彼らは合理主義の観点からするならば、「損」と受け取れるような立場を自ら引き受けている。親族や同郷者ゆえのしがらみの大変さや時として生じる人情の酷薄さを認め、知りつつも、自らが帰属したり、構築したローカルな社会関係を我がこととして引き受けている。

しかし、かりに経済的な利益を獲得できないのだとしても、金銭的には損をしつつも名望や評判を得ることが可能になるのだとしたならば、結果的にはそれもまた利益を得ることに繋がるのではないか、という見方もありうるであろう。名望や評判を希求する、重視するという姿勢は、たしかに個人が戦略的に社会的威信を高めようとするならば、経済的には損に見えたとしても、ある種の合理性によってその行為は駆動されているということになろう。

だが、名望を得るというのは容易いことではない。名望や評判は他者に依存するものであるために、努力をしたからといって、それに相分の見返りとして得られるものでは必ずしもない。そして、名望や評判は固定化することも、安定させることも、持続させることも困難なものである。一度得られた名望や評判も容易く失墜しうる。何をやっても文句を言われ、非難をされる。そうしたことは、彼ら自身が日々の経験を通じて十分に知悉していることである。

つまり、ここでの名声や評判は、自在に活用できる資本や資源としての特性を帯びたものではない。また、経済的な合理性に突き動かされた功利主義的な個人において社会関係が「資本」、「資源」として捉えられるのだとするならば、利益に資さない関係は損を生み出すものとして切り捨てられる可能性がある。そこでは個人は社会関係の中に埋め込まれてはいない。あくまでも利用対象としてのみ社会関係は存在することになるからだ。これとは異なり、状況や相手に応じて柔軟に関係を構築するハーッジたちの社会関係は、その自由さとは裏腹に、いったん形成された社会関係については、場合によっては、損をすることも顧みずにその関係を維持することに関心が寄せられる。その場合、個人は、社会関係を自在に切り捨てる主体として存在するのではなく、むしろ社会関係の中に埋め込まれている。こうした相違に留意するならば、経済的合理性の追求と、個々人の行為の結果としてついてくる社会的威信や名誉は、異なる論理に基づいて成立をしているといえよう。

最後に、アイデンティティ複合論が着目をした名や属性について一言述べておきたい。本稿の商取引における人間関係から明らかになったのは、たとえば、民族、部族、親族、姻族などの範疇を手がかりとして人間関係を構築することを是とする規範の存在とそれに沿おうとする行動が見られるのと同時に、現実にはこうした規範に拘泥することなく、他者との関係を取り結んで行こうとする姿勢であった。重要なのは、こうした姿勢の背景に、論理的、分析的に考えると異なる次元に属すると一見捉えられるような基準がもちこまれていることである。本文で言及をした店員と店主の関係で言うならば、問題が生じる背景には、店員の経験の長さや知識の豊富さ、親族間の年齢の近しさゆえの嫉妬やライバル意識、あるいは仕事の年数が重なって来たことによる自負心、自分の代替は見つからないだろうという予測などがあった。つまり、店主と店員の関係は、親族関係や、ニスバが示唆する言語、宗教、居住地、職種などの比較的判別しやすい基準などなどとあわせて、そうした基準では把握することも困難な経験、行為、感情、他の店員や顧客との諸関係などによって規定をされているといえる。

板垣のアイデンティティ複合論は、二者間の関係が状況に応じて変容するという可変性に注意を向けた点が非常に重要なのであるが、それを「名」の複合性を根拠にして立論しようとした点で、現実の状況の複雑性や名とは無関係な不確定要素の重要性が矮小化されてしまっているように思われる。また、これまでの本稿での議論から窺えるのは、個人間で状況に応じて暫定的に関係を構築していく際に、個々人の属性――言語、宗教、居住地、職種など――は、あくまでも互いの特性を把握するための「入口」に過ぎないということである。むしろ大事なのは、そのような属性の認識を踏まえた後の、分類不可能な経験や相手の人柄、相性などが、関係を規定する重要な基盤となっているという点である。

アイデンティティ複合論は、中東における社会関係を鋭く分析する視点を切り開き、状況に応じて暫定的に形成される人間関係の柔軟性を明らかにした。だが、状況に応じた人間関係を作りあげていく上で重要なのは、個人に付与される民族、部族、出身地域、職業、学歴などをはじめとした属性ばかりではない。むしろアイデンティティ複合論における属性や指標への注視という視点からはこぼれ落ちてしまうものが重要なのである。

＊おわりに

本稿では、モロッコ南西部を故郷とするシュルーフ、その中でも筆者が懇意にしているハーッジたちの事例をもとに、出稼ぎに伴う商業活動や人間関係の様子の一端を明らかにして来た。たとえば親族や同郷者の紐帯が、たしかに重要な意味を有しつつも、彼らの出稼ぎは、必ずしも同一民族、部族、親族の関係のみに閉ざされたものではなく、むしろ自分が関係する相手のことを注意深く見つつ他者との関係を構築し、また時には解消している様子がうかがえた。そして、そのような柔軟な関係の構築／解消を支えていたのが、他者への強い関心であり、人の繋がりによって媒介される情報である。少なくとも本稿でみた商業／経済活動は、家族、親族、同郷者はおろか学校の友人、近隣住民などにも広がる人間関係の中でなされているものである。そうだとするならば、彼らの商業活動・経済活動は、日常生活から切り離し得るものではない。むしろ日常生活の一コマとしてそれは捉えられるべきものなのである。今日の日本においては、仕事とプライベートを分けて考える向きもあろうが、モロッコでの事例は、むしろ私生活と仕事、経済活動と日常生活が連続して社会が成立していることを示唆しよう。

最後に、これまでの議論を踏まえて、本論集が対象としている「非境界」とは何だろうかと考えると、それは詰まるところ、いかにして「人」を見、そして関わるのかという点に尽きるのではないかという気がしてくる。それは、分類の存在を否定することではない。分類の枠組みをもとにした差異や規範を受け入れつつも、人を注視し、相手に応じてその枠組みを柔軟に組み替えてゆく臨機応変さに大きな比重がおかれているのである。おそらく、そこで重要になるのは、特定の民族や部族、宗教への帰属などを重視して相手を把握しようとする抽象的理解よりも、個々人の声や語り口、表情、振る舞いなどを通じて相手にふれようとすることではないかという印象を持つ。肌理細やかに相手とかかわること、相手を見ること、言外の意図をその振る舞いから感得すること、言葉の重要性を認識しつつも明確に言語化されたメッセージを必ずしも鵜呑みにしないこと、そして、相手との関係を固定せずに変化するものとして捉えること、そうしたことが重要なのではないか。仮に、そのような肌理の細かな対人関係が日常化し、常態化しているのだとするならば、アイデンティティの帰属を通じて他者を把握するという姿勢は、対象同定の方法の一つとしてありうる選択肢だとしても、ずいぶんと乱暴な話だということになる。

アイデンティティ複合論の批判的な検討において筆者は、複合論の状況依存性、可変性といった理解の確かさを改めて確認したうえで、しかしアイデンティティ、名、属性に着目をした点が理論の限界を生んでいることを指摘した。本稿での議論から明らかになったのは、属性の理解という論理的思考を基礎とした理解を重視しつつも、むしろ個々人の行為を注視しつつ、直観や体感など没論理的な感覚を働かせつつ、変化を鋭敏に感じ取って関係を構築してゆくような生活のありようであった。非境界の世界とは、そうした微細なものへの細やかな目配りと間身体的な関係への感覚を研ぎ澄ませることで成り立った世界なのではないか。ハーッジたちの生活のありようを見ていると、そのような感慨を抱く。

注

1　ベルベル人は、今日、北アフリカ一縁を中心とした地域のみならず、フランス、オランダ、スペイン、イタリアをはじめとしたヨーロッパ諸国など海外にも大量に移民をしており、その生活圏を広げている。

2　実際のところ、シュルーフの生業は商業に限定されたものではもちろんない。軍人、警察、役人、大学や高校の教員、あるいは伝統的イスラーム学校を預かる宗教知識人、農民、羊やラクダなどの放牧に勤しむ牧畜民、鍛冶師なども当然のことながら多数存在する。しかし、そうした事実とは別に、一般的なイメージとしてモロッコ有数の商業民として夙に知られているのである。

3　このことは、フランスによる植民地支配以前に、シュルーフが故郷を離れたことがないなどということを意味するものではもちろんない。シュルーフは植民地支配以前から、旱魃、飢饉、疫病や伝染病の蔓延、交易や巡礼、かつての主たる生業であった牧畜、部族間の抗争など様々な理由のゆえに故郷を離れたり、あるいは移動を繰り返したりしてきたと考えられる。

4 外観上の特徴を基にして旧市街を「イスラーム都市」と捉えることの問題点については、すでに三浦などが論じている［羽田・三浦（編）一九九一］。

5 他店のデザインを無許可でコピーすることは禁じられており、裁判の対象となり得る。

6 しばしば「彼は言葉を持っている／持っていない」ということが言われる。「言葉を持つ者」には、少なくとも二つの意味合いがある。一つは、言葉を持っている者とは、その言葉が社会的な影響力を持つ者、人に言葉を聞いてもらえる人のことをさす。もう一つは、約束を守る者という意味である。

7 生地屋の店員が、仕立屋に客を紹介すると、紹介料というほどのものではないが、仕立屋から「チップ」（tadwīra）がもらえる。また、仕立屋まで生地を運んだり、あるいは顧客の車にまで生地を運ぶ際に顧客からもチップが通常はもらえる。

8 本論集において大川が、オマーンにおける仕立屋の事例から「不完全な意志疎通」の様子を活写しているが、モロッコにおいては、仕立屋は注文通りに仕事を行なわなかったり、時間の約束を守らない代表的な職業の一つともみなされている。アブドゥルマジードは、そうした仕立屋一般に対する一般的な認識とは違い、常に約束の時間を守り、仕事に熱心であったことから、「言葉をもっている（ʻand-h kelma）」すなわち「約束を守る」男性とみなされていた。

9 板垣の理論の重要性を指摘したのは堀内であり［堀内 二〇〇五：二〇一四］、かつ、それが近代西洋的な発想に立脚していることを問題点として指摘している［堀内 二〇一四］。本稿の議論はアイデンティティ複合論という視点に基づく議論をさらに押し進めるために、堀内とは異なる視点からその批判的検討を試みる。

参照文献

羽田正・三浦徹（編）　一九九一『イスラム都市研究——歴史と展望』東京大学出版会。

堀内正樹　一九九三「移動を常態とする社会——マグレブの人々の生活と意識」梶田孝道（編）『ヨーロッパのイスラム』有信堂、二八五～三〇四頁。

———　二〇〇五「境界的思考から脱却するために——中東研究がもたらすもの」成蹊大学文学部国際文化学科（編）『国際文化研究の現在』柏書房、十九～五〇頁。

———　二〇一四「世界のつながり方に関する覚書」『成蹊大学文学部紀要』四九：六一～八五頁。

Adam, André 1973 "Berber migrants in Casablanca." E. Gellner and C. Micaud (eds.) *Arabs and Berbers: From Tribe to Nation in North Africa*. London: Duckworth, pp. 325-343.

Eickelman, Dale F. 1976 *Moroccan Islam: Tradition and Society in a Pilgrimage Center*. Austin: University of Texas Press.

Geertz, Clifford 1979 "Suq: The Bazzar Economy of Sefrou." Geertz, C., H. Geertz, and L. Rosen, *Meaning and Order in Moroccan Society*. Cambridge: Cambridge University Press, pp. 123-310.

Geertz, Hildred 1979 "The Meanings of Family Ties." Geertz, C., H. Geertz, and L. Rosen, *Meaning and Order in Moroccan Society*. Cambridge: Cambridge University Press, pp. 315-379.

Itagaki, Yuzo 2001 "Middle Eastern Dynamics of Identity Complex: A Teaching Scheme with Illustrational Materials." *Annals of Japan Association for Middle East Studies*. 16: 1-26.

Waterbury, John 1972 *North for the Trade: The Life and Times of a Berber Merchant*. California: University of California

Press.

メタ情報としての人への関心――バザール的知とハディース学的知の共振

【齋藤剛】

本研究会では、中東と呼びならわされて来た地域を主たる手がかりとして非境界というものについて考えて来た。この非境界というアイディアと密接にかかわっている議論に「バザール型社会論」がある。それは共同研究会の代表者である堀内が、モロッコの地方都市で調査を実施したアメリカの文化人類学クリフォード・ギアーツの議論などを参照しつつ提示したものである。さまざまな民族、宗教/宗派、階層、生業、職業の人が入り乱れる中東の特徴を把握する際に、バザール型社会論は、ヒト、モノ、情報の過剰性と、過剰であるがゆえの同定の難しさに注目をする。

情報との関連で言うならば、バザール型社会論の重要な論点は、情報はまとまった形で獲得しにくいということ、自分が必要とする情報がどこにあるのか分からないという不確定性にかかわる。それは、一般に情報が公に公開されることなく、それを保持している人が、秘匿しうるものであること、そのために情報は断片的であることなどを帰結する。しかし、情報がそのようにしてバラバラで、どこにあるかも分からないということになれば、自分がある人から得た情報の信憑性というものについて深刻な疑念が生じるはずである。たとえば、「私がムハンマドから聞いた話は本当なのだろうか」、と。

それゆえ、ここがとても重要なポイントなのだが、かりに市場に出回っている情報が断片的であり、なおかつ情報の入手に人を経由することが重要であるにもかかわらず、取得した情報についての信憑性が薄いとしたならば、人は自分が欲する情報とあわせて、もう一つ、別の次元の情報が必要になる。それは、情報を持っている人についての情報である。そうした点から「バザール型社会論」を展開するギアーツや堀内は、個人をめぐる多様な属性や基準への微細な関心などに目を向けている。

このコラムで筆者が注目をしたいのは、こうした情報を持っている人の情報を精査するという姿勢は、イスラーム世界で古くから練り上げられて来たハディース学の伝統とも重なる知への姿勢が認められるのではないかという点である。

クルアーンに次ぐ第二の聖典として、預言者ムハンマドが生前に行なったこと、言ったことをまとめた言行録ハディースは、ムハンマドの没後二百年ほどの時を経て編纂をされた。すでに、預言者が没して時間が経過してからの編纂であったため、イスラーム世界各地に残るムハンマドの言行をめぐる口頭伝承には、当然のことながら嘘や虚言、各地で新たに作り出されたものなどが多数まじり込んでいる可能性がある。伝承の真偽を判定するためにハディース編纂者達が採用したのが、口頭伝承を語り伝えた人々個々人についての精密な調査を行なうことであった。

市場において自分が欲している情報の真偽や確かさを判断するために、情報の担い手についての情報を得て確認しようとする姿勢は、こうしたハディース学における伝承保持者について精査しようとする姿勢と重なるものである。両者に共通するのは、情報は客観的／中立的なものでは決してなく、それがおかれた社会的環境——たとえば伝承者の社会関係——によって判断すべきであるという認識である。情報は、人間関係から切れたものとして存在し得ない。これが決定的に重要な認識である。その意味で、極言するならば、匿名情報には価値はない。情報はそれを伝えた者の実名性を伴っていなくてはならないということである。賭けられているのは情報への信頼ではなく、人への信頼である。

このような、知をめぐるハディース学的な認識とバザール的なそれとの照応関係は、今日でもその重要性を失っていないと筆者には思われる。というのも、ハディースの真偽の判定にかかわる人をめぐる情報は、決してすでに過ぎ去った過去にのみかかわるものではないからである。ハディースにおける伝承者やハディースの真偽をめぐっては、今日でも、日常会話の中で言及される問題となっている。つまり、ハディース的な知へのアプローチ法は、今日でも人々の日常生活の中において重要な知の同定法として承認をされているばかりでなく、知のあり方そのものを構成し続けているのである。

これに加えて重要なのは、それが学問の世界においてのみ有効な閉鎖的な知の枠組みなどではなく、一般の人々が共有し、日常生活においても強い関心事となるなど、広い社会性を備えた知のあり方であるという点である。つまり、歴史的には学問の一つとして確立された「情報を持っている人についての情報」を希求するという方法論は、今や深く人々の生活に根ざしたものとなっていると言って良い。それゆえ、ハディース学の場合には、信頼に足る人物であるのかという点をめぐって、その礼拝の所作や清め、普段の振る舞いなどまでもが精査の対象となったというが、そのような人への関心に平行するかのように、日常生活において人が行なった瑣末なことに強い関心を向け、それで日々雑談に花が開き続けるとしても、それは決して奇妙なことではない。それに、そもそも雑談は楽しい。人はそこから様々な教訓や知恵、工夫、（時として、いやしばしば悪知恵も）を得ることができる。うんざりすることや嫌なことが起きたら、友達や家族と一緒に笑い飛ばせる。そんなに楽しいうえに、人の話がそのまま生活を成り立たせている重要な情報なのだとしたら、こんなに素晴らしいことはない。だとしたら、そんな楽しい雑談は、自分の見ず知らずの人とすれば、さらに一味違った楽しさがあるはずだ。そこには自分の知らない知恵や世界があるであろうから。無駄に思え、話にまとまりのない四方山話や雑談に話の花が咲き、見知らぬ人とも短時間で打ち解けていけるモロッコの暮らしと社会は、こうした豊かな生活の叡智で支えられている。

第Ⅱ部　地理空間と社会空間

6
世界に散らばるレバノン系・シリア系移民

――グローバル化と移民、出稼ぎ労働者、難民のはざまで――

宇野　昌樹

＊はじめに

私は、この十年来、レバノン系、シリア系（以下レバ・シリ系）移民たちの移動とネットワークに焦点を当てながら調査・研究を行なってきた。まず、簡単にそれぞれ主な調査の概要を記しておきたい。二〇〇三年夏、シリア、レバノン、ヨルダン、イスラエルの四ヵ国を廻って、彼らが移住した背景や出身地と移住先、移住先での移民間のネットワークがいかに形成されているのかなどを調査した。その翌年の二〇〇四年には、彼らの移住先の一つである南米のベネズエラへ足を運び、移民たちの暮らしぶりや仕事、また親族関係や同郷出身者間の関係などに焦点を当てて、現地調査を行なった。二〇〇五年には、レバノン系の移民が多く暮らす西アフリカのセネガルで、移住の歴史、移民と現地住民との関係、そして彼らの出身地であるレバノンとセネガル間でネットワークが形成されているのか否か、形成されているとすればどのようなものか、などをテーマに調査を行なった。二〇〇六年には、移民たちの出身地であるシリアで、移住に至った背景や移住先との間にネットワークがどのように形成されているのか調査を行なった。そして、二〇一〇年以降はレバノンを中心に出身国と移住先の国との間のネットワークについて調査を継続し、二〇一二年にはアルゼンチン、二〇一三年にはレバノン、トルコ、ドイツ、フランスで調査を実施した。

これらの調査でわかってきたことは、まず移住の契機が地域の政治情勢に深くかかわっていること、特にその大きな不安定化が移住を誘発させ、移住が断続的に起こっていることである。そして、移住にかかわる情報が親族間や一定の地域内で共有されており、移民は例外なく男であること、また移住先では多くの移民が類似した職業に就いていることなどであった。これらの事実から、移住した人たちと出身地に暮らす、つまり移住予備軍と言っても過言ではない人たちとの間や移民同士の間に明らかに情報の交換、換言すればネットワークが形成されていて、それを梃子に移住や仕事探し、あるいは結婚相手を探す姿などが見えてきた。また、彼らのアイデンティティ、たとえばアラブ人や所属する宗教・宗派への帰属意識を持ち続ける上で、移住先に作られた宗教施設が重要な役割を果たしていることも知ることができた。

しかしながら、疑問に感じたことも幾つかあった。まず一つ目は、レバノンやシリアの人たちが、なにゆえこうも〝簡単〟に自国を離れて、あるいは故郷を捨てて、他の国へ移住して行くのか、という漠然とした疑問から発していることであるが、彼らには我々日本人とは異なるものの考え方、価値観の違いがあるのではないかということだ。その疑問をひもとくために、人の移動とグローバリゼーションを切り口に考えてみたい。その際留意しておきたいことは、移民問題をグローバリゼーションとの関係で論じる点である。日本において、グローバリゼーション研究を牽引してきた伊豫谷は「移民研究の多くが暗黙のうちに想定してきたのが、近代西欧世界の拡大にともなう人の移動であり、国民国家の形成と深くかかわってきた」［伊豫谷二〇一三：七］と述べている。移民研究が前提としてきた、グローバリゼーションという現象が近代西欧世界の拡大にともなう人の移動や国民国家の成立などによって引き起こされたものとする捉え方が、本論のテーマであるレバ・シリ系移民においてどのような意味を持つのか、検証する必要があると感じている。それは同時に、グローバリゼーションをどのように捉えるかという大きなテーマでもあり、そのテーマについても本論で論じたい。

二つ目は、移民の定義にかかわることである。中東世界では、特に「アラブの春」がいろいろな国へ波及し、その結果多くの人々が難民となって国外へ出て行っている。シリアでは、周知の通り、二一五万人が国外へ脱出し、難民キャンプなどで仮りの生活を強いられている（二〇一三年八月現在、国連難民高等弁務官事務所UNRWAによる）。その彼らは現在「難民」の状態にあるが、今後どのような身分状況、たとえば移民、あるいは外国人労働者になるのか、本人たちさえわからない。つまり、彼らの身分は流動的であり、移民、難民、外国人労働者の間に明確な境はないのではないかとの疑問である。

三つ目は、「ディアスポラ」とは何を指すのかという問いである。移民問題を論じる際、この十年、十五年来の傾向として「ディアスポラ」の文脈で論じられることが多くなったとの印象を強く持っている。この言葉を使って表現することが果たして適切なのだろうか。当の私自身もこの「ディアスポラ」という用語を使って移民問題を論じてきた経緯があり、本来の意味より広い適用範囲を与えられたように見える。この言葉をここで再考してみる必要があるように痛感している。本稿ではこの問題についても論じることにしたい。

＊これまでの調査・研究を振り返って

二〇〇四年の夏、ベネズエラでレバ・シリ系移民、特にイスラーム・ドゥルーズ派の移民調査を行なった。調査地は、事前調査によりレバ・シリ系移民が比較的多く住んでいる首都カラカス、バレンシア（同国第三の都市で、カラカスからバスで約二時間）、そしてマラカイボ（同国第二の都市で、原油の一大産出地と同時に石油精製基地でもある港湾都市）を選んだが、実際に聞き取り調査を行なっている最中に、カリブ海に浮ぶ観光地マルガリータ島に多くのドゥルーズ派移民が住んでいるとの情報を得て、この島も調査地に加えて調査を実施した。

まず、カラカス、バレンシア、マラカイボでは、レバ・シリ系移民複数から情報を得たが、本論に関係することで重要なものを列挙しておこう。(一) レバノンからベネズエラへの移住は、一八八〇年代(一八六〇年代との情報もあった。) キリスト教徒たちによって始まった、(二) 移住の理由は経済的なもので、親族の誘いを受けて当地へ来た、(三) ベネズエラのレバ・シリ系移民の数は約四万五千人、首都カラカスの他にバレンシア、ポルト・ラ・クルーズ、マルガリータ島などにも多くのレバ・シリ系移民が生活している、(四) マルガリータ島には七、八万のアラブ移民が生活し、そのうち約二〇〇家族、一二〇〇人ほどのドゥルーズ派出身の人々が生活している、(五) ベネズエラに移住したレバ・シリ系移民のほぼ全員が商業に従事しているが、その背景に原住民が商売に疎いことが挙げられる [宇野 二〇一〇:二一二~二一三]。

すぐ前で触れているように、カラカス、バレンシア、マラカイボでの調査からマルガリータ島で現地調査を行なう必要を感じ、調査旅行の後半にこの島に渡った。島の中心地ポルラマールでは、まずレバ・シリ系移民の多くが従事すると聞いた靴屋さんに当たって、情報通りシリア系のドゥルーズ派の店主を見つけ出すことができた。彼は、シリア南部のドゥルーズ派が多く住むスウェイダー県のヨルダンとの国境に近いアーナートという村の出身で、非常に興味深い話をしてくれた。彼が言うには、この小さな村から大挙して数十人の移民がベネズエラへ渡っていること、またこれらの移民の多くがこの島の中心都市ポルラマールで生活し、しかもその多くが靴屋を営んでいるというのである。実際に調べてみると、この町の中心街には何件も靴屋があり、なかにはアーナート村出身者もいた。ただ、彼らは仕事で忙しくしており、移住の時期、背景、出身地であるアーナート村との交流の在り方などについて詳細な情報を得ることができなかった。

二〇〇五年の夏、西アフリカのセネガルで複数のレバノン系移民から聞き取り調査を行なったが、それは概略次のようなものである。(一) レバノン人がセネガルへ移住を始めたのは一五〇年ほど前からで、キリスト教徒たちがはじめである、(二) 移住の背景は、十九世紀中頃にオスマン帝国の圧政によりレバノンの社会・経済が疲弊したことによる、(三) レバノン人のセネガルへの移住は、フランスがセネガルを植民地支配したことに深くかかわっている、(四) 植民地支配下のセネガルでは、支配者であったフランス人は公務員として行政にたずさわり、ピーナッツを中心とした農地を所有し、またピーナッツの生産、加工を行なったが、レバノン系の移民は商人として、このピーナッツの買い入れ、仲買、卸し、販売、輸出などの「ピーナッツ商い」を行なうものが多かった、(五) レバノン系移民の大半はキリスト教徒で占められていたが、徐々にムスリム、特にシーア派系の移民が増えて、現在二万四、五千人のレバノン系移民がいるが、そのうちキリスト教徒は二千人程度で、残りのほとんどがシーア派系移民であろう、(六) 一九六〇年、セネガルが独立するとレバノン系の移民の入国が困難になり、また国内にいた移民も商売が難しくなったことから、カナダ、米国、ベネズエラなどへ移住して行ったが、そのほとんどがキリスト教徒系移民であった、(七) セネガルに残ったレバノン系の移民は、産業やサービス業へも積極的に進出しているが、他方セネガル人が特に八〇年代以降商業の分野に進出し、レバノン系の商人たちとの摩擦も起こっている［宇野二〇一〇：二一六〜二一七］。

ベネズエラとセネガルへ渡って行ったそれぞれの移住を比較して、特に注目すべき点は次のようなものである。

第一に、初期の移住が十九世紀、キリスト教徒たちによって始められたことである。なぜキリスト教徒たちだったのだろうか。その理由は、まずこの時期に発生した地域紛争がキリスト教徒たちの多く住む地域であったこと、また今述べたことに関係していることだが、この紛争にキリスト教徒保護を名目に関与していたのが西欧列強の一つフランスであり、キリスト教徒たちに特別の便宜が図られたことが考えられる。また移民を必要としていたベネズエラやセネガル（植民地行政）側の事情もあったことが推測できる。

第二に、移住した理由が地域の不安定さや経済的な困窮によることである。これは、すぐ前で述べたことに関係することであるが、十九世紀に入って西欧列強によるオスマン帝国に対する政治的、経済的な干渉（いわゆる東方問題）が強まり、その結果、同帝国領内の各地で独立運動や宗派紛争（一八六〇〜六一年）が激化し、社会が大きく不安定化した。たとえば、レバノンではマロン派キリスト教徒とドゥルーズ派教徒の間に宗派紛争が起こり、この紛争に巻き込まれた住民のうち、特にキリスト教徒系住民の多くが海外へ移住したと言われる。

第三に、移民が植民地経営を補完する役割を〝商人〟として担わされていたことである。これは、J・S・イーズによれば、工業革命以前、ヨーロッパで初期の資本主義が形成されつつあった時期、たとえば新世界における主たる労働力の源泉は、奴隷労働力の「強制移民」であったが、十九世紀に入ってヨーロッパおよびアフリカの国々が奴隷貿易を次々に廃止し、また工業革命の進展にともなって、移民の規模と行き先が大きく変化した。西アフリカを例にとれば、ガーナとナイジェリアにおけるココアの生産がめざましい成功を収め、この地域の交易と市場の拡大と現金経済の発達を促し、それを主として担ったのはレバノンから移住した商人たちと、ナイジェリアの三つの民族集団（ハウサ族、ヨルバ族、イボ族）出身の商人たちだったと記している［イーズ　一九九六：一〇二〜一〇五］。この記述を筆者の調査と照らし合わせると、ガーナとナイジェリアをセネガルに、そしてココアをピーナッツに置き換えることができる。また、こうした植民地経営と商人の関係は、南米のベネズエラや後述するアルゼンチンにも当てはまる話しであろう。移民たちの複雑な立ち位置が見えてくる。

二〇〇六年の夏、シリアで調査する機会を得て、前で触れたマルガリータ島の移民の出身地アーナート村を訪れた。ここは、シリア最南端の村の一つで、人口六〇〇人弱（一九九四年当時、シリア人口統計局資料による）、住民はドゥルーズ派に属する人たちであった。そこで、たまたまベネズエラから一時帰国していたクテイバ・H氏に出会うことができ、概略次のような話しをしてくれた。

（一）一九七〇年生まれで、中学卒業後義務兵役を終えて、移住のための資金を集めて、すでに移住していた叔父を頼って九四年にベネズエラへ移住、（二）この村には農業以外に職がなく、農業で食べて行くだけの土地がないので移住を決意、（三）今回は、この村出身で遠縁の女性と婚約するため一時帰国した、（四）靴屋を営む者は多いが、自身はバレンシアで衣料店を経営している、（五）二年前にベネズエラ国籍を取得しているが、商売に成功すれば帰国の意思がある、（六）今回の帰国が二回目である［宇野　二〇一〇：二二四］。彼自身は、帰国の意思があると語っていたが、この村からベネズエラへ移住した人のうち、これまでに帰国した者はいないということであった。私が滞在していたのは数時間にすぎないが、村には人影がほとんどなく静まり返り、どうにか村が維持されている、そのような印象を強く持った。果たして、この村はどうなって行くのだろうか。そして、その約六年後に、チュニジアで発生した民主化運動、いわゆる「アラブの春」をきっかけに、シリアでも民主化運動＝反独裁運動が起こり、内戦へ発展して現在に至っている。この状況がこのアーナート村の住民やこの村からベネズエラへ移民として渡って行った人たちにどのような影響をもたらしているのだろうか。これに関連して、シリア内戦と移民の問題について後述する。

二〇一二年の夏、今度は南米のなかでもレバ・シリ系移民がブラジルに次いで多く住むアルゼンチンで調査を行なった。この国へのレバ・シリ系移民の歴史は、前述したマロン派とドゥルーズ派との宗派紛争などにより地域社会が不安定になり、まずは一八七〇年代にキリスト教徒たちから始まった［Ikmir 2000］。ベネズエラのレバ・シリ系移民とほぼ同じ時期かと思われるが、ベネズエラとの大きな違いは、アルゼンチンではほとんどの原住民が入植者たちの手によって虐殺されていることだろう。このことは、移民たちの社会環境、特に社会的地位などにも大きな影響を与えたことが推察できる。

ここアルゼンチンでは、キリスト教会やモスクを中心にレバ・シリ系移民の一世、二世たちが、自分のアイデンティティを互いに確認するために、さまざまな行事を行なっている様子を見る機会があった。また、地方都市でもアラブ料理店、アラブ料理の食材を販売する店、アラブ諸国から買い入れた雑貨類を売る店などが点在していた。一方で、アラブ系、特にレバ・シリ系移民の数が多い国にしては、アラブ的なものを感じることが少なかった。それは、おそらくは移民たちが全国津々浦々に拡散していて、彼らが集う場が十分に確保されず、現地社会に同化して行ったためと考えられる。また、その結果として移民の二世、三世たちが現地社会に根を張って来ているからではないかと想像している。加えて、前述したように、アルゼンチンはベネズエラやセネガルなどと異なり、原住民がほとんどいない国である。彼ら移民たちが社会的に最下層に位置付けされることを恐れ、すでに作られている「ヨーロッパ系移民社会」に同化する道を選択したという解釈もできるのではなかろうか。

それでは、レバノンやシリアの人たちは、なぜいとも簡単に国を出て、遠く離れた未知の世界へ渡って行くことができるのだろうか。次の節で考えてみたい。

＊人の移動とグローバリゼーション

我々がレバ・シリ系移民の移住するに至った背景を考える時、まず念頭に置くことは、ある国家の国民が他の国家に移り住むこと、つまり移住ということが近代における国民国家の形成以降の現象であり、その意味において移民とは近代の概念であるとの認識であろう。それゆえ、彼らの移住が国民国家の形成過程で起こった地域紛争や経済危機、あるいは社会変動を直接的な契機として発生したものであるとの自明の認識があるように思う。しかしながら、移住が人の移動の一つの様態であるとすれば、近代国民国家の成立以前、つまり前近代の時代状況にも少なからず注意を払う必要があるのではないだろうか。このことに留意して、移住の背景を考えてみたい。

私は現在広島県に住んでいる関係で、よく瀬戸内海や日本海へ行く。瀬戸内海、あるいは日本海の海辺から洋上を眺めると広大な海が広がり、海を越えた遠くの、今まで訪れたことや見たこともない世界に思いを馳せることがある。このような思いを抱いた人は少なからずいるのではなかろうか。日本が島国であることを感じ、水平線の遥か向こうに「異国」があることを思う瞬間である。この種の思いは、果たしてどこから来るのだろうか。それは、おそらく地理的に日本が大陸から遠く離れた島国にあること、そして歴史的に江戸期の鎖国政策により、朝鮮、中国やオランダとの通商関係はあったものの、ほとんど外界との交流を持って来なかったこと、つまりよその世界を知らないことに起因しているのではないだろうか。それゆえ、海外へ出て行くこと、たとえば移民として海を渡ってハワイ諸島や南北アメリカなどへ行くことは、想像も及ばない未知の世界へ行くことであり、実際にそうした経験をした移民たちは皆、恐怖におののいていたことだろう。

では、アラブ世界の方はどうだったかというと、この世界は地理的に陸続きで、周知の通りナイル文明、メソポタミア文明といった古代文明の発祥の地で、太古の昔から「文明の十字路」として、多くの人やものが行き来してきたところであった。従って、人が移動することがごく自然のこととしてあり、特にイスラームがこの地に興り、その後急激に拡散して行く時期、つまり七～八世紀頃からすでに人やものの活発な行き来が始まっていた。この現象は、現代のグローバリズム、それはコロンブスによる新大陸の「発見」に始まり、その後の産業革命などを経て西欧世界が世界化して現代に至る現象であるが、それとはその規模、形、影響力などいろいろな面で異なるとはいえ、「先発グローバリズム」とでも呼称しえるものではなかっただろうか。そして、この地域では早くも十一世紀にはイベリア半島のアンダルス出身のイブン・ジュバイル（Ibn Jubayr 一一四五～一二一七）が海路でアレキサンドリアへ行き、紅海を経てメッカへ巡礼し、その後バグダード、ダマスカスを経て二年三ヶ月後にアンダルスに戻って、自身の見聞を「旅行記」として著している。また、大旅行家として名高いモロッコのタンジール生まれのイブン・バットゥータ（Ibn Battuta 一三〇四～六八／六九?）は、やはりメッカ巡礼を一つの目的に旅立ち、巡礼を果たした後、イラク、イラン、アラビア半島から東アフリカやトルコ、インドなどを旅して回り、出発して二十四年後の四九年にモロッコに戻って、日本では『三大陸周遊記』『大旅行記』というタイトルで知られる旅行記にまとめた。「その足跡は十四世紀当時のイスラム世界全域に及んでいるが、このような大旅行を可能にしたのは、諸都市を結んで張り巡らされていたムスリム知識人（ウラマー）のネットワークによるところが大きい」［佐藤　二〇〇二：一二二］。ここで言及されているネットワークこそが、「先発グローバリゼーション」の具体的な姿、形ではなかろうか。

このような「先発グローバリゼーション」、ここでは人やものの移動や文化の伝播の境界を越えた広がりという意味でのグローバル化であるが、これを可能にした理由はイスラームと深くかかわっているのではなかろうか。ここでは二つその理由を挙げておきたい。まず一つ目は、イスラームが部族や民族といった血縁集団の枠を越えて広がり、話す言語が異なってもムスリムであれば平等であるとの教えに起因する他者認識、それは言語の違い、換言すれば民族の違いを人間や集団の間の境界と考えない、開放的な他者認識である。このような認識は域内の移動を容易にしたと考えられる。たとえば、十一、十二世紀の東南アジアへのイスラーム伝播やハドラマウトからマレーシアへの移住である。ハドラマウトとマレーシアとの間の人、ものの移動を調査・研究している新井和広によると、インド洋は古くからモンスーンや海流を利用した遠距離交易が盛んで、このインド洋沿岸地域にアラブ系移民の子孫が暮らしているのはさほど不思議なことではなく、東アフリカ、インド、東南アジア島嶼部（インドネシア、シンガポール、マレーシアなど）に見られると述べている［新井　二〇一〇：二二三］。この移動の流れが、商業活動を善行とするイスラームによって奔流になったことは明らかであろう。二つ目は、イスラームの宗教的実践義務の一つにある巡礼の義務、ないしは奨励である。日常的に地域にめぐらされた巡礼路を多くの巡礼者が行き交うということは、人やものが活発に移動することであり、その結果、商業的、文化的ネットワークが形成されていったと考えられよう。

このため、この地域の人びとにとって、そこがたとえ地理的に遠くの世界であっても、そこへ旅立つことは精神的にそれほど困難なことではなかったのではなかろうか。それは今を生きる彼らにも通じていて、後述することだが、たとえばシリアやレバノンで出会った人たちのなかに、自国を何としても出たい、できればヨーロッパへ移住したいと国外脱出を願望している人が多くいたことである。彼らは、自分の生まれ故郷を出て、遠くの未知の世界へ移り住むことを躊躇するどころか、むしろ積極的に考え、これを望んでさえいるのである。長い歴史のなかで培われた素質があるからだと思う。それはまるで、彼らのなかに「移動することが当たり前」という思考回路がＤＮＡとして埋め込まれているかのようである。しかしながら、移住を容易なものと考える背景には、先に遠くの世界へ渡った仲間たちがいる、つまりネットワークが存在していることも考慮する必要があろう。他方、日本人の場合は、それこそ海を越えて未知の世界へ出て行くことが余りに勇気のいることであるとの思考回路が働いているようであり、アラブ世界とは対極にあるといっても過言ではない。

「先発グローバリゼーション」時代の人の移動は、しかしながら、その規模は小さく、またその範囲は限定的なものであった。そして、近代以降、規模が大きく組織的な人の移動、つまり移住が始まる。ただ重要な点は、前近代の人の移動と近代以降の人の移動は、無論、連続した行動パターンであり、また前近代における移動の契機、たとえば商業的、あるいは宗教的理由から移動する人びとは近代を経て現代に至るまで絶えることはない。しかし、この連続的な人の移動に対する問題の捉え方が決定的に変わる出来事があった。それが国民国家の成立である。これにより、現在進行形のグローバリゼーションに変質するが、それ以前の「先発グローバリゼーション」と分けるために、ここでは「後発グローバリゼーション」とでも呼称しておこう。これは、堀内正樹の言葉を借りれば、「人、もの、情報、資本が国境を越えて大量かつ頻繁に行き交い、その動きが世界全体を覆って一方向に向かっている」〔堀内　二〇一四：六二〕現象であり、この現象は「先発グローバリゼーション」から連続して引き起こされてきたものであって、無論、両者を分断して捉えることはできない。しかしながら、我々が移民を議論する時、果たして近代以前の「先発グローバリゼーション」をどれほど念頭にしているだろうか。そして、彼らのネットワークの様態は、現在においても「私」と不特定多数の関係ではなく、特定の人間（たち）との間の関係の上に成り立っているという点である。また、たとえばレバ・シリ系移民を考える際、近代以降の移住にだけ注目するのではなく、それ以前のこの地域における人の移動についても十分に考慮する必要があるのではなかろうか。

そして現在、近代国民国家それ自体の枠組みを問う事態が世界のあちこちで起こっている。その一つがシリア内戦である。

＊シリア内戦と移民、出稼ぎ労働者、難民

人の移動の一つの様態である移住／移民が、近代国民国家のシステムがほころび、軋む過程で、変容してきている。よりよい生活を求めて国外へ出ようとする人々、また家族を養うために仕事を求めて出稼ぎ労働者（外国人労働者）として近隣の国々へ出て行く人々、そして場合によっては紛争や戦争によって難民となって国外へ出る人々、このような人々が重なり合い、錯綜する状況が生まれている。それが今のシリア内戦に帰因した情勢であろう。

シリアでは、二〇一一年三月に南部の町ダルアで発生した反政府デモを発端として、反独裁を掲げ民主化

を求める大衆運動が全国に拡大した。そして、政府軍と反政府軍が争う内戦へと発展し、現在に至っている。この内戦により、これまでに少なくとも十二万六千人が死亡したと言われ［朝日新聞 二〇一四年一月十五日付朝刊］、負傷者の数はその数倍に達していることだろう。また、二〇一三年八月までに国外へ出て難民となった人が二一五万人に達し、レバノンに約七八万人、ヨルダンに約五三万人、トルコに約五〇万人、イラクに約十九万人、そしてエジプトに約十三万人が難民になっているとしている［朝日新聞 二〇一三年一〇月七日付朝刊］。加えて、国内難民、つまり何らかの事情で国内に留まり、身の危険から住処を移動せざるを得なくなった人たちの数は六五〇万人にのぼると伝えられている［朝日新聞 二〇一四年一月十五日付朝刊］。

国外へ逃れた難民の人たちは、UNRWAなどが設営した難民キャンプで暮らし、金銭的に余裕のある人は都市部などでアパートを借りて住み、あるいは避難先に親類がいればそこで一時的に暮らし、またそれ以外の人たちのなかにはヨーロッパなど周辺諸国以外の国へ出て行った人もいることだろう。そして、彼らの一部は、すでに一時的な避難民や難民の立場から逃れて、「移民」という定着した立場になっているかもしれない。また、一時避難している人たちのなかで、今後避難民や難民から移民の道へ進む人たちが出て来ることだろう。なぜなら、私自身のシリアでの滞在経験のなかで、内戦以前からシリア人の多くが海外、特にヨーロッパや北米へ行くこと、それも単なる海外旅行で出るというものではなく、移民としてシリアから脱出することを夢みていることを強く感じていたからだ。そして、今回の内戦が彼らに移民になる〝絶好の機会〟を提供したと見ることができるからである。事実、二〇一四年一月十四日付朝日新聞は国際欄で、トルコなど周辺諸国ではシリア難民が急増し、彼らの受け入れが限界に達しつつあるため、彼らはトルコを越えてブルガリアへ不法入国を試みる者が増え、また地中海を密航船で渡り、イタリアに上陸する難民も急増している旨伝えている［朝日新聞　二〇一四年一月十四日付朝刊］。

それでは、何故レバノン人やシリア人は外へ外へと目を向けて、海外へ出ること、それがたとえ生活環境が劣悪なところや、政治的、経済的に不安定なところであっても敢えて出ようとするのだろうか。それは、地域間、国家間の経済格差の問題、つまり先進諸国と発展途上国との間に深刻な経済格差があるために、発展途上の国々から職を求め、より良い生活を求めて先進諸国へ出ようとする人びとが多数いて、レバノン人やシリア人もその例外ではないからだ。加えて、中東地域では周知の通り中東紛争がたびたび起こってきた。レバノンでは一九五八年に最初の内戦が起こり、二度目の内戦は一九七五年から九〇年まで続いた。そして、シリアでは独立後軍部のクーデターが続き、一九七〇年にハーフィズ・アル＝アサドが実権を握ってからは独裁政権が長く続き、二〇〇〇年に彼が死去した後はその息子が権力を引き継ぐという形で独裁政権が維持され、今回の内戦の原因ともなったように、多くの人びとが圧制にあえいできた。従って、レバノンやシリアの人たちは、経済的、政治的、社会的理由から、いつか自分も海外へ出て新しい生活を始めたいとの思いを強く持ってきたのである。

二〇一三年の夏、私はレバノン、フランス、ドイツ、そしてトルコを訪れた。その際、それぞれの国で、これまで見たことのない変化に遭遇することとなった。まず、レバノンでは、首都ベイルートで多くの物乞いの人たち、特に若い女性の姿を目にした。その後、久々にフランスの首都パリとトルコのイスタンブールを訪れたが、まずパリではその町の変化に驚かされた。数年前に比べ、レバノン系のレストランが増えていること、そしてパリにやって来てさほど時間が経っていないとおぼしきシリア人に多数出会ったことだ。パリの中心地近くに位置するカルチェラタンは、もともと大学や研究機関が立ち並ぶ「最先端文化」の中心地区で、教養の象徴だったラテン語が広く使われていた地区という意味から「ラテン地区」と呼称された地区で、この地区を二分するようにムフタール通りが走っている。この通り沿いには、相当以前からギリシア系のレストランが多いことで知られ、今もギリシア料理を出す店が軒を並べている。今回久々に、この通りを歩いたのだが、真新しい看板にレバノン料理の文字を見つけて、早速なかに入ってそこで働いていた従業員二人に、レストランはいつごろ開いたのか、貴方たちはどこの出身か、などなど質問をぶつけてみた。すると、次のような答えが返って来た。レストランは一年ほど前から開いている、オーナーはレバノン人だが、我々二人はシリア出身で、一人はダマスカス市出身のスンニー派、もう一人はダルア県にある小さな町の出で、キリスト教徒だという。レバノンやシリアを取り巻く政治情勢の大きな変化が、このような変化に繋がっていることを強く連想させる。

イスタンブールでは、宿泊したホテルのロビーでアラビア語を話す宿泊客が多数いることに驚かされた。フロントで働く従業員のなかにもアラビア語を話す若者がいることに気づき、早速どこの出身か尋ねてみると、シリア北部の町アレッポの出身で、トルコへ来て一年ほどだと言う。彼は自身が難民とも避難民とも言っていなかったが、出身地やトルコ入国の時期からして、一時的にシリアを逃れて来た〝避難民〟であることが想像できる。そして、アラブ諸国、特に隣国のイラクやシリアからの宿泊客が増えたホテルにとって、アラビア語を解する従業員が必要となり、彼が雇われることになったと推測することができる。また、街角の土産物屋にもアラビア語を話す店員がいて、どこの出身か尋ねてみると、やはりシリアから逃げてきたと言う。前述したように、シリア内戦による難民が二一五万人に上るとメディアは伝えているが、その人たちの一部はすでに国境地帯の難民キャンプからトルコの町へ移動して、一部は職を得るなどして避難民、あるいは一時的難民から定住シリア人、換言すればシリア移民となり、また一部はトルコを越えてヨーロッパ、あるいは他の地域へと移動し、難民認定を受け、次に難民から定住者へステータスを換え、移民になっている人もいることだろう。

このように、移民の様相が大きく変化し、またそのためにたとえば移民、難民、出稼ぎ労働者（特に外国人労働者）の語彙上の違いはあっても、実際の立場には明確な線引きはできない状態になっているのである。たとえば、難民が出稼ぎ労働者になり、あるいは申請一つで移民へ「変身」することも可能となっている現状がある。つまり、それぞれの境界が実際にはすでに溶解していて、峻別することができなくなっているのではないかということである。このことは、我々が移民問題を語る時、十分に考慮する必要があるのではなかろうか。

＊移民はディアスポラか

「観光人類学」を専門分野とする山下晋司は、岩波講座文化人類学第七巻『移動の民族誌』の編者として、その序において「ディアスポラ」という用語を次のように定義した。「グローバルな人流は世界のあちこちに《はざま》に生きる人々、つまり「ディアスポラ」という言葉でくくれる人々を作り出す。ディアスポラは、元来ユダヤ人が故地を失い離散したことを指す語だが、今日ではユダヤ人にかぎらず故地からの離散、または離散した人々を指すようになっている。……カーヒック・トュリュリヤンは、この言葉はいまや、移民、国外追放者、難民、外国人労働者、エスニック・コミュニティなどを含めてよい言葉になっていると述べている。」そしてさらに、ディアスポラが現代の民族＝文化理論にとって重要な意味をおびて登場する理由として二つ挙げるとすれば、一つは国民国家の相対化であり、もう一つは「近代」の歴史の相対化である旨論じている〔山下　一九九六：一八〜一九〕。これは、「ディアスポラ」を広義に捉え、国民国家や西欧近代の矛盾を照射しようとの試みと理解できる。そして、このような「ディアスポラ」解釈は、とりわけ移民研究のなかでは一つの時流となっていると言っても過言ではない。[2]

しかしながら、この広義の捉え方には幾つもの問題が潜んでいる。まず、ディアスポラという用語がユダヤ教徒の離散という二千年近く前に生起したものであり、これを近代以降に発生した移民、国外追放者、難民、外国人労働者などの問題に当てはめることが妥当なのかどうかという問題がある。ローマ帝国支配下のユダ王国に住むユダヤ人がローマ帝国に対し反乱を起こすが、これが鎮圧され、その結果この地域から追放され、各地へちりぢりになり（「ユダヤ人の離散」）、これにその後彼らが以前暮らしていたところ、即ち故地に対する望郷の念が新たに意味付けされ、この言葉が使われるようになった。このような背景や特殊性をどのように考えるか〔臼杵　二〇一〇：三四〕。また、ディアスポラが持っている「ユダヤ人の離散」という極めて限定的な意味を持つ言葉を、たとえば多様な姿を持つ移民という存在に当てはめることによって、移民が「離散」の民として単純化されはしないかという問題も起こってこよう。

次に、本論で論じたことに則して言えば、すでに第二節で述べているように、近代以降の移住とそれ以前の「人の移動」は連続していて、この二つを切り離して考えることはできない。ところが、我々が移住を「ディアスポラ」として括ってしまうと、それはすでに近代以降の移住を述べると言っているに等しい。これは我々が境界的思考に十分注意を払わなければならないことを示唆している。本来、「人の移動」という点における「先発グローバリゼーション」の移民と「後発グローバリゼーション」の移民とは同じ現象である。しかし、そこに一度近代国民国家の概念が入り込むや否や、それは国家の維持、運営と相まって、異なる視点で捉えられる。「後発グローバリゼーション」のもと、移民は近代国民国家によって生み出されたと言える。そうして生み出された移民が、今度は近代国民国家の枠組みに変化をもたらそうとするのである。また、第三節で指摘したように、移民、出稼ぎ労働者、難民といった地位は、それぞれを分けて捉えられない状況が、例えばシリア内戦による人々の流出のなかに見られ、移民、出稼ぎ労働者、そして難民の概念自体が曖昧になっていることを示している。それゆえ、これらを「ディアスポラ」で括ってしまうと、事態を一元的に捉えることにならないだろうか。

いずれにしても、移民をめぐる状況は時代の移り変わりにより、大きく変わっており、それをふまえて捉える必要があることは確かだ。その際、ディアスポラという用語を借りて論じることが有意義な点はあるだろう。ただ、それが孕む問題も多々あることを十分理解しておく必要があることを強調しておきたい。

＊おわりに

私にとって、このレバ・シリ系移民に関する研究は、二〇〇三年～二〇〇六年の科研費補助金による基盤研究『アラブ世界におけるネットワーク型社会システムの維持メカニズム』（研究代表：堀内正樹）、それに続く二〇一〇年～二〇一三年の科研費補助金による基盤研究『アラブ的人間関係のグローバル展開――先発グローバリズムの研究』（研究代表：奥野克己）、そして二〇一〇年～二〇一三年の国立民族学博物館共同研究『非境界型世界の研究——中東的な人間関係のしくみ』（研究代表：堀内正樹・西尾哲夫）の三つの共同研究があって可能となったもので、本稿はその一つの成果である。確かに、二〇〇三年から二〇一四年までの調査、研究の過程で、実に多くの人たちに出会い、また多くの情報を得ることができ、その間に幾つかの論文を仕上げているが、研究成果としてこれらをまとめ上げたとの実感は残念ながらない。

しかし、レバ・シリ系移民の人たちを通して、移民が国民国家の矛盾に深くかかわっているものの、彼らを捉える時にはそれ以前の「先発グローバリズム」の時代に注意を払わなければならないこと、また移民とは誰のことか、その実相自体が国民国家システムの瓦解のなかでますます不鮮明になってきていることが分かった。これをふまえて、未だ整理していないレバ・シリ系移民にかかわる問題に取り組みたいと考えている。

シリア内戦は、和平への国際会議がようやく開かれ、アサド政権と反アサド政権双方が関係国の代表たちと共にテーブルに着いて、新たな局面を迎えている。しかし、この内戦が今後どうなって行くのか、誰も分からない。そうこうしている間にも、多くのシリア住民が国内のどこか少しでも身の危険のない場所を求めてさまよい、あるいは国境を目指して歩き、運良く国境を越えた人たちは、ある人は職探しをし、ある人は難民としてキャンプへ移動し、ある人は近隣諸国へ出て移民になっているかもしれない。そして、私が出会った人たちの多くが、この内戦に巻き込まれ、不安な日々を送っていることだろう。一日も早く、この内戦が終結することを祈らずにはいられない。

注

1　ロイター通信と国連難民高等弁務官事務所UNHCRの資料による。

2　手許にある著書を幾つか挙げておこう。武者小路公秀（編）二〇〇五『ディアスポラを越えて』（アジア太平洋センター叢書一）、国際書院。浜邦彦・早尾貴紀（編）二〇〇八『ディアスポラと社会変容』（アジア太平洋研究センター叢書二）、国際書院。宮治美江子（編）二〇一〇『中東・北アフリカのディアスポラ』（叢書グローバル・ディアスポラ三）、明石書店。錦田愛子二〇一〇『ディアスポラのパレスチナ人』有信堂。また、外国語では、Abdulkarim, Amir 1996 *La diaspora libanase en France: Processus migratoire et economie*, Paris: Editions L'Harmattan, Abdelhady, Dalia 2011 *The Lebanese Diaspora: The Arab Immigrant Experience in Montreal, New York, and Paris*, New York: New York University Press など。

参照文献

新井和広　二〇一〇「南アラビア、ハドラマウト地方出身移民の変遷」駒井洋（監修）、宮治美江子（編）『中東・北アフリカのディアスポラ』（叢書グローバル・ディアスポラ三）、明石書店、二二三～二四三。

イーズ、J・S　一九九六「世界システムの展開と移民」『移動の民族誌』（岩波講座文化人類学第七巻）、岩波書店、九七～一二五頁。

伊豫谷登士翁　二〇一三「『移民研究』の課題とは何か」伊豫谷登士翁（編）『移動という経験』有信堂、三～二五頁。

臼杵陽　二〇一〇「パレスチナ人ディアスポラ」駒井洋（監修）、宮治美江子（編）『中東・北アフリカのディアスポラ』（叢書グローバル・ディアスポラ三）、明石書店、三二一～五一頁。

宇野昌樹 二〇一〇「レバノン系・シリア系移民ディアスポラを考える」駒井洋（監修）、宮治美江子（編）『中東・北アフリカのディアスポラ』（叢書グローバル・ディアスポラ三）、明石書店、二〇〇～二二二頁。

佐藤次高 二〇〇二「イブン・バットゥータ」『新イスラム事典』平凡社、一二一～一二二頁。

堀内正樹 二〇一四「世界のつながり方に関する覚え書」『成蹊大学文学部紀要』第四九号、六一～八五頁。

山下晋司 一九九六「序 南へ！ 北へ！」青木保他（編）『移動の民族誌』（岩波講座文化人類学第七巻）、岩波書店、一～二二頁。

Abdelhady, Dalia 2011 *The Lebanese Diaspora: The Arab Immigrant Experience in Montreal, New York, and Paris*. New York: New York University Press.

Abdulkarim, Amir 1996 *La diaspora libanase en France: Processus migratoire et economie*. Paris: Editions L'Harmattan.

Ikmir, Abdul-wahid 2000 *al-arab fi al-arjuntin*. markaz dirasat al-wahda al-arabiya.

Mouaatarif, Yasrine 2013 *Paris Oriental: Musées, restos, hammams, boutiques, musique, design... le meilleur des cultures arabes*. Parigramme.

研究会を終えて

【宇野昌樹】

この研究会では、その当初から議論してきたことがある。それは、「非境界」という言葉をどのように定義するかであった。結局のところ、この「非境界」をいかに定義するのか、メンバーの間に明確な定義づけはされなかった、換言すれば、統一した考えを無理に出すことはしなかった。その理由は、メンバーの関心事、フィールド、アプローチの仕方などがそれぞれ異なり、「非境界」という抽象的な言葉を無理矢理定義づけてしまうと、メンバー一人ひとりにいろいろな縛りを掛けてしまいかねないとの、研究会代表の一人、堀内正樹さんの思いが強くあったからではないだろうか。そして、そのことはむしろ良かったのではないかと考えている。

この「非境界型世界」とは、つまるところ、境界型世界を想像し、そのようなものではない世界をイメージすることで、どのようなものなのかある程度は描くことができる。たとえば、境界型世界とは国家がその典型であろう。なぜなら、国家、つまり近代国民国家のことであるが、これは国境（境界）を必須条件として成立するものだからである。そして、現在の世界を考える時、五〇年前、三〇年前、一〇年前と比べて、人、もの、あるいは情報がこのような国境を越えて行き交い、国家間の境界が大きく変質してきたことが容易に理解できる。いわゆる世界のグローバル化である。しかしながら、注意しておきたいのは、たとえば中東世界ではヨーロッパで成立し、その後世界化して行く近代国民国家が決してヨーロッパのそれと同質ではないということ、またグローバリゼーションの一つの特徴である人、もの、情報が民族、宗教、政治、文化などの違いで形成される領域を越えて、国民国家が形成される遥か前から行き来していたことである。そして、私自身はこのような認識を持ってレバ・シリ系移民をどのように考えるべきなのか、「アラブの春」を受けて大きく変化する地域情勢や特にシリア内戦がもたらす変化をふまえて考察したのが本稿である。

とはいえ、「非境界型」という言葉の理解において、私はもう一つの「境界」を同時にイメージしていた。それは、「境界」は国家間の境界、つまり国境だけに留まらず、我々の思考方法においても同様のことが言えるのではないかとの思いであった。我々は何かを認識しようとする時、往々にして既に出来上がっている概念、つまり既成概念でもって思考してはいないだろうか。たとえば、現在内戦状態にあるシリアについて考える時、シリアという国家を前提として考えるのではないだろうか。つまり、国境で囲んだ一つの領域を持った国シリアとして考えることだろう。しかし、このシリアという国は、国家として成立するのは一九四六年のことで、たかだか七〇年にも満たない。従って、国家としてのシリアを前提に考えると、シリア国家成立以前の諸々のことを抜きにして見ることになり、その結果、シリアの現状や現在抱えるさまざまな問題を理解できず、また未来像を描くこともできないだろう。そのような前提に立って考える「境界的」思考をどのように払拭して、「非境界的」思考で考察できるか、私はその点も留意しながら本稿を書いたつもりでいる。

読者がこの拙稿を読むことによって、自身の既成概念を壊し、より新しい思考世界に足を踏み入れるきっかけになれば幸いである。

7
海を渡る聖者の「記憶」

——ハドラマウトとインドネシアにおけるハウル（聖者記念祭）を通じて——

新井　和広

＊はじめに

私が初めて主要な調査地である南アラビアのハドラマウト地方（現イエメン共和国）を訪れたのは一九九六年のことだった。ハドラマウト出身者（ハドラミー）の移民、特に東南アジアを目指した人びとの情報を得るべく、ハドラマウト内陸部の主要都市、サイウーンの博物館に毎日座り、文書を読んでいた。博物館内で私にあてがわれた場所は、建物の四隅にあった尖塔のような部分だった。夏のハドラマウトは気温が四〇度を超える日が続き、外国人には過酷な環境になる。さらに、当時は一九九四年の内戦後に起こったインフラの問題から、一日に何時間も停電していた。早い話、ホテルに帰ってもエアコンが使えるとは限らず、停電が夜にあたるとほとんど眠れないこともあった。そういう意味でも、博物館であてがわれた風通しのいい部屋はありがたかった。

その窓からは町の中心部が一望できた。特に私の目を引いたのは、町の中心にある墓地の隅にそびえる、ひときわ大きな聖者廟だった。当時携行していた英語の旅行ガイドには「ハブシー廟」と記されていたが、主要な問題関心が東南アジアとハドラマウトの人的つながりで、さらに今後研究者としてやっていけるのか極度な不安と戦っていた私には、研究テーマと直接かかわりがない地元の聖者について調べる余裕などなかった。

その時のハドラマウト内陸部での経験は、サイウーン博物館での文書調査、タリームのアハカーフ写本図書館での写本調査のみで終わった。しかし同行者の強い希望もあって、滞在の最後にイスラーム以前の預言

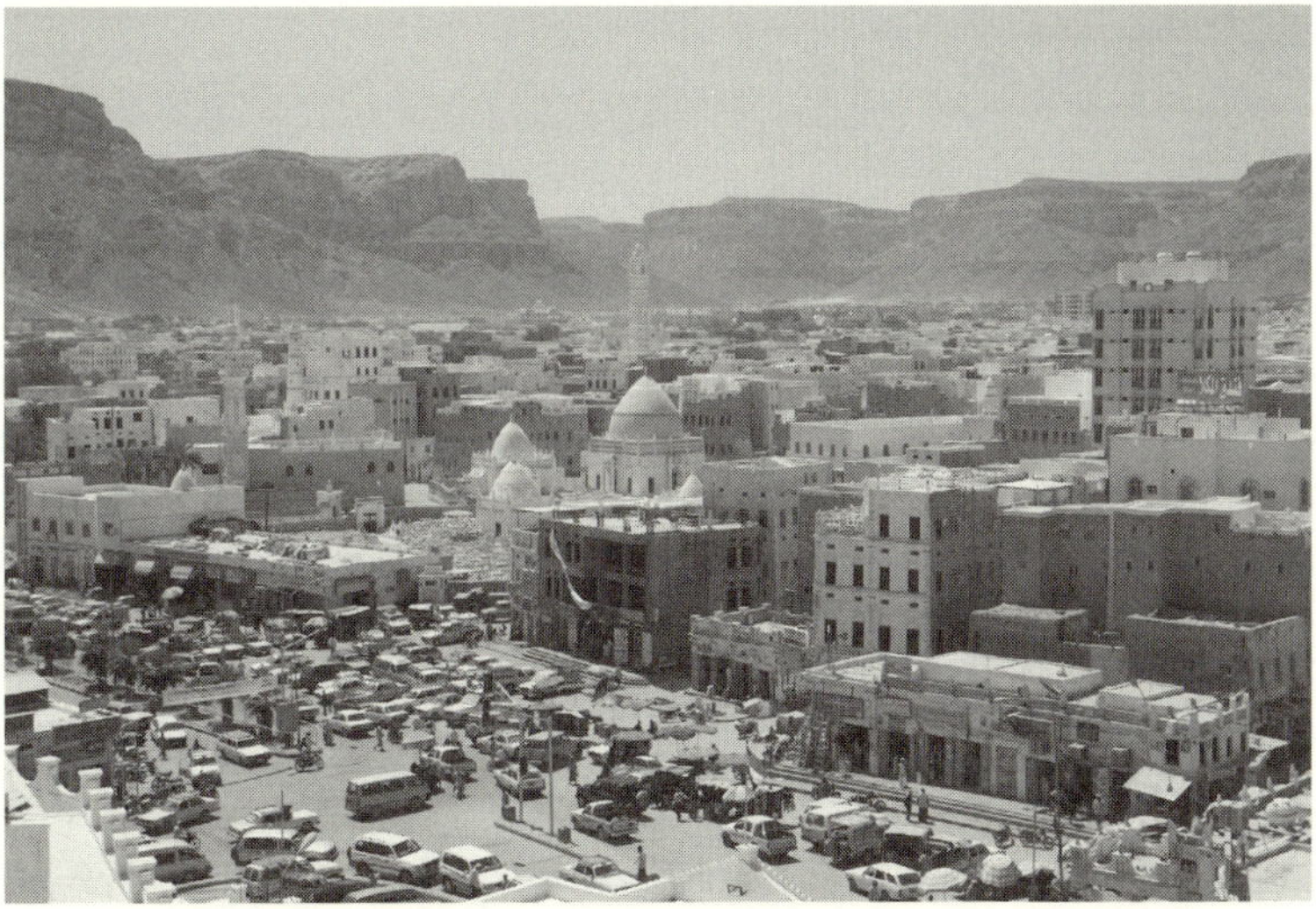

サイウーン（中央のドームをもつ建物がアリー・ハブシー廟）

者フード（Hud）の廟を訪れることにした。フード廟はハドラマウト内陸部に位置し、地域の学術・文芸・宗教活動の中心地タリーム（上述）から東に八〇キロ行ったところにある。人びとの活動の中心、具体的にはカトゥン、シバーム、サイウーン、タリームなどの町から離れており、年に一度開催される参詣行事の時以外はほぼ無人である。現在ではハドラマウトとオマーンをつなぐ道路が整備されているためタリームからなら自動車で二時間で行けるが、当時は石による簡易舗装の道路か、全く舗装されていない道路を通ったので、往復で一日がかりの旅程だった。その行程の四分の一程度、タリームから十五キロほど東に行くと、道の右側に七つの廟が身を寄せ合うように建っているのが見えた。イーナートという村だと教えられたが、まさに秘境の中にある聖者の墓という佇まいで、アクセスの困難さと相まって、ずいぶん神秘的に見えたものである。このような強い印象を受けたため、フード廟の帰りにわざわざ村に寄ってもらったものの、地元で埋

イーナート村

葬された聖者の墓は、当時の私にとっては観光で訪れる場所以上の意味はなかった。

それから十八年の月日が経ち、現在でも私は研究者の端くれとして何とか活動を続けている。ハドラマウトにおける最初の調査の後、私はロンドンでアデン保護領関係の文書を読み込んだ。その過程で、博士論文のテーマはハドラミー移民の中でもアッタース家という家系の歴史を再構築することに決めた。ロンドンの後はシンガポール、マレーシア、インドネシア、オランダでも調査を行ない、学位論文をまとめることができた。調査のために東南アジアを訪れた二〇〇〇年以降は、現地におけるハドラミー、特にインドネシアのジャワにおけるサイイド（預言者ムハンマドの一族、以下ハドラミー・サイイド）のコミュニティを観察してきたが、年を追うごとに彼らの宗教的な活動が活発になっている。それを表すもののひとつが聖者を記念して開催されるハウル（haul）と呼ばれる行事の規模の拡大である。

ハドラマウトから移住し、その後ホスト社会で聖者とみなされるようになった人物のハウルは以前から行なわれてきた。外来者とは言っても、聖者本人の活動、人格を表す逸話や奇蹟譚の舞台はほとんどの場合、移住先の東南アジアである。それら、移住した聖者のハウルに加えて最近目立って規模が大きくなっているのは、ハドラマウトで亡くなり、東南アジアには一度も来ていない聖者のハウルである。特に、ジャカルタのチドドル地区で開催される、シャイフ・アブーバクル・サーリムのハウルと、中部ジャワのソロ（スラカルタ）で開催されるアリー・ムハンマド・ハブシーのハウルは、数万人の参加者を集めている。この二人はそれぞれ、イーナートとサイウーンに埋葬され、墓の上に廟が建てられているが、それらはまさに私が調査中に見た廟である。つまり、私の当初の見立ては完全に間違っていた。ハドラマウトでも目立つ廟に埋葬されていた聖者は、研究テーマとは直接関係ないどころか、移民の歴史を考える上でも重要な存在だという事実が明らかになってきたのである。

本稿の目的は、二人の聖者のハウルを通して、ハドラミー・サイイドたちが、自分たちの祖先である聖者を移住先のイスラームに同化させていく過程を論じることである。まず、ハドラマウトとジャワにおける聖者廟の概要をまとめた後、二人のハドラミー・サイイド、アリー・ムハンマド・ハブシー（一九一五年没）とアブーバクル・サーリム（一五八四年没）の、ジャワにおけるハウルが地元社会の中でどのような位置づけがなされているのかを論じる。最後に、ハウル（聖者記念祭）の「輸入」を、ハドラミーの東南アジアへの移民の歴史の中に位置づけてみたい。

＊ハドラマウトと東南アジアにおける聖者信仰

ハドラマウトはアラビア半島の中でも聖者信仰が特に盛んな地域として知られている。ハドラマウトの西にあるイエメン山岳地帯も、ハドラマウトの東に位置するオマーンも、北のサウジアラビアも、聖者信仰がそんなに盛んでないか、禁止されていることを考えれば、ハドラマウトの特徴は際だっている。ハドラマウトの歴史・文化の中心といえる、内陸部のワーディーを車で移動すると、大小さまざまな聖者廟が定期的に現れ、単調な風景に彩りを添えてくれる。中には崩れかけた廟もあるが、多くの廟は現在に至るまで修復・改修が続けられている。ほぼ崩れかけていた廟が、翌年訪れるときれいに改修され、被埋葬者と改修者の名前が高らかに掲げられているということもある。過去において聖者廟は、まったく目印のないワーディーの中では自分の位置の確認や待ち合わせの場所として使われていた。また町の郊外にある廟、たとえばタリームの西にあるアブドゥルラフマーン・バージャルハバーン廟などは日帰りの小旅行の目的地になった（そのような廟には井戸や簡単な調理スペースが付属している）。ハドラマウトにおける聖者廟の数は、私が二〇〇六年と二〇〇七年に調査したかぎり、少なくとも百十程度はあることが分かっている。その時は研究協力者と車で移動しながら廟の位置を確認していったが、その後、グーグルアースやソーシャル・ネットワーキング・サービスの普及によって聖者廟の特定が容易になったため、私が確認するハドラマウトの聖者廟は現在でも増え続けている。その総数は百三十を下らないし、場合によっては百五十近くの廟がある可能性もある。

ハドラマウトの歴史を研究する際にも、聖者についての記録を避けて通ることはできない。私が研究対象としているハドラミー・サイイドの有力家系、アッタース家の歴史についても、ハドラマウト側の主な史料はマナーキブと言われる聖者伝（徳行録）である。聖者伝の中に現れる過去に関する記述の多くは、奇蹟がちりばめられた逸話であり、歴史的な出来事の記録とみなすことはできない。また、マナーキブの性質上、語られるのはほぼ聖者の宗教的な側面のみである。しかし、そこに書かれている記録を別の史料から確認したり、宗教以外の側面から人物像を浮かび上がらせたりしようと思って、年代記などにあたっても、その多くが有力者や聖者の伝記を没年で並べた形式のものであり、そういった伝記も元をたどると聖者伝からの引用や要約であることが分かる。つまり、ハドラマウトにおける歴史記述は多かれ少なかれ聖者伝をもとにしたものである。だからと言って聞き取りを行なえば歴史の隙間が埋まるかと言えば、そういうわけでもない。情報提供者に家系の歴史を語らせれば、たいていの人は自分の祖先の聖者の偉業を語るのが普通である（当然外国人の研究者に語りたくなるのが聖者の偉業だという事情もあるが）。ハドラマウトの歴史、少なくともハドラミー・サイイドの歴史の記録は聖者の伝記の集積として残されているし、人びとにもそのように記憶されている。

もっとも、それをもって社会の中で宗教的な側面しか記録に残っていないと結論づけることはできない。聖者は単に宗教活動を行なっていたわけではなく、ハドラマウトの政治・社会とも密接にかかわっていた。多数の小部族が群雄割拠していたハドラマウトでは、部族の争いを仲裁し、安全に経済活動ができる場所——それは、聖なる力に守られていて、禁を犯すと超自然的な力で罰を受ける場所と人びとが信じている場所であるが——が必要となる。この場所はハウタと呼ばれるが、聖者は、宗教権威、仲裁能力、どの部族にも属さない中立な立場などから、ハウタと呼ばれる中立地帯を維持するのに最適な人物だった。もっとも、聖者は生前から聖者と目されていたわけではない。宗教知識に精通し、カリスマ性を持った人物が、近隣部族と契約を結び、ある場所をハウタとし、死後聖者とみなされるようになったという方が正確である。ハウタの維持は聖者（と将来みなされるようになる人物）の権威と部族の合意に依っているため、聖なる力で守られた場所とは言っても、ひとたび聖者が部族の信頼を失えば、ハウタはハウタとして機能しなくなる。その場合は、別の聖者によって新たなハウタが設定されるということがハドラマウトでは繰り返されてきた。安定したハウタでは、聖者の死後もその子孫たちによって争いの仲裁等が行なわれた。その場合は、亡くなった聖者の権威や、聖者が持つと信じられている超自然的な力が部族たちへの強制力として機能する。その文脈に照らし合わせると、聖者の墓の上に建てられた廟は亡くなった聖者の権威を可視化するという役目も担っている。年に一回行なわれる聖者の墓の参詣行事（ズィヤーラ）では、ハウタと関係する部族が集まり、改めて聖者の権威を確認する。アブーバクル・サーリムの廟が建っているイーナート村は、ハドラマウトの典型的なハウタの例である。一方、アリー・ムハンマド・ハブシーは生きていた時代も新しく（十九～二〇世紀初頭）、住んでいた場所もカスィーリー王国（つまり小部族のレベルを超えた強い権力）の中心であったサイウーンなので、特にハウタの設定を行なったという話は聞かない。

このように、社会的にも重要な役割を果たしてきた聖者の活動は、さまざまな形で研究者や植民地当局に注目されてきた。ハドラマウトが英国の保護下に置かれていた時代には、毎年開催される聖者の墓の参詣について、参加した部族、演説の内容（反英的な内容が含まれているかどうか）、市で売買されている商品（武器が売買されているかどうか）などの情報が機密報告書に記載されている。また、学術研究においては、「聖者のカルト」に対する近代以降の批判に注目したもの［Knysh 1997］や、ハウタにおける社会階層の構造を描き出したもの［Bujra 1971］がある。

＊ハウル――東南アジアの聖者記念祭

ハドラミーの主な移住先であった東南アジア、特にジャワも聖者崇敬が盛んな地域として知られている。ジャワの聖者の頂点に位置するのは、十五世紀から十六世紀にかけて、地域のイスラーム化に多大な貢献をしたと言われている九人の聖者、ワリ・ソンゴである。その墓廟には各地から参詣者がひっきりなしに訪れ、廟によっては年間の参詣者数が百万を超える。このため、廟のまわりには商店が立ち並び、大型の観光バス用の駐車場が整備されている。インド洋を隔てて遠く離れている二つの地域、ハドラマウトと東南アジアでは、聖者の墓や墓参を重視するという面で多くの共通点が見られる。

本稿が取り上げるハウル[1]は、聖者を記念する行事である。ハウルの語源はアラビア語の hawl（年）であり、その意味通り年に一度特別に開催されるものを指すが、開催日は聖者の命日であることが多い。聖者記念祭を指す語として、中東ではズィヤーラ（ziyara、参詣、墓参）という語が使用されることが多いが、東南アジアではズィヤーラという語と並んでハウルという語が頻繁に使用されている。オランダのブリルから出版されている『イスラーム事典』第二版は、ハウル（khaul）を、聖者の命日や誕生日を記念して行なわれるジャワの祭りで、中東のマウリド（預言者生誕祭）に似たものと説明している [Doorn-Harder 2014]。東南アジアのほか、スーダンでも聖者祭のことを、ハウルと同じ語根から派生したハウリーヤ（hawliyya）という単語で呼んでいる。ハドラマウトでは、聖者の墓で年に一度開催される大規模な参詣行事をズィヤーラ・ハウリーヤ（毎年行なわれる参詣）と記述することもあるが、多くの場合はズィヤーラという語のみが使用されている。ハウルの開催場所は聖者の墓が一般的だが、東南アジア独特の文脈としてプサントレン（宗教寄宿塾）で開催されることもある。ハウルは重要人物、特に聖者の命日を記念して開催されるが、プサントレン（宗教寄宿塾）の創設者や偉大なキアイ（ウラマー）、さらには特定の血縁集団の共通の祖先に対しても行なわれる［Muhaimin 2006: 161; Jamhari 2000: 71-72］。ハウルも多くの場合、墓参（ズィヤーラ）と組み合わせて行なわれるため、両者を厳密に区別しないことも多いが、本稿で取り上げるハウルは本人の墓で行なわれるものではないため、厳密な意味ではズィヤーラとは異なる。もっとも、ズィヤーラも聖者の墓だけでなく聖遺物がある場所で開催されることもあるので、何を「聖遺物」とするかによってズィヤーラやハウルの区別は異なってくるだろう。[2]

ハウルの典型的な構成は、クルアーンの朗唱、宗教指導者による演説、タフリール（tahlīl、アッラーの他に神はなし La Ilaha illa Allah を繰り返し唱える）、ズィクル、聖者伝の朗読等である。また、ハドラミーのハウルでは、最初にラウハ（rawha）というセッションを行なう。ここではハウルの対象となる聖者の著作、詩、書簡、イジャーザなどが読み上げられる。本稿で取り上げる二人の聖者のハウルでは、預言者を称える詩（預言者生誕祭と同じくマウリドと呼ばれる）が朗唱される。多くのハウルの最後には参加者に食事がふるまわれる。大規模なハウルの場合、会場近くには数珠、香水、宗教書、聖者のポスターなどを売る露天が出る。

近年の東南アジアでは、ハウルがどんどん新たに行なわれるようになっているのに加え、従来のハウルの規模も拡大している。一九七〇年代に始まるイスラーム復興は、ムスリムの生活の様々な面に影響を与えてきた。各地の民間信仰と結びついていると言われている聖者信仰を批判し、いわゆる「正統な」イスラームを追求しようという運動がある一方、一般のムスリムが今まであまり興味を持ってこなかった、身の回りにある宗教的な物、行事、場所を再評価するという動きもある。そのひとつが聖者の墓に参詣したり、聖者を記念する行事に参加したりすることだろう。その対象となるのは地元の聖者に加え、ハドラマウトからジャワに移住した後、移住先の人びとから聖者とみなされるようになった人びとも含んでいる。ハドラマウト系の聖者で有名なのは、フセイン・アイダルース（ジャカルタ）、アフマド・アッタース（プカロンガン、中部ジャワ）、ムハンマド・ハッダード（トゥガル、中部ジャワ）、アブドゥッラー・アッタース（ボゴール、西ジャワ）、ムハンマド・ハブシー（スラバヤ、東ジャワ）などである。これらの聖者に共通しているのは、サイイドであることや、ハドラマウトで生まれたとしても、主な活動場所は東南アジアで、墓廟がジャワにあるという点である。また、最近では現地生まれのハドラミーのハウルも行なわれるようになっている。

ハドラミーの聖者のハウルが盛んになっているとは言え、東南アジア在住ハドラミーの全てがハウルの隆盛を好意的に見ているわけではない。サイイドではないハドラミーの中には、聖者信仰を正統なイスラームから逸脱した行為だと考えている者も多い。またサイイドであっても、ハウルを盛大に行なうことを批判する者もいる。たとえばハウルでは食事がふるまわれることが多いため、宗教心ではなく食事目当てで来る人が多いということ、聖者の偉業を讃えることには反対しないが、それが子孫たちの売名行為になっていることなどは、ハウル批判の典型的なものである。このような批判はもっともだとしても、批判する方が常に信仰心のあり方だけを考えているわけではない。家系間のライバル関係や、個人間の軋轢がもとになって、特定のハウルが批判されることもある。たとえば、ジャワ島北岸に位置する町では宗教者を輩出しているアラブの家系が二つあるが、大規模なハウルはそのうちの一家系しか行なっていなかった。私がもう一方の家系の宗教者に聞き取りをした際、そのことについて尋ねると、「うちの家系の祖先も、あちらの家系の祖先と同じか、もっと偉大な宗教者を輩出している。しかしうちの家系の祖先はハウルを行なったり、立派な廟を建てたりすることは好まなかった」と、宗教者としての美徳を強調していた。しかし、十年以上経って私がその町を再訪した時には、件の家系も先祖の墓の上に廟を建て、ハウルを新たに始めていたのである。いずれにせよ、廟や大規模なハウルは、過去の聖者を可視化させ、その聖者を輩出した家系の優越性を宣伝する効果的な手段なのは間違いない。

ハウルの規模（≒参加者数）は、主催者の経済状態や地域に対する貢献、名声によって変わってくる。ハウルの参加者数を特定するのは難しいが、大規模なハウルになると参加者は数千人から、多いと数万人の規模になる。有名なハウルの場合、ハウルの日には会場がある町のホテルが満員になり、会場だけでなくそのまわりの道も参加者で埋めつくされ、周辺地域は交通規制が敷かれる。しかし、参加者数は主催者側の都合だけで決まるものではない。多数の参加者を得るためには聖者そのものの重要性や、演説を行なったり儀礼を先導したりする人物の知名度が鍵になる。簡単に言えば、ハウルの対象となる人物（つまり聖者）や主催者の権威は、ハウルの規模や参加者の「質」によって計られる。

聖者信仰や墓参はジャワのイスラームにおいて大きな位置を占めているため、これらに関する研究はよく行なわれてきたが、多くの研究は、特定の聖者への墓参の記述と分析にあてられている[3]。また、分析対象になるのはズィヤーラの方で、ハウルについては、聖者を記念する行事として簡単に言及されることが多い。そのような中で、クインは宗教ツーリズムとしてのハウルの可能性に注目し、インドネシアの地方行政がハウルの振興にかかわっていることを指摘している［Quinn 2007］。またブライネッセンは、インドネシアの元大統領、アブドゥルラフマン・ワヒドが参加したハウルについて、ワヒド本人とハウルの主催者の思惑の一致を指摘しながら、ハウルと政治の関係を論じている［Bruinessen 2002］。またアバーザは、シンガポールのバー・アラウィー・モスクに関する研究の中で、モスクの創建者のハウルがどのように開始されたのかを、有力な参加者を得る過程に重点を置いて記述している［Abaza 1997］。

ハウルの最中に主催者・聖者と参加者がどのような関係を結ぶかについて分析を行なったのはイスマイル・ファジュリ・アラタスの論考である［Alatas 2008］。彼はハドラミー・サイイドの最近の動向を記述する中で、ハウルがサイイドと（アラビア語を読むことができない）一般のムスリムをつなぐために大きな役割を果たしていることを指摘している。それによると、もともと東南アジアで行なわれていたハドラミー・サイイドのハウルは、聖者の子孫が年に一度集うという、一族の行事としての側面が強かった。しかし第二次世界大戦を境に、東南アジア、特にジャワのムスリム・コミュニティ全体を包摂する行事へと発展していった。聖者廟やモスクなど、ハウルが行なわれる場所に掲げられているアラビア語の詩、血統、章句や、ハウルの最中に朗唱される章句や演説（アラビア語とインドネシア語）が一般ムスリムの参加者に与える影響を分析すると、ハウルがサイイドの優位性を確認させるための場として機能している事が分かる。さらに、演説ではハウルの開催に対する批判への反論を、クルアーンやハディースを引用しながら展開することで、インドネシア・イスラームの最近の潮流（つまり一九七〇年代以降のイスラーム復興）への対応も行なっているとのことである。アラタスの議論は、先行研究を自分の論旨に合う形で組み合わせているという印象を免れないものの、ハウルそのものの機能を分析したものとして興味深い。しかしアラタスの主な注目点は、ハウルにおいて暗黙のうちに提示されるハドラミー・サイイドの優位性と、変わりゆく時代に対応するサイイドの柔軟性であり、そもそもなぜ大勢のインドネシア・ムスリムが、東南アジアに来たわけでもない聖者のハウルに参加するのかという点についてはあまり触れられていない。

＊「ハドラマウトの聖者」たちのハウル

ジャワにおけるハウルの中で特に私が興味を持っているのは、アリー・ムハンマド・ハブシー（一八四三〜一九一五）にちなんだものと、シャイフ・アブーバクル・サーリム（一五一三〜一五八四）にちなんだものである。アリー・ムハンマド・ハブシーのハウルは、中部ジャワの古都、ソロ（スラカルタ）で、アリーの命日であるヒジュラ暦四月（ラビーウッサーニー月）二〇日に毎年開催されている。一方、アブーバクル・サーリムのハウルはジャカルタのチドドル地区で、毎年ヒジュラ暦一月（ムハッラム月）の日曜日を選んで開催されている。[4] 上述の通り、どちらの聖者も主にハドラマウトで生涯を送り、東南アジアに来たことは一度もない。しかし、どちらのハウルも大規模に開催されている。二〇一二年に行なわれたソロのハウルでは、参加者三万人という数が報告されている［*alKisah* 2012, No.7: 52］。各地から参加者が貸切バスなどで来ること、ハウルの前後は中規模の都市のホテルがほぼ全て満室になると言われていることから考えて、この数は極端な誇張とは言えないだろう。また、アブーバクル・サーリムのハウルの参加者数は、主催者ムフシン・ハーミドの推計で四万である。こちらも、ハウルの開催場所（ムフシン・ハーミドの自宅）のまわりが人で埋め尽くされ、警察が道路を封鎖して自動車の進入を制限していること、ハウルでふるまう食事のため、山羊の肉を四トン、鶏の肉を一トン使うことから考えるとおおむね妥当な数字であろう。[5] 実際に民衆に親しんだ人物が民間伝承などを通して聖者として認識されるようになるのは分かるが、東南アジアに一度も来たことがない人物のハウルに人が集まるのはなぜだろうか。当然のことながら、インドネシアにもイスラーム世界全域に広がっているタリーカ、たとえばカーディリー教団やナクシュバンディー教団があり、それらの名祖は東南アジアを訪れたことはなくてもよく知られている。しかし、それらイスラーム世界に名高い聖者と、本稿が取り上げる聖者の知名度は、まだ相当の開きがあると言わざるをえない。インドネシアで南アラビアの聖者を追悼することは、現地の人びとにとってどのような意味があるのだろうか。その問題を考えるため、まずは二人の聖者の略歴を見てみたい。

ソロで開催されるハウルの対象であるアリー・ムハンマド・ハブシーは、一八四三年十一月十七日にハドラマウト内陸部のカサム村で生まれた。ハブシー家はハドラミー・サイイドの有力家系のひとつで、インドネシアに移民した家系のメンバーは多い。アリーの父ムハンマドはマッカでムフティーを務めた人物であり、母のアラウィーヤは同じくハドラミー・サイイドのジュフリー家出身である。アリーが生まれた時にはアリーの父はマッカに行っていて不在だったが、アリーは特に不自由を感じることもなく成長していった。我々に残されているアリーの成長と宗教的な成功の物語は、ハドラミー・サイイドの宗教者としては典型的なものである。八歳の時にクルアーンを学んだ後、マッカにいる父の指示でサイウーンに行き、サッカーフ家のウラマー二人の元でイスラーム諸学を学んだ。その後、マッカ・マディーナに行き、父と暮らしながらアフマド・ザイニー・ダフラーンなど当地のウラマーに師事する。二年間のマッカ・マディーナ滞在を終えた後はサイウーンに戻り、教育・宗教活動で主導的な役割を果たした。一八七九年にはサイウーンの中心にリバート（宗教教育施設）とモスク（リヤード・モスク）を建設し、多くの弟子をとった。死後は、モスクとリバートの近くに埋葬され、墓の上には巨大な廟が建てられた［al-ʻAttas 1979, Vol.2: 166-178］。その廟は現在まで改修・塗替えが行なわれ、ハドラマウトで最もよく維持されている廟のひとつとなっている。私が一九九六年にハドラマウトを初めて訪れた際、博物館の窓から毎日見ていたのもこの廟である。

アリーの業績のうち特に目立っているのは、預言者を賛美する詩（マウリド）『真珠の首飾りの糸（Simt al-Durar）』を編纂したことである。彼は生前、ヒジュラ暦三月（ラビーウルアッワル月）の最後の木曜日に預言者のマウリドを朗唱する行事を始め、ハドラマウト各地から多くの参加者を得た。そのマウリドは、東南アジアではマウリド・ハブシーとも呼ばれている。

アリー・ムハンマド・ハブシーの死後、その宗教的な地位を継いだのは息子のムハンマドで、彼はサイウーンでアリーのハウルを始めた。ムハンマドの死後、その地位を継承したのはムハンマドの息子アブドゥルカーディルだった。一方、ソロにおけるアリーのハウルを始めたのは、ムハンマドの兄弟アラウィーである。アラウィーはハドラマウトで生まれ、東南アジアに移住し、西ジャワの都市ガルートで暮らした後、一九三〇年代にソロに移り住んだ。彼はソロでバティックの商いをすると同時に宗教活動にも精力を注ぎ、リヤード・モスク（アリーがサイウーンに建設したモスクから名前を取ったのであろう）を建設するなど東南アジア側でのアリーの後継者となった。彼は一九五三年、パレンバン（スマトラ島南東部の都市）訪問中に亡くなったが、遺体はソロに運ばれ、リヤード・モスクに埋葬された［al-ʻAttas 1979, Vol.2: 177-178; al-Mashhur 1984: 465-466］。ハウルが行なわれるのもこのモスクである。アラウィーの死後は息子のムハンマド・アニース（以後アニース）が後を継ぎ、更にアニースが二〇〇六年に亡くなると、その息子のアラウィーが後を継いで現在に至っている。

一方、ジャカルタで開催されるハウルの対象であるアブーバクル・サーリムは一五一三年八月十六日にハドラマウト内陸部の町タリームで、サイイドの家系に生まれた。つまり、アリー・ハブシーより三百年以上前の時代に生きた人物である。彼は若い時から学問に秀で、特にスーフィズムの才能をあらわし、ハドラマウトで多くの師につくとともに、多くの弟子に知識を伝達したと言われている。

アブーバクルは著書も残しているが、特に顕著な偉業は、イーナート村の建設である。イーナートは彼の生地タリームから東に十五キロほどのところにある場所で、十三世紀にカスィーリー家によって村（旧イーナート）が建設されたが、その後ほとんど住人がいなくなっていた。彼は旧イーナートの近くに居を定め、彼の追随者もその近くに定住していった。最終的にその居住地は現在のイーナート村へと発展した。イーナート村は近隣部族との合意に基づきハウタ（聖なる場所）とされ、部族間の争いの仲裁や取引を行なう場所として機能した。イーナートには現在までアブーバクル・サーリムの子孫が住み、墓地には彼とその子孫を埋葬した七つの廟が建っている［Arai 2014］。

没年が十六世紀末ということもあり、アブーバクルの子孫の数はアリー・ハブシーの子孫と比べて段違いに多い。アブーバクルの子孫はシャイフ・アブーバクル・サーリム家（インドネシアではBin Syech Abubakarの頭文字を取ってBSAと略されることもある）と呼ばれているが、ミフダール家、ハーミド家、ハッダール家、ビン・ジンダーン家、ビン・ハフィーズ家など時が経つにつれて別の家系名で知られるようになった子孫もいる。また多くのハドラミー同様、これらの子孫はインド洋沿岸地域に移住した。アブーバクル・サーリムの地位を継承してきたのは、二人のマンサブ（家長に相当する）で、ともにイーナートに住んでいる。

このように、アブーバクル・サーリムは、学問、教育、村の建設、部族への影響力の行使、子孫の繁栄などでハドラマウトではよく知られた聖者である。しかし、本人は東南アジアを訪れたことは一度もないし、スーフィーとして一部の著作が知られているが、東南アジアで広く知られているわけではない。

＊東南アジアとのつながり――著作の普及

上記の通り、アリー・ムハンマド・ハブシーも、アブーバクル・サーリムも、子孫が東南アジアに移住していることは確かである。また、アリー・ハブシーについては、宗教活動の後継者の一人が東南アジアにいるということで、東南アジアでハウルが開催されていることも理解できる。しかし、それだけでは東南アジアを一度も訪れなかった人物のハウルが多数の出席者を得る理由ははっきりしない。そこで、二人の聖者と東南アジアのつながりを、著作と子孫の活躍という点から見てみることにする。

マウリド・ハブシーを著したアリー・ムハンマドは東南アジアを一度も訪れなかった。しかし、彼が生きていた十九世紀から二〇世紀はじめにかけては、ハドラマウト出身者が大量に東南アジアに移住していた時代であった。そのため、彼の教育・宗教活動は、弟子や息子たちによってほぼ時を同じくして東南アジアでも展開されていくことになる。アリーの子孫のうち、宗教活動の後継者と言える人びとがハドラマウトと東南アジアの双方にいることは上述の通りである。彼らは直接の子孫としてハウルを主催してきた。

彼の偉業のひとつである、マウリドの編纂と朗唱会についても、アリー自身が生前、東南アジアに移住した弟子に現地でマウリド朗唱会の開催を指示している。東南アジア在住ハドラミー・サイドが書いた聖者伝『婚姻の冠の書（Taj al-A'ras）』[al-'Attas 1979] によると、アリーは生前、ジャワにいる弟子の中で最も有能なムハンマド・アイダルース・ハブシー（一九一九年没）に、特定の日を決めてマウリド朗唱会を行なうよう手紙を送った。ムハンマドは居住地ボゴール（ジャカルタ近郊の都市）の広場で、ヒジュラ暦三月の最後の木曜日に朗唱会を行ない、ジャワやマラヤから多くの参加者を得たと言われている。ムハンマドは最晩年にマウリド朗唱会の場所をボゴールからスラバヤに移し、更に亡くなる前に弟子のアリー・アブドゥルラフマーン・ハブシー（一八六九〜一九六八）に朗唱会の開催を任せた。アリー・アブドゥルラフマーンは、マウリドの編纂者アリー・ムハンマドや、師のムハンマド・アイダルースと同様ハブシー家のメンバーで、ジャカルタのクウィタン（Kwitang）地区を拠点に宗教活動を行なっていた。このため、場所の名前を取ってアリー・クウィタンと呼ばれている。アリー・クウィタンはジャカルタでも有名なウラマーで、彼が開催するマウリドは多くの参加者を集めることができた。マウリドを朗唱する伝統はアリー・クウィタンの死後も続き、アリーの死後は息子のムハンマドが、ムハンマドの死後はその息子のアブドゥルラフマーンが、それぞれの故人の遺言に従う形でマウリド朗唱会を開催している [al-'Attas 1979, Vol.2: 177-183]。

このように、ハウルの開催とマウリドの開催はそれぞれ別の系統で引き継がれている。ハウル自体は直系の子孫によって、マウリドの開催はアリー・ムハンマドの弟子、孫弟子、孫弟子の子孫によって継承されてきた。これらの系統はお互い無関係ではなく、ソロではアリー・ムハンマドの直系の子孫が毎週木曜の夜にマウリド・ハブシーを朗唱する会を開催しているし、アリー・ムハンマドのハウルが行なわれる日の翌朝にも、集団でマウリド・ハブシーが朗唱される。また、ジャカルタで毎年開催されるマウリド・ハブシーを朗唱する行事には、ソロからアリー・ムハンマドの子孫で、リヤード・モスクのイマーム（二〇一一年現在はアラウィー・アニース・アラウィー・ハブシー）が招待されている。

このような「本流」の動きとは別に、上記のウラマーたちからマウリド・ハブシーの朗唱を習った弟子や孫弟子が、各地でマウリド・ハブシーの朗唱を行なっている。マウリド・ハブシーは、現在の東南アジアではマウリド・バルザンジー、マウリド・ダイバイーと並んで最もよく朗唱されているマウリドのひとつになった。宗教書などを売っている店には様々な大きさや装丁のマウリド・ハブシーの本が売られている。また、マウリド・ハブシーが特に好まれて朗唱されている地域もある。たとえば南カリマンタンのバンジャルマシンではマウリド・ハブシーを朗唱するグループは百以上あると言われている。つまり、アリー・ムハンマド・ハブシーは、東南アジア、特にジャワの人びとにとっては、ハドラマウトで亡くなった聖者ではなく、日頃親しんでいるマウリドを編纂した人物なのである。

アリー・ムハンマド・ハブシーのハウルとワリ・ソンゴ廟参詣を組み合わせたツアーも催行されている。私が東ジャワのグレシックにあるマリク・イブラヒム（ワリ・ソンゴの一人）を訪れた際、参詣者用の駐車場に停めてあったバスを見たら、ソロで行なわれるアリー・ムハンマド・ハブシーのハウルと、ワリ・ソンゴのうち八人の墓の参詣を組み合わせたツアーのものであることに気づいた。ワリ・ソンゴの墓はほとんどが東ジャワのグレシックから中部ジャワのドゥマックまでの間に点在しているが、唯一スナン・グヌン・ジャティ廟だけは、他の八つからは大きく離れた、西ジャワのチレボンにある。このため、八つの廟だけを参詣するというツアーも組まれている。しかし、アリー・ムハンマド・ハブシーのハウルが開かれるソロは中部ジャワにあるため、八つの廟とハウルを組み合わせても大して遠回りにはならない。おそらくツアーの主催者は、ソロのハウルに参加するついでに八人の聖者の墓の参詣を組み合わせたのだろうが、穿った見方をすれば、あたかもソロのハウルの対象であるアリー・ハブシーがワリ・ソンゴの九人目に取って代わっているかのようである。少なくとも現時点に関する限り、ハドラマウトで亡くなった聖者が在地の聖者に混じってジャワで確固とした位置を占めていると考えることもできる。

＊東南アジアとのつながり――子孫の活動

アリー・ハブシーのハウルは子孫の中でもアリーの宗教的な権威を継承した人物が主催するということで、ハウルそのものの正統性には問題がないように思われる。それに対してアブーバクル・サーリムのハウルは、主催者の正統性の問題も存在する。現在ジャカルタで開催されているハウルの主催者、ムフシン・ハーミドは、アブーバクル・サーリムの子孫ではある。しかし宗教活動に身を投じてきたわけでも、専門的な宗教教育を受けたわけでもない。彼は大学の工学部で学んだ化学技術者であり、複数の会社を経営する実業家でもある。スハルト時代には彼が働いていた建設土木会社ＩＫＰＴが、スハルトの側近で産業貿易大臣も務めたボブ・ハッサンや政府系の企業に買収されて事業が急拡大した。ムフシン・ハーミドは技術者として初期の段階からこの会社の経営にかかわり、最後はＣＥＯにもなったため、会社の事業拡大とともに相当の利益を得たと思われる。もちろん実業家の中にも宗教活動を熱心に行なってきた者は存在するが、ムフシンは宗教活動から遠い人生を歩んできた人物だと言える。彼は現在ジャカルタのチドドル地区に豪華な邸宅を構えており、ハウルはそこで開催される。

彼がハウルをジャカルタで始めた経緯は以下の通りである[6]。ジャカルタ以前にも、アブーバクル・サーリムのハウルはジャワで行なわれていた。一九五七年から一九九五年までは、ジャカルタから二時間ほどの距離にあるジャティバランという町で、アブーバクルのハウルが開催されていた。主催者はサーリム・ハーミドという人物であった。しかし、そのハウルの規模は小さく、ハウルがあること自体もほとんど知られていなかった。おそらくその時点でのハウルは、ジャティバラン近辺に住んでいる、アブーバクル・サーリムの子孫たちが定期的に集まる場として機能していたのだろう。一方一九九〇年代はじめには、ムフシン・ハーミドほか数名がアブーバクル・サーリムのハウルをジャカルタで始める計画を立てていた。その計画は一九九五年に実行に移されたが、偶然その年にジャティバランのサーリム・ハーミドが亡くなり、そこでのハウルも開催されなくなった。このように、意図したわけではないにせよ、アブーバクルのハウルの開催地は、ジャティバランからジャカルタに移ることになった。

ジャカルタにおける初回（一九九五年）のハウルの規模は小さく、参加者は二〜三百人程度であった。このうちハドラミーとそれ以外の人びとの割合は半々であった。現在では参加者の数は四万人になっており、そのほとんどがハドラミー（アラブ系）でないインドネシア人だと考えられる。つまり、十八年で参加者数が一三〇〜二〇〇倍に増え、参加者の比率から見るかぎり、現在ではハドラミーの行事というよりは、インドネシアの行事になったと言える。

またジャカルタで行なわれるアブーバクル・サーリムのハウルはハドラマウトでも知られるようになり、ハドラマウトからも参加者を得ている。たとえば、イーナートに在住でシャイフ・アブーバクル・サーリム家のマンサブ、ハサン・アフマド・ビン・シャイフ・アブーバクル・サーリムは二〇一一年十二月十八日に開催されたハウルに出席している［*alKisah* 2012, No.1: 86］。

ここでの問題は、宗教的な専門教育を受けたことがない人物がいきなり宗教行事を主催し始めたという点である。上述の通りアブーバクル・サーリムの子孫は多く、その中には宗教者もいる。一介の技術者・実業家であり、ハウルを始めた当初はイーナートにあるアブーバクル・サーリムの墓参をしたことはおろか、ハドラマウトにも行ったことがなかったムフシンがハウルを主催できるのか、親族が疑問に思ったのは事実である。しかし、ムフシンは批判を受けながらもハウルの開催を続けた。これについて、経済的な成功をおさめた実業家が宗教活動を通じて権威を高めるという、ありきたりなストーリーを組み立てることも可能である。なぜハウルを始めようと思ったのか、私がムフシン本人に尋ねたところ、一九八九年に彼がハッジへ出かけた時にあるウラマーと運命的な出会いをしたこと、その後神の導きによってハウルの開催を決意したこと、ハビーブ・ウマル（後述）と出会ってハウルに招待するようになったことなど精神的な側面からその理由を語ってくれた。その典型的な導きの物語を額面通り受け取るかどうかはともかく、ハウルに対するムフシン・ハーミドの姿勢を聞く限り、単なる名声を求めての行動ではないと考えられる。本人はあくまで一介の技術者であると言って、ハウルの表舞台に出ることはおろか、雑誌などのインタビューを受けることや、有名な政治家が大々的にハウルに参加することも拒んでいる。しかし、ハウルが主催者によるあからさまな名声獲得の手段ではないとしても、ハウル開催の正統性の問題は解決していない。

現在、アブーバクル・サーリムのハウルを主催者に代わって宗教的に権威づけているのは、ウマル・ビン・ハフィーズ（以降ハビーブ・ウマル）という人物である。彼はハドラミー移民の子孫ではなく、ハドラマウトで生まれ、サウジアラビアで教育を受けた後、タリームで宗教教育施設「ダールル・ムスタファー（預言者の家）」を創設し、現在まで学長を務めている。ダールル・ムスタファーは伝統的な教育方法に基づいて、主に将来のアーリムやダーイー（イスラームへの呼びかけを行なう者）の育成をしているが、学生の多くは留学生で、しかもそのほとんどが東南アジア出身者である。その詳細は別の論文［新井 二〇一一］に譲るが、ハビーブ・ウマル自身が東南アジアから学生を受け入れることに熱心で、最近ではほぼ毎年東南アジアを訪れ、各地で在地のウラマー（キアイ）と交流している。また、一九九三年に創設されたダール・ムスタファーの卒業生は各地でダアワや教育活動に携わり、彼らの弟子が新たにハドラマウトを目指すという流れも出来上がっている。彼はイエメン（ハドラマウト）のウラマーとしては、東南アジア、特にインドネシアで最も有名な人物の一人と言ってもいいだろう。

アブーバクルのハウルと、ハビーブ・ウマルの活動は、手に手を取り合って発展してきた。ジャカルタで行なわれた初回のハウル（一九九五年）は小規模だったということは上述の通りであるが、その時にはハビーブ・ウマルは出席していなかった。その後、ムフシン・ハーミドの友人であるフセイン・シャイフ・アブーバクル・サーリムが、ハビーブ・ウマルをハウルに招待することを提案した。当時ハビーブ・ウマルはインドネシアではほとんど無名の存在だったが、インドネシア在住のハドラミー・サイイドのコミュニティでは、ハドラマウトに新たに現れた若いウラマーとしてその活動に期待している人びともいた。また、ハビーブ・ウマルはムフシンやサーリムと同じくアブーバクル・サーリムの子孫だったため、ハウルに招待する理由は十分あった。ムフシン・ハーミドの招待に応じてハビーブ・ウマルはアブーバクルのハウルに出席し、祈禱を主導するとともに、出席者に対して演説を行なうようになった。主催者のムフシン・ハーミドによると、ここ八年間はハビーブ・ウマルが唯一の演説者だという[7]。また、ハウルではマウリドが読み上げられるが、それはハビーブ・ウマルが編纂したものである。

さて、ハビーブ・ウマルのインドネシア訪問は、アブーバクル・サーリムのハウルだけでは終わらない。ハウルが終わった後は、東南アジア島嶼部各地を訪れ、在地のウラマーと交流するための会合に出席する。その手配は、現在ではアラブ（ハドラミー）系の団体が行なうこともあるが、初期の頃はハウルの主催者側が行なっていたという。そういった会合を積み重ねていくことでハビーブ・ウマルは東南アジアのウラマーに知られるようになり、またそういったウラマーの何人かは、自分たちの弟子をハドラマウトに送るようになっていった。

つまり、ハビーブ・ウマルはハウルをきっかけとして東南アジアを定期的に訪れるようになり、本人や弟子たちの活動を通してウラマー・教育者としての名声が東南アジア内外で高まっていった。さらにハビーブ・ウマルの名声が高まるほど、彼が出席するハウルの参加者数が増えていくという連鎖が起こった。この連鎖の中心にいるのが、「ハドラマウトの聖者」、アブーバクル・サーリムである。

以上、アリー・ムハンマド・ハブシーとアブーバクル・サーリムというハドラマウトの聖者が東南アジア（ジャワ）でどのような位置にあるのかを見てきた。二人の聖者は、著作の普及と子孫・弟子の活動を通して東南アジアの人びとにも知られるようになっていった。それがハウルの隆盛にもつながっているし、ハウルの隆盛が二人の聖者の知名度を上げる結果になっている。このようなプロセスによって、聖者信仰を通した両地域の融合が進んでいくと考えられる。ハドラミー・サイイドにとって東南アジアは全くの異国ではないし、東南アジアのムスリムにとってもハドラマウトは全くの異国ではなくなっている。

＊おわりに

東南アジアにおけるアラブ系（そのほとんどはハドラミー）は、その他の外来の人びと（華人、インド系）に比べて現地への同化の程度が高い。その理由として挙げられてきたのが、ホスト社会の女性との婚姻や、ホスト社会の人びとと同じ信仰を持っていたことである。しかし、信仰が同じだからと言っても必ずしも同化が進むとは限らない。ハドラマウトとジャワでは信仰の重点の置き方が似ていること、ハウルという聖者記念祭を通じて自分たちの信仰のあり方も共有していることが、アラブ系（ハドラミー）の同化の大きな理由ではないだろうか。アラブは外来者とみなされることも多いが、現在では東南アジアを訪れたこともない聖者が現地でよく知られた存在になっている点が興味深い。聖者の子孫・弟子の活動、著作の普及、聖者記念祭を通じて、もともとは異なる文化圏に属していた人びとが、信仰のあり方を共有するようになっていく。つまり、現在我々が目撃しているのは、人びとの意識の中で、ハドラマウトの聖者が東南アジアの聖者になっていくプロセスでもある。

それでは、本稿で取り上げたような例は近年新たに出てきた動きと見ることができるのだろうか。実は、地域という枠を外して見ると、新たな聖者が著作や子孫の活動を通して人びとに受け入れられていくというのは、ハドラマウトでも東南アジアでも珍しいことではない。特に、外来の聖者が地元の聖者として受け入れられていくというのは、ジャワの聖者の歴史そのものでもある。そもそも、ジャワで最も有名な聖者、ワリ・ソンゴのほとんどは、外国からやってきたか、外国の血を引いていたと言われている。それらの人びとが、現在ではジャワの聖者として人びとの尊敬を集めている。そうは言っても、それらの聖者は皆ジャワに埋葬されている。ハドラマウトに埋葬されている聖者が、「ジャワの聖者」として認識されていくことは、両地域の融合がより一層進んでいることを示していると考えられる。

注

1 インドネシア語でのハウルの表記は統一されておらず、筆者が知るだけでもhaul、hawl、kaul、kaulan、khaul、choulとさまざまな綴りがある。

2 ここで私が念頭に置いている「聖遺物」は聖者の子孫、つまり本稿で取り上げるハウルの主催者たちだが、「聖遺物」の解釈については本稿の主題ではないため詳しくは取り上げない。

3 たとえば、古典的な研究としてD.A. Rinkesによる一連の成果[Rinkes 1996、一九一〇年から十三年にかけて発表されたオランダ語の論文の英訳]が挙げられる。また、最近の研究としては[Fox 2000; Jamhari 2001]がある。

4 最近のハウルは二〇一三年十一月二四日(ヒジュラ暦一四三五年一月二〇日)日曜日に開催された。

5 聞き取り、ムフシン・ハーミド、二〇一三年七月五日。ムフシンによると、山羊の肉は一人あたり百グラムを配るとのことである。また以前は二万人分の食事を用意していたがそれでは足りなくなったため、現在では四万人分の食事を用意しているとのことである。

6 ジャカルタで開催されているアブーバクル・サーリムのハウルに関する情報は、二〇一三年七月五日に行なわれたムフシン・ハーミドへの聞き取りに基づいている。

7 雑誌記事によると、ハビーブ・ウマルに加えて他のウラマーもいきなり指名を受けて演説を行なうことがあった[*alKisah* 2009, No.2: 124-127]。

参照文献

新井和広　二〇一一「東南アジアから南アラビア、ハドラマウト地方への留学——ダール・アル＝ムスタファー（預言者の家）の活動から」床呂郁哉・福島康博（編）『東南アジアのイスラーム——東南アジアのイスラーム（ＩＳＥＡ）プロジェクト成果論文集』東京外国語大学アジア・アフリカ言語文化研究所、二一一〜二三七頁。

Abaza, Mona 1997 "A Mosque of Arab origin in Singapore: History, Functions and Networks." *Archipel*. 53: 61-83.

al-'Attas, 'Ali b. Husayn c.1979 *Taj al-A'ras 'ala Manaqib al-Habib al-Qutb Salih b. 'Abd Allah al-'Attas*. Kudus (Indonesia): Menara Kudus.

Alatas, Ismail Fajrie 2008 *Securing Their Place: The Ba Alawi, Prophetic Piety and Islamic Resurgence in Indonesia*. MA Thesis, University of Singapore.

Arai, Kazuhiro 2014 "Abū Bakr b. Sālim." Gudrun Krämer, Denis Matringe, John Nawas, Everett Rowson (eds.) *Encyclopaedia of Islam, THREE*. Brill Online.

Bruinessen, Martin van 2000 "Shaykh 'Abd al-Qadir al-Jilani and the Qadiriyya in Indonesia." *Journal of the History of Sufism*. 1-2: 361-395.

——— 2002 "Back to Situbondo? Nahdlatul Ulama attitudes towards Abdurrahman Wahid's presidency and his fall," in Henk Schulte Nordholt & Irwan Abdullah (eds.) *Indonesia: in search of transition*. Yogyakarta: Pustaka Pelajar, pp.15-46. 著者のウェブサイト（http://www.hum.uu.nl/medewerkers/m.vanbruinessen/publications/Bruinessen_Back_to_Situbondo.pdf）に掲載されているものを参照（閲覧日：二〇一四年一月十八日）。

Bujra, Abdalla S. 1971 *The Politics of Stratification: a Study of Political Change in a South Arabian Town*. Oxford: Clarendon Press.

Doorn-Harder, Nelly van 2014 “8. In Indonesia, Ziyāra.” P. Bearman, Th. Bianquis, C. E. Bosworth, E. van Donzel, and W. P. Heinrichs (eds.) *Encyclopaedia of Islam*, Second Edition. Brill Online.

Fox, James J. 1991 “Ziarah Visits to the Tombs of the Wali, The Founders of Islam on Java.” in Ricklefs, M. C. (ed.) *Islam in the Indonesian Social Context*. Clayton, Victoria (Australia): Centre of Southeast Asian Studies, Monash University, pp.19-38.

“Haul Fakhrul Wujud Syaikh Abu Bakar bin Salim,” *alKisah*, 2009 No.2, pp.124-127.

“Haul ke-100 Tahun Habib Ali bin Muhammad Al-Habsyi,” *alKisah*, 2012 No.7, pp.52-55.

Jamhari 2000 “In the Center of Meaning: Ziarah Tradition in Java.” *Studia Islamika*, vol.7, No.1, pp. 51-90.

Knysh, Alexander 1997 “The Cult of Saints and Islamic Reformism in Early Twentieth Century Hadramawt.” Rex Smith et al. (eds.) *New Arabian Studies 4*. Exeter (UK): University of Exeter Press, pp. 139-167.

al-Mashhur, ‘Abd al-Rahman b. Muhammad 1984 *Shams al-Zahira fi Nasab Ahl al-Bayt min Bani ‘Alawi*. Jidda: ‘Alam al-Ma‘rifa.

Muhaimin, A.G. 1996 *The Islamic Tradition of Cirebon: Ibadat and Adat Among Javanese Muslims*. Canberra: ANU E Press.

“Peringatan Haul Sayyidina Syaikh Abubakar Bin Salim,” *alKisah*, 2012 No.1, pp. 86-91.

Quinn, George 2007 “Throwing Money at the Holy Door: Commercial Aspects of Popular Pilgrimage in Java.” Greg Fealy and Sally White (eds.) *Expressing Islam: Religious Life and Politics in Indonesia*. Singapore: Institute of Southeast Asian Studies, pp. 63-79.

Rinkes, D.A. 1996 Nine Saints of Java. translation by H. M. Froger, edited by Alijah Gordon, introduction by G. W. J. Drewes. Kuala Lumpur: Malaysian Sociological Research Institute.

ハドラミー聖者の今後

【新井和広】

本書の元になった研究会のテーマはいたってシンプルで、「非境界」というものである。私がずっと取り組んできた研究テーマは南アラビアのハドラマウトから東南アジアへの移民、つまり国境を超えて移動する人々の歴史なので、研究テーマに則した原稿を書けば自動的に「非境界」ということになりそうではある。しかしよく考えてみると、「境界を超えて」活動することと、「非境界」的な世界観の中で生きていることは必ずしもイコールではないことが分かる。むしろ状況は逆で、国境、つまり境界をまたいで移動したり活動したりするということを強調すればするほど、境界そのものの存在感は増してくる。そのような記述が行き着く先は、きっちりとした線〈点線ではなくて実線〉で活動範囲を区切られ、がちがちに縛られた人々が必死にもがいているという、実態からはかけはなれた世界だろう。

もともとハドラマウトの人々は移動する際にそんなに国境を気にしてはいない。少なくとも第二次世界大戦までは、パスポートがあれば比較的自由にハドラマウトと移住先の間を自由に行き来できたし、移住先で数十年過ごした後、故郷に戻るということも広く行なわれていた。国籍にしてもそうで、ハドラマウトに関連する英国の文書（十九世紀後半〜二〇世紀中頃）を読むと、英国当局が今問題にしているハドラミーの個人は、英国保護民なのか、オランダ臣民なのか、オスマン朝臣民なのか、はたまたイタリア国籍なのか、はっきりしなくて扱いに手を焼くという例をよく見かける。ハドラミーはハドラミーだが、出生地、移住後の定住先、結婚相手、役所への届け出等で「所属先」が決まり（または「所属先」を決めることを求められ）、それにしたがって扱いが変わるというシステムに振り回されていたのはハドラミーではなく、世界を境界で区切った英国などのヨーロッパ諸国の方だったと言っていい。私が取り組んできたのは、外から観察すれば境界をまたいで活動しているように見えるものの、本人たちはほとんど境界を意識していない人々をどのように自然に記述できるかという点である。それが成功したかどうかは読者の判断に委ねたい。

本稿では実際に移動した人びとに注目することから一歩進めて、人びとの移動にともなって移住先に持ち込まれた聖者信仰に焦点をあてた。移民が自分たちの信仰を移住先に持ち込むことは普通である。東南アジアにおけるハドラミー移民で面白いのは、持ち込まれた信仰が、マイノリティの信仰として、時には保護の対象になるような扱いを受けるのではなく、移住先の信仰のメインストリームに加わっていくという点である。最初は移住先で亡くなった聖者の記念祭が開催され、更にはハドラマウトで没した聖者の記念祭も行なわれるというように、移民を通して、ジャワの人びとから見ると異郷の聖者が自分たちの聖者になっていく。それを見ていると、あたかも人びとが過去の聖者を連れて移民したかのようである。実は私は、今後のハドラマウトの聖者信仰を担っていくのは東南アジア、特にジャワの人びと（これはアラブ系もそうでない人びとも含める）だと考えている。現在でも規模だけ見れば、ハドラマウトよりもジャワの方がハドラミーの聖者に関する信仰は盛んである。これはハドラマウトより面積が小さい場所（ジャワ島）に、ハドラマウトの百倍以上の人びとが住んでいるという状況を考えれば容易に想像がつく。今回取り上げた聖者のほかにも、ハドラマウトで有名な聖者はたくさんいて、それらの聖者の子孫は東南アジアに大量に移民している。例をあげれば、アブドゥッラー・アラウィー・ハッダード、アブドゥッラー・アイダルース、アフマド・ザイン・ハブシー、アリー・ハサン・アッタース、サイード・イーサー・アムーディー、サーリム・アッタース、ウマル・アブドゥルラフマーン・アッタースなどきりがない。これらの聖者のハウルが将来、子孫、サイイド、ハドラミーという枠を超えて東南アジアの人びとを巻き込む時が来るのかどうか、今から楽しみである。

しかし、ハドラマウトで開催される最も大きな参詣行事は、イスラーム以前の預言者フードにちなんだものである。この、ハドラマウトにおける聖者の大ボス（預言者なので厳密に言うと聖者ではないかもしれないが）とも言える人物の記念祭が東南アジアに輸入されるのか、されるとしたら開催場所はどこなのか、誰が主催者になるのか、イスラーム以前の預言者が東南アジアのイスラームの中でどのように位置づけられるのか、興味が尽きない。

最後になったが、本書の元になった研究会を組織してくださった堀内先生に感謝したい。おそらく堀内先生がこだわったのは、「非境界」とかそういう話よりも、既存の枠組みからなかなか出ることができない学術研究の状況や、研究者間の競争が激しくなるにつれて若手研究者の書くものが一層保守化しているという皮肉な状況を何とかしたいという思いだったろう。私が書いたものが、それに対する答えになっている自信はないが、先生が伝えようとしたことにはずっとこだわっていきたいと考えている。

8
紛争とともに住むこと

――イスラエルとパレスチナの境界――

錦田　愛子

＊はじめに――重層的な境界と断絶

本稿では、イスラエルおよびパレスチナ社会において、人々を分ける境界線の複雑さに焦点を当て、それが状況により変化する様子を分析する。人のあり方を規定し集団として分類する基準は、エスニシティや宗教、世俗化の度合いなど、さまざまなものがあり得る。だがそれは、一定のラベリング効果をもちながら、集団内での多様性や流動性を必ずしも否定するものではない。近年注目を集めるいくつかの争点に対して、イスラエルとパレスチナの社会にはどのような境界が生じ、変動しているのか。以下では三つの事例をとりあげ検討する。

事例分析に入る前に、まずは分析対象地域について、基本的な枠組みを確認しておきたい。中東諸国の中でイスラエルは、周辺諸国と比べて特殊な状況にある。アラブ人ではなく、ユダヤ教という宗教を核に民族を自称した集団、すなわちユダヤ人が多数派を占める国とされているからだ。[1]これは政治的イデオロギーを理由として、意図的に作られた状況である。十九世紀末に東西ヨーロッパではじまったシオニズム運動は、ユダヤ教徒が迫害を受けることなく生きることのできる居住空間を創設するため、ユダヤ人国家を作ることを目指した。一九四八年、アシュケナジームと呼ばれる東欧系ユダヤ人を中心とした運動はその理想を実現し、「民主的なユダヤ人国家」イスラエルが建国された。

ヨーロッパのユダヤ人救済のために作られたはずの国家は、しかし実際には複雑な構成を得ることになった。世界各地から集まったユダヤ人に加えて、居残ったパレスチナ人や、外国人労働者など、多様な宗教やエスニシティの集団がそこに住むことになったからだ。

ユダヤ人の中でも、アラビア語を母語とする集団、すなわちアラブ系ユダヤ人の数は少なくない。むしろ今日イスラエル国民に占める人口割合では、アラブ系ユダヤ人は最も高い割合を占めるともいわれる［臼杵一九九八］。モロッコ、イエメン、イラクなどから来た彼らは、ヘブライ語で「東洋人」という意味のミズラヒームと呼ばれる。しかし彼らは「アラブ」と呼ばれることを拒否する。それは「アラブ」という言葉がパレスチナ系を想起させるからだけでなく、周辺アラブ諸国のような「後進性」を意味すると捉えられるからだ。アラブやイスラームを後進的と捉えるオリエンタリズムが、そこには強く作用している。

アラブだけでなく、その他にアフリカやロシアも、現在のイスラエルのユダヤ人社会の中では低い地位を意味する符号として機能している。エチオピアなどから来たアフリカ系ユダヤ人や、一九九〇年代初頭にソ連崩壊を受けて一斉に移住して来たロシア系ユダヤ人らがそれにあたる。彼らは現在、イスラエル社会のなかで一定の人口規模を占め、社会統合上の問題を惹起する存在である。[2] この他に、ドゥルーズやベドウィンなど、より歴史の長いマイノリティもおり、イスラエルでは完全な市民権をもつ人々の間でも、重層的な地位の格差が生じている。

不完全な市民権しかもたない人々を含めると、階層性はさらに広がる。[3] イスラエルの人口の二割（約一二〇万人）を占めるパレスチナ系イスラエル人は、さらにその下に位置づけられる存在だ。イスラーム教徒を中心に、少数のキリスト教徒を含むこれらの人々は、イスラエル建国に際して故郷の地を離れず、イスラエル国籍を与えられたものの、敵性国民として兵役から除外された。兵役への参加が社会的に重要な意味をもつイスラエル国内で、彼らは就職差別のみならず、二級市民としての扱いを受ける。近年では志願兵として兵役につく若者もいるが、同じパレスチナ人に銃口を向ける行為が裏切り者ととられ、村八分を受けることが多い[4]。

だがこうしたイスラエル社会内での差別や階層は、まだましなものともいえる。ヨルダン川西岸地区およびガザ地区（占領地）に住むパレスチナ人は、彼らとユダヤ人居住区とを隔てる二〇〇二年の分離壁建設開始以降、物理的にも不可視な存在とされてきたからだ。かつては占領地のパレスチナ人が低賃金労働者としてユダヤ側の中心都市で働き、イスラエル人が自動車の修理や、市場での安い野菜などを求めて西岸地区に立ち入ることは、珍しくなかったという。だが高さ八メートルの壁に隔てられ、彼らの間の日常的なかかわりあいはより難しくなった。イスラエル人が自治区へ立ち入ることは、法的に禁じられている。占領地から来るパレスチナ人が担っていたユダヤ側での低賃金労働の多くは、中国やタイなど外国からの出稼ぎ労働者が代わりに担うことになった。

このように社会構造に階層が内在化された状態を、イスラエル人政治地理学者のオレン・イフタヘルは「エスノクラシー」と呼んだ［Yiftachel 2002: 40］。特定のエスニック集団（ここではユダヤ人）の主流派とされる階層が支配的な位置を占める民主主義（デモ「クラシー」）の形状を指した概念だ。それはまた、イスラエルの国家権力が及ぶ範囲でみられる複雑な社会構成を、一体として捉えて分析したものとして特徴的でもある（図1参照）[5]。

イフタヘルによる分析は、イスラエルとパレスチナ自治区について、法律上制度化された差別を明示するものでもある。だがそこでは、互いの間の境界線があまりにも明確に引かれ過ぎている。実際には、ユダ

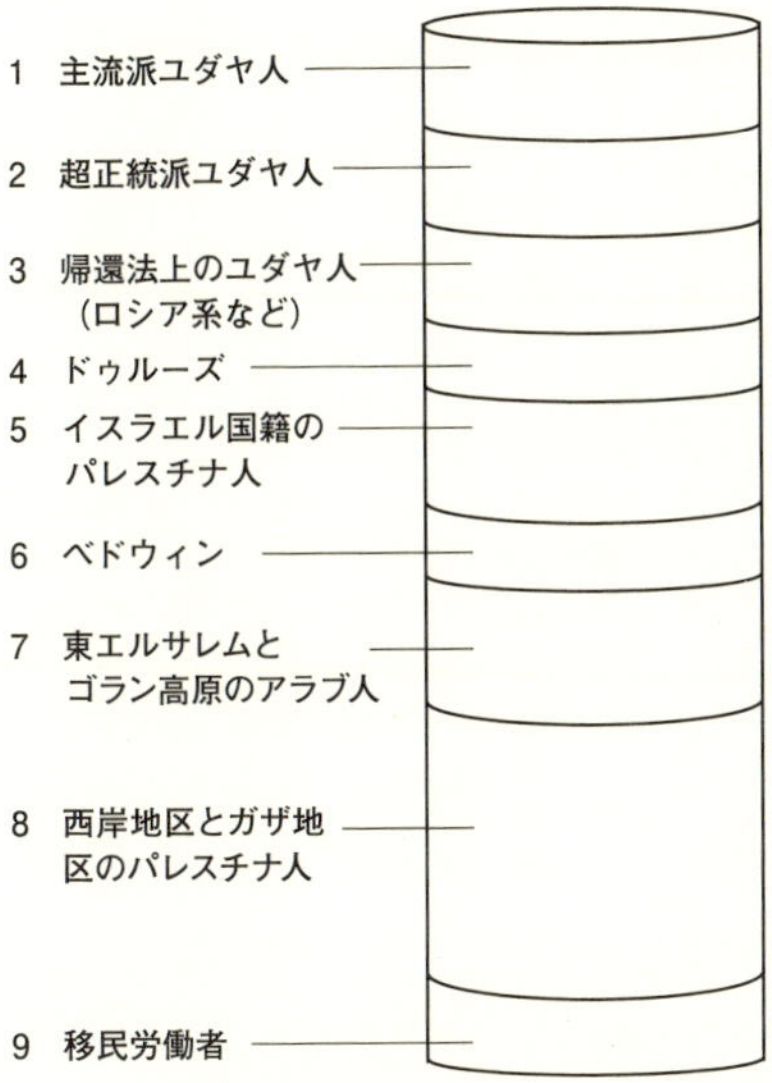

図 1　イスラエル国家の階層構造（Yiftahel 2002 をもとに筆者作成）

ヤ社会の内部、パレスチナ社会の内部には、より複雑な亀裂があり、お互いを隔てているからだ。また他方で、一見したところ隔絶された集団間で、相互に関わりあうことは困難にみえながらも、実際にはやすやすと越えられてしまっている亀裂もある。本稿ではこうした人のつながり・断絶やネットワークのあり方に焦点を当てていきたい。こうした視点は、パレスチナとイスラエルの間の固定化した権力関係に異なる光を当て、紛争を捉え直す上でも有効な視角を提示し得ると考えられるからである。

　分析のために本稿で扱うのは、筆者が二〇一一年から一二年の夏にかけてエルサレム周辺での調査で見聞した、三つの事例である。全く異なる状況下で遭遇したこれらの場面を通して、そこに現れる人のつながりと断絶の様子について、分析を試みる。

＊共有されない貧困——世俗派ユダヤ人とパレスチナ人

二〇一一年の夏はイスラエルにとって熱い夏になった。ネタニヤフ政権下で進められてきたネオリベラル的経済政策の結果、高騰した物価や家賃に対して、大規模な抗議運動が起きたのだ。テルアビブのロスチャイルド通りで緑地帯を占拠した抗議テントに始まる運動は、またたくまに他の町にも伝播し、週末ごとに各地で数百から数万人規模のデモが開かれることとなった。

大勢の参加を呼びかけるため、デモは事前に計画され、集合時刻と場所が新聞にも掲載された。筆者はそれを見て、エルサレムでその年一番の規模になると噂されたデモに行ってみることにした。イスラエル社会を揺るがすとも言われた運動に、誰が参加し、何を求め、どう訴えかけているのかに興味があったからだ。この運動は誰を代表し、何を隔て、誰を取り込もうとしているのか[6]。

その日、八月六日は蒸し暑い晩だった。週末のシャバット（ユダヤ教の安息日）明けの夜、しかもラマダーン（断食月）期間中に企画されたため、公共交通機関は全て止まっており、道を走る車の姿もほとんどなかった。なんとか通りがかりのタクシーをつかまえて乗ると、キリスト教徒の運転手がにぎやかに話しかけてきた[7]。「世の中もう、無茶苦茶だよ。ブッシュ（米大統領）はアフガニスタンやイラクで人を殺し放題だし、アラブはイスラエルに占領されて問題だらけだ」彼は私に対して、パレスチナ側ではよく聞かれる主張を繰り返した。不満を溜め込んだ様子の彼に「ではなぜデモに参加しないの」と尋ねると「何になるって言うんだい、あれはユダヤ人の運動だ」とあっさり切り捨てられた。私が、これから行くのだ、と言っても全く興味を示さず、今日のデモの開催についても知らないようだった。

適当な場所で下ろされ、人の集まりそうな方向へ歩くとデモの集合場所の「馬公園」にたどり着いた。公園には既に多くの人が集まっており、うごめくような熱気が感じられた。だがその外れですぐに私の目を捉えたのは、意外な人物をとり囲む集団の姿だった。その人物とは、黒い帽子に黒装束、鬢の毛を長く伸ばした男性で、ハレディームと呼ばれる超正統派ユダヤ教徒だった。ヘブライ語でしきりになにかを主張する彼とそれに答える数名の男性のまわりには、人垣ができていた。取り囲むのはデモに参加しに来たと思しき世俗派のユダヤ人で、大方は参加するわけでもなくその口論の様子を見守っていた。

何が起きているのか、と私は近くにいた男性に尋ねてみた。「人々は彼ら（超正統派ユダヤ教徒）とアラブ人が、自分たちの払った税金を吸いとっていると考えているので、反発しているんだ」と彼は自分の考えを混ぜて即答した。半ば予想されていた答えだったため「それが分かっていて、なぜ彼ら（ハレディーム）はわざわざこんな場所へ来るの？」とさらに尋ねると、男性は肩をすくめてみせた。「さあね、でもここでは誰でも、思ったことを言う権利がある」

ハレディームが受ける優遇は、イスラエル社会では頻繁に争点に上がる問題のひとつである。彼らはユダヤ系イスラエル人の中で、特別に労働から免除され、なおかつ国の補助金で生きることを許されている。ユダヤ教を国の柱と据える国家の中で、祈ることが彼らの仕事、と捉えられているためだ。しかし兵役にもつかず、子沢山の大家族を税金で養わせている彼らの存在は、世俗派ユダヤ人の間では反発を呼んでいる。富裕層と貧困層の間での富の再分配が問題になっている今回の一連の抗議運動の中で、彼らの存在が槍玉にあがるのは必然ともいえた。

しかし筆者には、教えてくれた男性が何気なく口にした「アラブ人」という言葉が気にかかった。イスラエル国籍をもつパレスチナ人は、政府に対して納税し、公共サービスは最低限の内容を享受するにすぎない。現政権のネオリベラル政策下では、低賃金労働でむしろ苦しい立場に置かれている。だがここではハレディームと同様に批判されていた。東エルサレムのパレスチナ人や、イスラエル国籍をもつパレスチナ人は、この運動に参加していないのか、筆者は様子を伺うことにした。

　イスラエル・ユダヤ人とパレスチナ・アラブ人の区別は、外見からでは不可能である。冒頭に述べたように、アラブ諸国出身のユダヤ人が多いためでもあるが、パレスチナ人の中にもさまざまな髪や目の色をした人々がいるからだ。古来より人の往来が激しい地域の住民として、なかには十字軍時代の末裔と言われる人々がいるなど、長い歴史の過程では混血が進んでいる。参加者がアラブ系かユダヤ系か、区別する手がかりは母語しかない。デモの最中にどこかでアラビア語が聞こえないか、筆者は終始耳をそばだてて行進の中を歩いた。

　だがその日のデモでは結局、アラビア語での会話を聞くことはなかった。行進を見守る一〇代半ばらしき少年たちが、アラビア語で会話しているのには出くわしたが、彼らは完全に物見遊山で、私のように大勢の人の集まりをひやかし半分で見に来ているだけだった。出発地点の「馬公園」では、アラビア語で話す二人組を見つけたものの、彼らはアラブの衛星チャンネル「アル＝アラビーヤ」の記者だった。こんな場所に来ている外国人の私に興味をもった彼らと雑談すると、ひとりはエルサレム郊外のピスガット・ゼエブ入植地に住んでいるという。[8]占領の象徴のような入植地に、パレスチナ人自身が住んでいるとは、にわかに信じがたかったが、二人に言わせると今では多くのパレスチナ人が入り込んで住んでいるのだという。ともかく、彼らはデモの参加者ではなかった。[9]

貧困が問題になるのであれば、政治・社会的二級市民のパレスチナ系の方が、ユダヤ系よりも更に経済的に厳しく苦しい生活を送っているはずだ。しかしそこに、同じ貧困に苦しむ者として、ユダヤ人とアラブ人の連帯の姿は見られなかった。抗議グループがテントを張る公園を見に行っても、スローガンはすべてヘブライ語で書かれていた。行進の途中では、興奮した群衆が歌い始めることもあったが、そこで歌われるのはイスラエル建国を讃える国歌の「ハ・ティクバ」や、ユダヤ教の文化に根ざしたヘブライ語の曲だった。アラブ人には共感することが難しいこれらの文化が動員の過程に使われていることは、組織者側が運動の内外をどの範囲の人々と想定しているかを示しているといえよう。

だが一方で、驚いたことに、デモ行進の際のシュプレヒコールは、パレスチナ自治区で「アラファートに血と魂をささげる！」と叫ぶデモ行進の際と、まったく同じリズムであった。何度も繰り返されるヘブライ語の文言をうまく聞き取れなかったため、近くにいた女性に尋ねると、「民衆（ハ＝アンム）は社会正義を要求する！」と叫んでいることを教えてもらった。彼女は運動に陶酔した様子で、「あなたは歴史を見ているのよ！」と興奮した笑みを浮かべながら、群集の中へ消えていった。彼女を見送りながら、しかし私にはいまいち理解できなかった。「民衆」とは誰なのか。「社会正義」を要求しながら、不法な土地収奪による入植地建設など、イスラエル政府がパレスチナ自治区に対して行使する明らかな不正義に対する言及は、この文脈では一切出てこない。参加者の構成を眺めると、これは極めて狭く同質性の高い集団の間で、最低限度共通する利害として抽象的なスローガンを掲げることで成立している運動のように思えた。

イフタヘルの図式に従い、この運動にかかわる層を捉えるなら、まず担い手の中心は「一、主流派ユダヤ人」のうち経済的中下層の人々と見ることができるだろう。比較的貧困層が多いといわれる「三、帰還法

図２　デモでみられた階層間の断絶とつながり（筆者作成）

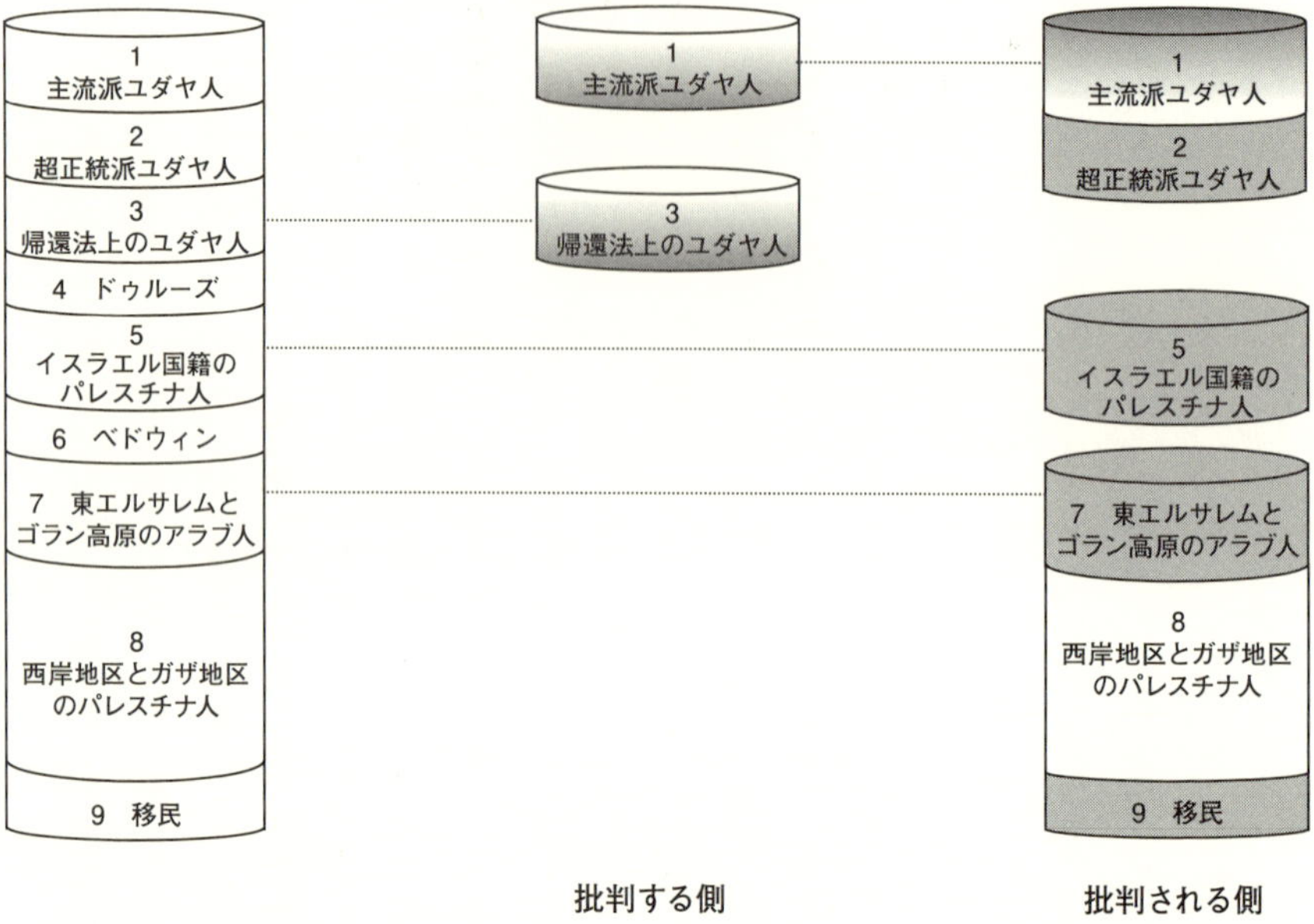

上の移民」もここに含まれる。一方で、批判されるのは「一」のうちの富裕層、および二の超正統派ユダヤ教徒たちである。五、七、八のアラブ系は、同じく批判の対象とされるか、運動から除外されるかであった。図式の中では全く異なる階層に位置する人々（一、二と五、七、八）が、抗議デモの文脈では同類として批判の対象となる。なおかつこれら異なる階層の間には、まったく交流もない。他方で、イスラエルの主流派社会の内部は、経済水準という別の基準により分断され、上層に対する厳しい突き上げが中下層から起きていた（図２参照）。

デモを取り巻くこうした状況を言い換えるなら、争点によって対立軸は変化し、階層構造自体も再編されるものだといえよう。しかしそこには、基底となる差別（対パレスチナ）や分断（超正統派）がやはり作用し、対立構図の再構成に影響を及ぼしている。同じ貧困という問題を抱えていても、デモを含めた運動は、誰に対してでも開かれたものとはなっていないのだ。こうした差別や分断は、乗り越えることが不可能なのか。次節ではこの問いについて、パレスチナとイスラエルの間で共生を試みてきた村の事例をとりあげて検討する。

＊限られた楽園――「平和のオアシス」の試み

エルサレムの中心部から車で三〇分ほどの距離のところに、「平和のオアシス」という名の村がある。アラビア語でワーハ・アル＝サラーム、ヘブライ語でネヴェ・シャロームとそれぞれ直訳で呼ばれるこの共同体は、その名の通り、紛争地における平和と共生を試みる実験村だ。現在の住民は六〇世帯ほどと規模は小さいものの、イスラエルとパレスチナでは老舗の共同体運動として知られている。[10]とはいえ具体的にどんな人々が住み、どのような活動が行なわれているのか、示す資料は少ない。住民はどういう経緯でこの村にたどり着き、共生に対してどのような意識を抱いているのか、話を聞くために筆者はこの村を訪ねることにした。

ホームページには訪問者用のプログラムがあると書かれており、メールを送るとすぐに返事が来た。他のツアーが来るので、それと合わせて参加するとよい、という勧めだった。訪問日は土曜日で、ユダヤ教の安息日にあたるシャバットの朝なので、公共交通機関は走っていない。エルサレムからタクシーをとって向かうことにした。[11]

村はエルサレムからテルアビブに向かう幹線道路を途中で南に逸れた、郊外にあった。周囲に何もない茫漠とした一本道をしばらく走ると、入口に着く。こんな僻地では暮らすのも大変では、と思い始めていた筆者に、パレスチナ人のタクシー運転手が「きれいな所だ」と感心したように声をかけた。都会の喧騒から離れた自然の豊かさが魅力、ということだろうか。

待ち合わせにやや遅れて到着すると、中の「平和の学校」と呼ばれる集会所のような建物にはすでに人が集まっていた。主にヨーロッパからの参加者で、筆者のほかに十七名が輪になって座り、村の説明係に続いて自己紹介を始めた。職業も年齢もさまざまな集団は、スイスの大学が企画したツアーの参加者で、渡航費の安さやプログラムに惹かれて参加を決めたようだった。「平和のオアシス」はツアーの序盤で、これからエルサレムの大学や観光地など各所を回るらしい。

説明係のボブはアメリカから来て、もう三五年間この村に住んでいるという。参加者からの質問に対して、自分はユダヤ人だと即答したものの、「でも宗教的ではない」と付け加えた。説明には慣れている様子で、わかりやすくゆっくりした口調で村の成り立ちや生活状態を説明していった。

ボブの説明と「平和のオアシス」のホームページ、また配布用パンフレットによると、この村の概要は以下の通りである。「平和のオアシス」はドミニコ会のユダヤ人修道士ブルーノ・フッサールにより一九七〇年代に作られた。イスラエル国籍をもつユダヤ人とパレスチナ・アラブ人の間での、平等で民主的な共生のモデルケースとして設立された。近くにあるラトゥルン修道院から四〇ヘクタールの土地を借り上げ、はじめに住んでいた数家族の間で対話の試みが始まると、それが拡大する形で共同体として現在の「村」へと発展していったのだという。

「平和のオアシス」が目指す方向性について、「相手を集団としてではなく、個人として見ることを、ここでは大事にしている」とボブは述べた。「少数派の集団は、多数派からより多くのものを求めようとする。〔他方で多数派は、少数派に関心をもたない。〕アラブ人はユダヤ人のことをよく知っているが、ユダヤ人は何が問題として起きているか知らないんだ」というのが彼の説明だった。だから相手を個として認めた上での相互理解が重要だ、という理念なのだろう。しかしこうした考え方は必ずしもこの国で主流派ではない。「ここはプチ・ブルのコミュニティであり、我々は小さな少数派にしかすぎない」ともボブはつぶやいた。

共生をめざす村のプログラムとしては、ヘブライ語とアラビア語の両方を用いたバイリンガル教育が特徴として推進されているようだった。イスラエル国内では、ユダヤ人が用いるヘブライ語に加えて、パレスチナ・アラブ人が使うアラビア語も公用語とされてはいる。しかし公文書や役所の業務、大学の授業等ではもっぱらヘブライ語が用いられ、ユダヤ人がアラビア語を実用レベルまで学習することはきわめて稀である。そんな中、この村では子どもたちに保育園から中学校までをともに過ごさせ、互いの言語や文化を学びあう機会を提供していた。カリキュラムの評判はよく、近年では村の外から通う学生も増えているのだという。

説明が終わった後の質疑コーナーでは、ツアー参加者から村での生活についてさまざまな質問が出された。村の子どもには、それぞれ自分がユダヤ人やパレスチナ人という認識があるのか、交流から恋愛関係や、結婚に至る例があるのか、という質問は参加者の関心を集めた。これに対してボブは、認識を肯定した上で「恋愛については、個人的なことなので聞けないが、実際に結婚したのは一例だけ」と答えた。それもイスラエルで生まれたユダヤ人ではなく、スイスから来たユダヤ人だという。

イスラエルでは国民に義務として課される兵役が、この村のプログラムの方針には反するのでは、との質問が出ると、ボブは自分を例に挙げつつ慎重に答えた。「兵役は法律で行かねばならないとされているので、自分も従って行った。だが娘は二人とも拒否した。ユダヤ人左派の間には、投獄されても占領地では働かない、と選択する人もいる。[12] 長女は兵役の代わりに、国が実施する公共サービスでボランティアとして働いた。こうした選択肢は近年、拡大中だ。次女は軍の適正テストでわざと不合格をとった。国の公共サービスへの参加は、表立って兵役拒否をせずに済み、社会へ貢献できるよい選択だと思う」日本を含め、諸外国で話題を集めた兵役拒否は、彼の話によると、その後も新たな展開を受けて論争が続いているようだった。二〇〇五年のイスラエル入植地のガザ撤退の際には、左派ではなくむしろ右派の間で兵役拒否が起きた。[13]「平和のオアシス」では筆者らの訪問の二〜三週間前に兵役拒否が議論のテーマになったばかりだという。その他に、兵役中に亡くなった兵士の慰霊の方法について、その軍務内容によっては村で議論となる場合もあった、とボブは話した。

質疑とその後の短い見学を終えると、ツアーの参加者はボブの勧めを受けて村の中にある大型プールへいっせいに遊びに出かけた。ツアーの若者の中には、むしろこれを楽しみに来たものもいるようだった。難しいお勉強の時間は終わり、といった彼らの開放感に、筆者は驚きと戸惑いを禁じえなかった。筆者は泳ぐ用意もしてきていないので、帰りのバスが出るまでゲストハウスのラウンジで時間をつぶすことになった。受付にならぶパンフレットを見ると、アラビア語とヘブライ語、英語で用意された短い案内は、おもに村の中にあるホテルやビジター・センターの宣伝を目的としているようだった。レストランやホール、周辺で可能な活動の紹介ほか、やや厚めの英語版では宿泊施設の説明に紙面がさかれていた。村の理念は冒頭に書かれているものの、入居案内や村の生活についての記述はない。安いとはいえない宿泊施設の利用料からは、「平和のオアシス」がむしろ一時的な訪問客からの収入を期待している様子がうかがわれた。

はじめての訪問とはいえ、用意された情報だけ提供され、住民の顔は見えない。他のワークショップなどないのかと受付で尋ねても、「リタに訊け」と担当者の名前を告げられるばかりだった。またワークショップはすべて、先ほど参加したような外部者向けのプログラムで、住民同士のものではないという。手もちぶさたにしていると、用事を済ませたリタがゲストハウスに戻ってきた。話をする機会を得ることができ、筆者は「平和のオアシス」への入居方法について尋ねることにした。ヘブライ語、アラビア語、英語がいずれも流暢に話せるリタは、積極的に質問に答えてくれた。

「平和のオアシス」への入居は、二年に一度開かれる総会で承認を得なければならないとのことだった。だがそれまでに長い審査過程がある。まずは入村希望者と面接した後、家族を集めて再び話をし、入村申請書を審査する。本心で入村を希望しているか怪しい場合は、判断の参考に心理学者も呼ぶという。その後、総会で三分の二以上の合意が得られれば、申請者は村の「非」構成員として一年半の仮住まいを許される。それを経て、再び総会で投票する。そこで認められて初めて、申請者は村人としての資格を得ることができるのだという。「だから入村の時点では、新しい村人は皆と既によく知った関係になっているのよ」とリタはその長所を力説した。それだけ長い過程を経るのだから、「入村の日は大きなパーティーをするのでしょうね」と筆者が言うと、「もちろん」と彼女はようやく笑顔を浮かべた。

筆者が説明を聞いているとツアー参加者が戻ってきて、帰りのバスの出発時刻となった。エルサレムへ行くというので乗せてもらうことにしたのだが、帰り際にもう一箇所立ち寄るという。訊くと、近くにある元パレスチナ人の村で、イスラエル建国の際に破壊された場所だという。「平和のオアシス」とイスラエルのNGOゾホロット[14]の共同企画だった。案内には、リタともうひとりの「平和のオアシス」住民の男性が同行してくれた。後で分かったのは、リタもこの男性もパレスチナ人であり、彼は案内先の破壊村イムワースの出身ということだった。ユダヤ人の姿は、ツアー参加者とおぼしき壮年の男性ひとりを除いてみられなかった。

その後もイベントの際に村の生活を見せてほしい、とリタを通してしばらく連絡をとり続けたものの、次の訪問の機会には恵まれなかった。短時間に型どおりの説明を聞いただけでは、そこに生きる人たちの不満や葛藤は分かるはずもない。だが限られた情報から窺われたのは、紛争当事者同士の共生という非常にデリケートな課題を、慎重な判断を通して実践し守り抜こうとする人々の姿だった。共生を純粋な理想としてふりかざすことは容易だ。しかしそれを実際の生活の中で継続させるには、兵役を含めて住民が帰属するイスラエルの制度や社会にもある程度適応せねばならない。あるいは、相応のリスクを覚悟する必要がある。実際に「平和のオアシス」も、ここ数年で問題となっている憎悪犯罪[15]の一環である「プライス・タグ」攻撃[16]の対象となったという。こうした攻撃をできるだけ避けるには、村の活動は慎重にならざるを得ない。そのためか、自らを共生のモデルケースと謳いながら、「平和のオアシス」の理念は喧伝されることなく、低姿勢を貫いていた。冷やかしや非難などの攻撃は、外部から来ることが多いためだろう。村では他者に対する警戒が厳しく、来訪者への開放は限定的でコースとして形式化されていた。慎重を極める住民認定の手続きも、同じ考えに基づくものだろう。逆に言えば、こうした守られた理想では、「平和のオアシス」からその他のイスラエルやパレスチナの社会に対して影響を与えることは不可能である。だがそれを敢えて放棄してでも、この囲われた理想郷を守ろうとする姿勢が、この村からはうかがえるように思えた。

現実との妥協は他の点でも見られた。まず、村に住むパレスチナ人は、全員がイスラエル国籍の保持者で、

図3 「平和の泉」でみられた階層間の断絶とつながり（筆者作成）

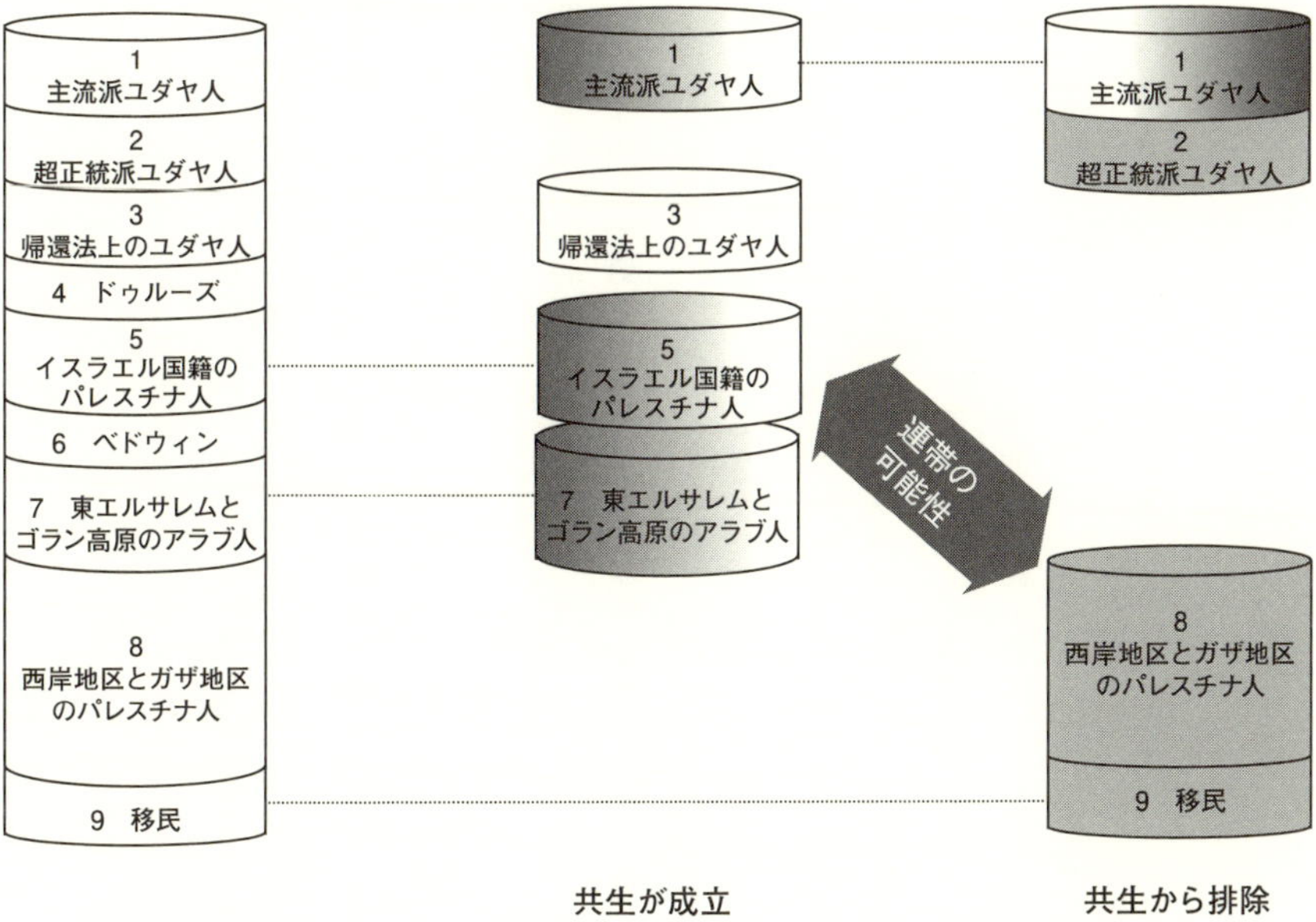

パレスチナ自治区から来た者はいない。これは自治区の住民に占領地の外での居住を認めない、イスラエルの法律による規制のためである。またボブによる説明では、住民のパレスチナ人の中ではキリスト教徒が約三分の一を占めるという。通常の約三倍[17]に相当するこの比率は、ボブ自身がつぶやいたように、ここがプチ・ブルの共同体であることを示すかのようである。反面で、筆者も足を運んだ「平和のオアシス」の食堂や、補修工事の現場では、外部から来たパレスチナ人が働かされていた。低賃金の単純労働をパレスチナ人労働者に頼るという構造は、この村でもイスラエルの他の町と変わるところがない。ユダヤとアラブの共同コミュニティを謳っても、労働の平等な分担という協力体制はここには実現されていなかった[18]。これが現在のイスラエルとパレスチナの状況を反映した、理想の

追求の姿なのかもしれない。

ここで再びイフタヘルの図式を当てはめて考えてみたい。「平和のオアシス」では「一、主流派ユダヤ人」と「五、イスラエル国籍のパレスチナ人」の間の共生が成立していた。理念的におそらく「二、超正統派ユダヤ人」は相容れないが、その他の層がこの村に含まれ得るのかは不明である。「八、西岸地区とガザ地区のパレスチナ人」は法的制約のため排除されていた。先に挙げたデモの事例と比べると、連帯の幅は理念上の必要からもパレスチナ人に対して広がっているが、プチ・ブルの共同体という意味では経済的均質性がやはり伴う（図3参照）。

興味深いのは、ツアーの最後に追加されたように、五を介して八への連帯の可能性も広がっている点である。リタや案内役の男性は現在は五に属するが、その来歴から同じように故郷を奪われた八に対して共感を覚えても不思議はない。だがその場面に一のユダヤ人は立ち会おうとしなかった。両者の間の分断は、やはり乗り越えられてはいない。

いままさに紛争が続く現場において共生を試みることは、かくも困難で制約を伴うものなのか。こうした状況下では、イスラエル国籍という基準にもとづく階層構造は固定化せざるを得ないのか。この点を考えるため、以下では現場を離れた共生のための運動に目を向けていきたい。実際の生活において制約を伴わない環境下であれば、人は互いに差別なく共生を図ることが可能なのか。その理念はどこまで拡大し共有され得るのか。異なる局面から検討していく。

＊一国家運動——主流派から除外された運動

本項では最後に、ユダヤ人とパレスチナ人双方の知識人・運動家の間で近年盛んになっている一国家運動をとりあげる。一国家運動とは、パレスチナ人とイスラエル人の間で共通の単一国家を作ることを目指す運動である。主に左派の人々が議論に加わり、ユダヤ人と、イスラーム教徒およびキリスト教徒のパレスチナ人の双方が構成員となり、領土を共有して対等な権利をもつ国家の樹立を目的としている[19]。

一九九三年のオスロ合意を画期として始まった中東和平交渉では、パレスチナ国家とイスラエル国家が並び立つ二国家解決案が基本路線として追求されてきた。アメリカが第二期オバマ政権以降、国務長官ケリーを中心に推進しているのも、この方向性での交渉だ。二〇一二年にアッバース大統領を中心とするパレスチナのファタハ政権が、国連総会でパレスチナ国家としての加盟認定を申請し認められたのも、同じ到達点を目標にした動きといえる。二国家解決は、いわば国際的な支持を得たパレスチナ／イスラエル紛争の解決のための様式と呼ぶことができるだろう。

これに対して一国家案は実現可能生の低い理想論とやゆされてきたが、二国家案に代わる選択肢として、近年ふたたび提示されてきている[20]。その背景には、和平交渉の停滞や、交渉自体への不満がある。和平交渉を謳いながら、実際には水面下で着々と進行する入植地の拡大や、和平案で提示された群島状の自治区の地図が、パレスチナ人に反発を抱かせたといえる。パレスチナ側では一九九九年のエドワード・サイードがニューヨーク・タイムズに寄せた二国家案への批判などが皮切りとなり、二〇〇〇年以降多くの執筆家や運動家を巻き込む運動となった。

一国家案に対しては、それぞれの立場から異なる支持の理由がある。パレスチナ難民（図４のＹ）の場合、それは彼らの帰還権の主張とつながってくる。オスロ合意以降、議論されてきたパレスチナ国家の領域は、そもそもすべてのパレスチナ難民の帰還を受け入れることはできない。彼ら自身、出身地でもない西岸地区やガザ地区への移住に対する希望は希薄だ[21]。失われた権利の回復のためには、歴史的パレスチナの全土が一国となり、そこへの帰還が認められる必要がある。だがその反面、彼らの間では、イスラエル建国以前からパレスチナにいた少数のユダヤ教徒を除いて、ユダヤ人の居住を一国家の中に受け入れる意思は弱い。

イスラエル国籍をもつパレスチナ人（図４の五）の場合、一国家の成立は、彼らが現在イスラエル国民としてもつ権利を保持しつつ、パレスチナ・アイデンティティを追求するうえで望ましい解決案だ。イスラエル社会で暮らす彼らは、自治区のパレスチナ人に比べて自分たちが法的・経済的に有利な条件におかれていることを自覚している。二国家案でパレスチナ国家が樹立されると、移住を迫られその権利が奪われることを恐れ、一国家案を支持するのである。イスラエル国籍こそもたないものの、同様に自治区住民とは異なる法的地位におかれた東エルサレムのパレスチナ人（図４の七）も、同じ意見をもつ傾向にある。

運動に参加する世俗派のパレスチナ人やユダヤ人（図４の一の左派およびＸ）の間では、一国家案は「合理的」提案と捉えられている[22]。六〇余年の占領を通して交錯したパレスチナ人とイスラエル人の生活空間を、明確に分断するのは困難である。またユダヤ人国家という単一民族国家の追求は、現代世界においては既に時代錯誤であることなどが、一国家案支持の理由として提示される。いいかえれば「パレスチナとイスラエルを取り巻く現状からは、むしろ両者を一国として独立させる方が合理的だ」というのが支持の理由だ。また、主張の背景には、公正と民主主義の実現という理想がある。パレスチナ人に対する占領と人権抑圧を終

図4 一国家論争をめぐりみられる階層間の断絶とつながり（筆者作成）

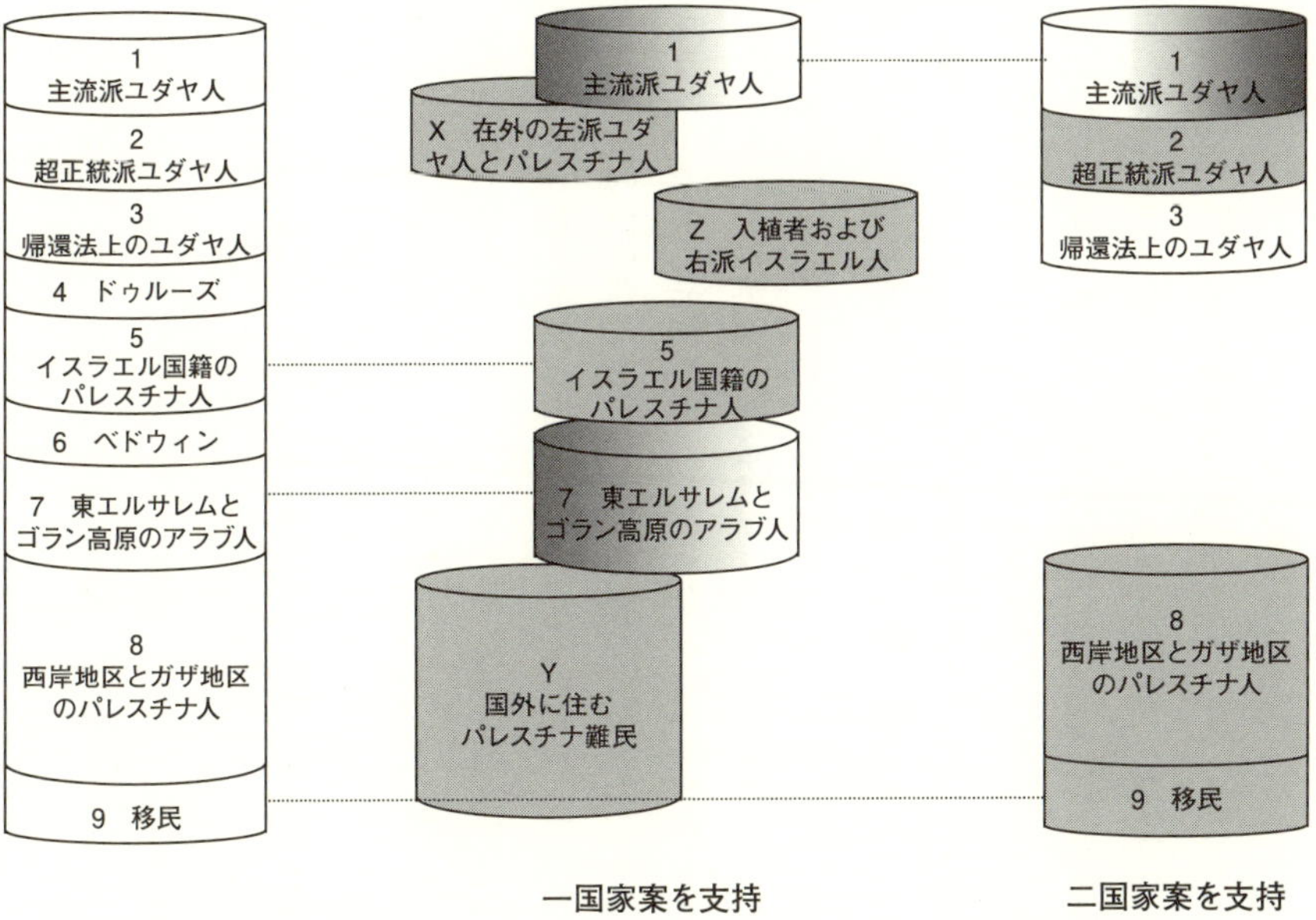

わらせ、パレスチナとイスラエルの政治的共生を、民主的政治制度のもとで進めることが、左派系の一国家案推進派の共通了解といえる。運動はイスラエル国内や占領地にとどまらず、国際的な広がりをみせている。

だがこれらの一国家案への支持は、増加傾向にあるとはいえ、全体として見れば少数派にとどまる。多数派は依然として、二国家案の支持者だ。西岸地区とガザ地区在住のパレスチナ人（イフタヘルの図4の八）も、基本的には自治政府が推す二国家案を支持している。[23]彼らの現在地での居住権は、二国家案でも十分に保障されることが、支持の暗黙の理由のひとつだろう。むしろ彼らにとっては、自治政府を基にしたパレスチナ国家が国際的に承認された形で独立する方が、政府の裁量権が強まり日常生活への恩恵が増える可能性が増すとも考えられる。占領下での困窮した生活を長期にわたり強いられてきた人々にとって、親族を含むとはいえ、日ごろ顔を合わすことも少ない難民やイスラエル国籍のパレスチナ人に対する連帯よりも、日常生活の改善が優先されるのは無理ないことかもしれない。

イスラエルの主流派ユダヤ人（イフタヘルの図式の一の右派・中道）の間でも、一国家案に対しては反対が強く、左派の一部を除くと支持はほとんどみられない。一国家は、イスラエル建国の理念であるシオニズムそのものを否定する提案と考えられるからだ。シオニズムとは、ヨーロッパでのユダヤ人差別を背景に、そこから逃れるためユダヤ人が多数派を占める民族国家の建国を訴えた思想である。イスラエル建国は、この思想にもとづく運動の成果と言っていい。これに対して一国家案が実現すると、人口比の面でユダヤ人は多数派を維持するのが困難になる。建国の理念であったシオニズムが、既に国民の間で常識と化しつつある近年のイスラエルでは、それを否定しかねない一国家案推進運動は、国家の存亡のみならずユダヤ人コミュニティの安全をも脅かしかねない危険な思想と位置づけられているのである（図4参照）。

こうしてみると一国家案推進運動は、イスラエルとパレスチナ双方の政治過程の中で、それぞれお互いの主流社会からはじき出された人々が築く連帯運動ということができる。シオニズムを国是とするイスラエル国家と、西岸地区およびガザ地区のみを代表するパレスチナ自治政府により自分たちの主張が代弁され、これら政体の間で交わされる交渉が、現在の生活の安定を脅かさない人たちが、二国家案を支持していると言い換えることもできるだろう。これに対して、現行の政体では声を代弁されず、和平交渉において権利の保障が確約されそうにない人々（イスラエル国籍、エルサレム住民、難民など）が、一国家案を支持している。個人の倫理観や利害認識、政治的価値基準により、これらの判断は異なるため、それぞれの階層の中でも意見が分かれることになる。

一国家案を支持するユダヤ人が出てきた背景には、イスラエル社会全般の右傾化の影響もあると考えられる。占領地に対する武力弾圧も辞さず、パレスチナ側との対話も拒否して占領の拡大を進める右派政権の継続に対する反発から、左派のユダヤ人の中には近年、イスラエルを離れて生活を始めた者も少なくない。筆者の知り合いにも、そうしてイギリスに拠点を置くイスラエル人が複数存在する。図のXに含まれるユダヤ人の一部は、そうした国外移住組の人々だ。

だが同時に、右傾化は、先に述べたのとは全く性格の異なる一国家案推進運動の流れをも生んでいる。西岸地区内のイスラエル人入植者が、現住地への居住を正当化するために一国家案を支持したり、西岸地区（右派ユダヤ人は「ジュデア・サマリア」と呼ぶ）をすべてイスラエルの完全な勢力下に置き、治安権限を掌握するために一国家を支持する、現閣僚のナフタリ・ベネットのような存在がその一例だ[24]。この場合の理念は、ユダヤ人多数派の国家の確立を前提とし、その安全を脅かさない形でパレスチナ人の居住を認めるものである（図4のZ）。階層性や他方の従属性を所与として認めたもので、左派の主張とは大きく異なる。

このように、イスラエルとパレスチナでは将来の国家像をめぐっても、近年ではさまざまな提案がなされ、支持者の間に乖離がみられる。

＊おわりに

本稿ではイスラエル人とパレスチナ人の間で、それぞれ正義や理念を追い求める三つの運動をとりあげ、そこに関わる社会階層の関係について検討した。これらの事例から言えることは、イスラエルとパレスチナの社会には、イフタヘルが示した階層図よりも複雑な内部亀裂が存在し、また政治的傾向は階層の順序どおりのグラデーションを示すものではないということである。実際の社会構成は、これらの階層の各部分を争点ごとに賛同者と反対者に塗りわけ、再編成される。また在外のユダヤ人、パレスチナ難民など、地理的に離れた場所からも、イスラエルとパレスチナの政治に関与しようとする人々の存在がみられた。

一つ目の事例では、現政権の経済政策のため困窮した人々による大規模な抗議運動をとりあげた。デモに集まった人数はイスラエル建国後有数の規模といわれるもので、参加者のひとりはこれを「歴史」と呼んだ。しかし観察しうる限りでは、参加者に含まれる階層は限定的で、主流派の世俗的ユダヤ人の経済的中下層を中心とする動きのようであった。一部では、むしろ他の階層を、経済政策による利益を不当に享受する集団として糾弾する場面もみられた。ここで非難の対象とされたのは、基本的にはネオリベラル経済政策を通して蓄財する富裕層だが、同時に限られた政府予算を「不当に」浪費する超正統派のユダヤ人にも矛先が向けられた。このように、デモの争点は、基本的にイスラエル・ユダヤ人社会内での経済的対立であったといえる。筆者に語った男性が「アラブ人（イスラエル国籍のパレスチナ人）」を批判したのは、彼らがイスラエル・ユダヤ人を代表する政府の支出に負担をかけるとみなされたためである。

しかしながら、そこには、基底となる差別（対パレスチナ）や分断（特権を享受する超正統派）がやはり作用している。イスラエル・パレスチナ間の紛争はそこに表出していないものの、アラブ人は同じデモに参加しようとしない。争点によって対立軸は動き、対立構図は再編成されるが、その過程にも根強く残る境界の存在があることを、デモの事例は示唆している。

二つ目の事例では、イスラエルとパレスチナの間で平和的共存を試みる老舗の市民運動をとりあげた。「平和のオアシス」ではプチ・ブルの知識人を中心に、理念を共有できる者の間で小規模なコミュニティを築き、守ってきた。バイリンガル教育などをモデルケースとして推進し、外部からも短期的な来訪者を積極的に受け入れている。しかし理念を追求するためには、共同体を現実的に守ることが必要となり、そのために共生は制約が伴うものとなった。

イスラエルやパレスチナの主流派社会からの攻撃を避けるためには、政治的・社会的には低姿勢を貫かざるを得ない。結果として実現できたのは、イスラエル国籍のパレスチナ人と、世俗派ユダヤ人の一部との間での共生だけだった。地理的にも孤立した場所で、主流派社会に呼びかけることなく、自分たちの正義を貫く。その傍らでは、兵役や自治区との往来規制などイスラエルの法律や制度に適応していかねばならない。紛争地では外部からの制約により、境界を越えるのがより難しくなる場合があることを、本事例は指し示した。

三つ目の事例でとりあげたのは、イスラエルとパレスチナの双方で、近年推進の動きが強まっている一国家案推進運動である。この運動は、シオニズムを信奉するイスラエル社会の主流派や、アメリカの仲介による中東和平交渉への参加を望むパレスチナ自治政府からは、疎外された人々が中核を担う。イフタヘルの図式に沿うと、ちょうど中間階層が一国家案支持に回っている形だが、その他にもこの階層図では取り上げられていないアクターが存在する。在外のユダヤ人、パレスチナ人や、難民、入植者などがそれに当たる。

彼らが一国家案を支持する理由は、さまざまに異なる。各自がおかれた状況を反映しており、中には全く相容れない、対立する理念を掲げるものも存在する（入植者と難民など）。前の事例と比べて、関わってくるアクターが紛争地内にとどまらない分、制約は弱まり、境界を越えた連帯の可能性は高まる。だが他方で、争点が紛争の本質にかかわるため、対立する階層間での妥協は著しく困難となることが予測される。

こうしてイスラエルとパレスチナにおける階層と境界に着目すると、そこではきわめて複雑な類型化が進んでいることがわかる。本稿ではあまり触れられなかったが、各階層の内部でも、左派と右派、経済的な富裕層と中下層などの間には分裂がみられ、運動上の立場が異なっていた。だがそれぞれの争点は、階層構造の組み換えを促し、一部では境界を越えた連帯がみられる場合もあった。境界線は必ずしも固定化されたものではなく、主張の内容とはたらきかけにより、揺るがすこともできると考えられるのだ。そうした揺るぎが長期的には紛争の解決につながるのかどうかは、未知数であり、今後に課せられた課題として注視していきたい。

注

1　中東地域では、この他にトルコとイランが非アラブ国に該当する。また北アフリカ諸国はアラブ系の他に、ベルベル系諸語を母語とする集団も大きな割合を占める。

2　彼らの中には、ヘブライ語を習得する意欲が低い者も多いとされる。また人口比の高さを示す例として、イスラエルの店舗で売られるシャンプーや食品などの日用品には、ヘブライ語とアラビア語のほか、ロシア語の表記がされている場合が多い（英語はそれに次ぐ四番目の優先順位である）。

3　市民権の中の多重性については近年多くの議論が見られるが、代表的なものとして［ヒーター　二〇一二］など。筆者は「多層的市民権（stratified citizenship）」という概念を用いている［Nishikida 2013］。

4 こうした状況は近年、映画化の対象ともなっている（二〇一一年エルサレム映画祭で上映された「Ameer Got His Gun（ヘブライ語タイトルの直訳は『武器をとるいとこ同士（bnei dodim la-neshek）』など）。

5 通常、イスラエル社会内での階層性を指摘する場合には、東欧系（アシュケナジーム）、中東系（ミズラヒーム）などユダヤ人内での出身地や、超正統派（ハレディーム）、世俗派（ヒロニーム）など宗教的傾向を指して呼ぶことが多い。イフタヘルの分類は、そこに占領地のパレスチナ人や移民まで含めている点が特徴的である。彼らはイスラエル国籍をもたないが、ＩＤカード（身分証明書）や在留許可の発行などを通して、実質的にイスラエル政府の管理下にある。

6 デモの社会・政治的背景と当時の政治動向については［錦田 二〇一二］を参照。

7 イスラエルではシャバット期間中（金曜日の日没から土曜日の日没まで）、公共交通機関が運行を止める。またイスラーム暦のラマダーン月には、日没直後に断食が明けて最初の食事が許されるため、日没前後は大半のイスラーム教徒が揃って食卓を囲み、街頭から姿を消す。すなわちラマダーン期間中の土曜日の夕方とは、利用可能な交通機関の選択肢が最も限られる瞬間である。これに対して当該の時間帯に自由度が高いのはマイノリティのキリスト教徒だ。なおエルサレム住民の中でキリスト教徒とはパレスチナ人であることを意味し、中でもギリシャ正教徒が大半を占める。

8 入植地内へのパレスチナ人の入居については、その初期に裁判が起きて最高裁まで争われた。詳しくは［奥山二〇一五］を参照。

9 沿岸都市のヤーファーでは、イスラエル国籍をもつパレスチナ人による抗議行動があった。だがそれは、イスラエル・ユダヤ人がテルアビブの中心地でデモを起こす傍らで起きた、パレスチナ人ばかりによるデモだった。比較的地価が安く、歴史的にアラブの中心都市であったヤーファーは、二級市民の吹き溜まりとして麻薬と犯罪の巣窟とも噂され、広範な層によるデモの場所にはなりにくかったことも指摘される。

10　「平和のオアシス」はヘブライ語、アラビア語、英語を中心に十一か国語でホームページをもち、和訳サイトでの組織名は「ネベシャローム／ワハト・アッサラーム」という書き下し、ならびに略号としてNS/WASが用いられている。本稿では組織名の意図を重視し、主要三か国語での名前の直訳「平和のオアシス」を用いる。ただしヘブライ語名の「ネヴェ」には「家、居住地」との意味も含まれる。このことからは、創設者のユダヤ人がこの村をひとつの活動の場としてだけでなく、ユダヤ人とパレスチナ・アラブ人の共通の居住地として理想を託したとも推察される。「平和のオアシス」ホームページ http://wasns.org/rubrique145.html（二〇一二年七月一日最終閲覧）。

11　以下は二〇一二年八月十一日の筆者の参与観察記録にもとづく。

12　イスラエルでは高校卒業後の兵役が、男女ともに義務とされている。だが占領地での兵士としての勤務は、イスラエルによる軍事占領を肯定し、住民に対する人権侵害に加担することだ、として兵役を拒否する運動は、特に二〇〇〇年以降拡大している。また占領地でイスラエル軍が行なう人権侵害については、『沈黙を破る』などの運動組織により内部告発する動きが起きた［土井　二〇〇八］。

13　これは兵役そのものへの拒否というよりも、ガザ撤退作業への参加を政治的に拒否する意図による、短期的な運動であった［Ghani n.d.］。

14　ゾホロットはイスラエル国籍のユダヤ人が中心となり設立された組織で、イスラエル建国の際に破壊されたアラブ人の村の記憶を記録し、イスラエル国民に対して破壊と植民地主義の責任を問うことを目的とする。記録はヘブライ語で公開され、跡地への訪問ツアーも企画している。http://zochrot.org/en（二〇一四年三月一日最終閲覧）。

15　憎悪犯罪（hate crime）とは、人種や宗教、民族などの属性の違いを根拠に、特定の個人や集団に憎悪を抱き、引き起こされる犯罪のことを指す。

16 「プライス・タグ」攻撃とは、二〇〇八年頃よりイスラエル人右派の間で盛んになった、パレスチナ人に対する憎悪犯罪。イスラエル政府による入植地の撤退決定を受けて、入植者がその「代償」と壁に書きつけて自治区のモスクに放火したり、イスラエル・ユダヤ人の若者が、通りでパレスチナ人の若者を集団で襲い暴行を加えたりするなどの事件が断続的に起きた。

17 イスラエル統計局による人口統計によれば、二〇〇九年末の時点でイスラエル国籍のイスラーム教徒の人数は約一二八万人、キリスト教徒は十五万人で、その比率は約一割にとどまる。http://www1.cbs.gov.il/reader/shnaton/templ_shnaton_e.html?num_tab=st02_02&CYear=2010（二〇一四年三月四日最終閲覧）。

18 労働の分担による相互扶助は、イスラエル初期のキブツの社会主義的な理念で追求されたこともあった。しかしそこではユダヤ人による労働が重視され、パレスチナ・アラブ人は労働から排除された。労働市場はユダヤ人により独占され、それを体系化する組織としてヒスタドルート（労働総同盟）が生まれた。

19 一国家案はこの他に、国境線内に複数の政体を含む連邦案や、パレスチナ人の追放を前提とする案など様々な内容を含む。分類と詳細は［錦田 二〇一二］を参照。

20 イスラエル建国以前は、マルティン・ブーバーやユダ・マグネスなどユダヤ側の知識人の間で、一国家を提唱する動きが存在した。だがその後、流れは途絶え、現在の一国家運動は異なる文脈で始まったものと位置づけられる。

21 二〇一二年のレバノンでの世論調査の分析結果によると、西岸地区への帰還を「強く希望する」また「希望する」者の合計は全体の二〇・八パーセント、ガザ地区へは二〇・四パーセントにとどまった。これに対して「歴史的パレスチナ」（一九四八年戦争での占領地域）への帰還を「強く希望する」また「希望する」者の合計は七六・二パーセントに上る（文部科学省科学研究費補助金若手研究A［研究代表者：錦田愛子、課題番号二三六八一〇五二］）。

22　運動の一例としては、ODS（http://www.onedemocraticstate.org/)、One State in Palestine (http://www.1not2.org/One_State_in_Palestine/Welcome.html)、などが挙げられる。また論争を呼んだ主張として、在外のユダヤ人がイスラエルによる「ユダヤ人国家」の主張を「時代錯誤」と指摘したものとして［Judt 2003］を参照。

23　二〇一三年十二月のPSR（パレスチナ戦略研究センター）による世論調査では、西岸地区とガザ地区住民の五三パーセントが二国家解決案を支持しているとの結果が出されている。また六六パーセントが一国家解決案を否定している［PSR 2013］。

24　ベネットの思想については、イスラエル右派による一国家運動のサイト「The One State Solution Israel」で引用されたレポートを参照［Bennett n.d.］。

参照文献

臼杵陽　一九九八『見えざるユダヤ人――イスラエルの〈東洋〉』平凡社。
奥山眞知　二〇一五「『国民国家』イスラエルのジレンマ」『社会イノベーション研究』第10巻第1号、成城大学、六一～八〇頁。
土井敏邦　二〇〇八『沈黙を破る――元イスラエル軍将兵が語る〝占領〟』岩波書店。
錦田愛子　二〇一一「『正義、公平を！』求めるイスラエルの三〇万人抗議デモ」朝日中東マガジン（二〇一一年八月十四日掲載）
http://middleeast.asahi.com/report/2011081400005.html
――――二〇一二「パレスチナ／イスラエル　一国家案の再考――国家像をめぐる議論の展開とシティズンシップ」『経済志

林』第79巻第4号、法政大学経済学部学会、三九～六四頁。

ヒーター、デレック 二〇一二『市民権とは何か』（田中俊郎・関根政美訳）、岩波書店。

Bennett, Naftal. n.d. *The Israel Stability Initiative: A Practical Program for Managing the Israeli-Palestinian Conflict, A View on Tel Aviv from Samaria.* （http://www.onestateisrael.com/wp-content/uploads/2012/03/The-Israel-Stability-Initiative-Naftali-Bennett.pdf 二〇一四年一月二三日最終閲覧）。

Ghani, Fatima n.d. "Breaking Ranks: The Israeli Defense Forces' Refuseniks." *The Yale Globalist.* （http://tyglobalist.org/in-the-magazine/theme/breaking-ranks-the-israeli-defense-forces-refuseniks/ 二〇一四年一月二〇日最終閲覧）

Judt, Tony 2003 "Israel: The Alternative." *New York Review of Books*, 23 October （http://www.nybooks.com/articles/archives/2003/oct/23/israel-the-alternative/ 二〇一四年三月四日最終閲覧）。

Nishikida, Aiko 2013 "Palestinian Migration under the Occupation: Influence of Israeli democracy and Stratified citizenship." *Sociology Study*. 3(4): 247-260.

PSR-Palestinian Center for Policy and Survey 2013 "Poll number 50" http://www.pcpsr.org/survey/polls/2013/p50e.pdf （二〇一四年三月四日最終閲覧）

Yiftachel, Oren. 2002. "The Shrinking Space of Citizenship: Ethnocratic Politics in Israel." *Middle East Report*. 223: 38-45.

人文科学と社会科学の狭間で

【錦田愛子】

この共同研究会に参加した当初、私はとまどいを禁じえなかった。最初の数回の研究会では、自分がここにいてよいのだろうかと自問し、何を求められているのかと思いあぐねていた。とまどいの背景には、それ以前に別の仕事（『アラブの音文化』を刊行した研究プロジェクト）で形成されたグループに自分が後から加わり、ついていけるか不安だったこともある。この研究会が、とことん議論を重ねて内容を練り上げる人たちだ、と噂に聞いていたせいもある。だが何より大きかったのは、プロジェクトのお誘いを受けたときに一緒に送っていただいた、堀内先生の原稿のひとつに、実は強い違和感を覚えていたからだった。

某書店から出る本の「序」として用意されたその文章で、堀内先生はアラブ世界のネットワークのしたたかな強さについて論じられていた。時代遅れと思われがちな「コネ」がアラブ世界では重要な意味をもつこと、それもただの知り合いどうしではダメで、「友達」（サディーク）と言われる間柄でなければならないこと、そうした間柄は平等の倫理にもとづき作られていること、など書かれた文章だった。ご自身の長期にわたるフィールド調査の実感にもとづき書かれたことは明白だったが、それに私はなぜか強い反発を覚えてしまったのだった。

まず思ったのは、こうした間柄の効果は、アラブだけのものだろうか、ということだった。アラブのほかに、トルコ、イラン、中央アジアなどではどうなのか。中東以外の地域ではこうしたネットワークは機能しないのか。それがアラブの特質とどうして言い切れるのか。疑問の裏側で感じたのは、これは自分の調査地に対するロマン主義ではないかという疑いだった。またその文章では、必ずしも「友だち」ではない「知り合い」とのつながりもあり、その境界ははっきりと線引きできない、とも書かれていた。しかしそのようなつながりの違いを、どのように誰が見分けることができるのか。対面的で具体的なようでありながら、高度に抽象化された分析に、もどかしさを覚えた。ひとことで言えば、人文科学的な観察と分析の手法に対して、社会科学的な実証の不十分さを感じ、「これはサイエンスではない」と苛立ちを覚えたのだと思う。

ともかく、直近の問題であった、自分がこの研究グループとうまくやっていけるのか、という不安は、研究会が回を重ねるうちに少しずつ解消されていった。当初はやや冷ややかに議論を見守っていた私にも、メンバーの方々は暖かく声をかけ、迎え入れて下さったからだ。なかでも感銘を受けたのは、この研究会では年齢も肩書きも関係なく自由に議論ができ、若手の意見にもベテランの先生方が真剣に耳を傾けてくださるということだった。私は少し積極的にものを言い過ぎる面があるのだが、そういう出しゃばりな発言もうるさがらず、きちんと相手にして下さったのがうれしかった。あまり発言しない参加者に、水を向けて意見を引き出そうとされる堀内先生の配慮も、いいなと思った。そうして報告を聞き、議論に耳を傾けるうちに、この研究会が扱う「非境界」というテーマに、私はより積極的に関心を抱くようになっていった。

「非境界」というお題を与えられた当初、私はその「境界」とは国境のことだと考えていた。実際、それにほぼ準じた形で本書に寄稿されている方もいる。私自身、近年ではパレスチナ人の越境移動をテーマに研究していたため、その内容で書けばよいのだと考えていた。しかし議論を聞くうちに、この研究会のお題の真髄は、そうした単純なものではないということが分かってきた。地域や集団、学問分野など可視化できないカテゴリーを線引きして捉え、それに沿って考えようとする思考様式自体を越えよう、というのが「非境界」の意図だ、ということが研究会を通して明らかになってきた（少なくとも私はそう理解している）。雑多な物事を分類し、カテゴリー分けして名前を付けるのが通常の学問の手法であることを考えれば、これはきわめて挑戦的な取り組みである。その取り組みにふさわしく、寄稿の形式は自由で、分量も一定の基準を満たせばそれほど長短にこだわらない、ということになった。

私の場合、発表をさせていただいた際に奥野先生からいただいた「これほどまでに多くの境界が存在する、ということを示す」こと自体が、「非境界」を逆に示すことになるだろう、という示唆をもとに、本稿の着想を得た。とりあげる題材も、思い切って最近の調査に基づく新しいものばかりを選んだ。その結果、内容的にでこぼこ感もあるかもしれないが、いずれも二〇一一年以降のイスラエルとパレスチナの新しい世相を映すものになったと思う。与えられたテーマに対して自分なりに真摯に向き合い、書き上げたつもりだが、成功しているかどうかは読者の判断にゆだねたい。

ところで先に触れた人文科学と社会科学の狭間での苛立ちともどかしさは、今でも私につきまとい、いろんな場面で悩みの種となっている。それは自分自身が複数のディシプリン（研究領域）を学び、学問上の「境界」線上をさまよってきたためでもある。学部で法学、修士で政治学、博士で人類学を学ぶ環境に身を置いてきた私は、それらをどれも究める前に移籍してしまい、消化不良な状況にある。そのせいか、研究会の場などで自己紹介をするのがとても苦手である。だがそれは、逆に言えば様々な研究分野の報告を聞いても、それらに対する理解の幅が広いということでもある。私は今でも、一文が異様に長い法律学の文章をすんなり読んで受け入れることができるし、政治学の理論でがちがちの議論もその論理展開の鮮やかさを感嘆をもって受け入れることができるし、丁寧なフィールドワークに基づき積み上げられた人類学の叙述・分析をわくわくしながら読むことができる。共同研究会を自分でも取りまとめる立場になってから、ようやくその価値を自分で肯定的にとらえられるようになってきた。

本研究会は、私にとって人類学を中心とした分野の研究の枠に触れさせて頂くことのできる、貴重な場であった。なにげない疑問を掘り下げる深い洞察力、自分には真似のできない圧倒的な量と多分野にわたる知識、積年の調査経験に基づいた継続的観察の記録や、描写するのも難しい曖昧な概念の弁別と言語化、といった職人芸を、研究会のメンバーの皆様から見せていただいた。そのときどきに好き放題な意見を述べる、私のような無法者を受け入れて下さった皆様に心から感謝すると同時に、お誘いいただいた堀内先生にお礼を申し上げたい。

第Ⅲ部　時間を超えて

9
孤高の楽師
――「数」を偏愛するベルベル吟遊詩人――

小田　淳一

「夢想は断じて幻影ではない、《詩人》は夢の国では王なのだから」
リュシアン・メティヴェ《十五場の影絵劇アラジン》第十五場「詩人」[1]

＊プロローグ——数字マジック

ハイヤーニーさんは我々にひとつずつ任意の一桁の数字を言うように促し、四つの数字が揃うと机の上の紙を小さくちぎり取って、そこに我々が銘々選んだ四つの数字を書き、その下に何やら大きな別の数字も書き込んでから紙片を大きな紙の下に隠した。それから彼はその四つの数字から作ることができる四桁の数の組合せを新しい紙に書き始めた。まず先頭の桁が同じ数を縦に並べ（四桁のうち一桁目が固定されているので、その列に書かれた組合せ数は、桁数マイナス1、すなわち3の階乗で六通りある）、今度はそれらの和を求めた。同じようにして他の数が先頭桁に来る組合せを順に縦に並べて書いては列ごとに足していき、最後に四つの列の和を足し合わせてから、先ほど隠しておいた紙片を引っ張りだして大きい方の数を我々に見せた。その二つの数はみごとに一致しており、これは彼がその計算を（見かけ上は）瞬時にやってのけたことになる。

彼が我々に見せた計算方法はおそらく、その方法を用いるとかなりの時間がかかることを示すためのブラフであったと思われる。実際に彼が用いた可能性のある別のアルゴリズムによる計算にはさほど時間がかからない。それは、四つの数の和をまず求め、それに桁数マイナス1の階乗を掛け、次いでその数にそれぞれゼロから桁数マイナス1までの値を指数とする10の累乗を掛けてから、最後にそれらの和を求めるという方法である。このように書くとかなり煩雑に見えるが、選ばれた数字によっては驚くほど簡単な計算で答えを求めることができる。たとえば、与えられた数が1234ならば、(1+2+3+4)×(4-1)!という計算式の答えである60がいわば「鍵」となる数となり、最後の総和を求める式は$60 \times 10^0 + 60 \times 10^1 + 60 \times 10^2 + 60 \times$

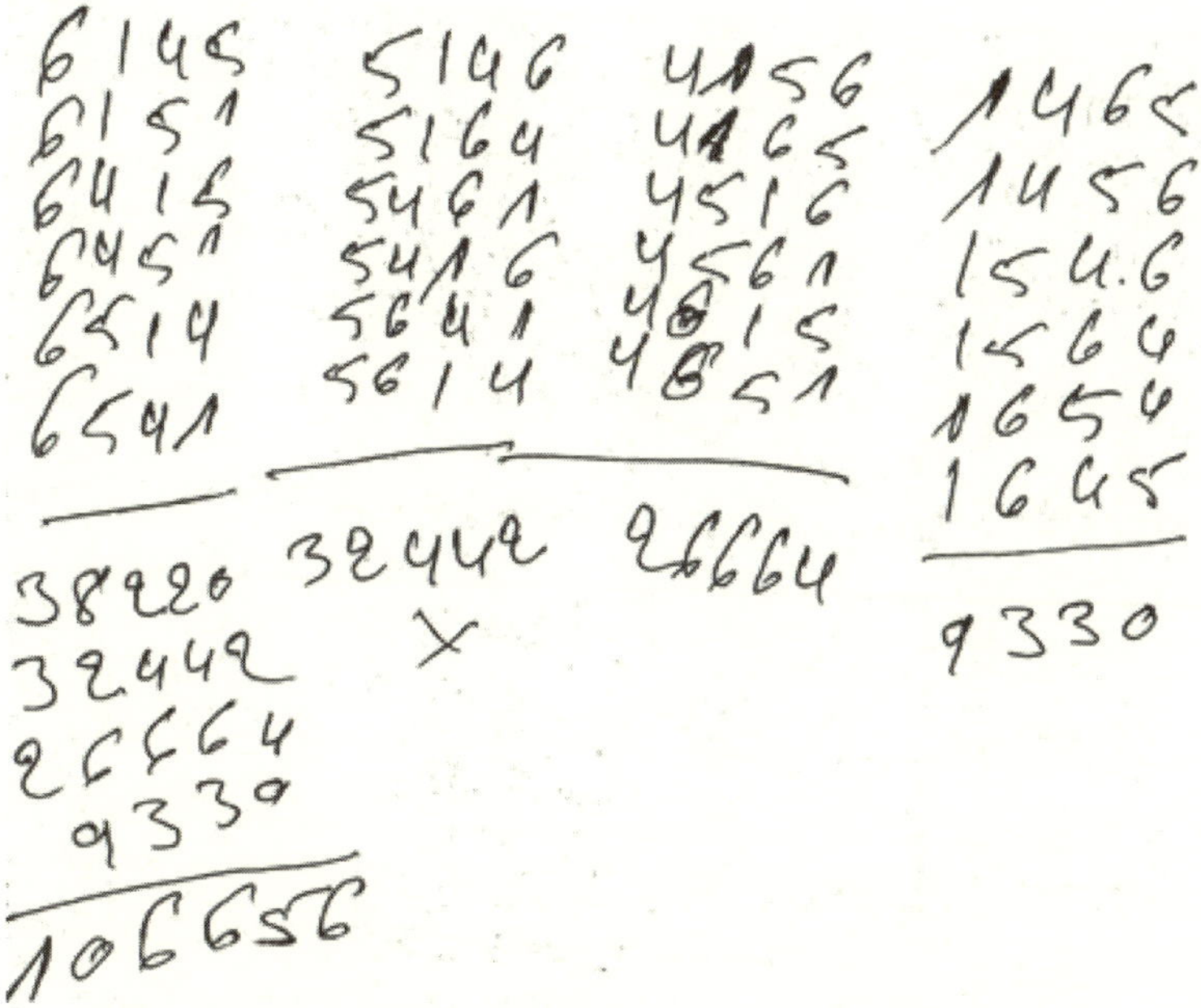

写真１：ハイヤーニーさんの数字マジック（本人が書いたもので、選ばれた数は 1-4-5-6）

10^3で、答えは66660となる。ただし、自然数の階乗（1, 2, 6, 24, 120, ...）は覚えやすいものの、「鍵」となる数を順次桁移動させて足していくのは、桁の繰り上がりが生じる場合には少々面倒である。仮に五桁の数であっても彼が瞬時に答えを出せるのか、あるいは筆者には思いもよらない別の解法を使っているのか、いずれも非常に興味深いが、彼が並々ならぬ「数」のセンスを持っていることと、恐らくはそれをひとつの楽しみとして鍛錬していることは間違いない。

　モロッコ南西部のアガディールから車で十五分程度北上したタムラグト村にあるレストランの二階で、かつてベルベル吟遊詩人（以下「ラーイス」と記す）として活躍したアハメド・ハイヤーニーさん[2]がこの数字マジックを我々に披露したのは二〇一三年八月二十六日夕刻のことである。はるばるタムラグト村までやって来て、検算のために久しぶりに階乗の計算をする羽目になるまでの経緯の端緒は、二年半前の大震災直前の二〇一一年二月にまで遡る。

＊アガディールまでの道のり

今回の調査でベルベル語（タシュルヒート語）の通訳をお願いしたラハセン・ダーイフさんはアガディールの出身で、現在はパリのコレージュ・ドゥ・フランス（カルディナル・ルモワーヌ分館）にある、フランス国立科学研究センター（CNRS）の歴史資料研究センター（IRHT）アラブ部門に所属する研究員としてイスラーム法関連写本のデータベース化プロジェクトに参加している。そのアラブ部門に長くおられた『千一夜物語』の専門家である旧知のマルガレート・シロンヴァルさんから数年前に彼を紹介された時、ちょうどモロッコのアンダルシア音楽についての論考［小田　二〇一〇a］を書いている最中だったので、日本に帰国してから色々な質問をメールで送ったり、パリに立ち寄った際にはアラビア語で書かれた音楽書の解説をお願いしたりしていた。アガディールから十九歳でパリに出てきてさまざまな苦労を重ねた彼は、頭の回転が速い上に非常に真面目な性格で、控え目でありながらも常に適切な情報を的確に与えてくれた（饒舌すぎるのが玉に瑕ではあるが）。そして、二〇一一年二月に東京外国語大学アジア・アフリカ言語文化研究所の情報資源利用研究センターが主催するワークショップに彼を招聘し、彼がたずさわっているプロジェクトについての講演会[3]を行なう機会を得た。実はその際に、もうひとつ別の講演もお願いしており、それがラーイスの伝統を継承した近年の音楽グループについてのものであった[4]。そして、その講演のコメンテータを、当地をフィールドとしている成蹊大学の堀内正樹さんが引き受けて下さったことが、アガディールに至る長い道のりのそもそもの始まりである。

講演の後、日を改めて堀内研究室をダーイフさんと一緒に訪問した折に、堀内さんがアガディールの南にあるティズニットの骨董屋で入手した古いレコード数枚を彼に見せると、彼は「これは非常に珍しいもので、今ではフランスでもモロッコでも入手できないだろう」と驚いた。我々はこの貴重な音源を何とか活かしたいということで意見が一致し、堀内さんを代表とするプロジェクトを始めることにした。それは件《くだん》のレコードをデジタル化して楽譜を起こすと共に、歌詞を書き起こしてそのベルベル語テキストをフランス語と日本語に訳して、それらをインターネット上で公開するというものである。レコードのデジタル化と楽譜の書き起こしにはそれほどの時間はかからなかったが[5]、最も時間がかかったのは歌詞テキストの書き起こしであった。その理由は、デジタル化したとはいえ、元の古いレコードの音質が劣悪であったことや、早口で時折つぶやくように歌われる歌詞を聴き取るのが困難であったことに加え、歌われているベルベル語自体が現在では既に古いことであった。

歌詞の聴き取り作業を請け負ったダーイフさんはアガディールに帰省した際に親戚一同を集めて音源を聞かせ、聴き取れなかった部分については年長者から意見を求めるなどして、未解読の歌詞が少しずつ埋まっていったが、いまだにすべてのテキストを完全に書き起こすには至っていない[6]。次に行なわれた、書き取られたベルベル語テキストのフランス語訳についてもダーイフさんは相当苦労したようである。ラーイスの歌詞には比喩的表現が非常に多く含まれ、そのためにテキスト表層の或る語を字義通りの意味に取り得るのか、それとも文彩として解釈すべきなのか、さらにまた、そのようなことはどうでもいいのか（つまりヴァレリーが述べたような、音と意味の間の「躊躇」である詩をそのまま受容するということである）、それらが判然としない場合が多々あり、また歌詞のあちこちにはクルアーンに含まれたイスラームの教えが比喩を交えて精妙に織り込まれている。このような事情で、ダーイフさんによるラーイスたちの歌詞テキストのフランス語訳は改訂に改訂を重ね、それは二〇一三年一月に彼が日本を再訪して、ラーイスについての講演[7]を行なった際の最終原稿まで続いた。

この講演におけるダーイフさんの結論は、ラーイスたちが文字を読めない村の住人たちに、宗教や倫理的・精神的価値観をベルベルのタシュルヒート語による叙情的な歌によって平易に伝えることで、知と権力のエリートと村人たちの間のつながりを強固にする役割を負っていたというものである。しかしこの種の二項対立と仲介項という図式は、ダーイフさんのようにパリ第三大学（新ソルボンヌ）で学位を取得した典型的なインテリが好む類のものであり、直ちに首肯できるわけではない[8]。いずれにしても実物のラーイスに一度会ってみなければ話は始まらないということで、ダーイフさんが帰省し、かつ堀内さんが当地に調査に行かれる日程を調整し、その時に筆者も赴くという計画をおぼろげながら立てた。これが二〇一三年一月末のことである。

実は、ハイヤーニーさんと会うに至った経緯としては、もうひとつ別の調査も関係している。それは二〇〇六年に堀内さんが民族音楽学者の水野信男さん（兵庫教育大名誉教授）と共にモロッコの音楽院の調査をされた際のことであり、彼らはアガディールでは当地の音楽院長のアルガーズィーさんからハイヤーニーさんを紹介されて聴き取り調査を行なった。その時の調査では、情熱的に語るハイヤーニーさんの話が（今回でも確認されたが）、早口のタシュルヒート語である上に、話の内容が常にあちこちに飛んで拡散するため、それらを体系的に捉えることが甚だ難しく、特に、教材のようにも思われる奇妙な器具についての説明がまったく理解の域を超えていたらしい。そして、二〇一二年に水野さんが代表者を務める研究プロジェクト[9]が開始され、研究分担者に筆者を加えていただいたことを機に、ハイヤーニーさんの「謎」を解明する再調査に筆者も赴くことになったのである。

＊偶然めいた再会

堀内さんと筆者は八月二十四日にアガディールで合流した。ところが、肝心のハイヤーニーさんの連絡先がわからず、堀内さんが控えておいた何人かの関係者の電話番号もなかなか通じないため、とりあえず村まで様子を見に行くことにした。村の名を冠したレストラン「タムラグト」の階上席で薄荷茶を飲みながら調査予定などを話していると、ひとりのラーイスが現れて、我々のテーブルの前で演奏を始めた。ラーイスが今でも流しの大道芸人として活動していることをいきなり実感できたのであるが、そのアウザールさん（おそらく芸名であろう）がリバーブ（単線の擦弦楽器）を弾きながら歌うスタイルは、例の古いレコードでは聴いたことのない、複付点リズムを多用したモダンなものだった。彼は我々がラーイスの調査にやって来たことなど思いもよらなかったと思うが、堀内さんが話をしているうちにハイヤーニーさんの連絡先を彼が知っていることが明らかになり、まさに神意による僥倖のように思えた。そこで、ハイヤーニーさんの都合がつくようなら、翌々日の十七時に同じレストランで会うことを伝えてくれるように頼んだ。

八月二十六日に待ち合わせの定刻前にレストランに着いて、二十四日と同じように薄荷茶を飲みながら階上で待っていると、二十四日とは別のラーイスが現れて、ロタール（撥弦楽器）を弾きながら一曲披露してくれた。そうこうするうちに、今度は二人組のラーイスもやって来て、リバーブとロタールのアンサンブルを歌と共に聴かせてくれた。[10] チップをはずむ客の所在情報がラーイスの間でどのようにやり取りされるのかは知らないが、この村から多くのラーイスが出ているという堀内さんの話が裏づけられたわけである。肝心のハイヤーニーさんがなかなか現れないので、店の従業員に待ち合わせのことを話すと、どうやらその時期のモロッコには二つの時間帯が存在するようで、ひとつは近年導入された夏時間、そしてもうひとつが従来の標準時間である。官庁やサラリーマンは夏時間を用いるが、村では依然としてそれより一時間遅い標準時間を使うのが普通だということであった。そうなると、ここではハイヤーニーさんが標準時間で生活している可能性の方が高く、我々は待ち合わせ時刻の一時間前に来たことになる。

　ところが、夏時間での待ち合わせ定刻を三十分ほど過ぎた時にひとりの老人が階上まで登ってきて、人を探すような素振りでこちらを見たのであるが、そのうち降りて行った。しばらくしてから、あれがハイヤーニーさんではないかということになって、堀内さんとダーイフさんが階下に降りて探しにいったが、既に姿はなかった。さらに一時間ほど待ったところで、二十四日に会ったラーイスのアウザールさんがやって来て「ハイヤーニーさん、まだ来ていないのか」と言っているうちに、先ほどの老人がまた登場し、ようやく当のご本人であることがわかった。堀内さんは二〇〇六年に会った時よりも顔つきがふっくらとしていたのですぐにはわからなかったらしいし、ハイヤーニーさんの方は我々の顔が逆光で見えなかったので、一度引き返したということである。

　彼は堀内さんとの再会を大いに喜んで腰を落ち着けると、今度は一転してわが身の不幸を嘆くことから始めた。以前は音楽院で何十人も教えていたのに今では弟子は三人しかおらず、そのために報酬が減って家族を食べさせていくのに苦労していることや、仕事が減ったのは同僚たちとそりが合わないからだし、弟子たちも自分からだんだんと離れていく等々、現在の苦境を一気呵成に我々に伝えた。それで気が楽になったのか、かつての一番弟子が国王から勲章を授与されたという報せも伝え、我々がお祝いの言葉を述べると、彼の顔に含羞の色と共にようやく微笑が浮かんだ。もっとも、堀内さんによると、その一番弟子のフーランさん（コンピュータを駆使するラーイスである）は首都のラバトに上京してしまったらしい。かくして、おそらくは二〇〇六年の時と同様、ハイヤーニーさんが話す内容はあちこち飛び、ダーイフさんが苦労して通訳している間にも他の話が始まり、どこに収束するのかまったく予想できない中で、「結局は音楽への情熱が自分を貧しくしたのだ」という、いくぶん詩的な諦観でひと区切りがついた時（実際に彼が一息ついた時でもある）、彼は突然我々に「ひとつずつ数字を挙げてみろ」と切り出したのであった。

＊音楽論Ⅰ――序説

この数字マジックが音楽と何らかの関係がありそうなことはわかるが、それが具体的にどのような関係なのか、また、なぜ総和までも求めたのか、その時はまったく理解できなかった。特に総和がどのような意味を持つのかについては、通訳したダーイフさんもよくわからなかったようで、彼は、多分ハイヤーニーさん自身も説明できないのだろうと言っていた。ここで確信したのは、ハイヤーニーさんがイカサマ師の類では決してないということである。なぜなら、イカサマ師はかけたブラフの説明を懇切丁寧にするからである。

数字マジックが終わるとハイヤーニーさんは、呆気にとられているアウザールさんからやおらリバーブを取り上げて、ようやく我々が待ち望んでいた内容の話を始めた。「ベルベルの歌では五つの音を使うが、それは最も重要な楽器がこのリバーブであることと関係していて、演奏に使う指が五本あるから音も五つなのだ」という最初の説明を聞いて、筆者は思わずのけぞってしまった。彼は実演を交えながらさらに続ける。「ベルベルの音楽は五音だが、アラブの音楽では七つの音を使う。[11] ところがリバーブは弦が一本なので七つの音からなる旋法は演奏できない。ただしそれは、ベルベルの音楽が七つの音のうち五つを使うということであり、どの二音が使われないかはリズムによって決まる」。この頃から店の従業員たちも我々の回りに集まってきて、ハイヤーニーさんの話と実演を興味深そうに聴いている。

彼は終始「手」と「指」にこだわり、[12] 指が五本あるから使われる音も五つという点を強調する。ほとんど「演奏家」の自我インフレーションとでも呼び得るその迫力に圧倒された筆者は、一本目の親指については、それが弦の開放状態を指すことに気づくのに時間がかかったぐらいである。その後もハイヤーニー節は続く。「ピュタゴラスの幾何学と音楽とは密接に関係しており、音楽の調和は純粋に数学的なものなのだ」、「リバーブと比べればピアノは六百キロもあるし、白鍵が五十二、黒鍵が三十六あるので合計八十八鍵ある」等々。鍵盤楽器を弾くことのある筆者は、アップライトからグランドまでさまざまな種類のピアノを弾いてきたが、この六百キロという数字は、ベーゼンドルファー社の九十七鍵（通常のピアノより低音部に九鍵余計についている）インペリアル・モデルの五七〇キロに近く、超大型グランド・ピアノの重量である。ラーイスの口から鍵盤の色別の数、それに、あまり一般には知られていない大型グランド・ピアノの重量までもすらすらと出てくることに改めて驚いた次第である。もっとも、擦弦楽器のリバーブが打鍵楽器のピアノとどう関係するのかその時はよくわからなかったが、翌々日にある程度判明する。

ハイヤーニーさんはこちらが驚愕している間にも別の話に飛び、ハッジ・ベルイードはリバーブがあまりうまくなかったし、ブバクル・インシャーズに至ってはヴァイオリンなんかを使ったりしていた等々、自我インフレーションの残滓を撒き散らしながらも、さすがに少し疲れた様子を見せ始めた。日も暮れてきたので我々はその日のインタビューは切り上げることにして、翌々日の二十八日にハイヤーニーさんのお宅に伺い、さらに詳しい話を聞くことになった。アガディール市内のホテルの自室に戻り、窓の真下にある大きなロータリーの騒音に悩まされながら、久しぶりに現地調査で覚えた軽い興奮状態の中で数字マジックの別の解法を試したり[13]、数の組合せと音楽との関係に思いを凝らしていると、その関連性が十二音技法の理論に行き当たることに気づき、ますます目がさえて寝られなくなった。

＊音楽論Ⅱ——ソルフェージュ

二〇一三年八月二十八日の午後、我々は既に常連客となったレストラン「タムラグト」の階上席でハイヤーニーさんを待っていた。その日の彼は、夏時間ではなく標準時間の方に近い待ち合わせ時刻をかなり過ぎてから、ボロボロのバイクに乗って現れた。彼の家まで堀内さんが運転する車を先導するということらしい。危なっかしい発進をしたハイヤーニーさんのバイクの後をついて行くと、彼は時々、道のあちこちを指差している。道路に穴が空いているので気をつけろということであろうが、右左折の時も同じ仕草なのでややこしい。おまけにバイクのガソリンが残り少ないようでしばしばエンストを起こし、車体を傾けてはエンジンにガソリンを啜らせている。緑の多い、海に近い町から商店街を抜けて内陸方面にどんどん入って行くと、暑さが徐々に増してくるのが感じられた。やがて舗装道路から逸れて未舗装の狭い悪路に入り、ワディ（涸れ谷）のような雰囲気の荒地を巡ってようやく彼の家に着く。それは一目でまだ建築中とわかる、コンクリートが剥き出しのこぢんまりとした二階建ての建物である。驚くべきことにその家は彼自身が建てたものだそうで、一九九九年から少しずつ作っているものの、いまだ完成には至っていない様子である。車を停めて車外に出ると、斜向かいの家の女性が我々を一瞥してからすぐに扉を閉ざした。

ハイヤーニーさんはバイクを壁に立てかけると、すぐさま我々を彼の「仕事部屋」に案内してくれた。それは地下に造られた塹壕のような閉鎖空間で、そこにたどり着くには、一段ごとに幅も向きも段差も違う（手作りなので当然である）シュールな階段を下りなければならない。おまけにあいにく停電中らしく、ソーラー発電で引いたという電球のか弱い明かりを頼りにこわごわ階段を下り、腰を掛ける隙間を何とか見つける。閉所恐怖症には耐え難い狭い穴倉のような地下の仕事部屋の隅には、彼が自分で作ったリバーブが数本置いてあり、両側に設えられた棚には本や書類が詰め込まれた小さな箱が並び、もうひとつの隅に年代物の電子キーボードが置いてあったが、幾つかのキーが浮き上がってしまっている。部屋の様子は彼の話しぶりと似ており、一見整理されておらず雑多なものがあちこちに置かれているが、彼自身はその配置を記憶しているようで、実際に、何かが必要な時には程なくそれが見つかる。しばらくするとまだ十歳にもならないくらいの可愛らしいお嬢さんが階下に慣れた様子で降りてきて我々に挨拶した。孫かと思っていたら、亡くなった妹さんの娘を引き取って面倒を見ているという話だった。

彼は一九四六年生まれで今年（二〇一三年）六十七歳になるが、身分証には一九三四年生まれと記してあり、そのあたりの事情はよくわからない。かつては芸名の通りタムラグト村のラーイスとして結構名を知られていたそうで（堀内さんの長年の友人であるアガディール在住のムスタファさんも彼の名前を知っていた）、売り出されていたカセットテープやコンサートのポスターなどを幾つか見せてもらった。本題の音楽の話になると彼は、まず手作りのリバーブを何本か手に取って調弦を始め、時々キーの浮いたキーボードのところまで行って開放弦のための音を取っては、その音を声に出したまま、リバーブのところまで戻ってそれに合わせようとする。絶対音感はないようで、おまけに数歩移動すると彼の声はフラット気味になっているが、それは大して重要ではない様子である。彼が複数のリバーブを調弦したのは、一昨日に説明があったように、単線の擦弦楽器ではひとつの旋法による曲しか演奏できないからであり、同じ日にレストランを回っていたラーイスたちのその日のレパートリーが同じであるのは、調弦の手間がかかるためだったのであろう。準備が整うと、ハイヤーニーさんは厳かに宣言した。「最も重要なのはソルフェージュだ」。

　吟遊詩人であるラーイスは当然「歌う」ものの、いわゆる「譜読み」のトレーニングらしきものはないだろうと思い込んでいたので、この発言は少々意外であった。ソルフェージュとは広義では「楽譜を読む」ための訓練全般を指すが、狭義では書かれた楽譜を声に出して歌う「視唱」[14]のことであり、西洋音楽ではすべてのジャンルの学習者が行なう実践的な訓練課程で最も基本的なものである。ハイヤーニーさんは音楽院で教え始めた一九九五年に院長のアルガーズィーさんと出会って、彼を介してソルフェージュのことを知り、それから弟子にも教えるようになったらしい。ダーイフさんの印象では、このソルフェージュとの出会いこそが、その後のハイヤーニーさんの音楽を決定づける契機となったようである。つまり、口伝のような旧態依然とした教え方ではなく（これは他のラーイスへの批判に当然通じる）、厳密なシステムとして音楽を習得しなければならず、その際に最も重要なものがソルフェージュであるというわけである。

ソルフェージュの実演を見せるために、ハイヤーニーさんはさまざまなラーイスの歌の旋律を書きとめた紙を幾つか引っ張り出してきた。その多くは、印刷された五線紙があまり出回っていないのだろうか、手書きで五線を引き、そこに丸々とした音符で旋律が書かれたものだったが、中には浄書された譜面も見受けられた。ハイヤーニーさんは、乱雑に並べられたそれらの楽譜をとっかえひっかえ取り上げては、それをキーボードのところまで持って行き、一本指で旋律を叩きながらそれに合わせて喉から声を絞り出して歌っている。しばらくの間、幾つかの歌の視唱を固定ド唱法で披露した後、伝説的なラーイスであるハッジ・ベルイードの歌が書き起こされた小さな紙（五線も手書きである）を探し出してきて「これは十六個の音から成る旋律だ」と言いながら、例によってキーボードまで行って、やや調子はずれの声で旋律を歌う。ソルフェージュによって音高と音価を切り分け、音の数を勘定するようなことは伝統的な吟遊詩人ならまずやらないことであろう。さらに彼の言葉は、この旋律がそれぞれの歌で用いられる旋法の限定された五音に基づく、十六音の長さを持つ音列の組合せのひとつであるということを含意している。五種の音による十六音の旋律には2790720通りあるが[15]、その中には当然、任意の音列の移高、逆行、反行、逆反行も含まれており、このように旋律の構成音や数に拘泥し、それを組合せのひとつとして考えるということは（ハイヤーニーさんが我々に見せた数字マジックは、本人が意図しているかどうかは別としてその顕現である）、十二音技法において原音列を変形する方法を理論的に前提としている。ハイヤーニーさんが十二音技法[16]を理論として知っている可能性は少ないだろうが、その事実上の創始者と言われているヴェーベルンは、当初奇異の目で見られていたその音列変形概念が、内発的かつ体系的に生み出されたものであると述べて[17]おり（要するにネタ切れを何とかしようという西洋音楽の足掻きである)、ハイヤーニーさんはソルフェージュを知ることで、おそらく元々持っていた「数」に対するセンスと何らかの化学反応を起こして、一挙にその領域に達してしまったことになる。

＊音楽論Ⅲ——楽器製作

何曲もの旋律を固定ド唱法で歌っておそらく疲れたのだろうか、ハイヤーニーさんはひと休みしてから部屋の奥に行って、そこに置いてある何本かの自作リバーブから特別な二本を持って来て我々に見せてくれた。ひとつのリバーブには、長方体に作られた棹の四面のうち二面に何やら図形が縦に並べて彫り込んである。最初はそれが何であるのかわからなかったが、ダーイフさんの通訳で判明したのは、二面のうちひとつに彫り込んであるものは音価の体系を表しているということであった。一番上には、平行する上下二本の矢印、その下に全音符から順に、二分音符、四分音符、八分音符、そしてティファナグ文字(タシュルヒート語を書く際に用いられる)のひとつを挟んで、さらに十六分音符、三十二分音符、六十四分音符と続き、七種の音符と矢印及びティファナグ文字ひとつという、合わせて九種の図形が彫り込まれている。ハイヤーニーさんが自作のリバーブに音価体系を彫り込んだ理由は幾つか考えられるが、おそらくそのひとつは、音高と共に旋律の要素である音価の体系をソルフェージュを通して会得したという宣言であろう。またハイヤーニーさんのメモには[18]、四分音符の「値」を1とした各音価に対応する数列(全音符から順に、4, 2, 1, 1/2, 1/4, 1/8, 1/16)が書かれており[19]、そのような数学的均斉性を内包する音価体系を「装飾」としている可能性もある。

写真２：ハイヤーニーさん作の彫り物入りリバーブ

彫り物入りリバーブのもうひとつの面の一番上にはト音記号、その下にティファナグ文字が六つ、そして一番下には竪琴に似た文様の計八種が彫られていた。このティファナグ文字の面について最初思ったのは、ト音記号の次に彫られたOに似た文字が全音符の形状に近いことから、各音価とティファナグ文字のそれぞれの「形状」を有縁的に結びつけるという、詩人のクラテュロス的意識[20]にも似た、ハイヤーニー音楽のこれまた興味深い発現ではないかということである。しかし結局のところ、それらのティファナグ文字を上から順に読むと「アマジグ amazigh」という語になることを堀内里香さん（神奈川大学講師）からご教示いただいた。「アマジグ［自由人］」はベルベル人が誇りをもって用いる自称であるが、amazigh という文字列の中央にある「Z」は、一九九八年に制定されたベルベル人の旗に大きく書かれている文字であり、その一文字で amazigh を表すと言われている。そしてハイヤーニーさんのリバーブで、音価体系の面とティファナグ文字の面の双方の中央部に、凝った装飾をほどこされて二つの面をつなげるように彫られていたのがこの文字であった。[21]

これらの彫り物についてハイヤーニーさんがとりわけ強調したのは、演奏時に聴衆に見えるリバーブの正面に当たるのがティファナグ文字の面であり、一方、ラーイスにしか見えない面が音価体系であるということである。つまり、聴衆には「Z」が強調された「アマジグ」という語を示し、自らには音価の厳密な体系（しかも音価の階梯を念押しするような上下の矢印付きである）を常に参照するように工夫されているのである。音価体系を彫り込んだこのリバーブは、[22]明らかに一種のトーテムとでも呼び得るものであるが、レヴィ＝ストロース風の解釈を敷衍すれば、ソルフェージュによって音楽の数秘性に開眼したハイヤーニーさんを総帥とする、（あるとすればの話であるが）「ハイヤーニー楽派[23]」の紐帯を具現化した装置であるとも言えよう。[24]

＊解けた謎

ハイヤーニーさんが自作のリバーブの説明にやや飽きてきた感じを見せ始めた時、堀内さんが「ところで例の梯子のようなものはどうなりました」と尋ねた。それは二〇〇六年の訪問時に堀内さんが見せてもらって何が何やらさっぱりわからなかった代物のことであり、その解明こそが今回の訪問の最大の目的であった。ハイヤーニーさんはそれが何のことかすぐにわかった様子で、例によって部屋の隅の方をごそごそ探してから、「ほらこれだろう」と幾つかの器具を持って来てくれた。それらは予想していたよりもかなり精巧な造りで、細い金属線を束ねて弦として張った弓のような形状の棒が数本と金属製の扇形であった。そして彼が発したのは意外な言葉だった。「これを組み合わせて、あらゆる旋法で演奏可能な新しいリバーブを創ろうとしたのだ」[25]。つまり、単線であるために旋法ごとにチューニングが必要なリバーブを、あらゆる旋法の曲で使えるように改良する、すなわち、アナログの擦弦楽器であるリバーブを、ある意味ではデジタル式に改良しようという、常人には思いもつかないアイデアである。

それからその「楽器」の形状や機能について色々と質問をしているうちに、さらに衝撃的な事実が判明した。ハイヤーニー・モデルの新型リバーブは「円形」となるべく設計されているのである。ハイヤーニーさんによれば、最初は弦を張った棒を自転車の車輪のスポーク状にまず扇形に並べる構想だったのが、それでは「あらゆる旋法」を演奏するには音が足りないことがわかり、次は半円形、そして最後には完全な円形にするしかないことに思い至ったらしい。そして、肝心のスポークの総数は九十六本であるという。この「九十六」という数がどこから出てきたのかすぐにはわからなかったが、ハイヤーニーさんと最初に会った時に彼が述べた「七つの音からなる旋法」に、一オクターブ上の開始音を付加した八音をひとつの旋法として、ハイヤーニー・メモにもあった十二平均律の各音をそれぞれの旋法の開始音に当てるとちょうど九十六音となる。ただし、ここで問題となるのがスポークの配列である。鍵盤楽器のように音高順であるのか、あるいは旋法を反映した配列順であるのか（たとえば、調性のサイクルに基づく完全四度あるいは五度ずつの間隔を置いたもの）、それによって当然奏法も異なってくるからである。

その奏法がどのようなものであるのかについて最初予想したのは、弦を張ったスポークが振動体であることから、ツィンバロム、揚琴、サントゥールなどの打弦楽器、あるいはその形状からトリニダード・トバゴの打楽器スティールパンなどに類似した奏法かと思っていたところ、ハイヤーニーさんから予想外の答えが返ってきた。そもそも彼が、円形の楽器を創ろうとしたのは、回転するルーレット盤と、同じく回転によって施解錠するダイヤル錠からヒントを得たらしく、弦を鳴らす方法として彼が思い描いていたのは、ルーレットの鍵爪のようなものだったが、そこで構想は頓挫したということである。堀内さんがそれはオルゴールのようなものではないかと話し、原理的にはその通りではあるものの、そうなると奏者が不要になるので、そうでもないらしい。

　奏法よりも筆者が驚いたのは（今回の調査で最も驚愕したことであるが）、円盤状の楽器を用いて、回転するスポークを何らかの手段で選択・発音させ、それらを結合させて旋律を生成するという原理である。この音列生成円盤の原理は、その形状や機能から、ただちにかの有名なラモン・リュイ（ライムンドゥス・ルッルス）の「円盤」を想起させる。十四世紀カタルーニャの哲学者・修道士リュイの円盤は、限られた数の基本的な概念を記号（アルファベット）で表し、それらを範疇別に振り分けた三重の同心円を操作することによって、記号列の結合による命題のあらゆる組み合わせを自動生成し、「諸学と諸芸術を理解する」技法を習得するために考案されたもので、コンピュータの基本原理の最初のものと言われている。もっとも、リュイの円盤の場合は、命題を生成するための記号列の結合そのものが円運動によって実現されるのに対して、ハイヤーニー円盤は、半径に相当する弦をひとつの単位としてそれを鳴らすことを想定しており、音の発生に円運動が直接関係するのではなく、円型の楽器を操作することが演奏であることから、両者の円盤は機能的には異なっている。しかし、いずれにしても処理対象のデータを円形に配列するという発想は共通しており[26]、ハイヤーニーさんの場合は「ソルフェージュ」と「数」を徹底的に吟味した結果、そこに到達し得たのであろうし、しかもそれが、元のリバーブとは似ても似つかない異形のものであることには、一種の畏怖の

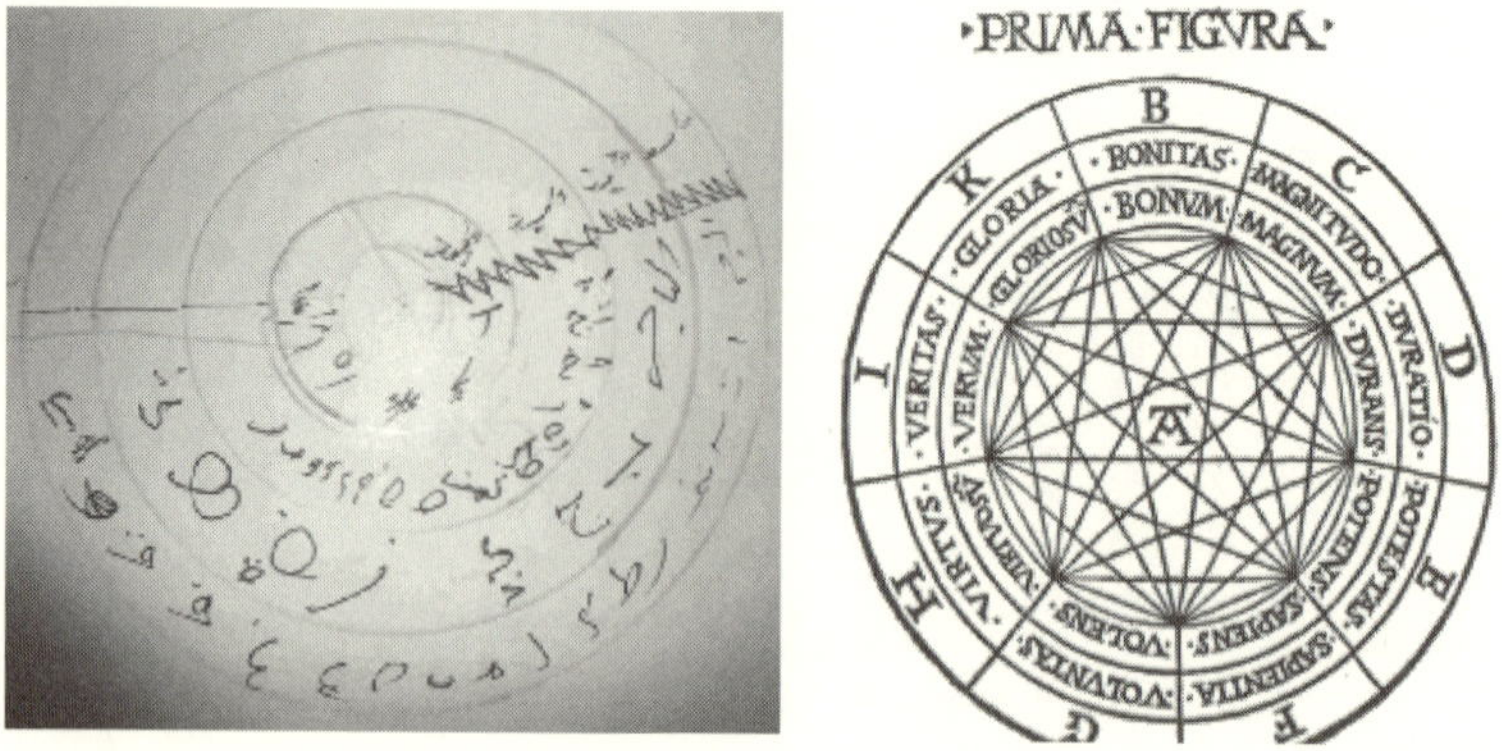

図1：リュイの円盤（第1図）Jacob Marechal 版（1517）（右）
とハイヤーニーさんの新型リバーブの概念図

写真3：ハイヤーニーさんの説明を聴くダーイフさんと筆者

念さえ感じられる。大阪・堺の町工場あたりなら試作品をすぐ作れると思うので、それを持っていけばハイヤーニーさんは多分、少しは喜ぶかも知れない。

長い午後を過ごした後、幾つかの驚きが爽快感に代わったことを感じながらハイヤーニーさんのお宅を辞去する時、彼は我々に、融資してくれれば自宅近くに音楽院を建てるつもりだというもうひとつの夢を語り、別れ際に弟子や息子に挨拶をするように頭に接吻してくれてから、来た時と同じようにぼろバイクで堀内さんの運転する車を舗装道路まで先導してくれた。ハイヤーニーさんに再会する機会があれば、ソルフェージュとの出会いについてもう少し詳しく聞いてみたいし、また例の数字マジックも次は五桁で試してみたい。今回の聴き取り調査の総括を、「数」に対する類い稀なセンスと西洋音楽との邂逅が相まって、ひとりのベルベル吟遊詩人の「不幸」を産んだという物語で済ませることもできるであろうが、実はこの物語には登場人物の異なる類話のようなものがある。

＊エピローグ——もうひとつのリンク

ハイヤーニー物語の時空を超えた類話の登場人物は、まず円盤仲間のリュイ（一二三五頃〜一三一五頃）である。マヨルカ島の高貴な家に生まれた彼は若くしてハイメ一世に仕え、詩人（トゥルバドゥールという意味では、ハイヤーニーさんと同じく吟遊詩人である）や西欧世界初の小説家として文芸の分野で活躍しながら、ハイメ二世の家庭教師を務めたが、難病を患う人妻への思慕という屈折した苦悩の中でキリスト磔刑像の幻視を体験し、フランシスコ会の在俗修道士となる。彼の最も有名な著作は『普遍にして至高なる大技法 *Ars magna generalis et ultima*』（一三〇五～一三〇八）であり、円盤はその技法を実践するためのマシンであった。リュイが「大技法」を着想したのは、幻視体験によって自らの使命であると信じた「異教徒をキリスト教に改宗させる」ためのカテキスムとしてそれを用いるためであったと言われている。同時に彼は、アリストテレースを注釈したアウェロエス（イブン・ルシュド、一一二六～一一九八）批判の書物を著すと共に、西欧世界で最初にクルアーンの注解を出したことからも明らかなように、理論武装も怠らなかった。

リュイとイスラーム世界との直接的な接触はもちろん布教を通じてであったが、五十歳代で最初に試みた布教が追放という失敗に終わった後も、七十歳、さらには八十歳を過ぎてマグレブに赴いており、その際に円盤をたずさえて行ったであろうことは想像に難くない。そして最後の布教で一三一四年にベジャイア（現アルジェリア北東部の町）に降り立った八十二歳のリュイはチュニスで石打ちに逢い、瀕死状態で故郷のマヨルカ島にたどり着いて亡くなった。宣教師の鑑のようなこの執拗さは、レコンキスタによって追い出されたムスリムやユダヤ教徒をわざわざ追いかけて改宗を試みたのだと言えるかも知れない。この英雄的な布教活動と殉死によって聖人に列せられてもおかしくないリュイであるが、皮肉なことに、彼の宗教的な勲功よりも「大技法」を含む他の諸々の仕事によって異端に近いとされ、一三七六年には教皇グレゴリウス十一世により公式に非難される。彼がバチカンから再評価されるのはその後約五世紀を経てからであり、一八五八年に教皇ピウス九世によってようやく列福される（記念日は六月三〇日）。しかしこの福者とは「聖人」より下の位階であり、彼は未だに福者のままである。

バチカンによるリュイの扱いはさておき、今日におけるリュイの評価は異なる二つの分野でなされている。一般によく知られているのが、地域的には限定されるものの、母語カタルーニャ語の実践者としての功績であり、彼は膨大な量の著作のうちのかなりのものをまずカタルーニャ語で書き、それからラテン語に訳すという、当時の学者としては珍しい母語志向を持っていた。このことから、スペイン・ブルボン家やフランコ政権下でカタルーニャ語の使用が禁止された歴史を通して、もともと民族意識の強いカタルーニャ人にとって、リュイは何よりもまず、カタルーニャ語史における英雄なのである。[27] そしてもうひとつの分野が自然科学である。ヨーロッパ中世の中後期に活躍した聖職者＝学者のほとんどは同時に自然科学者でもあったが、リュイはその中でも異彩を放っている。

自然科学の分野におけるリュイの功績は、現代の区分で言えば実験科学と理論科学の双方にわたっている。実験科学的な試み（リュイは純粋アルコールの蒸留に初めて成功したと言われている）は後世において錬金術に類した実践と誤解され、熱狂的な支持を得る一方で激しい非難も浴び、さらにまた、弟子や信奉者の手になる擬文書が大量に出回ったことによってバチカンの非難を受けることになる。一方、理論科学の分野における功績は、既に述べた「大技法」と円盤に代表されるような結合術（ars combinatoria）がそのひとつであり、後代にコンピュータの前身である「推論マシン」を考案したバベッジ、ノイマン、チューリングらに大きな影響を与えている。そして、それらの処理系の理論に対して、彼は処理対象となるデータについても、《智》を記述するモデルとなる多くの「樹」（学問の樹を始めとして元素、生命、感覚、道徳、神性、格言、例話、想像力、天使等々）を残しており、この樹形状の構造は、現代の情報学で最先端の分野である知識表現モデルの同じく原型とされ、知識表現の古典的著作［Sowa 1999］の表紙には「自然と論理の樹」、そして進化生物学者による「系統樹思考」に関する著作［三中 二〇〇六］の中では「学問の樹」が紹介されている。英雄的な布教による殉教にもかかわらず異端とされ、復権したものの福者止まりというバチカンによる毀誉褒貶を経てもなお、リュイの名は歴史に残り、弟子（自称を含む）あるいは信奉者の数はハイヤーニーさんとは比べものにならないほど多いが、彼のように、師を越えた（と目される）弟子はいない。

一方、リュイに少し先だって、彼と同じくアウェロエスを介したアリストテレースの注釈と、錬金術に類した実践で知られているのが、アルベルトゥス・マグヌス（一一九三頃〜一二八〇）であり、彼の弟子には師を越えた（とされている）トマス・アクィナス（一二二五頃〜一二七四）がいる。アルベルトゥスはリュイとは異なり、神学の功績が認められて列聖され、しかも教会博士の称号まで与えられたが、少々自然科学の方に力を入れすぎたようであり[28]、自然科学に傾倒していた師よりもキリスト教神学に打ち込んだトマスの方が今ではより名を知られている[29]。

異端と正統、毀誉褒貶、師と弟子というハイヤーニー物語の類話群のモティーフが果たして、別の何らかの関係を持つのかどうか判然としないまま、モロッコ調査の約一ヶ月後にパリを訪れた機会にダーイフさんに会って、リュイ、アウェロエス、アルベルトゥス、トマスの名を挙げ、彼らが現実にはどのような関係であったのかを尋ねた。彼はもちろん、それらの偉人たちの思想について筆者よりも多くの知識を持っており、まず彼の専門に最も近いアウェロエスの話から始めた。アウェロエスがアラビア語で書いたアリストテレース注解はセヴィーリャで焚書に処されたが、そのラテン語訳が修道士の僧衣の下に隠されて、おそらくは陸路によってパリに持ち込まれたという。そして、それらがパリに持ち込まれたことによって、リュイ、アルベルトゥス、トマスの三人はパリでアリストテレースを学ぶことになった。それが、アウェロエスはアラブ世界に後継者を残さなかったが、パリに残したと言われている所以である。ダーイフさんとその話をしていたカフェのすぐ近くで、十三世紀の終わり頃にアルベルトゥスはトマスを教えていたし、その約十年後にリュイはパリ大学で教授職 magister にあった。

ハイヤーニーさんの円盤を契機に、彼の物語のモティーフと照応しているさまざまな歴史的事実を改めて知るに至ったのは思いがけないことであった。最後にダーイフさんは少し間を置いて、新たな事実を語り始めた。ダーイフさんの祖先はスペインのアンダルシアから船でマグレブにやって来てベルベル人と同化したアラブ人だということであるが、彼の一家の家系図（シャジャラ）には、当のアウェロエスの名前が記されているらしい。つまり、ダーイフさんはアウェロエスの末裔に他ならないのである。その後再会した時に彼は、ルーヴル美術館で開催が予定されている「モロッコ展」の図録用に、アウェロエスの祖父（イブン・ルシュド・ジャッド、一一二六年没）によるイスラーム法に関する写本に書かれた、ワクフとファトワーの部分を解読し、その略注を執筆しているところだと話していた。

「膝は疲れ果て、顔には皺が刻まれたが
　私の心は悔いることはない、
　しかし何を待つというのか？」

モハマド・ウードゥラー（ラーイス）「アマルグ」

注

1　影絵劇《アラジン》の音楽は、二〇世紀初頭にパリの楽壇で活躍した女流作曲家ジェーヌ・ヴィユー（一八七一～一九五五）によって一九〇四年に作曲された。彼女の名は今ではほとんど忘れ去られているが多くの作品を残しており、パリ国立高等音楽院で使われたソルフェージュの教科書も書いている。

2　ハイヤーニーさんの本名はアフマド・ハイヤーニーで、ラーイスとしての芸名はアル＝ラーイス・ウ・タムラグトであり、つまり「タムラグトのラーイス」という何の衒いもない芸名である。地名に由来する芸名としては「鳥羽一郎」「十勝花子」「道頓堀花子」などと類似しているものの、日本の場合のように共示的ではない。

3　国際ワークショップ（二〇一一年二月二十三日）「イスラーム法の実体化――アラビア語古文書学に関するＣＡＬＤプロジェクトの紹介」、コメンテータ：柳橋博之（東京大学）、情報資源利用研究センター（ＩＲＣ）主催、基幹研究「中東・イスラーム圏における人間移動と多元的社会編成」共催。

4　国際ワークショップ（二〇一一年二月二十四日）「スース地方（モロッコ）の都市環境でベルベル民謡を再生したグループ・ミュージシャンたち：イズンザルンとウダードゥン」、コメンテータ：堀内正樹（成蹊大学）・齋藤剛（神戸大学）、基幹研究「人類学におけるミクロ―マクロ系の連関」主催、情報資源利用研究センター（ＩＲＣ）共催。

5　アナログ・レコードのデジタル化自体は自分でもできる簡単な作業であるが、少しでもより良い音質にして楽譜や歌詞の書き起こしを容易にするために業者に発注したところ、どういうわけか大半の曲は堀内さんがデジタル化したものの方が音質がよかった。楽譜の書き起こしは岡本尚子さん（国立民族学博物館外来研究員）に依頼し、最大で四声部のスコアが出来上がった。

6　あまりにも早口の歌詞で歌われており、どうしても聴き取れない幾つかの箇所のひとつは思いがけない協力者によって解明された。それはダーイフさんと同郷の、パリに住む比較的若い彼の知人であり、ベルベル歌謡についての背景知識もなく、まして歌詞の意味すらまったく分からないが、タシュルヒート語の「音」を聴き取って文字化することができ、それをダーイフさんが有意の文字列に再構成したところ、みごとに繋がったということである。

7 国際ワークショップ（二〇一三年一月二十四日）「スース地方の伝統的なベルベル歌謡における宗教的な価値と教え：省察すべき要素群」、コメンテータ：堀内正樹（成蹊大学）、情報資源利用研究センター（ＩＲＣ）主催、基幹研究「人類学におけるミクロ―マクロ系の連関」共催。この講演をもってプロジェクトはひとまず終了し、レコードの音源、歌詞とそのフランス語・日本語訳を掲載した日本語とフランス語のページをインターネット上に作成した。フランス語のページについては貴重な資料を現地に還元したいというダーイフさんのたっての依頼によるものである。これらのページへは情報資源利用研究センターのサイト（プロジェクト一覧：http://irc.aa.tufs.ac.jp/projects/project_list.html）から辿ることができる。

8 ラーイスたちが「彼らの叙情的な詩や歌（アマルグ）が内包する宗教的表明」（ダーイフさん自身の表現）を村人に伝えるために、わざわざ凝った修辞的表現を用いることがあり得るのかという問題はさておき、それらの歌が多くの場合即興的であると言われていることから推測すると、彼らはズムトール［Zumthor 1963］が言うような創造機構を実装しているのかも知れない。ズムトールはフランス中世詩人の表演行為が、心的にストックされた素材の組合せによって、聴き手が望む調和的世界を顕現せしめることであったとしている。そして素材の数が限定されており、それらをどう結合させて展開させるかが詩作技法であることから、素材を一定数の鍵盤に、そして詩作行為を鍵盤奏法に譬えている。このような、即興的口演における身体性は、少ない数の素材とそれらの展開という最適化と関わっている。

9 科学研究費補助金基盤研究Ｂ「中東・北アフリカ地域における音文化の越境と変容に関する民族音楽学的研究」

10 彼らは我々と別れた後に通りを挟んだ向かいのレストランでも曲を披露していたが、曲はまったく同じもののようで、レパートリーがそれほど多くないのではないかとも思ったが、翌々日のハイヤーニーさんの話から「同じ日には同じ曲を演奏する」理由らしきものがわかることになる。

11　この「アラブ音楽」とはモロッコのアラブ・アンダルシア音楽のことを指すようで、半音が更に分割された四分音は存在しないため、通常の西洋音楽の音階のように七音から構成される。

12　多くの楽器を「操作」する末端器官である手や指の動きは大まかには二つの軸、すなわち水平軸と垂直軸の双方で捉えられる。ハイヤーニーさんの場合のように、単線の擦弦楽器では指が五本なので使える音も五つであるという単純な事実は、演奏法を指の水平軸上の動きと弓の扱いに帰させている。一方、複数の弦を持ち、しかも指板まで付いている撥弦楽器になると和声を奏することも可能となり、その結果生じる手及び指の水平軸上の動きはしばしば理論を越えた現象と関わっている。たとえば、撥弦楽器についての例を挙げれば、作曲家の永野光浩さんによると、ビートルズの *Yesterday* は冒頭の印象的な転調（ヘ長調からニ短調、コードではF-E_m-$A7$-D_m）が特に有名であるが、この転調過程に介在しているコードE_mはギター初心者が最初に学ぶごく普通のコードである。しかし和声理論においてこのE_mは当該転調の和声進行上は極めて異質な和音である。というのも、最初のヘ長調及び転調先である平行調のニ短調においてEを根音とする固有和音（本来転調を仲介すべき和音）はコードにすれば$E_m(\flat_5)$であるが、このコードはギター演奏ではごく稀にしか使われない難易度の高いコードである。その一方で、実際に用いられたコードE_mを和声理論で解釈すると、ヘ長調では変位VII、ニ短調では同主Ⅱという非常に高度で複雑な和音なのである。従って、冒頭の転調における唐突とも言えるE_mの出現は、$E_m(\flat_5)$など使ったこともない人間がギターを用いて作曲した際に、コードFに「位置的」に最も近いE_mに無意図的に連結（シフト＝桁移動）させたという、指の抑え癖によるものである可能性が高い（東京外国語大学アジア・アフリカ言語文化研究所共同研究プロジェクト「修辞学の情報学的再考」二〇〇一年度第二回研究会［二〇〇一年十一月十一日］）。同じビートルズの曲で、打弦楽器（ピアノ）についての例を挙げると、*Let it be* の冒頭で刻まれるコード（C-G-A_m-$F_{\triangle 7}$-F_6-C-G-F-C）の後半部分（C-G-F-C）には和声進行の「常態」（T［トニック］＋S［サブドミナント］＋D［ドミナント］＋

T）を逸脱した、T（C）＋D（G）＋S（F）＋Tという部分がある。このFをG_7の第二転回根音省略形と見ることも可能であるが、いずれにしても鍵盤上でコードをシフトさせて叩いたという事実に変わりはなく、音楽学者はこの現象に対して、一つの和音の多義的解釈可能性を取るか、別の解釈を提示するしかない。そして、その別の解釈は修辞学の次元となる。なぜならば、これらの現象は常態からの逸脱という修辞学理論における文彩の典型であり、また送り手が明らかにその偏差を意図的には生み出していないという事実から、奏者が理論の修得者であることを前提とした場合のいわゆる「音楽と身体性」が拠って立つような観点からではなく（もっとも、経過音に和音を付けただけという弥縫的解釈は可能である）、修辞的身体性とでも呼ぶべき視座を必要とするからである。一方、垂直軸についての事例を挙げると、有名なシャンソンの『枯葉』は原調がイ短調であるが、ビル・エヴァンスとマッコイ・タイナーという、さまざまな意味で対照的な二人のジャズ・ピアニストがこの曲を「ト短調」という同一の調性で演奏している。ト短調は変記号（♭）を二つ持つ調性であるが、他の調性と比較して指の掛かり具合に特徴がある。つまり、手を鍵盤上に置いた時に（親指をCに対応させた場合）、ト短調の和声的短音階を最も特徴づける増二度（Es-Fis）を含む音型が「それぞれの指の長さ」と照応した形となっているのである。さらにまた、和声的短音階など知る由もない、ピアノを習い始めたばかりの子供が、しばしばこの「手を置きやすい」音型の怪しげな響きで遊び弾きすることがある。そして、西洋音楽の旋律学においていくぶん共示的に「蔑視」されてきたこの増二度音程が、アラブ音楽のマカームを構成するジンスの中でも特にアラブ的な印象を与えるとされているヒジャーズやニクリーズに含まれていること、またそのジンスが、西洋中世音楽理論で音楽の悪魔 Diabolus in Musica と忌み嫌われた Tritonus トリトヌス（三全音：増四度／減五度）を内包することは興味深い。

13　別の解法を試したのは、四桁の数の組合せの総和を「瞬時に計算」することはどう考えてもあり得ないからである。整数論に関して門外漢の筆者が行なった検証は、本文中で述べた、総和の基となる「鍵数」（四桁の数の和）に着目し、その値と全体の総和を網羅的に並べて比較するという原始的な方法である。1から9までのn種の一桁の自然数からm個を選んだ場合の組合せは（重複はないとする）${}_nC_m$、つまり$n!/m!(n-m)!$であり、今回のように四桁の数ならばその組合せ数は、${}_9C_4 = 9!/4!(9-4)! = 362880/24 \times 120 = 126$通りある。ただし、それらの組合せの中で四桁の数の和（鍵数）が同じものは、総和も同じであることから一種と見なせるので、実際の鍵数は二十一種のみである。しかも、それらの二十一種の鍵数と組合せの総和との関係は（四桁の場合しか検証していないが）次に記すように、一見数秘学のような対応関係を示している（もっとも整数論の専門家にとっては自明の現象なのであろうが）。まず、四桁の数を足した数は最小値が10[1+2+3+4]、最大値が30[9+8+7+6]であり、総和の最小値は本文中で述べたように鍵数10による66660、また最大値は鍵数30による199980である。ここで二十一種の鍵数と総和のペアについて「桁」ごとの数列を見ると興味深い関係を見ることができる。すなわち、鍵数の下一桁が偶数ならば総和の最下位の一桁はそれと同一の数であり、奇数ならばそれに5を足した数の下一桁が総和の最下位桁の値となる。つまり総和の最下位桁の値は常に偶数であり、0-6-2-8-4という数列が繰り返される。下位から二桁目は少々変則的ではあるが、三つの数ごとに次のような規則性のある数列となっている（初期値は、a = 6, b = 2, c = 9）：a, b, c : (a-1), b, c : (a-1), b, (c-1)（二回）: (a-1), (b-1), (c-1)（二回）: (a-2), (b-1), (c-1)。また下位から三桁目と四桁目に至っては、66-33-99という数列が繰り返される。下位から五桁目は、0から9までの数が初期値6から始まって一回、二回、一回、二回とこれも規則的に繰り返される。そして最後に、鍵数が16以上の場合には総和が六桁となり、最上位桁は1となる。これらのことを考え合わせると、ハイヤーニーさんが我々に見せた数字マジックには今のところ、次に述べるような三つの解法が考えられ、彼が実際に用いたのは三番目であることはほぼ確実である。「解法一」は彼が検算のために我々に手書きで見せた「見せかけ」のもので、単純な処理ではあるが時間がかかり、時には間違える可能性もある。「解法二」は筆者が本文中で述べたような、コンピュータ処理に最適なものであり、アルゴリズムは変則的であるが計算自体は単純なので、桁数がいくら増えても変数を入れ替えれば問題ない（桁数が少なければ手計算でもそれほど時間はかからない）。そして「解法三」は上記で述べた、鍵数と総和の数秘術的なペアを「記憶」するという、ヒューリスティックな、つまりある意味ではアドホックな解法であるが、記憶方法がどのようなものであるかはわからない。このように、解法一は「単純なデータを単純な方法で処理する解法」、解法二は「単純なデータをやや複雑なアルゴリズムで処理する解法」であるが、解法三は単純な計算と記憶術を組み合わせた、そもそも解法と呼べるかどうかすらわからない不思議な代物であり、その存在自体がマジックのようである。ひょっとしたらこれらの検証作業すら、ハイヤーニーさんの後催眠暗示によるものかも知れない。

14　視唱には二つの方法があり、そのひとつは、音階上の主音である「階名」の「ド」（これは長調の場合であり短調ならば「ラ」となる）をあらゆる調性を歌う場合に用いる「移動ド唱法」であり（つまりドが調性によって移動する）、もうひとつは、当該調性の主音を実際の「音名」で歌う「固定ド唱法」である。ハイヤーニーさんは固定ド唱法で歌っていたが、それは楽器奏者では通常のことである。移動ド唱法は旋律が同一の調性内に収まっている場合には問題ないが、転調が出現した部分で転調先の「階名」を瞬時に判断して用いることはかなり厄介である。したがって、高度な無調の旋律視唱では当然「移動ド」はあり得ない。同一の「音」を記述する視座が異なるという意味で、移動ドと固定ドの対立は、イーミック／エティックのそれと同種であろう。

15　五音を用いた十六個の音列の組合せは必然的に重複組合せとなり、その総数を求める式は、n種の音からr個の音列を生成する $_{n}H_{r}$ となる。これは通常の組合せ式のCを用いるならば、$_{n+r-1}C_{r}$ であり、実際の値を入れると $_{5+16-1}C_{16}$ となる。つまり、(5+16-1)!/16!(5-1)! = 20!/16!4! = 2432902008176640000/20922789888000 × 24 = 2790720 であるが、ハイヤーニー・ワールドではそれほど大きな数ではないだろう。

16　本稿を草していた二〇一三年九月初旬に、日本における十二音技法の草分け的存在とも言える作曲家の訃報に接した。彼は筆者が以前勤めていた職場におり、あり余る才能とあり余る財力から来る強烈な個性で若い同僚たちを圧倒していた。彼がその輝かしい経歴にふさわしい職場に恵まれていたかどうかは疑問であるものの、頓着した様子がまったくなかったのはハイヤーニーさんとは対照的である。

17　ヴェーベルンは連続講演「十二音作曲技法への道」の最終講演（一九三二年三月二日）で、原音列とその四種の変形はtour de force（離れ業、トリック、芸当）ではなく「等価」であると述べており、またこのような結合方法はシェークスピアにも見られるとしている［Reich 1963］。そして講演録の末尾には彼が方法論上の範としたラテン語による二元的な回文「SATOR」（SATOR AREPO TENET OPERA ROTAS）を記しており、これは彼の墓碑にも彫られている。「SATOR」は五文字ずつ正方形に組むことで縦横四方向のどこから読んでも回文となるもので、イタリア、イギリス、シリアや南フランスなどの古代ローマ遺跡で幾つか確認されており、「種蒔き人アレポは輪［鋤］をしっかと掴む」あるいは「種蒔き人はその手に労働のすべてを持つ」など幾つかの多義的な訳が可能である。「SATOR」と数秘術の魔方陣との関係は一目瞭然であり、言うなれば「ことばのマジック」である。

18　音価体系が書かれたハイヤーニーさんのメモを撮った写真に偶然写り込んでいたのが、ある旋法を構成する音の間の比率である。それらの比率のうち完全音程（一度、四度、五度、八度）と長七度の比は十二平均律のものであったが、短三度については十二平均律の比（6：5）ではなく、四分音を考慮した二十四平均律に含まれる「七の短三度」の比（7：6）、つまり第七倍音準拠短三度という純正律の比であった。その比がなぜ十二平均律の中に紛れ込んだのかは不明である。

19　おそらくこれは、拍子記号の多くの分母／分子が四分音符であることからそれを基準値としたものと思われるが、厳密に言えば、四分音符はその名の通り全音符の長さを1とした場合の音価の四分の一である。

20 『クラテュロス』はプラトーンの初期対話篇のひとつであり、クラテュロスはモノの「名前」とその実体との間における有縁性を、またヘルモゲネースはその恣意性を主張する。この意味において、詩人はソシュール以降有縁性を奪われてしまった言語の不完全さに抵抗して、それを取り戻すことを常に意識するのである。

21 ダーイフさんはこれらのティファナグ文字について、ハイヤーニーさんが「それは単なる装飾で別に意味はない」と説明したことから、文字が単なる装飾代わりに用いられていると思い込んで、最初は「アマジグ」という文字列を読み取れなかったらしい。ダーイフさんは、ティファナグ文字を当然知っているハイヤーニーさんがそのような説明をした理由として二つの可能性を挙げている。そのひとつは、聴衆が喜びそうな、紐帯を惹起させる語を敢えて彫り込んだのだからそれは「装飾」に過ぎない、という説明、そしてもうひとつは、ハイヤーニーさん得意の韜晦趣味である。また驚いたことに、ダーイフさんはベルベル人の旗のことを知らなかったが、そのことが、若くしてフランスに渡り半ばヨーロッパ知識人となってしまった彼の経歴によるものなのか、或いはその旗が世界アマジグ会議によって制定されたという或る種の政治的意図が彼の故郷では話題に上らなかったからなのか、いずれ確認をしたい。

22 もうひとつのリバーブは、同じく四面の棹に貨幣が埋め込まれたものであったが、それについて論じるには情報が少なすぎるので割愛する。

23 ハイヤーニーさんが一九八〇年代にヘヴィメタル・ファッションで演奏している写真を見せてもらったが、ヘビメタ・ラーイスの演奏がどのようなものであったのかを是非聴いてみたいものである。ヘヴィメタルの歌詞が一般に攻撃的であることはさて置き、楽器演奏ではテクニックを前面に出すという特徴はハイヤーニーさん自身が残した曲からもうかがえる。「ハイヤーニー楽派」は恐らく、ソルフェージュという新たなアイテムを取り入れた技巧派という、一般のラーイスとはかなり異なる斬新なスタイルを目指しているものであると想像できる。

24　楽器の言わばトーテム化は、ひとえにそれに施された装飾処理（ハイヤーニーさんの場合は、図像や文字の彫り物である）によるが、そのような現象は他の楽器にも存在すると思われる。そこで、撥弦と擦弦の違いはあるが、同じ弦楽器で、製作工程の複雑さや機能の多様性、さらに演奏人口や市場的価値において、手作りのリバーブの恐らく対極にあるエレクトリック・ギターについて、かつての同僚でロック・ギタリストでもある石井満さん（尚美学園大学）に類似した現象が見られるかどうか調べて頂いた。石井さんによれば、広い意味で「装飾」と見なされ得るものには大きく分けて二つの種類がある。そのひとつは、演奏時の一時的なパフォーマンスに関わるものであり、たとえば、エリック・クラプトンがヘッドストックに煙草を挟んで演奏していたのは有名であるが、それは単に灰皿代わりであったらしい。また、エアロスミスのジョー・ペリーはギターのエンドピンに鳥の羽を束ねたものをぶら下げていたり（これはバンド名に関係している可能性がある）、一九七〇年代前後の日本のフォークソング全盛期には小さなマスコットをヘッドに取り付けたギタリストが多くいた（これは恐らく女子学生のバッグや携帯電話などと同様、日本独特の現象であろう）。一方、トーテムが本来持つメッセージの固定性を考えた場合には、ギター本体への直接的な「装飾」処理が問題となる。具体的にはハイヤーニー製リバーブのような彫り物やインレイ（はめ込み細工）が該当するが、それらが施される部分としては、指板、ヘッドストックなどが多く、さらにはプラスチック製装飾材によるボディ全体へのバインディングもある。ハイヤーニーさんのリバーブのような彫り物に限定した場合、ギターに直接彫り物を入れた例は（飽くまでも相対的にであるが）少なく、それも使用者個人ではなく個人製作家やメーカーが彫ることが多く、また、それらの処理を施された楽器をギタリストが実際に使用する例はさらに少ない。恐らくそれらのギターは、展示会や撮影用、或いはコレクター用に限定的に製作されたものであり、これはリバーブとエレクトリック・ギターとの差異のひとつである「市場」の存在に起因するものであろう。

彫り物以外の、より一般的な装飾処理の内容についても、同様の観点から二つに大別できる。そのひとつは、ギタリストのオーダーによってメーカーが製作時にワンオフで施したと考えられるもの、そしてもうひとつは、ギタリスト本人が入手後に施したと考えられるもの（ただしギタリスト本人が行なったとは限らない）である。前者に該当するものとしては、ボディに特別な図柄や文字を塗装したものが最も多く、これは塗装には設備と技術が必要なので、図柄や文字による差異化を意図したギタリストがメーカーに依頼したものと考えられる。また、塗装は常識的な厚さであれば音質には影響しない。次に多い処理は、ボディに異物を貼るものであるが、これは音質が変わる可能性があるために依頼するのは例外的なギタリストに限られている。他の処理としては指板へのインレイがあり、これは有名なギタリストの名前を入れるものが殆どで、ハイヤーニー・リバーブのような紐帯志向に通じるものであろう。

一方、ギタリスト本人が入手後に施したと考えられるもので最も多いのは、バンドのロゴや演奏者の嗜好に合った図柄の比較的小さなステッカーを一〜二枚ボディに貼るケースである。次に多いのは、塗料を使って図柄や文字を書き入れる処理であるが、専門家による本格的なものから落書きレベルまであり、専らボディに塗装されている。また、周辺機材やストラップを固定するのに使われているガムテープや布テープは、その機能性が明らかであるにもかかわらず、敢えて無造作に止めていると考えられる例があるために装飾であるとも捉えられる。その他には、マジックペンによるサイン、ロックの代名詞であった豹柄の布、ボディ外周への鋲打ち、ステンドグラス風の加工などがあるが、興味深い例としてレリック処理がある。これはジーンズのように、意図的なダメージ加工によってヴィンテージ風に見せる処理であるが、使用者自身が塗装をはがしたり傷をつけたりする他に、メーカー自らが自社の往年の名器に似せて施すケースもある。このように、メーカーや工房が従来よりも個性的なオーダーに対応することが増えていることによって、ギタリスト本人が「個性化」を自ら試みることは最早必要がなくなったとも言える。

最後に、石井さんが特に異質であると感じた例が、オルタナティヴ・ロックに分類される日本の「サカナクション」というバンドである。コンピュータ・ミュージックを前面に押し出すそのバンドは某コンピュータ・メーカーのロゴシールを何台かのギターに貼っており、コンピュータのみの操作による演奏もあるらしい。一九七〇年代以前のロックへの回帰を志向するオルタナティヴ・ロックのバンドがギターの「改造」ではなく、コンピュータの駆使によって差異化を意図していることは明らかであり、ロゴシールはハイヤーニー製リバーブへの彫り込みに類似したクレド（信仰告白）と同種の装飾であると考えられる。尚、「サカナクション」は偶然にも二〇一三年の第六十四回ＮＨＫ紅白歌合戦に初めて選ばれ、メーカーのロゴの扱いがどのようになるか注目していたところ、そのまま貼られていたそうである。

25　ハイヤーニーさんは、その画期的なリバーブの製作に対して国から補助金が出るという約束がいつのまにか反故にされたことに憤慨していた。

26　マラルメは英語の教師であった頃に、英語人称代名詞の曲用を生徒に覚えさせるために、紙を用いた仕掛けを作っているが、その動きは「円運動」ではなく、紙芝居のような横の直線運動である。言葉の星座構造を夢想したマラルメがなぜ円形のものを思いつかなかったのか不思議である。

27　文学の分野では、ラブレーの『パンタグリュエル物語』やスウィフトの『ガリヴァー旅行記』（この作品には円盤が登場している）ではどちらかと言えば揶揄を込めて言及されているが、現代においては、ボルヘスやエーコ（キルヒャーを仲立ちとして）もリュイ信奉者であると一部で言われており、思想面ではブルーノ、ライプニッツ、デカルトらに大きな影響を与えている。奇しくも東京外国語大学は二〇一三年にスペインのラモン・リュイ院（二〇〇二年設立）と国際学術交流協定を締結したが、当院の活動目的は「カタルーニャ語とカタルーニャ文化の振興」であり、普遍的な《智》の探求者としてのリュイが扱われているかどうかはわからない。

28 アルベルトゥスがロボットのような人造人間を下僕として作った際に、トマスがそれはまずいのではないかと諌めた逸話を何かの書物で読んだ記憶がある。

29 アルベルトゥスは一六二二年に列福されたが、晴れて聖人となるのは三百年後の一九三一年のことである。それに対してトマスは師よりも六百年も早く一三二三年に、しかも列福を飛ばして列聖されており、もちろん師と同様教会博士の称号を受けている（カトリックでは教会博士は三十三人しかいない）。

参照文献

小田淳一　二〇〇七「創造性を巡るライムンドゥス・ルッルス再々考」『人工知能学会第二種研究会ことば工学研究会資料集』(SIG-LSE-A701)。四七～五二頁。

———　二〇〇九「ライムンドゥス・ルッルス再々考Ⅱ——『大技法』の実践としての『新修辞学』」『人工知能学会第二種研究会ことば工学研究会資料集』(SIG-LSE-A901)、一～八頁。

———　二〇一〇a「アンダルシア音楽を計量する」水野信男他（編）『アラブ世界の音文化——グローバル・コミュニケーションへのいざない』スタイルノート、二三九～二四四頁。

———　二〇一〇b「ライムンドゥス・ルッルス再々考Ⅲ——『大技法』における修辞」『日本認知科学会文学と認知・コンピュータⅡ研究分科会資料集』(20G-03)、一～一〇頁。

三中信弘　二〇〇六『系統樹思考の世界——すべてはツリーとともに』講談社現代新書。

Lullus, Raymundus 1986 *Ars magna generalis et ultima*, edidit Aloisius Madre, Raimundi Lulli Opera Latina tomus XIV, Corpus Christianorum, Continuatio Mediaevalis LXXV, Turnhout: Brepols.

Reich, Willi 1963 "The Path to Twelve Note Composition." in *Anton Webern: The Path to the New Music*, translated by Leo Black, King of Prussia, PA: Theodore Presser Company, pp.42-56.

Sowa, John F. 1999 *Knowledge Representation: Logical, Philosophical, and Computational Foundations*. Boston: Course Technology.

Zumthor, P. 1963 *Langue et Techniques poétiques à l'époque romane (XIe-XIIIe siècles)*. Paris: Klincksieck.

データ表現とデータ処理のジレンマ

【小田淳一】

筆者は大学時代の専門分野は文学であったが、作品分析にコンピュータを利用したことが縁で、最初の勤務先は計算機センターだった。そのために、業務として様々なプログラム（主に文字列処理用）を書いたが、その作業を通してデータ処理全般に関わる公準のようなものを自分なりに感じた。それは、データを処理する際に、データ構造を単純にすれば処理が複雑になり、逆に、データ構造を複雑にすれば処理が単純になるという、当たり前と言えば当たり前のことである。もちろん、処理するデータ構造そのものをあらかじめ複雑に（あるいは単純に）するためのプログラムを書く場合もあり、その際も、単純なモジュールを組み合わせるか、あるいは複雑なものを一度に書くか、という選択肢になるが、結果的に総処理時間数はあまり変わらなかったと記憶している。

この公準を敷衍すると、他のさまざまな事象についても同じことが言えるかも知れない。音楽の例を挙げれば、鍵盤楽器の指使い（運指）がその典型である。バロック時代の単純な（あくまでも楽曲構造についてである）曲の演奏法に関する当時の教則本には、現代の常識からかけはなれた「複雑」な運指（たとえば、親指の上を隣の人差し指が越えるなど）がよく指示されている。一方、近現代の複雑な（こちらも同様に楽曲構造についてである）曲を演奏する際に求められるのは、五本の指すべての動きにおける均斉性であり、そのためにハノンのような練習曲が作られるようになった。もっとも、同じ曲の演奏であっても、実際に用いられる運指は演奏者によって異なる場合が多く、これは身体的な理由（指の長さなど）以外にも、表現性に関わるさまざまな理由が存在しており、すべての指の均斉性というのは、職業的な演奏家となるまでの過程におけるひとつの通過点にすぎない。そのために、現代においてさえ、時々とんでもない運指が「発明」される。アジア人初のショパン・コンクール優勝者であるダン・タイ・ソンは、ショパンの夜想曲（作品二八第二十四番）の最後で、低音部のｄ（白鍵）を「弾く」代わりに、その両隣の白鍵（ｃとｅ）を、音を出さずに左手の指で押さえ、浮き上がらせたｄを右手の握りこぶしで拳槌打ちのように上から叩いたのである（その後、多くのアマチュアピアノ弾きがこれを真似た）。この創発性は、優れた芸術家にとって公準など何の意味もないことの証左であろう。

ハイヤーニーさんが創ろうとした新型リバーブについても同じようなことが言えるだろう。ベルベルのリバーブは単線の擦弦楽器で、指板もフレットもないために演奏は難しく、その結果、曲自体は比較的単純なものが多いが、ハイヤーニー・モデルのリバーブは、オリジナルの楽器よりも機構が複雑であるために、その奏法はおそらく相対的に容易になるはずである。

さらに敷衍するならば（少し無理はあるかも知れないが）、単純な事象への対応（＝処理）は複雑になり、複雑な事象への対応は単純になる。人の《生き死に》や《性》は事象そのものとしては単純なだけに、それらの取り扱いは複雑にならざるを得ず、しばしばそれらは不条理の解釈装置である芸術と接合する。一方、金融市場の動きや巷の人間関係などは複雑極まりなく、従って単純な対応で済ませるのが（本来的には）妥当であると思われる。

コンピュータ・プログラムに話を戻すと、その発展＝進化過程で、あらゆる手続きの対象を抽象化した「オブジェクト」という概念が生まれ、多くのオブジェクト指向プログラミング言語が考案された。それらの言語の代表格であるJavaには総称型（generics）という、データを特定の型と対応づけて限定するための機能が導入されている。たとえば、あるクラス（抽象データ型のひとつ）についてデータ型を特に指定しない場合、そのクラスに対しては文字列でも数値でも何であろうと用いることが可能となり、これを非境界型（Unbounded Type）と呼ぶ。一方、クラスを定義する場合（たとえば数値）、それがどのクラスから派生したのか（つまりどのクラスを「継承」したのか）を明示することから、それを境界型（Bounded Type）と呼ぶ。この継承性によって、通常のクラス定義だけでは処理のたびごとに同じようなコードを書かなければいけない煩雑さを回避することができる。というのも、クラスBがクラスAを継承しているならば、クラスAと同じ処理を行なうことが可能だからである。また、この継承性は一般的なクラス階層における「is-a 関係」に等しく、それを可視化した形状は、人工知能の分野で扱われているオントロジー（分析対象世界に存在する諸概念及び概念間の諸関係を厳密に記述した体系）のそれとほぼ同一である。そして、その形状は必然的に分岐状の構造、つまり木構造（ツリー）となる。なぜならば、クラス階層の形状が、分岐要素の再結合があり得る「ネットワーク」ならば、継承性が条件であるクラス定義は破綻するからである。この木構造が意味論的に分割された要素から構成されている場合（たとえば、単語が意味によってグループ化され、それらの間の関係が記述されているWordNetなど）、その木構造（根を下とする形状の場合）を下降する操作は「一般化＝普遍化」、また上昇は「個別化＝特殊化」となる。このように、情報学的思考における境界化とは、クラスの分節化という分析的思考方法の結果であり、木構造を用いたクラスの体系化とその上昇／下降によって、あらゆる事物を「記述」することができる（はずである）。そして、このような「一般化＝普遍化」／「個別化＝特殊化」を、《樹》の枝葉における上昇／下降や、《円盤》の径の動きという階梯によって実現させようとしたのがラモン・リュイである。しかし、実はいまだによくわからないのが、この究極の分節化が、データ構造の単純化なのか、複雑化なのか、ということである。

10
小さなメロディーが開く世界
――モロッコ――

堀内　正樹

＊はじめに――気になるあの歌

今からもう四半世紀も前のこと、私はモロッコ中央部のタドラ平原にあるブジャドという小さな町にいた。町の中心には有名なイスラムの偉人を祀る廟があって、年一回の大祭のときには遠方からも大勢参詣客が押し寄せて、門前町の賑わいを見せるが、ふだんはひっそりとしたどこにでもありそうなただの田舎町である。その町のはずれに小さなお堂がいくつか集まった場所があり、そこで夜通し行なわれるズィクルという集会に私は参加していた。ズィクルというのは「唱え事」という意味である。

お堂の中では、集まった男たちが二列に向かい合って足踏みをしながら前後に行ったり来たりし、イスラム教団の教本から抜き出した短いフレーズや、預言者ムハンマドを讃えるアムダーフという詩を延々と唱え続ける。そうするうちにだんだん動きのテンポが速くなり、フレーズは神の名に由来するホッホッという激しい呼吸音だけに変わってゆく。しまいに男たちは汗だくになって猛烈な前屈運動を繰り返し、口から泡をふいて倒れる人まで出てくる。そしてある限界を超えると、こちら側の世界からあちら側の世界へ飛んでいってしまう。いわゆるトランス（憑依状態）である。こうした行動が一時間くらいのインターバルで繰り返されてゆく。

人々をトランスにいざなうズィクルの強烈なリズムとエネルギーに圧倒されていた私は、夜半になって、突然流れてきたある繊細なメロディーにハッとさせられた。お堂の真ん中にあぐらをかいて座った中年の細身の男性のテノールばりの澄み切った歌声が堂内に響きわたったのである。すると男たちは徐々に激しい動

ズィクル儀礼のおこなわれたブジャド郊外のお堂

きをおさめ、こちら側の世界に戻ってくる。やがて堂内は静まり、彼の歌声だけに包まれる。しばらくすると男たちがその歌に唱和しはじめ、手拍子で軽いリズムを加えてゆく。やがて時間の経過とともに彼の歌声はふたたび男たちの声や足踏みの音にかき消されるように小さくなってゆき、リズムがテンポアップするとまたもとのようにトランスの呼吸音と前屈運動と周囲で見守る女たちの叫声が場を支配する。この不思議な歌声がいったい何だったのか、そのときは皆目見当がつかなかった。だがそれ以来、私の耳の奥にはずっとその歌がこびりついて離れず、気になって仕方なかった。

気になりつつも、その後私はモロッコの他のさまざまなことがらの調査に熱中していたため、この歌のことは忘れかけていた。そしてそれから十数年たった二〇〇〇年六月に、モロッコ北部の避暑地であるシェフショウエンという小さな町で開催された毎年恒例のアンダルシア音楽祭を取材する機会があった。取材の整理を進めているうちに、私は記録された大量のビデオの中に、取材時には気がつかなかったが、どこかで聴いたような懐かしさを感じさせるメロディーをいくつか見出した。しばらく考えたのち、ハッと思いあたったのがあのズィクルの気になる一曲だったのである。たしかに雰囲気が似ている。しかしよく聞くと同じではない。こうしてあの気になる歌の正体究明を目指して、私の「アンダルシア音楽への旅」が始まったのである。

とはいえ、私の中から違和感が消えたわけではなかった。地元の人たちが小さなお堂にこもって汗まみれになって踊り狂うズィクルと、舞台の上で大勢の聴衆を前に正装したオーケストラが華麗に繰り広げる、オープンで洗練されたアンダルシア音楽とは、どうしてもイメージが結びつかなかったからである。やはり違うのではないかという不安を心に抱きながら、それでも、アンダルシア音楽を徹底的に調べてみれば答えはおのずから出てくるだろうと考えた。そして手当たり次第に文献を渉猟したり、カセットテープやＣＤなどの音源を片っ端から聴いてみたりするのと併行して、以来これまでの十余年、機会があるごとにモロッコ内外の大勢の音楽家を訪ね歩いた。もちろんブジャドの町で録音したあのズィクルの一曲を携えて。

本稿はその気になるメロディーの行方を追い、さらにもうひとつ別の小さなメロディーも通して、文化の広がりのあり方、言い換えればさまざまな境界を超えて多様性と連続性が同時に成り立つ文化の仕組みに迫ってみたい。

＊アラブ音楽の嫡流「アンダルシア音楽」

ではそもそもアンダルシア音楽とはなんであるのかをごく簡単に振り返っておこう。出発点は九世紀のバグダードに遡る。当時のバグダードでは、イスラム誕生以前の時代から継承されてきたアラビア半島の音文化をベースに、ギリシア、ペルシア、中央アジア、さらにはインドなどの音楽文化が流れ込み、それらの要素を包み込んだ文字通り国際的な「アラブ音楽」が高度な音楽理論とともに完成し、宮廷音楽として花開いていた。それが後ウマイヤ朝治下にあったイベリア半島南部のアンダルシア地方（現在のスペイン）にもたらされ、その後約六〇〇年にわたっていくつものイスラム王朝に庇護されつつ、その地で発展していった。ゆえにこれを「アンダルシア音楽」と総称する。その後十三世紀から十五世紀にかけてのレコンキスタの最盛期にイベリア半島を追われたイスラム教徒とユダヤ教徒の多くは地中海を渡って、北アフリカ沿岸諸都市にアンダルシア音楽をもたらした。しかしアルジェリアとチュニジアはこの音楽伝統の発祥地バグダードなどの東方アラブ世界とともにすぐにオスマン帝国の統治下に入ったため、トルコ音楽の影響を強く受けて、たとえば半音の半分である四分音や場合によっては八分音といった複雑かつ微妙な音程の導入が見られたが、オスマン統治を免れたモロッコでは比較的ストレートに、全音と半音に基づくアンダルシアの伝統が継承された。モロッコのアンダルシア音楽を「アラブ音楽の嫡流」と呼ぶ所以がここにある。

そうやってモロッコに逃れた音楽家たちは王朝や有力者の庇護下でお抱えの楽士として活動していたが、十六世紀末から十七世紀半ばまでのおよそ半世紀にわたる戦国時代を機に、アンダルシア音楽には転機が訪れる。それまでのアンダルシア音楽は、十三世紀の大歴史家イブン・ハルドゥーンのいう「叡智の学問」つまり理性に基づく学問とみなされ、民族や言語、宗教などの違いを超えてすべての人間に妥当し、すべての人間によって担われるべき学問の一部と位置づけられ、そのなかの数学の一部を構成していた。したがってアンダルシア時代には、そこにユダヤ教徒やキリスト教徒も加わっていたことは記憶しておいてよい。それがモロッコではこの戦国時代を境にアンダルシア音楽が、イブン・ハルドゥーンのいう「伝統の学問」つまり理性を超えた真実に係わる学問、ゆえに真の信仰者つまりイスラム教徒が担うべき学問へと編入された[1]。

そのとき大きな役割を果たしたのがザーウィヤと呼ばれるイスラム教団で、それはモスク（礼拝所）や神秘主義の実践場所といった宗教施設のほかに、正統的なイスラム学を中心とする研究・教育施設（学校）や書庫、学生寮などを運営し、時には市場を管理運営したり、あるいは裁判所の機能を担ったりもする開放的で多機能な総合行政・文化センターのようなものだった。政治的混乱によって庇護者を失ったアンダルシアからの流入民はこうした各地の教団のメンバーとして活動が保護されるようになったのである。それに伴って、アンダルシア音楽に含まれていた享楽的な詩は真面目な内容の詩へと置き換えられ、宗教的な機会に公的な場所でアンダルシア音楽が演奏されるようになった。また逆に、宗教的メッセージを運ぶ詩の朗誦の多くがアンダルシア音楽のメロディーに託されるようになった。そして十八世紀のアンダルシア音楽の集大成のプロセスを経て、十九世紀の近代化の時代に、アンダルシア音楽はすでに獲得していたイスラム学の一部としての学問的正統性に加えて、モロッコ王国を代表する公式音楽としての政治的正統性をも得ることになった。

その後モロッコのアンダルシア音楽は、二〇世紀に入って多様な展開を見せた。その詳細は省くが、モロッコの大半がフランスの保護領になったことにより、アンダルシア音楽は西欧芸術音楽の影響に直面させられることになったのである。[2] その結果、西欧的な音楽院の設立によって芸術音楽を目指す方向や、音楽院は設立しても本来の宗教性と学問性を保とうという流れ、あるいはあくまでも従来の教団の範疇で伝統を保持しようとする努力などが混在した。一九五六年のフランス（およびスペイン）植民地からの独立以降もそうした混迷は続いたが、政府による音楽教育の公的制度化を通じて、総じてアンダルシア音楽からは宗教的・学問的な性格が剥奪され、世に数ある「音楽」の一つと位置づけられて相対化されてきたといってよいだろう。現時点では、すくなくとも表面的には、アンダルシア音楽はモロッコ王国を代表する高級な芸術音楽という扱いになっている。

このように、アンダルシア音楽とイスラム学が相互に交錯しながら緊密に結びついてきた事実を忘れ、また「音楽」化のプロセスが比較的最近の現象であることに無自覚であると、かつての私のように、ついアンダルシア音楽を単なる舞台上の派手な音楽としか認識できなくなる。そして音楽とイスラム学の一心同体と言ってもよいような強固な連携はもとより、「普遍的なイスラム学の伝統」と「ローカルな民衆イスラム」

のあいだに境界線を引いて二分することを躊躇しない欧米（日本を含む）の研究者たちの勝手な思い込みは、それらとズィクルのような民衆的儀礼が矛盾なく結びつくことを想定困難にさせてしまう。

＊あの歌の行方

そのつながりを確かめるべく、私はブジャドで録音したズィクルのテープの該当部分を数分間分コピーして持ち歩き、アンダルシア音楽に詳しい何人もの音楽家や音楽学者にそれを聴いてもらい、一体あのメロディーがなんであるのかを突き止めようとした。ところが、ある人は自信を持ってそれをアンダルシア音楽のある旋法の曲だと答えるのだが、別の人は何人かで相談したあげく別の曲だという。さらにほかの場所へ行くとまたまったく違う答えが返ってくる。全員それがアンダルシア音楽の曲であることについては一致するのだが、どの旋法のなんという曲かは食い違ってしまうのである。これは一体どうしたことだろう。何人ものその道のプロがたったひとつのメロディーを言い当てられないとは。謎は深まるばかりであった。

しかしともかく自分で確認することが第一なので、私はアンダルシア音楽の全部の曲を網羅したCD全集を入手し、始めから終わりまですべて聴いた。とりわけ音楽家たちから返答のあった部分には注意を集中した。その全集はモロッコ文化省が企画制作したもので、アンダルシア音楽の演奏単位であるミーザーンと呼ばれるいわゆる「曲」に相当するものが五五曲すべて集められている。ひとつのミーザーンの演奏には約一時間かかるので、単純計算で五五時間の録音である。CDの枚数にして六五枚。この膨大な量の全集を数週間かけて聴き終わったときには、さすがに疲れ果てた。しかもお目当てのあのメロディーは結局見つからなかったのである。そしてこの徒労感の中から私は新しい模索の道を歩むことになった。なぜあのメロディーが見つからないのか。なにか理由があるに違いない。

ここからは少し煩雑な話にお付き合いいただきたい。そもそもモロッコのアンダルシア音楽は、二六個も存在する旋法（タブウと呼ばれる）がグループ化されて、ヌーバと呼ばれる十一の旋法グループにまとめられている。そしてそれぞれのヌーバにはリズムの違いに応じた五つずつのミーザーンと呼ばれるパートが配当されていて、これで全部で五五個のミーザーンがあるということになる。そしてふつうのコンサートではひとつのミーザーンしか演奏されないが（なにしろそれだけで一時間かかるわけだから）、預言者聖誕祭や断食月の夜といった宗教的に重要な催しに際しては五つのミーザーンがすべて演奏され、それでひとつのヌーバの演奏が完成するわけである。文化省のＣＤ全集にはそうした完全演奏版のヌーバが十一種類全部収められていて、当然ひとつのヌーバは同じ楽団が担当している。ほかのヌーバは別の機会の演奏であったり、あるいは別の楽団が担当していたりしている。ひとつのヌーバの完全演奏には数時間かかるわけだから、徹夜あるいは二晩がかりで演奏しているものもある。

さて問題はミーザーンの中身である。ひとつのミーザーンには平均して二〇編ほどの詩が詰め込まれていて、これらの詩を楽器の伴奏付きで歌い上げるのがアンダルシア音楽である。しかし楽団によって、流派によって、あるいは演奏機会によって、詩は取捨選択され、いつでもどこでもすべての詩が歌われるわけではない。しかもそれぞれの詩には音楽のリズムとは次元の違うアラビア語の韻律法に基づくバハルという言葉のリズムが付与されていて、詩はミーザーンの音楽リズムとバハルとの兼ね合いで各楽団によって取捨選択されるので、話はややこしくなる。そういうわけで、あの気になる一曲、正確に言えばあのひとつの詩、あのひとつのメロディーは、全集に収録された演奏では歌われなかったかもしれない。もしそうだとすれば、五〇数時間の録音をすべて聞いたところで、それを見出すことができなくても仕方ないということになる。

しかしそれでもまだ、プロの音楽家たちの意見の食い違いの謎は残ったままだ。そこで重要になってくるのが、音楽家はなにをもって曲を識別し、特定するのかということである。おそらくそこでは旋法がキーワードになる。旋法というのは、アンダルシア音楽の場合、その曲に使われる音の高さを問題にするというよりも、ある決まった高さの音にどうやってメロディーがたどり着くのか、その流れのパターンを指している。その基準となる音を主音といい、フレーズの区切りごとにメロディーはこの主音にたどり着かなくてはならない。極論すれば、いくつかの限られた数の高さの音さえ用いていれば、フレーズは主音にたどり着きさえすればいいわけで、その途中のメロディーはどんな形であっても構わない。結果として同じような情緒が生み出されるのである。それを旋法という。もちろん厳密には、メロディーを構成する最小単位のジンスという音の組み合わせがあって、ジンスの連続したものとしてメロディーが成立するので、まったく自由勝手というわけではないのだが、この際詳細な技術的説明は省こう。要するに音楽家が意識を集中させているのは、音の流れの主音への収斂ぐあいなのである。そのパターンが同じならば、異なったメロディーであっても同一の旋法として認識される。

ともかく、ある詩が声に出して歌われるとき、それに附与されるメロディーはその部分の形が重要なのではなく、前後の流れが問われるわけだから、流れを無視して任意に切り取ったわずか数分の録音を聞かせて「これはなんだ」と問うのはそもそもナンセンスであり、そうしたナンセンスな私の問いに答えてくれたのは音楽家の親切心というよりほかなかったのだ。そもそも似たようなメロディーの断片が異なる旋法のなかに現れてくることはよくあり、それ自体たいした問題ではない。だから次に述べるブリウエルさんを含め、音楽家たちの答えがまちまちだったのは彼らの責任ではなかったのである。ちょっと聞いたらすぐわかるといったものではないのだ。とすれば、かつてブジャドの町で聞いたあのメロディーに再び巡り会う可能性はほとんど閉ざされてしまったのかもしれない。

こうした落胆を決定的にしたのは、数年前にインタビューと旋法のデモンストレーションの要求に応じてくれた古都フェズにあるフェズ音楽院長のブリウエルさんだった。彼は、二〇世紀中盤を代表する三人の大音楽家のひとりアブドルカリーム・ラーイスの秘蔵っ子で（ちなみに二〇世紀初頭には、さらに彼らの師匠にあたるやはり三大巨匠がいる）、ブリウエルさんはそのラーイスの楽団を継承し、現在はモロッコのアンダルシア音楽界のトップリーダーである。ところが私の不徳を告白すれば、彼がじつに熱心に今述べたような旋法とリズムの詳細を説明してくれたにもかかわらず、そのときの私には彼の説明を十分に理解する力がなかった。あとから数時間におよぶ彼との会話の録音テープを何度も聞き直して、ようやく理解に至ったのである。そして理解した瞬間に、「やはりダメか」という落胆が私を襲ったというわけである。

だが話には続きがある。その後しばらくしてからようやく気がついたのだが、彼が労を惜しまずに実演してくれたすべての旋法のデモンストレーション（抜粋実演）を記録したビデオの中に、私にとっては宝ともいうべきメロディーが含まれていたのである。なんと、すっかりあきらめていたブジャドの町のあの歌が紛れ込んでいたではないか。当時の私には、ブリウエルさんが歌ってくれたその歌が他の似たようなたくさんのメロディーに埋もれて、麻痺した私の耳には残らなかったのである。「聞けども聞こえず、見れども見えず」という状態だったのが今にしてわかる。おそらくブリウエルさん自身もそれが同じメロディーだということには気がつかなかったに違いない。

そのメロディーは、もっとも真面目なものとされているラマル・アル＝マーヤという旋法のバスィートというミーザーンに含まれている詩に附されたものだった。それは偶然以外のなにものでもなかった。というのも、このミーザーンを作り上げている二二編の詩のうちのひとつをたまたまブリウエルさんが例に取り上げて実演してくれたわけだから。もし彼が同じミーザーンの別の詩を選んでいたなら、私があのメロディーにたどり着くことはなかっただろう。私が有頂天になったのはいうまでもない。二〇年以上の歳月を経て、一度はあきらめたにもかかわらず、ついに再びあのメロディーにめぐり逢えたのだ。

＊新たな可能性

しかしその喜びの直後、私にはふとある疑問が浮かんだ。ではなぜ文化省のCD全集のなかにあのメロディーがなかったのだろう。もしやと思ってあわてて該当するCDを取り出し、録音情報を確認してみた。案の定、その演奏はテトワンというモロッコ北部の町のテムサマーニー楽団によるものだったのである。テムサマーニーさんはすでに故人だが、亡くなる半年ほど前にお会いしたことがある。ブリウエルさんよりはるかに年輩で、生前はアンダルシア音楽界の第一人者だった。彼はテトワンを本拠地とするテトワン楽派のリーダーで、ブリウエルさんが継承したフェズ楽派とは良きライバルとして、対照的な音楽を作り上げていた。CDはそのテムサマーニーさん率いる楽団の演奏の録音だから、同じ詩が歌われていたとしても、フェズのブリウエルさんとはメロディーが違っている可能性がある。その通りだった。その詩が歌われていなかったのではない。同じ詩が、違うメロディーでたしかに歌われていたのである。気がつかなかったはずだ。同じ旋法、同じリズム、同じ詩であっても、楽派によって部分部分のメロディーは違ってくる。とすれば、ブジャドの町で聞いたあのメロディーはブリウエルさんに代表されるフェズ楽派のメロディーだったということになる。

そうすると、ブジャドは田舎町とはいえ、じつはシャルカーウィーという有力なイスラム教団の本拠地だから、そこで歌われたものがフェズ楽派のメロディーだったとすると、フェズ楽派はフェズのムーレイ・イドリースというモロッコ最古の教団で育まれてきたことを考えるとき、シャルカーウィーとムーレイ・イドリースという二つの教団は緊密に結びつくことになる。それに対してテトワン楽派は、テムサマーニーさん自身がそうであったように、ワッザーンという町に本拠を置くやはり古い伝統をもつ別系統のワッザーニーヤという大きなイスラム教団のネットワークに組み込まれている。

しかしだからといって、この二つの系統の教団は分離・対立しているわけではないはずだ。なぜならテトワン楽派の領袖テムサマーニーさんは若い頃、フェズからやってきた三大巨匠のひとりウキーリーという大音楽家に師事してフェズの詩を体得したのだから。そしてウキーリーはフェズ楽派の本流を継ぐことになる同じ三大巨匠の一人ラーイスの親友であった。そのラーイスの直弟子がブリウエルさんである。したがってブリウエルさんとテムサマーニーさんは、いわば兄弟をお互いの師匠にもった同門の弟子同士のような関係になるはずだ。だからそれぞれ異なるメロディーを作り出してはいても、同じ詩と旋法とリズムを「古典」としてふたりは共有したといってよいだろう。

一見対照的な別々の系統に見える二つの教団がこのようにしてつながっているという発見は、音楽家と宗教家が切り離せない関係にあるということを前提にしたときにはじめて理解できる。それを例証することは容易で、たとえばテムサマーニーさんはコーラン暗唱者に与えられる尊称であるハーフィズという称号を若くして得たほか、イスラム学で用いられる宗教詩サヌアの朗誦法バヤーンも修得し、モロッコ最北端の港町タンジェにあったワッザーニーヤ教団の支部で、そこに集う学者や知識人、シュルファ（預言者ムハンマドの末裔）たちから宗教的・学問的薫陶を受けた。彼の師となったウキーリーもまた若い頃、イスラム学の最高峰であったフェズのカラウィーイーン大学で勉強する合間に、同じフェズのムーレイ・イドリース教団に出入りしてサマーウ（預言者を讃える詩やイスラム神秘主義スーフィズムの経本ヒズブの詠唱）を修得した。終生の友となるラーイスと出会ったのもその場所である。

こうした例は枚挙にいとまがない。ちなみに三大巨匠の世代までの著名な音楽家には、イスラム学者に与えられる称号アーリム（ウラマーの単数形）やイスラム法学者の称号ファキーフが付与されていた。これは音楽家とイスラム学者の不可分の一体性を示すなによりの証拠であろう。さらにいえば、十九世紀以来アンダルシア音楽が師匠から弟子へと伝授された場所はマドラサと呼ばれ、これはイスラム学の学習場所と同一の名称である。したがって「楽派」は「学派」と考えてもよいだろう。

いずれにしても、たったひとつの短いメロディーが偶然の積み重ねによって私にもたらしてくれたこうしたいくつもの発見の意義は大きかった。そもそも舞台の上の華麗な音楽と真面目なイスラム学は別のものだろう、つまりイスラム世界では音楽と宗教は別物だと無意識のうちに思い込んでいた過ちに気づかせてくれたのはこのメロディーであったし、たとえ両者が一体であることがわかったとしても、それらが田舎の小さな町のふつうの人々のいわば土着的な宗教儀礼に結びつくということは、このメロディーがなければおそらくずっとわからずにいただろう。さらに、メロディーのかたちという見かけ上の違いにまどわされて曲の同一性を認識できなかったり、あるいは逆にひとつのメロディーが別の曲として認識される事実に思い至らなかったりした愚かさを知らしめてくれたのもこのメロディーである。そして教団の系統分類がそれほど決定的な重要性を持つものでもないこと、つまりたしかに教団の区別は明確にあるものの、それを超えたいわば知識の巨大なストックが詩やメロディー、さらに人間関係のつながりを通じてさまざまな教団を数珠つなぎにして広がっているのだということをわからせてくれた。

こうした私が自分で勝手に引いていたいくつもの物事の境界線を無効化してくれるような事実は、幾重にも折り重なって伸びてゆく世界大の人間関係の有りようを認識し直させてくれる契機となるはずである。過去の世界にも、そしてはるかに隔たった土地にも、境界に収斂しない非境界的な状況があって、それらが連続しあっているのだろうという予測がたてば、それはこれまで見えなかったものを見えるようにしてくれて、聞こえなかったものを聞こえるようにしてくれるかもしれない。それはまた同時に、境界線を引くことで「見える」「聞こえる」「わかる」と思い込むことの、つまり分類や分析で良しとすることの傲慢さと愚かさをあぶり出してもくれる。世の中はそう単純ではない。

その点で、このメロディーは今、私にもうひとつ別の事例の解釈の方向性にヒントを与えてくれている。その事例は逆に、ブジャドのこのメロディーのもつ重要なはたらきを解き明かしてくれそうな気がするのである。

＊熱狂を醒ますメロディー

モロッコの南西部にスースという地方がある。住民のほとんどが「タシュルヒート」というベルベル語（近年はアマズィグ語とも呼ぶ）のひとつを話す地方であり、そのタシュルヒートに支えられた独自の文化が発展してきたといわれている。二〇世紀前半にフランスがモロッコの植民地化を進めたとき最後まで武力抵抗したのが、なかば独立状態にあったこのスース地方の山岳部に住むベルベル諸部族だった。そのためフランス植民地当局はすでに「平定」済みだったアラビア語を話す平地の都市部の人々と、こうしたベルベル語を話す山岳部や砂漠の人々とを区別し、別々の政治的・軍事的・文化的対応策をとった。いわゆる分割統治政策である。

たしかに一見するとアラビア語地域とベルベル語地域とでは文化的様相がずいぶん異なるように思える。たとえばスース地方の心臓部ともいえる小アトラス山脈と呼ばれる山岳地帯に暮らす多くの部族の人々は、それぞれ独自の少しずつ異なった様式のアホワーシュという歌舞を擁していて、偉人祭や村の祭り、あるいは結婚式などの際にそれらを演じる。冒頭のブジャドのズィクルと同じように、アホワーシュは他人に見せるものではなく、自分たちだけで演ずるところに意義がある。こうした歌舞はタシュルヒートという言葉に支えられたスース地方のベルベル人の独自性やローカル性、言い換えれば閉鎖性を維持する文化的道具立てのように思えるのだが、そして実際にフランス人研究者たちはそのようにみなしてアラビア語地域の文化と区別してきたのだが、仔細に見てみるとそう単純ではない。

その鍵となるのがアホワーシュの中に挿入される「タンダンムト」と呼ばれる詩の朗唱である。アホワー

歌舞「アホワーシュ」の様子

シュそのものは一曲一時間くらいかかる長い歌と踊りで、山岳部では若い女性たちが男性の伴奏するタッルントという手太鼓やガンガという大太鼓のリズムにあわせて短い章句を延々と繰り返しながら一晩中歌い踊るのだが、そのアホワーシュの曲の中盤に、それほど長い時間ではないが、男性が一人で、しかも楽器の伴奏なしによく通る声でゆっくりと吟ずる詩が差し込まれることがある。それがタンダンムトである。女性たちの踊りは絶え間ない「タズラグト」というテンポの速い足踏み運動によって熱狂と陶酔をもたらすが、それに対してタンダンムトはあたかも熱狂を醒ますかのように、あるいは冷水を浴びせかけるかのように、場に静寂と緊張をもたらすのである。タンダンムトの独唱が始まると、それまでさかんにリズムをあおっていた手太鼓や大太鼓は鳴りを潜め、踊っていた女性たちは動きを止め、全員がタンダンムトの朗唱に耳を傾ける。そしてタンダンムトが終わるやいなや、再びアホワーシュが活発に開始される。ブジャドのズィクルに挿入されたアンダルシア音楽のメロディーが与える情景と瓜二つである。

そこでまずは、そう長い詩ではないので、実際のタンダンムトの例を紹介しよう。これはやはりずいぶん以前に山岳部のイダ・ウ・グニディフという部族の結婚式の際に録音したものを、つい最近あらためてその書き起こしと解釈を当該部族出身の父娘（ムハンマド・メズルーギー翁とファーティマ・メズルーギー氏）に依頼したものである。

（一）慈悲深き神の名において　主よ　あなた（の名）からまず始めます
（二）高貴な血筋のムーレイ・ル・ハッジよ　私はいつもあなたのことが頭から離れません
（三）私がどこに行っても話すのはあなたのことです　あなたは私にとって大黒柱です
（四）シディ・ハサンよ　あなたは薔薇です　あなたが大好きです
（五）誰かにどこかへ行けといわれても　私たちは決して行きません
（六）神が恵みをくださいますよう　神が恵みをくださいますよう　私たちの村に
（七）主よ　心地よい風を与えてください　隣人たちの村に
（八）主よ　どうか私の故郷が平穏であるようにお願いします

この詩の各行はそれぞれ二回ずつ繰り返されるが、女性たちの歌うアホワーシュのように同じフレーズが何回も延々と繰り返されることはなく、基本的には時間の進行とともに内容も進行してゆく。

ところで「アマルグ」という言葉があって、一般的には「詩」全般を総称する幅広い名詞であり、じつはタンダンムトもその中に含まれるのだが、いま紹介した詩の前半部分つまり（一）から（四）までだけをアマルグと呼ぶ場合があることが今回わかった。そのとき後半部分の（五）から（八）までがタンダンムトと呼ばれる。その違いは、アマルグが部族の別なく誰にでもわかり、誰でもが聞き分けられるいわば常套句であるのに対して、タンダンムトは朗唱者が自分の才覚で取り出してきた古い詩の断片の組み合わせになっていて、組み合わせのオリジナリティや美的感覚や自分の個性をその場にいる人々にアピールする。しかもそこには村や部族の土地の情景が色濃く反映されているので、同じスース地方の人であっても、誰でもが聞き分けられるものではない。

具体的にいうと、この詩のアマルグ部分の（二）に登場するムーレイ・ル・ハッジというのはこの結婚式のおこなわれた村の外れに小さな廟のある偉人で、毎年夏になると偉人祭が村人によっておこなわれる。また（四）のシディ・ハサンというのはこの結婚式の花婿の名前である。これらの部分さえ場所や機会に応じて置き換えてゆけば、アマルグ部分はスース地方のどこに行っても容易に人々に理解される。

それに対してタンダンムトは離れた部族や地域の人々には必ずしも明瞭には理解されない。それを如実に示す事実がある。今回のこの詩の解釈に際して、まずは平地部の部族の出身であるラハセン・ダーイフ氏（フランス国立科学研究センター）に聞き起こしと翻訳を依頼し、彼の周囲の年配者たちの協力のもとにできあがったテキストを、この詩が吟じられた山岳部のイダ・ウ・グニディフ部族出身の先述の父娘の説明と比べてみた。すると（一）から（四）までは発音の聞き取りも意味解釈もほとんど同一なのだが、（五）から（八）までのタンダンムト部分になるとたんに聞き取り方の違いや意味の齟齬が生じてきたのである。イダ・ウ・グニディフ部族の父ムハンマド翁は「ああ、これか」というふうに頷きながら録音にあわせて一緒に口ずさんでいたくらいであるから、当然彼の解釈を優先すべきだろう。

＊詩のストック

さて、アホワーシュになぜタンダンムトが挿入されるのかを考えてみよう。そのとき重要になってくるのが地元との密着性である。いま見たように、最もローカルな場に密着しているのはタンダンムト部分であり、それを吟ずる人をアンダンム（タンダンムトの男性形名詞）という。アンダンムは自らが詩を作る際に、記憶の中にある先人たちの詩から材料を選び出してきて、それらを組み合わせて自分の詩を作る。そして偉人祭や収穫祭、結婚式などの公的な場で自分の詩を楽器なしで、自分の声だけで披露する。付言しておくと、結婚式の場合は、ここで紹介したようなアンダンムの短い独唱が主流だが、偉人祭や収穫祭などの場合には二人のアンダンムがかなり長い詩を交互に掛け合いで歌って競う「歌垣」のような様相を呈する。ただし求愛的な要素はみじんもないが。そうした詩の掛け合いを「アウラールン」と呼ぶ。

ではアンダンムたちが依拠する先人たちの詩のストックは元々どこにあったのかが問題となる。一般の人々の理解では、天賦の才のある人、つまり神に選び出されて好意を与えられた人が、一種の天恵のような形で詩を生み出してきたのだという。しかし私はそのヒントをイスラム学校が与えてくれるのではないかと思う。スース地方では辺鄙な山岳地帯や砂漠地帯に至るまで、部族や村が自主的に運営するイスラム学校（マドラサ）やコーラン学校（クッターブ、いわば寺子屋）がかなり昔からあって、アラビア語の読み書きに長じた数多くのスース地方出身の先生（フキー）や学者（アーリム）が僻地でも活躍してきた。知識人と彼らを呼んでおこう。彼ら知識人は折に触れて、アラビア語を解さない村の人々にイスラムの知識をタシュルヒートで、それも部族のニュアンスを含んだ言葉で説き聞かせる努力を惜しまなかった。そして彼らが自分で書いたり、あるいは依拠したりしたアラビア語の宗教的テキストの多くがアラビア語の韻律法に基づく詩の形式で作られていたし、それらをタシュルヒートに翻訳するときも、今度はベルベル語の韻律規則に基づいて詩の形式で表現した。アラビア語詩のほうはそのほとんどが文字に記されているが、タシュルヒートの詩が文字に記されることはそう多くなかったようである[3]。しかしそれらがスース地方全体に流通していたことは確かなようで、先生や学者が頻繁に学校を渡り歩くことによって、そうした知識の一般性が確保された。

一方アンダンムはこうした移動を繰り返す知識人たちとは違って、ごく普通の地元の村人であることが多いので、彼らは知識人との接触の中から得られたタシュルヒートの詩を記憶し、それを自分の村や部族の感性に適応させるような形で消化したのではないかと思う。ただしここで留意しておかなければならないのは、詩の影響力が知識人から村人への一方通行だったのではなく、知識人たちが作るタシュルヒートの宗教詩の方もそれまでに蓄積されていたタンダンムトに多くを負っていたのではないかということである。

ともかく、このようにタンダンムトはあくまでも地元の言葉でありながら、同時にスース地方全体に共有されたタシュルヒートの宗教詩、さらにはその元となった広くイスラム世界に流通しているアラビア語の宗教詩を確実に背景に持っている。そしてアホワーシュにタンダンムトが挿入されるのは、自分たちだけの閉じられた経験を外の世界とつなぐための言い訳としてだけでなく、陶酔と熱狂がもたらすある種の罪悪感を軽減する役目も果たしている。「どこへ行ってしまうかわからない心をしっかりした世界につなぎ止めておくための錨のようなもの」と説明してくれた村人もいる。この役目はそらぞらしい共通の言葉による形式的なアマルグ部分よりも、タンダンムト部分のほうが担うのにふさわしい。その部分こそ地元に密着しているがゆえに人々の心情に根ざし、人々に美しさを感じさせ、人々の信頼感を得ることができるからである。

そして重要なのは、それが真のムスリムとしての自信を人々に与えていることである。よく聞かれる「アンダンムはイスラム知識人とは関係がなく、神から直接的に与えられたひらめきによって詩を作る」という村人たちの思い入れは、自分たちが単に外の世界、とりわけアラビア語の世界から教育されるだけの受動的な劣った存在ではないという、ムスリムとしての自信と誇りに結びついているような気がするのである。そうした心情は、たとえば「まだ存命のイサッフン部族のアリーという有名な老アンダンムは、フキー（先生）をやめたあと素晴らしいタンダンムトを作り始めた」というある村人の説明に反映されている。しかしそこではタンダンムトの独自性が強調されている反面、じつは彼がフキーだったという事実もまた見逃すわけにはゆかない。事情は錯綜しているのである。

ところで、アマルグ（タンダンムトを含む）を特化させて楽器を伴う歌を作り、それを職業として展開した「ラーイス」と呼ばれる吟遊詩人がスース地方に数多くいる。村に住む人々や村で育った人々はこうしたラーイスを町の芸人としてしか評価せず、あまり関心を示さない。自分の土地に根付いたタンダンムトへの愛着と信頼をラーイスに託すわけにはゆかないのである。しかしそれは二〇世紀後半に多くのラーイスが通俗的な芸人の道を歩んでしまったことに起因するところが大きく、それとは対照的に二〇世紀前半の萌芽期のラーイスたちはいまだに村でも高い評価を得ている。たとえばハッジ・ベルイードやウマル・ワーハルーシュ、ブバクル・インシャーズといった人々がそれで、彼らの作った詩はタンダンムト同様のまじめさと信頼感に裏打ちされているからである。というより、彼らは村々を巡り、各地のタンダンムトに長じていたのである。タンダンムトの詩のストックから彼らは自分の詩の材料を得ていた。しかしここにも留意すべきことがある。今でも格別の高い評価を与えられているハッジ・ベルイードは、彼自身がフキー（先生）と呼ばれることがあり、ちょうどアンダルシア音楽の優秀な巨匠たちが音楽家であると同時に学者（アーリム）でもあったように、ラーイスと知識人およびアンダンムのあいだには、当初は大きな垣根はなかったと考えられるのである。

ちなみに現在のラーイスたちは本名以外に芸名を有していて、多くは自分の出身部族や出身村にちなんだ名を付けるが、それとは別にたとえば「アウザール」（十七世紀の有名な大学者で、アラビア語とタシュルヒートの架け橋となった人物）や「アマルグの息子」といった名を付ける人たちもいる。またラップやヒップホップまで取り入れて、YouTubeやフェイスブックなどを自分たちの音楽活動に利用する若いラーイスたちでさえも、自分たちの音楽のルーツが草創期のラーイスに発するのだと公言することがある。

彼らに与えられる外部評価はともかくとして、このようにさまざまな人々がそれぞれの立場から「詩のストック」に立ち返ろうとしているのはたしかである。アホワーシュに挿入されたわずか五分程度の短いタンダンムトが教えてくれるのは、タンダンムトとアマルグ、あるいはアンダンムとラーイスと知識人などのあいだにかなりはっきりした意識上の区別がもうけられているにもかかわらず、実際には具体的な状況がそうした違いを無効にしている事実である。

長年の経験を告白すれば、踊りや歌や詩に関わる事象をスース地方の人々に尋ねると、人によってかなり違った答えや曖昧な答えが返ってくる。言い換えれば、それぞれの人が自由勝手に説明してくれる。それは説明と現実との齟齬に起因するというよりは、口頭詩のもつ宿命なのかもしれない。アンダルシア音楽の場合も本来は口頭詩であって、その全貌は曖昧であったが、十八世紀にアンダルシア出自の碩学ハーイクが当時歌われていた歌のほとんどを文字に記録して集大成したがゆえに、後にそれが古典として定着し、それを母胎として分類や体系化が進められた。それに対してアマルグは記録や集大成がほとんど行なわれなかった。それゆえにアマルグ（タンダンムト）の全貌はいまだに曖昧であり、だれがどのようにアプローチしてもよいし、だれがどのように解釈してもよい状態にある。[4] つまりだれの話も説明として正しいし、示される事実もまた正しい。そこでは理屈や説明よりも、むしろ「自分たちの経験が決して間違った方向には向いていない」という自信を与えてくれることのほうがアマルグの一番の重要な点だということになるのではないか。タンダンムトがアホワーシュに挿入される際の最大の役割はまさにそこにあるのだと思う。

＊おわりに――文化のつながり方

さて結論に入ろう。このように見てきても、まだアラブとベルベルのあいだに境界線を引いたフランス人たちの認識を覆すには説得力が乏しい。具体的にいって、ブジャドのお堂の中でズィクルをおこなう人々と、スース地方の星月夜の山中でアホワーシュをおこなうイダ・ウ・グニディフ部族の人々の経験を直接に結びつけることはどう考えても難しいし、両者間の人的接触や交流を想定するのにも困難がある。いずれもが詩を通じて広いイスラム世界とつながっているとはいえ、その手段であるアンダルシア音楽とタンダンムトとを結びつけるものはなにもない。実際、スース地方でアンダルシア音楽に興味を示す人はほとんどいないし、また逆にブジャドでベルベル人の歌舞に注目する人もほとんどいない。

そこでとりあえずブジャドのメロディーに戻ってみよう。なぜあのメロディーがズィクルに挿入されたのかに答えることはできないが、挿入されたことによって何が生じているのかについては考えることができる。まず確認しておくべきことは、ブジャドのズィクルに参加した人たちは、他の町あるいは他の教団でおこなっているズィクルには無関心であるということ、つまり他のズィクルに理解を示す必要もないし拒絶する必要もないという当然といえば当然の事実である。これは、それぞれの場所でそれぞれの人たちが自分たちのためだけに自分たちのズィクルをおこなっているという単純なことを意味する。そしてそれが一人一人のかけがえのない経験を構築している。それは他人に伝えようと思って伝えられるものではないし、伝える必要すらないものである。だがその場に自分たちの仲間の一人が歌うアンダルシア音楽のメロディーが挿入されることによって、すでに述べたようにさまざまな楽派やさまざまな教団、さらにはさまざまな宗教的テキストやさまざまな知識人などが織りなす重層的で不定型な知識の「ストック」に自分たちが接続され、本人たちの理解のあり方の如何にかかわらず、結果的に世間とつながってゆくことになる。世間というのはどこか離れたよその場所にポッカリと浮かんでいるのではなく、個別の生活経験の場が連なりあった結果の具体的な集積として存在している。

それとまったく同じことがスース地方のアホワーシュについても言えるだろう。他の部族ないし村のアホワーシュについて優劣を言い合うことはあっても、他の人たちのアホワーシュを理解する必要はないし、また拒絶する必要もない。アホワーシュは自分たちだけのものであってよいのである。しかしそこに仲間が吟ずるタンダンムトが挿入されることによって、ズィクルの場合と同様に、本人たちの理解の如何にかかわらず、結果的にアマルグやタシュルヒートの宗教詩、アラビア語の宗教詩、さらにはラーイスや知識人などが織りなす重層的で不定型な知識の「ストック」に接続される。そうやってスース地方の具体的な世間が出来上がっている。

ではアンダルシア音楽に媒介された「ストック」とタンダンムトに媒介された「ストック」とは断絶しているのだろうか。この点がアラブとベルベルをきっぱりと分離したフランス的知性への挑戦的回答となるはずである。まず言えるのは、先生や学者などの知識人に関する限り、アンダルシア音楽の拠点となったフェズやメクネスといったモロッコ北部の都市と、タンダンムトの本場であるスース地方の田舎のあいだには、確実に多くの交流・往来がかなり以前からあったし、今もある。またいくつかの教団のネットワークも確実に両地方をつないでいる。さらにいえば、アンダルシア音楽には含まれないが、同じ奏法からなるマルフーンという音楽が十九世紀末にはスース地方の拠点都市タルーダントにもたらされ、各地のモスクでアラビア語によるマドゥフ（預言者賛歌）がマルフーンにのせて歌われたという記録もある［al-Ghansani 1993: 113-143］。そして肝心の詩についていえば、モロッコは言うに及ばず広くイスラム世界に広まっている有名なブセイリー作の『ブルダ』というマドゥフなどは、アンダルシア音楽には当然含まれているが、すでに十八世紀までにはタシュルヒートにも翻訳されていた。丹念に調べてゆけば、他にも少なからぬ詩が両者に共有されているだろう。附言すれば、そもそもアラビア語（この場合モロッコ方言ということになるが）とベルベル語は相互に深く浸透し合っていて、切り離すことなどできないという専門家の指摘もある[5]。

これらのことだけでも十分にふたつの「ストック」のつながりを示していて、アラブとベルベルのあいだに境界線を引くことへの反証になるが、ひとつ注意しておかねばならないことがある。詩や音楽やイスラム学の担い手である知識人が、必ずしもふつうの人々の生活経験に一方的な影響を及ぼすとは限らないという事実である。たしかに知識人は尊敬はされるものの、その一方で彼らはふつうの人々に養われている「貧者」だという側面もある。だから知識人が世の中の主役だと考える人はそう多くない。まして「知識人のいうことには従わねばならない」ということには決してならないのである。そうすると、今述べたストック間の知識のつながりをもって、ふつうの人々が主役になるズィクルの場とアホワーシュの場がつながると主張するわけにはゆかない。ストック間のつながりはあくまでも補助的な状況証拠程度の位置にとどめておく必要がある。

ではなにがこの二つの場をつないでいるのだろうか。タンダンムトの部分で紹介した「どこへ行ってしまうかわからない心をしっかりした世界につなぎ止めておくための錨」という説明がヒントになる。ズィクルにおいても、トランス状態であちらの世界へ飛んでいってしまう精神をしっかりしたこちら側の世界へと引き戻す必要があり、その役目を果たしたのがアンダルシア音楽のメロディーの独唱だったことはすでに見た。「しっかりした世界」こそがふたつの個別の経験を孤立させることなく、その経験に自信を与える土壌なのではあるまいか。そしておそらくブジャドやスースに限らず、世界中に散らばって、日々姿を変えながら相互にあまり関係せずに併存しているそうした無数の個別の経験に自信の拠り所を提供しているのが「しっかりした世界」なのだ。「しっかりした世界」にとどまり、なおかつそれぞれの向いている方向が正しい方向であるという自信こそが、二つの生活の場をつなぐ接点なのである。「しっかりした世界」の共有を通じてブジャドもスースも、そして他のさまざまな場所もつながりあう。より正確に言えば、つながろうと思えばつながることのできる可能性を相互に持つ。その可能性の実現を側面サポートするのが、知識のストックの重層的で無定型な連なりだということになる。

「しっかりした世界」を「イスラム世界」と読み替えたり、あるいはたとえ想像によるものであるにせよその世界を共有する人々を「イスラム共同体」と呼ぶことも可能かもしれないが、その共有のあり方は、人々相互の不干渉に基づいていて、常に可能性としてのみつながりが担保されるような共有である。それはモスクでの礼拝にもよく示されているだろう。モスクはその運営者がだれであれ、また世界中のどこのモスクであれ、旅人を含めどこのだれが入って礼拝をしてもよい。そしてそこでは一見すると大勢の人々がまとまって同じ行為をすることを通じた連帯感の強さを感じさせるかもしれないが、じつはそこで共有されているのは同じ方向（神の方向）を向いているという点だけであり、礼拝者個々人は相互の関心を持たない。したがって礼拝が終わればまたバラバラに散ってゆく。もちろんそこで互いに関係を築こうと思えば、それはそれでまったく構わない。ふつうつながりというと堅固な紐帯や恒常的な付き合いや具体的な権利義務関係などを想定しがちだが、モスクに集う人々のように偶然性をも当然の要素として取り込んだ不干渉の関係も、またつながりの形としてあり得るのである。可能性としての世界の共有とはそういうことである。このように見てくると、アラブとベルベルのあいだに境界線を引いて区分けするということが、モスクに集うさまざまな人々を言葉や住まいの違いなどに応じて勝手に区分けするのと同じくらい無謀なことであることが理解されると思う。そしてブジャドのズィクルとスースのアホワーシュは、同一の正しい方向を向いた不干渉の関係としてつながっているのである。

ふたつの小さなメロディーが教えてくれるのは、それらが他人に説明する必要もない自分たちだけの生活経験に方向性と自信と安心を与えてくれるいわば方向指示器のようなもの、あるいはそれがあることによって別の人々の生活経験とのつながりが可能になる触手のようなものだということである。生活の直接性から決して離れず、それでいて多くの経験世界がつながりあう。それが多様性と連続性が同時に成り立つ文化の仕組みといってよいだろう。

注

1 「叡智の学問」と「伝統の学問」については［イブン＝ハルドゥーン 一九八〇：八八五～八八六頁］を参照のこと。

2 モロッコにおけるアンダルシア音楽の展開の詳細は拙稿［堀内 二〇〇七］に記した。

3 スース地方のベルベル語（タシュルヒート）で記された文字資料については、Van Den Boogertが、十七～十八世紀の有名なアウザールという大学者が残した『涙の海』というベルベル語のテキストの英訳・校訂の解説部分で、詳しく述べている［Van Den Boogert 1997］。

4 最近アマルグやアホワーシュなどを含むスース地方の芸能をめぐる概念の整理を試みた興味深い研究書が出版され［Ibrahim 2012］、用語の定義も試みられているが、それが一般に受け入れられるようになるのかは不透明である。

5 ムハンマド・シャフィーク（Muhammad Shafiq）氏とのパーソナル・コミュニケーションによる。シャフィーク氏は一九九〇年代に三巻にわたる膨大なアラビア語＝アマズィグ語辞典を完成させ、二〇〇一年に創設されたモロッコ王立アマズィグ研究所の初代所長を務めた。モロッコを代表する知識人の一人で、言語学者、文学者。

参照文献

イブン＝ハルドゥーン 一九八〇『歴史序説 第二巻』（森本公誠訳）、岩波書店。
堀内正樹 二〇〇七「音楽家がつくり上げるネットワーク――モロッコのアラブ＝アンダルシア音楽の展開に即して」『アラ

ブ世界におけるネットワーク型社会システムの維持メカニズム――地域的人間関係の生成・持続・変容に関する実証的研究』（平成十五年度～平成十八年度科学研究費補助金（基盤研究（Ａ））研究成果報告書）、日本学術振興会提出、一三九～一五六頁。

al-Ghansani, Ahmad Buzaid 1993 *Tarix al-Zajal al-Sha'bi bi-Taroudant*. Rabat:Matabi' Manshurat Ukadh.

Ibrahim Ou Bla 2012 *Amarg n Usais: Muqarabat Antrubulujiya li-Funun Asais al-Amazighiya*. Agadir: Souss Impression.

Van Den Boogert, Nico 1997 *The Berber Literary Tradition of the Sous: with an edition and translation of 'The Ocean of Tears' by Muhammad Awzal*. Leiden: Nederlands Instituut Voor het Nabije Oosten.

第Ⅳ部　象徴のはたらき

11
「迎合」か「柔軟」か
――都市におけるアレヴィーの生き方――

米山　知子

＊はじめに

二〇〇四年七月、トルコ共和国（以降トルコ）西部の地方都市ヤロワで行なわれた身体動作セマーの公演ステージで、Ａアムジャ（アムジャは父方のおじという意味）はいつものように「観客」に向かって大声をあげた。「アレヴィーであろうとスンニーであろうと関係ない！」。Ａアムジャは、イスタンブル郊外にあるアレヴィー（後述）たちの相互扶助などを目的とした文化協会の一つ、カラジャアフメット協会の設立当時から中心メンバーとして活動している。そこでセマーと呼ばれるアレヴィー特有の身体動作を通して、現在の都市における新しいアレヴィーの世界観をアレヴィーの若者たちに伝える立場にいた。また、彼の一番の教え子で、二〇〇四年当時セマー歴一〇年以上になる二十四歳の女性Ｙは、カラジャアフメット協会で実践されているアレヴィーの儀礼の中でのセマーを次のように述べた。「アレヴィーのセマーとメヴレヴィー教団のセマを一緒に回る（後述）なんて、どちらの良さもなくしてしまう。単にスンニー系政権への媚にしか見えないわ」。彼らのこの言葉、そして行為に現在のトルコにおけるアレヴィーの一側面が凝縮されているといえるだろう。

本章では、マイノリティーという立場から常にマジョリティーとの境界を意識して生きてきたアレヴィーの境界を操作する様を、多くの文化的背景を持つ人々が混在する都市イスタンブルにおける身体動作セマーの実践の場を通して、ミクロな視点から見てみる。さらに、イスタンブルなど現代トルコ都市部においてはマジョリティーであるスンニーに対してだけではなく、アレヴィー内部に対してもさまざまな層の境界がみられる。セマーの担い手がそのようないくつもの境界に対してどのようなやりとりをしているのかも見てみよう。

＊アレヴィーとセマー

アレヴィー Alevi とは、文字通りにはイスラーム教第四代カリフ・アリーを信仰する人々という意味である。トルコ民族がイスラームに出会う一〇世紀以前、つまりアナトリア（小アジア）に移動する以前からの文化（シャーマニズムなど）を保持していると言われ、かつてはアナトリア各地に居住していた。また、イスラームの影響を受けてからは、名前の由来からもわかるように、特にシーア派的信仰をみせているとされる。現在でも旧オスマン帝国領内各地に似た信仰を持つ人々が存在するが、二〇世紀以降は、アレヴィーといえばトルコ共和国内の人々をさすようになった。彼らはオスマン帝国時代から現在のトルコ共和国に至る長い歴史において、宗教的理由で常にその立場が翻弄されてきた。礼拝の代わりに毎週木曜日の夜（現在の都市部では人の集まりやすい週末の午後）には共同体を社会的宗教的に正しい道へ導くとされる儀礼ジェムを、ジェムエヴィ（ジェムの家）と呼ばれる建物で男女一緒に行ない、そこではセマーを含めたアレヴィーの世界観を表わすさまざまな身体動作が行なわれる。そういったことからも当該地域においてマジョリティーとされるスンニーの人々からは非ムスリムとして蔑まれ、さまざまな言説（うわさ）を作られてきた。そのような過程で、後述するようにアレヴィーの中には自らを「ムスリムである」と言明するものも現れたが、当然アレヴィーとしての存在を主張するものもいる。たとえば、次に挙げる例はそれが社会的に明るみにでた一つの例である。

トルコでは初等教育において宗教の授業は必修となっており、イスラーム以外にキリスト教、ユダヤ教は選択可能になっているが、「アレヴィー」はその中に入っていない。そのことに対し、二〇〇六年にはアレヴィーの協会関係者の一人が、「アレヴィー」に関する授業がないのであれば息子が宗教授業をうけることを拒否させるための裁判を起こしたのである。他にも宗務庁からモスクへは送られる補助金が各地に点在するジェムエヴィへは送られない、虐殺事件が起きるなど、いまだ権利や立場という面では困難な現実がある。そのような中でアレヴィーは、都市などスンニーの多い地域では自らの出生を隠すようになり（Takkiya タッキヤ）、挨拶の仕方などを通常アレヴィーは三回（アラー、ムハンメド、アリーを表わす）相手と左右交互に頬を重ねるのに対し、アレヴィー以外の人がいる場では二回重ねるスンニーのやり方に変えて行ったりするようになった。このようにして、アレヴィーは、当該社会においてマジョリティーであるスンニーの行為をまねることで、自分たちの身を守る術を身につけてきた。

セマー Semah は一般に、イスラーム神秘主義教団で修行の一つとして用いられる音楽と身体動作のことをさす。トルコにおいては、ユネスコ世界無形文化遺産にも登録され、モーツァルトのオペラにも登場したメヴレヴィー教団のセマ Sema（アレヴィーのセマーとは異なる発音）が世界的に有名である。彼らは日本にもたびたび来日し公演をしている。修行 ayin の間、音楽に合わせ、黒い長い帽子をかぶり白いスカートをいっぱいに広げて自転する僧の姿は、宇宙空間で自転しながら太陽のまわりを回る地球（天体）を想像させる。回る僧は無我の境地に至って神と一体となり、彼（現在では女性の僧もいる）の手のかたちによって天にいるとされる信じる神からの愛がその場（地上）にいる信者へと伝えられるという。アレヴィーのセマーは、儀礼ジェム Cem のクライマックスにあたる終盤にバーラマと呼ばれるトルコ特有の弦楽器にあわせながら、男女一緒に行なわれ、やはり唯一信じる神と一体となることができる方法といわれている。担い手たちは、セマーは「踊り」ではなく、神への信仰の表われ（愛）であるという。それは、担い手たちがセマーを実践することを「踊る」とは言わず、その振りの特徴から「回る」と表現することからもわかる。彼らは、セマーが音楽のリズムに合わせて一定の身体動作を行なうことから、調査開始時「踊り（トルコ語でオユン oyun）」と言った私を、やさしく、しかし毅然と前述のように訂正した。

メヴレヴィーのセマが一つの振り（自転のみ）なのに対し、アレヴィーのセマーは円形に歩く動作が基本ではあるが、地方によっていくつもの振りがある。手のかたちはさまざまな意味をもち、その一つにはシャーマンの使いとされる鶴の首を表わし、そのとき手のひらは神からの愛をこぼさないように軽く丸められるものがある。ある地域の振りではやはり自転の動作も行なわれるが、メヴレヴィーのセマと異なり女性のみが自転をし、男性はそのまわりを保護するように腕を大きく回しながら女性とともに円の上を移動する。この振りは、アレヴィーに広く知れ渡っている、力の強い象徴であるライオンが弱い象徴であるカモシカを守ったという伝説に基づいている。

私がセマーをカラジャアフメット協会付属のセマー教室で「習い」始めた同じ時期に、スンニーの女性も教室に顔を見せ始めたのだが、この自転するセマーの練習の一回目で気分が悪くなってしまい、その後顔をみせなくなってしまった。追跡調査をすることができなかったので、この女性がなぜ参加をやめてしまったのか詳細はわからない。しかしここからは次の二つのことが見て取れる。

まず、セマーは本来儀礼の中で誰もが実践できたはずである。しかし後述するように、実践の場の多様化により第三者の目に触れる機会が増加し、人の目を意識するようになったことにより振りが洗練された。それにともない動作も早く超絶技巧的になり、誰でもすぐに実践できるものではなく、一定の練習期間を要するようになったことを表わしていると言える。二つ目は、冒頭でYが述べているように、現在のアレヴィーを取り巻く状況から、メヴレヴィーのセマとアレヴィーのセマーを一緒に回る協会もいくつか見られるようになった。Yのように批判的な意見がほとんどであるが、主催しているカラジャアフメット協会幹部は「アレヴィーのセマーもメヴレヴィーのセマもどちらも愛を基本としている。だから一緒に実践することは可能であり当たり前のことなんだ」と口をそろえる。これは当然、これまでアレヴィーしか実践できなかったセマーが、スンニーにも開かれているのだ、ということを暗に示しており、前述のようなスンニーの教室参加希望者が多くはないがみられるようになった。そして、相手の行為やその時の状況を柔軟に受け入れ対応する彼らの姿勢は、ここでも見られるのである。

＊都市での活動

それでは次に、これまでにもたびたび登場しているが、現在のアレヴィーのセマー実践の場を牽引しスンニーとの境界に直接的に対応しているといっても過言ではない、都市に次々に設立されているアレヴィー文化協会（以降協会）の活動を、イスタンブルで最初に設立され最大規模のカラジャアフメット協会を例に見ていこう。

一九五〇年代以降、トルコは経済の自由化や農業の機械化などの理由で急激に都市化が進んだが、それにともない、アレヴィーもイスタンブルなどの大都市へと職を求めて次々と移住した。移住先の都市では相互扶助を目的に同郷者たちが集まり多くの県人会が設立されたが、六〇年代以降にはやはり相互扶助を目的にしたアレヴィー文化協会の設立も次々にはじまった。九〇年代以降政府がEU加盟を意識してマイノリティーに対する規制を緩和するようになると、都市における協会の活動も活発になっていった。そのような波にのって、冒頭のAアムジャは、家族とともに一九六〇年代初頭にトルコ東北部のシェビンカラヒサルから職を求めてイスタンブルへとやってきた。一九六三年には同様にしてトルコ各地から移住してきたアレヴィーとともに、イスタンブル郊外にあったアレヴィーの聖者Kの廟周辺にカラジャアフメット協会を設立した。後に、弟であり音楽家であるDアムジャとともに、協会内にアレヴィー文化の保持と伝承を目的としたセマー教室を開設し、その後次々に開設されるアレヴィー文化協会付属セマー教室の見本となっていった。また、同じく冒頭のYの祖父も、三〇代の頃に中央アナトリアに位置するマラトゥヤ県アルグバン村から自分の家族（Yの父を含む）とともにイスタンブルに移住し、カラジャアフメット協会の設立にかかわっている。そのため、Yも幼少の頃から祖父に連れられてカラジャアフメット協会に出入りしており、セマー教室開設時から通い、彼女の真面目でリーダー気質な性格から、しだいに文字の読み書きが困難なAアムジャの右腕的存在となっていたのである。

二〇〇八年当時ではイスタンブル市内に約三〇のアレヴィー文化協会が存在するが、トルコは共和国建国以来世俗主義を謳っているため、どの協会の規約にも「アレヴィー」や儀礼などの宗教に関する文字は見当たらない。すべて相互扶助や地域、現在のトルコ文化を形成した聖者が残した遺産の保存などを目的としており、その活動も会員の交流や資金確保のためのイベント、若者のための大学受験講座、コンピューター教室が主なものであり、セマー（教室）はその中で重要な「地域・聖者の文化（の伝承）」として位置づけられている。

協会建設にも、スンニー系政権との軋轢がみてとれる。カラジャアフメット協会はその後、会員数の増加などのために施設を増設する許可をイスタンブル市に申請し工事を開始した。しかし一九九四年に市長に当選した現トルコ共和国大統領のエルドアンによって却下され、工事が中断することになる。会員たちの懸命な活動と裁判によって工事は再開することになるが、イスラーム主義的傾向を政治に強く反映させるエルドアンとは、その後もたびたび衝突することになる。このようなこともあり、前述のセマー実践の変化が見られるようになったのである。

建物入り口には協会の名前のもととなった聖者Ｋの廟がある。協会を訪れた者は必ず廟を参詣し、緑色の大きな布をかけられた廟のまわりに設けられた柵に口づけをし、敬意を表す。廟のある部屋に入るには少し段になった敷居があり、必ずまたいで入らなければならない（踏んではならない）。そのまま廟を後にして建物内を進んで行くと、大きな待合室や売店、調理室があり、ほとんどの訪問者はまずここで他の訪問者と歓談する。協会会員は約六千人（二〇〇四年当時）いるが、ここで初めて知り合い（たとえば会社の同僚）がアレヴィーであったことを知る人々も多く、出会いの場となっている。待合室の壁には聖者Ｋ、神秘主義者ハジュ・ベクタシュ（神秘主義教団ベクタシュ教団の教祖）、トルコ共和国初代大統領アタチュルクの肖像画や「男女平等」「手、口、腰の主となれ（自分を律せよ）」などの聖者たちの格言が所狭しと張られている。売店には「アレヴィーとは？」といった内容の冊子や協会発行の雑誌、国内外の著名なアレヴィー研究者の著作、アリーの刀の形をモチーフとしたキーホルダーや聖者の顔が描かれたバッチ、アレヴィーの民謡歌手のカセットなど、狭い店内はものであふれている。実際に買って行く参詣者は少ないのだが、これらのものたちは現在のアレヴィーの世界観を形作る上で重要な役割を果たしている。販売を担当する五〇代の男性は非常に愛想がよく、多くの訪問者との交流も盛んで、協会のスポークスマン的存在であった。参詣者のほとんどはイスタンブル在住のアレヴィーで、普段スンニーとともに働き学ぶなど日常生活を送っているが、主要なバス路線の通り道であり交通量の多い幹線道路に面した建物の中に一歩入ると、そこにはアレヴィーの世界が広がっており、それまでとは異なる空間に入り込んだことを肌で感じることができる。

協会では、毎週末の午後一時から、前述のアレヴィーにとって欠くことのできない儀礼であるジェムを行なっている。ジェムは協会二階の二〇畳ほどのジェムエヴィ（ジェムの部屋）で行なわれる。部屋は毎週参加者でいっぱいになり、雪の降る寒い冬でも、熱気で窓を開けなければいられないほどになる。デデと呼ばれる長老がバーラマを伴奏に、さまざまな聖者が残したアレヴィーの信仰に関する詩を歌いながらジェムを進行する。デデを中心に参加者は男女に分かれて円形に座る。都市の協会においてデデは定期的に交代されるため、どの地域出身かによって、その都度ジェムの進行にも変化がある。そのため、前述のセマーの担い手であるセマーチュYが「今度のデデのジェムはやりにくいし、決まりごとに厳しい」と言うなど、出身地はもちろん世代、立場の異なる会員からはさまざまな評価がくだされることも多い。確かにこのデデはジェムでのセマーにメヴレヴィーのセマを導入するなど対外的な活動は活発であるが、協会内部の人間には厳しく、後にセマー教室とのいざこざを引き起こすこととなった（後述）。本来セマーは希望者ならだれでも実践することができるが、協会のジェムでは決められた担当者が実践する。カラジャアフメット協会のジェム参加者はさまざまな地方出身者であるため、セマー担当者の間でもさまざまな振りが見られる。さらに担当者以外の参加者はセマーを知らない者も多く、かつて行なわれていた儀礼のように希望者の実践が可能となっても、実際は回ることのできる者（希望者）は少ないことが予想される。そのような人はよく「セマーはできなくても、セマーが回られている場にいるだけで、セマーの担い手からあふれてくる神への愛を共有することができるからいいのだ」という。セマーはこのジェムの最後に実践される。

以上、協会を中心に活動する都市におけるアレヴィーの姿をみてきたのであるが、これはつまり、都市においては協会に参加しないとアレヴィーとしての公の活動は行ないにくいということもできる。現在の都市では、「アレヴィー」としての自覚が薄れている者も多く、また、一九九五年にこれまでの「アレヴィー」への偏見から起きたイスタンブルのアレヴィーが多く居住する地域での虐殺事件を理由に、自分の家族に協会への参加をさせないようにする者もいる。そのような中協会は、その活動に賛否があるとはいえ、アレヴィーにとって唯一保証された活動機関となっているのである。

＊新しいセマー実践の場の誕生

これまでにもたびたび登場しているセマーチュYは、カラジャアフメット協会付属セマー教室一番のアブラ abla（お姉さん）である。通常この「アブラ」は血縁関係のある年上の姉妹を指すが、「アムジャ」同様、特に血縁関係になくても信頼している年上の女性には使うこともよくある。教室内に彼女以外でそのような名称で呼ばれる女性はおらず、それほど師匠であるアムジャ兄弟や教室の多くの生徒たちに一目おかれる存在である。二〇〇四年の調査当時、彼女は普段はトルコでも有数の優秀な音楽大学に入学したてのトルコ民謡を専攻している学生であった。二〇一三年現在（三十三歳）は大学院に進学しているが、同時に民謡歌手としてデビューし、さまざまなメディアで活躍している。また、アレヴィーの将来を危惧し、協会内外でセマーのみならずさまざまなアレヴィーに関する活動を行なっている。前述の通り、彼女がセマー教室に通うようになったのは一〇歳頃で、祖父に連れられてカラジャアフメット協会に頻繁に顔をだすようになってからだ。アレヴィーの信仰に熱心な祖父の血を受け継ぎ（他の家族はそれほどでもない）、彼女もセマー教室に熱心に通い、教室で一番のセマーの担い手になった。そして、セマー教室内外のさまざまな活動に積極的に参加している。

カラジャアフメット協会のセマー教室は、一九八九年にイスタンブルで最初に開設された。ジェムと同様、毎週末（日曜日のみ）の午前九時頃から午後四時頃まで開講されている。教室となっている部屋の壁にはやはり、聖者の肖像画や格言、またアレヴィーにとって忘れてはならない事件である、一九九三年に起きた中央アナトリア・シヴァスでのホテル放火事件を描いた絵画などが貼られている。参加者は前述の通りスンニーの参加申し込み希望者もごくまれに見られるが、私が通っていた当時は、三十八名全員がさまざまな地方出身（移住二世、三世）のアレヴィーであった。生徒の年齢は十五歳から二十五歳くらいで、一年間の教室参加の修了後も通い続ける元生徒も多くおり、Yもそのうちの一人であった。また、師匠であるAアムジャのアレヴィーに関する豊富な知識をたよりに、イスタンブル各地の協会付属セマー教室の生徒たちが訪れ、アレヴィーについての知識を深めていくことも多い。さらにAアムジャは人格的にも生徒や生徒の家族から信頼されているため、開講時間内で割礼の後のクルアーンをよみ、またアッラーの名を唱えるテヴヒッド Tevhid を行なうこともある。

若い男女が集まる教室内では恋愛も生まれやすく、教室で出会った二人が結婚することもある。教室で出会い結婚した夫婦の妻方の父親は、「この教室で知り合った男なら安心できるよ」と、肩の荷を一つおろしたような安心した様子でこどもたちの門出を祝福していた。親が娘を結婚させる責任が日本よりも重く感じられるトルコにおいて、娘の結婚は彼にとって大きなことだったろう。しかしそれ以上に、スンニーが多数を占める大都会で、アレヴィー内部で結婚しなければならないという自分たちの出自を守り続けることの重責を果たせたことが、彼の安堵感の中の大きな割合を占めていたのかもしれない。

このセマー教室の開設には、教室で音楽家としてバーラマを演奏しているDアムジャが深く関わっている。彼は兄のAアムジャや他の家族とともに、一九六〇年代初頭、十五歳の時にシェビンカラヒサルからイスタンブルへと移住した。移住当初彼は、兄と共にイスタンブル郊外にある大学の食堂で給仕として働いていた。大学には多くのスンニーの学生がいたが、そこで出会った新しいレパートリーを模索していた舞踊クラブの学生に、彼がバーラマの演奏家であり、さらにはアレヴィーであるということを知られることとなった。その後、彼はアレヴィーの音楽（民謡）を彼らに教え、さらには出身地の近い者同士で実践していたジェムの中でのセマーを見せた。セマーを見た学生たちは、彼らとともにより「見栄え」のするようセマーを振り付けしなおし、より「洗練」された「踊り」として自分たちのトルコ民俗舞踊のレパートリーに加えることとなったのである。給仕を辞したDアムジャには、学生たちの影響を受けて自分たちのセマーのレパートリーも「保存・維持」しなければという意識が芽生え、一九八九年、セマー教室は協会設立後二〇年という月日を経て、兄であるAアムジャの協力を得て誕生した。セマー教室で回られているセマーは、この時の学生達の協力を得て、さまざまな地方のセマーをつなげた三〇分程度の非常に見栄えのするものとなっている。こうして、それまでの「セマーはジェム以外では実践してはならない」という親世代が保ってきた価値観にとらわれることのない若いアレヴィーと、アレヴィーに関するさまざまな言説にとらわれなかった若いスンニーの出会いが、新たなセマー実践の場を創出することになり、その後のアレヴィーの活動や存在に大きな変化をもたらすこととなったのである。

しかし、カラジャアフメット協会付属セマー教室は二〇〇七年に休止されることとなった。というのも、前述のジェムを仕切っていたデデを含むカラジャアフメット協会運営幹部のスンニー政権寄りの協会活動に対し、セマーチュYをはじめとするセマー教室の主要運営メンバーが、抗議のために教室活動をやめたのである。別の協会でも師匠が仕事のために不在になるなど、さまざまな理由で停止されている規模の小さな協会付属の教室は見受けられるが、協会内外の政治的理由でセマー教室の活動を休止したのは、カラジャアフメット協会を含め片手で数えられるほどである。

ここで言えるのは、セマー教室はジェムと異なり都市における協会という新たなアレヴィー世界で後から位置づけられた存在であるため、その存続は協会内で融通がきく。しかし協会において教室は、アレヴィー内外へアレヴィー文化を提示する重要な役割を果たしている。そういったことからセマー教室は、セマーがパフォーマンスのもつ力によってそれを観たアレヴィー以外の人々との境界を曖昧にする一方で、現実の社会制度としての教室は、協会つまりアレヴィー内部で問題が起きた時の解決のための「手段・切り札」となりうる。Yをはじめとした教室参加者は、そのような二つの側面を無意識のうちに巧みに利用しているのである。また、強制ではなく自らの意思で参加するセマー教室関係者は、信仰に厚く、「純粋な、本来の」アレヴィーの信仰を保つことに熱心な傾向が強いため、このような抗議活動にでやすいと思われる。さらに、カラジャアフメット協会など大規模な協会は、小規模な協会よりも対外活動も活発で、アレヴィー外の人間の目につきやすい。そのため、このような内部での意見の相違が生まれやすくなっているのである。

とはいえ、セマー教室は雑多な都市に生きる若いアレヴィーの横の人間関係を形成する重要な場となっており、他の部屋を借りて「教室」自体は存続させていることからもわかるように、その活動がなくなることはないだろう。

＊思いが凝縮された場

セマーを含めた舞踊・音楽などの美的パフォーマンスは、日常にはあまりない珍しい動きや音（楽）を用いているため、それを観る人は感情を揺さぶられやすい。マイノリティーにおける音楽の役割を研究する寺田［二〇〇九］は、マイノリティーの人々は、ホスト社会において経験するさまざまな言葉にはできない（してはいけない）感情を、そのような非言語コミュニケーション媒体である美的パフォーマンスにこめ表現する、という。アレヴィーも例外ではなく、長い歴史の間積み重ねられてきた思いを、やはり長い歴史の間培ってきたアレヴィーの世界観をうつす鏡であるセマー・パフォーマンスに託す。そのようなことから、アレヴィーだけではなく、世界各地の多くの境界に翻弄されるマイノリティーと呼ばれる人々が、美的パフォーマンスを使って自分たちの思いをさまざまな場で表現している。それはまるで、美的パフォーマンスには境界を融解し再構成する力を秘めているということを、パフォーマー自身無意識に知っているかのようである。

冒頭でもみたように、セマー教室の誕生とともに積極的に行なわれるようになったセマー実践の場の一つにセマー公演がある。これは、さまざまな要因からスンニーが多くを占める全体社会におけるアレヴィーの存在の変化と、アレヴィー内部におけるセマーに対する価値観の多様化という、アレヴィー内外における二つの変化が要因となっている。そこには、前述のようなパフォーマンスの力をかりて、非直接的に自分たちの存在を他者へ伝えようというアレヴィーの思いが凝縮されている。セマー「教室」の誕生までにカラジャアフメット協会設立後二〇年という時間を要している。それほどこれまで長い間培われてきた価値観を変化させるには時間とさまざまな試行錯誤が必要であったのであるが、「公演・イベント」という場はさらに広く公に見せる（魅せる）ことを目的としており、そこにはさまざまな「観客」の存在が不可欠である。このことはアレヴィー内部において、当然軋轢をうむこととなった。その他、不特定多数の目にさらされるという意味では、映像作品など最近活発に行なわれるようになった実践の場も存在するが、ここでは発信者側（アレヴィー）と受信者側（アレヴィーとスンニー）の交渉が直接的であり、わかりやすい公演をとりあげ、その具体的なやりとりを見てみよう。

セマーチュYは必ず公演のメンバー十二人（セマー・グループ）に選出され参加しているが、大学や家の行事、アルバイトなどの理由で参加できないこともある。メンバーは、男女六人ずつ、アムジャ達やYを含めた教室の主要メンバーによって、公演の前の週あたりに「上手」であると評価された者の中から、予定の合う者が選ばれる。公演は依頼を受けて参加に見合うと協会が判断したもの、自主的に参加するもの、協会主催のものや複数の協会で協力して主催するものなどさまざまであるが、アレヴィーだけではなく、スンニーからの依頼も増加している。カラジャアフメット協会付属セマー・グループは、その振りが洗練され見栄えがすることから多くの依頼を受け、出演の取捨選択はするものの、頻繁に公演に出かけている。

冒頭にあげたイスタンブルからバスで二時間弱の西部地方都市ヤロワで行なわれた公演は、二千年代半ば以降から地方に多く設立し始めているアレヴィー文化協会の開設イベントの一部であった。一部がまだ建築中のその協会は、街の中心の賑やかな市場から車で三〇分くらい離れた住宅地にある。セマー公演の会場は協会建物の前にあるフェンスが張りめぐらされた屋外のスポーツ広場で、通常はサッカーやテニスなどができ、隣にはサウナも完備したスポーツ施設となっている。このとき正面に位置するフェンスには、初代大統領アタチュルク、ハジュ・ベクタシュ、アリーの肖像画、そしてトルコ共和国国旗が貼られており、現在のアレヴィーを象徴する装飾がなされている。しかし、その中でもアタチュルクの肖像画が一番大きく、さらに中心に目立つ位置に置かれており、アレヴィー的（宗教的）色彩の濃い聖者やイマームの肖像画は小さく控えめである。多くの家が並ぶ住宅地では、アレヴィーが多いとはいえさまざまな人の目につくため、アレヴィー文化協会のイベントであってもそのような配置、装飾になっていると思われる。

イベントは午後一時からバシュカン（協会長）の挨拶とともにはじまった。挨拶終了後、厳かな顔をしたAアムジャを先頭にセマーチュ十二人が入場すると、会場の空気は一変した。彼らが一列に並ぶと司会者による「イバーデト（信仰）の一つであるセマーを行ないます」という紹介の後、Aアムジャが冒頭でも紹介した「アレヴィーであろうとスンニーであろうと関係ない」という公演前に必ず発する言葉が続く。それまでセマーチュが着ている衣装などについて談笑していた観客たちは黙り、その言葉と雰囲気に圧倒されているようであった。

教室で練習されているセマーを披露すると、その技巧的な振りを初めて目にした観客から途中で何度か拍手が起きた。それほどまでにカラジャアフメット協会付属セマー・グループのセマーは洗練され、技巧的にも難しいものとなっている。しかし、セマー開始十五分後に司会者が突然セマーを中断させた。これに対しAアムジャは「セマーはお遊び oyuncak じゃない！」と声をあげて怒りをあらわにした。観客も驚く出来事だったが、後にこのことに対し司会者から、「雨が降ってきたから中断してしまった。大変申し訳ない（実際、小雨が降り出していた）」という謝罪があり、事なきを得た。カラジャアフメット協会の考えるアレヴィーの世界観（セマー観）では、セマーを実践することは神への愛を届けること、また神からの愛を受け取ることと信じられているため、セマーの実践中にそれを中断することは厳禁だったのである。そのことを、アレヴィーであっても司会者が認識していなかったために起きたハプニングであった。

このようにセマーに対しては、アレヴィー内部でも現在ではさまざまな解釈の位相が存在している。他にも、セマーは儀礼ジェムの中で行なわれ、アレヴィーの信仰心の表われであるという司会者のセマーの紹介の文言に対し、出番が終わったセマーチュからは「（アレヴィーの信仰心を最強化する儀礼ジェムでの実践ではなく）ギョステリ（見せ物）なんだから本当の（信仰心の表われとしての）セマーじゃないよ」という皮肉めいた言葉を聞いた。カラジャアフメット協会付属セマー教室のセマー・グループは、アムジャたちを筆頭に協会幹部たちから、上記のような現代の協会におけるセマーに対する考え方をしっかりと教え込まれてきた。そのためこのような言葉が発せられたのである。このセマーを中断するという出来事は、アレヴィー文化協会の先駆けともいえ、長い間アレヴィーの世界観を含めた彼らの立場をトルコ社会の中で確立しようと再構築し他の協会を牽引してきたカラジャアフメット協会と、設立されたばかりの協会との「アレヴィー」そしてセマーに対する認識の差がはっきりと表われた出来事だったといえるだろう。当然このような経験を経て新設の協会は、セマー観（アレヴィーの世界観）を変化させる可能性は充分ある。

ここでもう一つ、規模の大きな公演を取り上げてみよう。二〇〇四年一〇月に行なわれた公演は、二〇〇三年に勃発したイラク戦争への抗議の意味を込めてアレヴィー系ラジオ局が主催し、それに賛同した十の協会付属セマー・グループおよび十四人のアレヴィー音楽家（民謡歌手）が参加した。イスタンブル郊外に位置する一万人収容のスポーツスタジアムで開催され、アレヴィーはもちろんのこと、後の新聞記事などによると紹介や伝手などで知ったスンニーも多く参加していたようである。チケットは前年開催の同公演の様子が収録されたVCDとなっており、各協会やアレヴィー系音楽制作会社で販売されていた。円形の観客席の中央に舞台が設置され、その周辺には、平和を象徴する鳩とそれを追う愛の象徴であるセマーチュの像が置かれていた。舞台真上の天井からは、アタチュルクの肖像画と主催のラジオ局のマークの垂れ幕がかかっている。ここで注意したいのが、ヤロワ公演では見られた聖者たちの肖像画が一切ないことである。この公演の目的はトルコ政府がアメリカ軍へ基地を提供することへの抗議であり、ヤロワでの公演のようにアレヴィーを象徴する必要はなく、また、そうすべきでもないと考えられたのである。開演後の舞台演出でも、セマーチュが鳩を抱いて登場し、音楽家のバーラマ演奏による合図とともに一斉に会場に放つというように、「愛と平和」が意識されていた。

カラジャアフメット協会セマー・グループは最初に登場した。ここでは司会者は名称やどの地方のセマーかといったセマーの解説はするが、ヤロワで聞かれたような「信仰の表われであるセマー」という宗教的説明はない。しかしAアムジャは、特に開催目的に左右されることもなく恒例の文句を発し、セマーチュもそれを聞き意気を高揚させられたように顔が引き締まったかにみえた。今回は途中で中断されることなく、その超絶技巧的なパフォーマンスを大勢の観客の前で披露し、大きな拍手を得ていた。私は彼らのパフォーマンスを観るために他の多くの報道陣とともにステージ袖でビデオ撮影をしていたのだが、その最中に、トルコでも人気の民間の民俗舞踊団で専属ダンサーをしているというスンニーの男性に話しかけられた。その舞踊団は海外公演も多くこなし来日経験もあるのだが、彼によると、「次回の自分たちの公演のレパートリーにセマーを取り入れたいので、今回見学しにきた」と参加理由を話す。確かに、二〇〇五年の舞踊団のレパートリーにはセマーが短くはあるが導入されていた。

このように、公演の開催目的によってその舞台演出は変化が見られる。それは他者に「見せる」ことを意識した公演という場では当然なことであるが、他の公演をみても、アレヴィーの場合、特にその立場を反映するかのようにさまざまな演出（小道具や司会者の発言など）を変化させて敏感に対応している。公演という場は、アレヴィーにとって価値が絶対に変化することのないセマーという媒体を中心におきながらも、そのまわりを取り巻く「環境」は有機物のように柔軟に変化させることができる。そこは多様化しますます複雑化する社会の中で、言葉を使わずとも彼らの思いを凝縮し発散することができる貴重な時空間となっているのである。

＊さまざまな「観客」の存在

次に、公演において重要な存在である「観客」に目をむけてみよう。前述のヤロワでの公演への依頼はアレヴィーからで、参加者（観客）もほぼ全員が協会関係者などのアレヴィーであった。ただし、一言で「アレヴィー」といっても一様ではない。特にさまざまな文化的背景を有する人が多く存在する都市においては、親もしくは祖父母世代に移住後、「アレヴィーである」というアイデンティティーが薄れた若者が多く存在する。移住世代でも都市居住後は都市での生活になじみ、「アレヴィー文化」に関心がなく、子どもが何らかの理由でセマーやアレヴィー文化に興味をもち、自主的に協会やセマー教室に通う例が多い。セマーチュＹも祖父は協会設立に関わるほどの人物であったが、父母弟はほとんど関心がなく協会にも顔をださない。また、イスタンブルにおける虐殺事件や中央アナトリア・シヴァスにおける事件などアレヴィーに対するいくつかの事件から、自らのアレヴィーという出自を否定する（隠す）者も見られる。このように現在の都市では、アレヴィー内部でもさまざまな「アレヴィー」に対する意識が存在する。従ってさまざまな客層に対し、どのような演出を行なえば「アレヴィー文化協会の存在価値」を印象づけることができるかが協会側の重要な役割の一つとなっている。そういったことから、司会者のセマーの説明や肖像画や宣伝のための小道具などアレヴィーを象徴するさまざまなレベルでの演出を過度に使用したりするのである。しかし、セマーは信仰心の表われであり「ダンス（oyun）」ではないという価値観を説明したにもかかわらず、セマーに対しさまざまな解釈をもった観客からはその技巧的なパフォーマンスに思わず評価を意味する拍手が起こり司会者が慌てて是正することからもわかるように、それがすぐに観客に伝わることは困難である。

さらに二〇〇三年に起きたイラク戦争への抗議のために行なったスタンブルでの公演の例では、主催はアレヴィー系ラジオ局であったが、観客は例に挙げたようにスンニーも多く見られた。また、開催目的からもアレヴィー性を強調する演出をする必要がない。そのため、会場演出にはアレヴィーを象徴する肖像画や司会者による信仰としてのセマーの説明などはみられなかった。そのようなこともあり、参加したスンニーの知り合いからは、セマーは「信仰の表われに見えない、民俗舞踊に見える」という感想を聞いた。また、新聞記事では「他の公演もみたが、スンニーとそれほど変わらない」といった感想も載っていた。アレヴィーがその存在をアピールできるようになってまだ数年の二〇〇四年当時、「アレヴィー」を彼らの考える「正当」に伝えることはもちろん重要であったが、彼らが存在し、どのような文化を培ってきたか、そして今何を考えて何をやっているのか、ということをスンニーが多くを占める全体社会に伝え提示することも、それと同じくらい重要だったのである。

それまでのアレヴィーの生活の中で、「観客」は存在しなかった。「観客」とは、その字のごとく「見る・見せる」という関係性の中に出来上がった存在である。都市に移住後、さまざまな要因によってアレヴィーの立場が変化した。そういった現在のアレヴィー社会の中で、象徴の一つと再認識されたセマーの価値観が変化することによって「観客」という新たな存在が浮かび上がり、また、その存在によってセマーの価値観も変化していくこととなった。「他者」に見せることを意識することを余儀なくされた現在都市に生活するアレヴィーたちは、さまざまなレベルの観客=他者に対し、柔軟に、また無意識に折り合いをつけてセマーを提示するのである。それは、これまでの都市生活で身につけてきたタッキヤ Takkiya 同様、他者に合わせることを生きる術として当たり前にやってきた彼らだからこそ、できたことなのかもしれない。

＊おわりに

松田［一九九六］はアフリカの都市に生きる者たちの生活実践について、彼らの生活はニーチェがギリシア悲劇の考察のなかで用いたアポロとデュオニソスの対イメージを喚起させるという。さらに、彼らはその理想（美しき仮象）と混沌とした現実という二つの世界（村と都市）を巧みに行き来し操作する複雑な能力を有し、近代西欧の刻印がなされたアフリカ都市を、彼ら自身が主役を演じる社会的作品へと作り替えているという。状況は異なるがアレヴィーの場合、スンニーという他者が多くを占める複雑な都市社会において、彼らは自らの役どころをどのように配置するか、役者としての棲み分けをいかに巧みに作り上げて行くか、その優れた能力を有しており、理想と現実の二つの世界を分断する境界が有機的に蠢く都市を、さまざまな装置を組み替えてつくる舞台として作り上げているといえるのかもしれない。

アレヴィーは、オスマン帝国時代は領内各地に、共和国建国以降もいくつかの地方に散らばって生活してきた。現在ではトルコ社会の変化によって都市に多く居住するようになり、その中で、これまでずっと述べてきたようにさまざまな価値観や生活の変化や多様化を経験してきた。それまでの習慣を隠しスンニーの習慣に合わせてしまうなど、第三者からすれば一見疑問も呈したくなるようなこともある。セマー実践の場も社会変化とともに多様化してきたが、その場からは、アレヴィー内外のさまざまな思いが反映され、また、それに機敏に対応するアレヴィーの姿がみえてきた。「真のアレヴィー世界」を求めて現実世界の依然厳しい混沌の中、そういった方法で自分たちの世界を保守し、再形成しつつあるのである。それは、下手をすると強者に迎合する弱者のように見えてしまうかもしれないが、決してそうではない。境界があることを前提の上で、境界を巧みに操作し柔軟に形を変えて生き抜く彼らの姿は、実はしたたかに強く生きることのできる人間の一つの姿を見ているかのようである。今後も彼らはさまざまな状況の変化に、さまざまなモノを操作し機敏に対応しながら生きていくだろう。私は、今後もその姿を追い続けて行きたいと思っている。

参照文献

寺田吉孝　二〇〇九「音楽・芸能への思いを記録できるか——『大阪エイサー』の記録と上映をめぐって」沼野充義（編）『芸術は何を超えていくのか?』東信堂、三七〜四七頁。
松田素二　一九九六『都市を飼いならす——アフリカの都市人類学』河出書房新社。

研究会を終えて

【米山知子】

　私は本研究会に参加することになり、最初のうちは正直なところ不安であった。私は、学部時代はピアノ演奏を専門とし、その後はパフォーマンス研究、舞踊人類学を専門としてきた。トルコをフィールドとしているものの、恥ずかしながら「中東世界」の研究会にどれだけ自分が貢献できるか心配だったのである。さらに、研究会のキーワードである「非境界型世界」という言葉への疑問もあった。それは研究会が始まり議論が進む中で、わかったようなわからないような、あやふやなままであったが、メンバーの発表を聞き、さらに自分の発表の際にさまざまな意見をいただき、「非境界型世界」とは境界が無いのではなく、境界があってもそれを自在に操作し巧みに、そしてたくましく生きている人々の姿を見て行けばいいのだ、まさしく私が対象としているアレヴィーという人々はそのような人々だということに気づかされた。その結果として本稿が出来上がったと思っていただければと思う。研究会当初の私の不安も「境界型」思考の表れだったのだろう。パフォーマンスという境界をあいまいにすることが可能とされるような対象に面白さを感じ研究しておきながら、そのような思考にとらわれていた自分に改めて気づかされた。

　また大げさなようであるが、研究会開催期間中にはいくつかの人生の過渡期を迎えることが出来た。アレヴィーの人々との生活から知ることのできた楽しみやその裏にある苦しみ（その逆もまたしかり）が、そのような過渡期を迎えた現在の私の人間形成に大きく関わっていると言っても過言ではないと思っている。過渡期にはさまざまな感情や身体の変化が伴うものであるが、それをコントロールする能力をもっと学ばなければと思う。しかしそのことこそが、人だけではなく自然も含めたこの世界で人間として生かされている原点であり、人類学が追求する興味の原点でもあるのではないだろうか？

12

かくしてウンム・クルスームはレジェンドとなった

――レパートリー深読み――

水野　信男

＊はじめに

一九九〇年代、筆者は、毎年のように、エジプトで野外調査に明け暮れた。その際、会う人ごとに「ウンム・クルスームを知っていますか？」と、問いかけた。するとある人は、したり顔でにっこりうなずき、またある人は彼女の歌の旋律を、即座に得意げにくちずさんだ。シナイ半島のワーディ（涸《か》れ谷）沿いの集落では、男性がタンブーラをとりだして、ラジオから聴きおぼえたといって、彼女の歌の前奏部分を、たくみに弾いてみせてくれた。ウンム・クルスーム没後、すでに二〇年が経過しようとしていた当時、彼女のうたう歌は、なおもラジオからあふれ、ちまたには、彼女の歌のテープがうずたかくつまれ、とぶように売れていた。（エジプトはそのころ、「ラジカセ文化」のさなかだった。）彼女の声は、こうして「ウンマのなかの音」[1]として、生き生きと存在しつづけていた。

エジプトの生んだ二〇世紀最大の歌手、ウンム・クルスーム（一九〇四?～七五）[2]。日本では、彼女の生前の活躍は、新聞や雑誌に、若干の特集記事が組まれた程度で、ほとんど知られていなかった。しかしながら、さすがにその死亡時には、各紙がいっせいに、顔写真つきで、詳細な訃報を、大々的に報じた。

ウンム・クルスームの活躍期、中東は、もっとも多難な時代を経ていた。その続発する大事件の渦中に中心的に身をおいたのは、ほかでもない、ナセル（ガマール・アブド・アンナースィル）（一九一八～七〇　大統領在職は一九五六～七〇）だった。

ここで、二〇世紀のエジプトの時代背景を、概略たどっておこう。

一九一四年、第一次世界大戦が勃発した。その当時から、イギリスはエジプトを保護領化した。いわば、半植民地化したのである。ファードI世、ついでファールークをいただいた、この形式的な独立国時代、すなわちエジプト王国時代が、ほぼ半世紀にわたってつづいた。ナセルは、一九五二年、自由将校団を結成して革命を起こし、王制を廃止し、翌一九五三年、エジプト共和国を樹立した。彼がウンム・クルスームに国民栄誉賞を贈ったのは、むろんその後のことである。ウンム・クルスームとナセルのあいだには、当のナセルが死去する一九七〇年まで、相当期間、蜜月関係がつづいた。いいかえれば、彼女のレパートリーの大半は、ナセル支配のエジプトの土壌で生成したのだった。

ちょうどそのころ、いわゆる中東戦争が、断続的におこった。

第一次中東戦争　一九四八年五月～四九年。イスラエル独立。
第二次中東戦争　一九五六年一〇月。エジプト、スエズ運河を国有化。
第三次中東戦争　一九六七年六月（「六日戦争」）。イスラエル、エルサレムを含むヨルダン領・シリア国境・シナイ半島全域を占領。
第四次中東戦争　一九七三年一〇月。　エジプト、シナイ半島を奪還。

こうした時代背景のもとで、ウンム・クルスームはその生涯を、歌とともに駆け抜けたわけだが、この間、彼女が、激動する祖国エジプトの実情に鈍感でいられたはずはない。いったいどのように彼女は、エジプトの国難に向き合い、みずからの音楽活動を実践したのだろうか。

本稿では、いまやレジェンド（伝説的人物）の域にたっしたウンム・クルスームのレパートリーを鳥瞰し、そこに反映している不動の芸術的精神をあとづけてみたい。

＊ウンム・クルスームのレパートリー

ウンム・クルスームは、その生涯に、三〇〇曲あまりの作品をうたった。その作品は、どれも例外なく、作詞家、作曲家、そしてウンム・クルスーム本人の、三者の綿密な共同作業の産物だった。とくに後期の大曲は、初演のかなりまえから、三者は入念な打ち合わせをくりかえした。そしてどの作品も、最終的には、コンサートのステージ上で、さらにねりあげられ、ようやく誕生した。

そのようにして生み出されたウンム・クルスームの多彩なレパートリー[3]は、おおまかに、初期、中期、後期の三つの時期にわかれる。

（一）初期（一九二〇年〜三〇年前半）

ウンム・クルスームが、生まれ故郷のナイルデルタの寒村をあとにし、一家とともにカイロに移住して、エジプト音楽界に彗星のごとくデビューした時期。たぐいまれな歌の才能にめぐまれた彼女は、そこで、当代をときめく詩人や音楽家にかこまれて、歌手として成長していった。そして、そうした環境のなかで、時間的に比較的みじかい歌を量産した。

じつは二〇世紀にはいり、録音技術は急速に進歩しつつあったが、音質はきれいというには程遠く、しかもそのころのレコード円盤の音源搭載能力は、片面六分程度だった。それと連動して、彼女のうたう歌も、小曲がほとんどだった。とはいえ、その初演時、彼女の歌はすぐさまレコード化された。というのも、彼女のうたう歌はどれも例外なく、ずばぬけて魅力的で、リリースされた片っ端から、たちどころに売り切れるほどだったのである。一九三四年に、カイロ放送（エジプト国営ラジオ・ステーション）が開局すると、その強力な電波は、エジプト全土はもとより、他の周辺国にまで達した。それにのせて、彼女の歌もまた、はるかアラブ世界のすみずみにまで、とどくようになった。

このような状況下で、一九三七年からウンム・クルスームは、カイロの映画館を借り切って、彼女だけのソロ・コンサート「毎月第一木曜コンサート」を開始した。その演奏会は、とりもなおさず彼女の歌の初演の場ともなり、その声は、つねにライブのまま、カイロ放送の電波にのった。

レパートリーの一覧をながめると、ウンム・クルスームの初期のみじかい作品は、枚挙にいとまがない。そのなかから数曲のみを抽出しておく。

《目は愛を啓示する》（一九二四）、《そよ風とともにどれだけ挨拶をおくったことか》（一九二六）、《あなたの心は私をうらぎった》（一九二八）、《恋人はここにいる》（一九三〇）、《どうしてきょうはそんなにかなしいの、我が心よ》（一九三二）

（二） 中期（一九三〇年代後半〜五〇年）

初期の小曲多産時代を経て、次に、映画時代が来る。一九三〇年代後半から一九四〇年代までに、ウンム・クルスームの出演した映画は六本ある。

《ウィダード》（一九三六）、《希望の歌》（一九三七）、《ダナーニール》（一九四〇）、《アーイダ》（一九四二）、

《サラーマ》（一九四五）、《ファトゥマ》（一九四七）

当時、エジプト映画といえば、スター本位の、軽いタッチのものがほとんどだった。それにひきかえ、ウンム・クルスームのミュージカル映画は、内容的にシリアスで、はやりのメロドラマとはいささかことなり、ずっと見ごたえがあった。たとえば《ウィダード》は、千夜一夜物語（「アニース・アルジャーリスの物語」「タワッドゥドの物語」など）から題材をとって、当世社会の風潮を揶揄《やゆ》しているし、《アーイダ》は、ヴェルディのオペラ《アイーダ》の「カイロ版」ともいえるものだった。これらの映画のなかで、ウンム・クルスームは、主演女優として、きわだった名曲を、つぎつぎとうたった。たとえば、〈私にすこしずつうたって〉（《サラーマ》＝一九四五）、〈バラはうつくしい〉（《ファトゥマ》＝一九四七）などは、いまだに、珠玉の小品として愛されている。

(三) 後期（一九五〇年～）

ウンム・クルスームの後期（後半期～晩年）は、不朽の名作が、あいついで生み出された時期である。そのレパートリーには、長大な歌曲が軒をつらねる。それらは、ざっとかぞえただけでも、五〇曲はくだらない。

なかでも、《あなたは我が人生》（一九六四）、《廃墟》（一九六六）、《これぞ我が夜》（一九六八）、《千夜一夜》（一九六九）などは、とりわけ著名な作品である。

以上、初期、中期、後期のレパートリーについてみてきたが、ここで、レパートリー全体にゆきわたっている特徴にふれておく。

(一) 曲調はほとんど例外なく、アラブ古典音楽の旋法体系(マカーム)によっている。

(二) 曲種、曲のジャンルとしては、マワール(舞曲)、タクトゥーカ(舞曲)、ダウル(舞曲)、モノローグ(朗唱)、ウグニーヤ(歌曲)、ナシード(叙唱、讃歌)、カシーダ(頌詩)など、古典の諸形式がもちいられている。

(三) ウンム・クルスームは、はじめのころはタフト(小アンサンブル)、後にはフィルカ(オーケストラ)の伴奏をバックに、独唱した。とくにフィルカには、西洋楽器(ヴァイオリン、チェロ、コントラバスなど)を導入したが、しかし一方で、ウード、カーヌーン、ナーイ、ダラブッカ、リックなどの、アラブの伝統楽器を欠かすことはなかった。

指揮者は置かず、カーヌーン奏者がウンム・クルスームの脇に座し、彼女の暗黙の指示をうけ、それをフィルカの楽員につたえた。

(四) ジャーヒリーヤ時代からの、アラブの伝統的詩型のカシーダが、生涯にわたる全レパートリーを通じて顔をだす。カシーダは、二行連句の短韻の長詩である。頌《しょう》詩ともいう。その詩文はつねに、フスハー[4]で書かれる。たとえば《廃墟》の歌詞は、カシーダだが、それは二行連句で、一〇節六四行(六+六+六+六+六+六+六+八+六+八)からなる。

レパートリーにカシーダを不断にとり込み、くわえてどの曲も、ほとんど例外なくマカームによっていることなど、ウンム・クルスームが、そのレパートリーの根幹で、アラブ古典音楽の伝統を、ひたすら遵守していることを、物語っている。

＊後期の長大曲について

しばしば、「ながいウンム・クルスーム、みじかいファイルーズ」[5]と、端的に比較される。ウンム・クルスームのメイン・レパートリーの歌は、どれも、たしかに長大である。ファイルーズの歌が、一曲、せいぜい三～五分であるのにくらべ、ウンム・クルスームの歌は、とくに後期の円熟した時期の歌の場合、一曲を歌い終えるのに、のきなみ一時間以上を要した。

実際、ウンム・クルスームは、ステージでの初演時、それらの一曲を、一～三時間かけてうたった。ではなぜ、このように長大級の歌になったのか。

それはまず、（次例でも示すが、）詩人の書いた歌詞自体がながいことである。さらにウンム・クルスームは、その歌詞の行《ぎょう》や細部の単語を、なんども反復して、気の済むまでうたう。聴衆の反応をみながら――。やっと納得のいったところで次の語や、行《ぎょう》、節《せつ》にすすむ。彼女の後期をいろどる長大曲群は、みなこうしてうたわれたのである。

なお、それにしたがって、伴奏オーケストラの前奏や間奏も、ながくなる。前奏では、その曲のマカーム（旋法）を、ときにウードやカーヌーンのタクシーム[6]を挿入しながら、歌手や楽団員の耳に浸透させる。つまり曲の雰囲気づくりを、十分にするのである。もし、前奏をひととおり演奏しおわって、いざ、歌にはいろうとするとき、歌手（ウンム・クルスーム）が、気分がのらず、なおためらっている場合は、もういちど冒頭にもどって反復する。そうすることで、前奏部分はますますながくなる。

いまここでは、そのような長大曲のなかで、初演時、もっとも注目された楽曲のひとつ、《彼らは私にあなたのことを思い出させた》を挙げておく。

《彼らは私にあなたのことを思い出させた》（一九六六）アーンミーヤ[7]

アブドゥ・アルワッハーブ・ムハンマド作詞、ムハンマド・アブド・アルワッハーブ作曲

曲のジャンル＝ウグニーヤ　マカーム＝ラースト

〜彼らは私に、ふたたびあなたについて語った。彼らは私にあなたのことを思い出させた。

彼らは私の心と目に、愛の炎を呼び覚ました。

彼らは、歓喜と甘美と苦悶と残酷をともなう過去を呼び覚ました。

私は、どんなにあなたといて幸せだったかを、思い返した。

おお最愛の人よ、なぜ私たちは別れ別れの道をたどったのか？

私は忘れていた。私の心が、あなたなしでは、どんなにつらいかを。

ある囁きで事態はかわった。なぜ、彼らは私にあなたのことを思い出させたのか？！


〜私は自分の意思に反して、あなたからはなれているのが常だった。

私は願望と希望を忘却した。
しかし、ある一言《ひとこと》が、私に忍耐をうしなわせた。
ある一言が、私の目のなかで、あなたの微笑への懇願を呼び覚ました。
ある一言が、私の耳に、あなたの声への切望を呼び覚ました。
ある一言が、ねたみや疑念さえ、呼び覚ました。
私の心は、苦痛で私を溶かしはじめた。
そして、夜はいつもよりながくなった。
私は目覚め、心臓があなたを呼びながら高鳴るのを聞く。
私はなにがおころうと、あなたを愛する。
全世界は、あなたなしでは、なんの価値もない。
人生はあなたとだけある。
私は過去にかえる。
そして、あなたのいる生活にもどる。
私は忘れていた。私の心が、あなたなしでは、どんなにつらいかを。
ある囁きで事態はかわった。なぜ、彼らは私にあなたのことを思い出させたのか？！
彼らは私に、ふたたびあなたについて語った。
私がながいあいだ、あなたから離れていたあとで。

彼らは、忘れ去ろうとする傷をよびさました。
彼らは明日にむかって、夢から私をゆりさました。
おお、最愛の人よ。私はあなたに対し、まよい、ねたみ、あこがれる。
私は苦悶からのがれたい。私はあなたの腕のなかで休みたい。
別離、放棄、つらい夜――すべては、私にあなたとの愛を忘れさせない。
過去の心は、いまよみがえった。私たちはかわった。
より多くの愛が、より多くの渇望が、ふつふつといまよみがえった。
私は過去にかえる。
私は忘れていた。私の心が、あなたなしでは、どんなにつらいかを。
ある囁きで事態はかわった。なぜ、彼らは私にあなたのことを思い出させたのか?!

おお、最愛の人よ。あなたなしでは、人生は私にはがまんできない。
おお、最愛の人よ。人生はあまりにみじかい。
なぜ放棄と別離で、人生をむだにするの?
私たちはうつくしい人生をつくれるというのに。
友好と愛で、人生はあたらしくなれる。
やさしさと情熱で、苦痛は歓喜にかわることができる。
私たちは、過去よりもっとよい未来を生きることができる。

喜びで、月はもっと明るく照りさかるだろう。
星々はもっとうつくしく、もっと大きくさえ、感じられるだろう。
私たちは春になるまえに、もっと緑に映える木々をみるだろう。
私たちは、そのつらさのすべてとともに、過去を葬り去る。
のこされたわずかの幸せをつかみとろう。
別離の状態では、人生は真の人生ではない。
最愛の人よ。私たちは人生を二度と生きることはできない。
彼らはいかに私に思い起こさせたか？！　私はけっしてあなたを忘れなかった。
あなたは私自身の魂より、もっと私の近くにいる。
あなたが離れていようが、私といっしょにいようが。
日々と夜は過ぎ去る。
しかし、私はあなたを永久に愛する。

ウンム・クルスームの本格的な作品の歌詞は、上掲の《彼らは私にあなたのことを思い出させた》をながめてもわかるように、とにかく、ながい。その歌詞ゆえに、歌曲もまた必然的に長大なものになる。そのうえ、その詩文は、発展性、展開性が希薄で、抽象的で、確たるストーリーがあるわけでもない。そればかりか、歌詞のなかに登場する男女は、容易に転換しうる。こうして歌詞の全体像は、「言葉によるアラベスク」にほかならない。

＊愛国歌と宗教歌

前節までで、ウンム・クルスームのレパートリーを、全体的に鳥瞰したのだが、そのレパートリーの一覧のなかに、愛国歌と宗教歌が、あたかも綺羅星のように、間断なく投入されていることに注目したい。これには、本稿の「はじめに」でふれたように、おもにナセル革命とその後の一連の中東戦争という歴史背景が、顕著に影響している。彼女は、まさにこの政治的コンテクストのなかに身をおきながら、愛国歌をうたった。

ここで、ウンム・クルスームのレパートリーから、そうした愛国歌のいくらかを抽出し、列挙してみる。

〈サァド・ザグルール追悼〉（悲歌）（一九二七）
〈さあエジプトよ、ともにつどおう〉（ファールークI世記念日の讃歌）（一九三六）
〈我が愛する祖国に〉《ウィダード》（一九三六）
〈ナイルの若者たち〉《希望の歌》大学アンセム[8]（一九三七）
〈我が祖国の声〉（一九四六）
〈我々のイード（祭）のうえに平安あれ〉（一九五〇？）
〈おおエジプトよ、権利は到来した〉ナシード（讃歌）、撤退のアンセム（一九五四）

〈運命の宿〉撤退のアンセム（一九五五）
〈信念・魂・良心をもって蜂起せよ〉アンセム（一九六七）
〈あなたに緊急の伝言があります、我らの父、ガマール・アブド・アンナースィル〉（一九七〇）

以上のほかにも、愛国歌は、ウンム・クルスーム主演の映画のなかに、しばしば登場する。
次に、愛国歌の一例として、「六日戦争」の年にできた〈信念・魂・良心をもって蜂起せよ〉を紹介しておこう。

《信念・魂・良心をもって蜂起せよ》（一九六七）アーンミーヤ
　　アブディルワハブ・ムハンマド作詞、リヤド・アッスンバーティ作曲
　　曲のジャンル＝ウグニーヤ　マカーム＝ジャハルガー

〜信念・魂・良心をもって蜂起せよ。
すべての困難に足を踏み出せ。そしてどんどん進め。
あなたの国はあなたを必要としている。
もっと多くの努力を必要としている。
すべての困難に足を踏み出せ。そしてどんどん進め。
もっと努力して働け。

なぜなら、むずかしい仕事は、祈りとおなじだ。
信念・魂・良心をもって蜂起せよ。
すべての困難に足を踏み出せ。そしてどんどん進め。

うちたてよ、そしてあなたの栄光を増進させせよ。
うちたてよ、あなたの故国とあなたの子どもたちのために。
思考せよ。探求せよ。植えよ。製造せよ。
そうすれば、闘争家はみな、彼の夢を完成するだろう。
神はむずかしい仕事をする人の努力を、けっして見捨てない。
創造せよ。革新せよ。生産せよ。輸出せよ。
そしてあなたの故国をもっと強く、もっと偉大にせよ。
信念・魂・良心をもって蜂起せよ。
すべての困難に足を踏み出せ。そしてどんどん進め。

あなたは太古にピラミッドをうちたてた。
あなたはアスワンにダムを建設した。
もっともっとあなたの栄光を増進させせよ。
むずかしい仕事によって、夢を現実のものとせよ。

だれも、あなたには似ていない。
信念・魂・良心をもって蜂起せよ。
すべての困難に足を踏み出せ。そしてどんどん進め。

この歌には、リフレーン句（行《ぎょう》）が各所に挿入されている。ウンム・クルスームの愛国歌は、いずれも、エジプト、ナイル、アラブ、国家、自身のアイデンティティなどについて問いかけている。歌詞としては、概しておだやかで、しかし、いさましい。それは文字どおり、「愛国歌」「国民歌」である。また、そこにつけられた音楽は、決然とした行進曲調であったり、男声合唱付きであったりして、結果的に、エジプト軍の愛国心と士気を鼓吹するにふさわしい情調にみちている。

次に、愛国歌との関連で、やはりウンム・クルスームのレパートリーに散見される、おもなイスラーム宗教歌を挙げておく。

〈主は汝の美しさを増せり〉（一九三一）
〈これは神をよろこばせるか〉（一九三二）
〈正しき道はうまれた〉預言者生誕時の歌（一九四二）
〈金の聖杯にたずねよ〉（一九四六）
〈ブルダの悲しみ〉讃歌（一九四七）
〈ふたつの時代のあいだで〉（一九五五）

〈アラファト山（メッカ）へ〉（一九六五）
〈聖なる三つのもの〉（一九七二）

ウンム・クルスームはイスラーム教徒である。その幼少時、ナイルデルタの故郷の村で、男装して、兄といっしょに、熱心にコーラン学校にかよったというエピソードが伝えられている。彼女の父もまた、その地域のシャイフでコーラン読みだった。このエピソードは、彼女がコーラン朗唱を幼くして習慣的に学んだ、ということを証明している。長じて本格的な芸術歌曲のあいだに、宗教歌をうたうことがあったとしても、ごく自然であろう。そればかりか、彼女のすべての歌声に、このコーラン的発声が通底していると考えてよいであろう。

愛国歌や宗教歌は、ウンム・クルスームのレパートリーのなかで、どのように位置づけられるのだろうか。ウンム・クルスームは、芸術と政治、いいかえれば、愛歌と愛国歌を、たがいに、はっきり峻別してあつかっている。彼女は、彼女とかかわりのあるどんな深刻な政治的状況下でも、愛国歌のみに突っ走ったことは、けっしてなかった。芸術歌曲こそ、彼女のメイン・レパートリーでありつづけた。彼女は生涯をつうじて、そのレパートリーを、折々に愛国歌、宗教歌でアクセントづけることはあっても、芸術歌曲については、その純粋な濃度を徹底して保った。彼女はその全レパートリーを通じて、真の芸術家をめざした、といえる。

後期・晩年に完成した芸術歌曲、ウグニーヤやカシーダのなかに、政治性への比喩を感じとろうとする向きもあるが、筆者はその見方に与《くみ》しようとはおもわない。むしろ、「戦う音楽」（愛国歌、宗教歌）と芸術歌曲のあいだの意識的な乖離《かいり》にこそ、彼女のレパートリーに対する芸術的信念が感じられ、そこには、わりきった、鮮烈な態度さえうかがわれるのである。

＊コンサートと演奏旅行

ウンム・クルスームは、前述のように、一九三七年から「毎月第一木曜コンサート」を、カイロ市内の映画館を借り切って開いた。そしてそれを、晩年にいたるまで、途切れることなく実行した。彼女のほとんどの新曲は、この定期コンサートで初演され、披露された。しかし、一九六七年の「六日戦争」をさかいに、ようやく変化がおとずれる。このながらくつづいた音楽生活の習慣を犠牲にしてまで、彼女は国内外の演奏旅行を開始したのだった。じつのところ、これもまた、当時の切迫する中東情勢と無縁ではない。彼女はそのとき、自身の歌をとおして、アラブ世界の団結と闘争を、暗によびかけようとしたのに相違ない。

一連の国外旅行の、最初の皮切り公演は、一九六七年十一月、パリのオランピア劇場でおこなわれた。それは、いまにしておもえば、イスラーム圏以外での、ウンム・クルスームの生涯をつうじての唯一のコンサートともなったのだが。そこで彼女は、《廃墟》《あなたは我が人生》《あなたから遠くはなれて》の三曲を、五時間以上かけてうたった。コンサートは日を置いて、もう一回開かれたが、そのいずれにも、大勢の熱狂的なファンがつめかけ、ついにそれは、オランピア劇場史に、画期的な出来事の一ページをきざみこんだ。ちなみに、この二回のコンサートで得た莫大な収益金は、エジプト共和国に全額寄付された。

このパリ旅行と前後して、ウンム・クルスームは、ナセル大統領にうながされたこともあり、いわば民間大使として、アラブ諸国を歴訪しはじめた。おとずれた国では、自身のメイン・レパートリーから、よく知られた名曲をうたい、聴衆とすすんで交流し、子どもたちをいたわり……というわけで、その文化大使ぶりを遺憾なく発揮した。（そうした国外公演のあいだにも、カイロでの定期演奏会「毎月第一木曜コンサート」は、不定期だが、開かれた。）

以下に、当時の定期演奏会（「毎月第一木曜コンサート」）以外の、国内外での彼女のコンサート歴を記す。

一九六七年八月　ダマンフール（ナイルデルタ）　資金集め
一九六七年八月　アレクサンドリア　資金集め
一九六七年十一月　パリ旅行
一九六八年二月　マンスーラ（ナイルデルタ）　資金集め
一九六八年三月　モロッコ旅行
一九六八年四月　クエート旅行
一九六八年五～六月　チュニジア旅行
一九六八年七月　レバノン旅行
一九六八年十二月～六九年一月　スーダン旅行
一九六九年三月　リビア旅行
一九六九年五月　タンタ（ナイルデルタ）　資金集め

一九六九年六月　フィラエ神殿遺跡救済コンサート
一九七〇年七月　レバノン旅行
一九七〇年九月　ソ連旅行（ナセル死去の知らせをうけ、予定の演奏会をキャンセルして、急遽帰国）
一九七一年十一〜十二月　アブダビ旅行

右の表中に「資金集め」とあるのは、エジプトの軍隊、孤児院、病院、傷病兵などのための募金活動のこと。これらの慈善コンサート活動をとおして、ウンム・クルスームは、「エジプト人民芸術家」、さらには、「エジプトの母」の異名で呼ばれるようになった。そこには、国民歌手として面目躍如たるウンム・クルスームの姿があった。

＊他界のあとに

ウンム・クルスームを、その没後にいたっても、生前と同様、人びとに知らしめたのは、ほかならぬ、彼女のライブ録音の存在だった。

その音源は、国営のレコード会社のソノ・カイロが一手に保管するが、いまでは、ほぼ全レパートリーを含むCDによるアンソロジーが、レコード市場に大量にでまわっていて、世界のウンム・クルスーム・ファンは、それらを容易に入手し、手元に置くことが可能である。またそれらの一部は、You Tube でも試聴できる。

二〇〇一年になって、おそまきながら、カイロのマーナスティルリー宮殿内に、ウンム・クルスーム博物館が開館した。その後、まず湾岸諸国で、ついでフランス（パリのアラブ世界研究所）で、音源や映像をふんだんにもちいた、大規模な「ウンム・クルスーム展」（二〇〇八）が開催され、人びとの耳目をあつめた。

かくしてウンム・クルスームは、膨大なレパートリーのほとんどすべてを網羅するライブ・ヴァージョンのCDとともに、エジプトの一大遺産と化し、レジェンドとなったのである。

注

1 ウンマ umma（アラビア語）共同体、宗教に立脚した共同体、民族共同体。イスラーム共同体。地球的な運命共同体としてのイスラーム世界。ここでは、エジプト国民。

2 ウンム・クルスームの生年は、不詳。一八九八?など、諸説あり。一九〇四?は、[Danielson 1997] によった。

3 ウンム・クルスームのレパートリー（ディスコグラフィー）一覧は、[Saïah 1985; 水野 二〇〇四] にみえる。

4 フスハーとはコーランのアラビア語。正則アラビア語。古典北アラビア語。

5 ファイルーズ（一九三五〜）は現代レバノンの女性歌手。その知名度において、なにかとウンム・クルスームと比較される。

6 タクシームは独奏楽器の即興演奏。

7 アーンミーヤはアラビア語方言。ここでは、カイロ方言。

8 アンセムは聖歌、賛美歌。ここでは、祝歌、頌歌。

参照文献

水野信男　二〇〇四『音楽のアラベスク――ウンム・クルスームの歌のかたち』京都：世界思想社。

Danielson, Virginia 1997 *The Voice of Egypt: Umm Kulthūm, Arabic Song, and Egyptian Society in the Twentieth Century*. Cairo: The American University in Cairo Press.

Lohman, Laura 2010 *Umm Kulthūm: Artistic Agency and the Shaping of an Arab Legend, 1967-2007*. Middletown: Wesleyan University Press.

Saïah, Ysabel 1985 *OUM KALSOUM*. Paris: Éditions Denoël.

♪なお、本稿執筆中に、国立民族学博物館の西尾哲夫教授から、論文内容に関する有益な情報をいただいた。ここに記して、謝意を表する次第である。

越境する芸術

【水野信男】

アラブ世界研究所（パリ）のショップで、Zehava Ben sings OUM-KALSOUMというタイトルのCDをみつけた。ゼハヴァ・ベンといえば、スファラド系（モロッコ系）の歌手で、イスラエル音楽界の新星として人気が高い。このCDでは、ゼハヴァ・ベンが、ハイファ・アラブ・オーケストラをバックに、《あなたは我が人生》、〈バラはうつくしい〉、〈私にすこしずつうたって〉など、ウンム・クルスームのレパートリーにみえる名曲をうたっている。ウンム・クルスームの数すくないカヴァー・ヴァージョンのひとつである。一九九五年の発売で、発売元はテルアヴィヴの「タンタ・ミュージック」。さっそく買い求めて、試聴してみた。その演奏は、端正かつ真摯で、全体に馥郁としたアラブ音楽の古典の香りさえただよっている。筆者はすっかり気にいってしまった。

このCDがリリースされた、ちょうどそのころ、Sélim Nassib（一九四六年ベイルート生まれ）が著わしたフランス語の小説、*OUM*が、パリのBallad社から出版された（一九九四）。この本は全篇、エジプトの詩人でリブレッティスト（歌詞作者）の、アフマド・ラーミー（一八九二〜一九八一）自身の口を借りて、ウンム・クルスームの生涯を語ったフィクションである。（ラーミーは、ウンム・クルスームよりやや年長だが、三〇〇曲にのぼるウンム・クルスームの歌のレパートリーのうち、じつに一三七曲を作詞したことで知られる。）

この仏語本は、発売と同時にたちまち評判を勝ち取り、偶然にも、一九九九年に、アラビア語訳（タイトル：それは幻想の城だった……）と、ヘブライ語訳（タイトルは原書とおなじ）が、ほぼ同時に刊行された。ちなみにこの本が英訳されたのは、そのずっと後年で、二〇〇六年のことである（英訳本のタイトル：*I Loved You for Your Voice.*）。

ウンム・クルスームが、このように、イスラエルでもごく自然に、市民に好かれ、聴かれ、読まれている、という現実に接して、筆者は、芸術の豊かな、しかも底知れぬ力を思い知らされた。

ゼハヴァ・ベンは、一九九五年、テルアヴィヴヤフォ平和フェスティヴァルで語っている。「私のうたう歌は、きっと、平和を希求する人びとのあいだの架橋《かけはし》として役立つでしょう」と。

13
枠物語異聞
――もうひとつのアラビアンナイト、ヴェッシュタイン写本試論――

西尾　哲夫

＊枠物語
＊写本について
＊ヴェッシュタイン写本の特徴
＊エジプト系写本形成過程の仮説
＊結語

＊枠物語

昔、サーサーン朝のころの中国に同腹の兄弟王がいた。兄の名はシャフリヤール、弟の名はシャフルマーンだった。兄王は中国の上《かみ》の方を治め、弟王は下《しも》の方を治めていた。毎年、新年になると兄王が弟王を訪れ、翌年は弟王が兄王を訪れる。ある年のこと、兄王は宰相を呼んで後事を託し、弟王の国をめざした。夜になってテントの中にいた兄王は忘れ物をしたことに気づき、夜明けとともに馬に乗って道をひき返すと、宮殿の中の王妃の寝室までやって来た。目をこらすと、寝台で眠っている王妃は野卑な黒人奴隷の腕に抱かれていた。兄王の心中で怒りの火が燃え上がった。「これを知ってしまったからには夜が明ける前にこの国から出ていこう。アッラーが女との契りを呪われますように」。兄王は剣で二人に斬りつけ、四つになった体を運河に捨てさせた。それから忘れものをとってもとの場所に戻った。やがて弟王のいる町に着き、兄弟は久しぶりの再会を心から喜んだ。弟王は兄王を宮殿の中まで案内した。宮殿の女部屋からは庭をのぞむことができた。

二日をともにすごしたが、弟王が見るに、兄王はもの思いにふけっているようで顔色もさえなかった。弟王は兄王を楽しませようとして狩りに誘ったが兄王は断った。弟王は兄王を残して狩りに出かけた。兄王が窓から庭をながめながら苦悩に沈んでいると、庭に通じる秘密の扉が開き、弟王の王妃が二十人の女奴隷を連れて出てきた。十人が黒人で十人は白人だった。一同が泉水のそばまでやって来ると、王妃が「残念ね。今日はあれがいないのね」と言った。女奴隷が「サイード、どこにいるの？」と叫ぶと、塀の上に黒人の姿があらわれた。黒人は塀から飛び降りると服を脱ぎ捨てた。股間にはヘビのような逸物が突出していた。女奴隷たちが服を脱ぐと、十人の黒人は男の奴隷だった。男奴隷は女奴隷のそばにいき、サイードは犬のように王妃の胸の上に乗りかかった。甘美な歓びのときが終ると一同は泉水で沐浴して体を乾かし、飲み食いに興じた。こうして同じことを三度、四度とくりかえし、すべてが終わるとサイードはもとの場所へと帰り、男奴隷たちも女奴隷の姿に戻った。兄王は一部始終を見届け、弟王の王妃の不実を知って唖然とした。兄王は「弟の災難に比べれば自分はまだましだ」と思って苦悩を忘れ、以前の顔色が戻った。

七日後、弟王が狩りから戻り、兄王が元気になったことを知った。弟王が兄王に、元気になった理由を訊ねた。兄王はそれには二つの理由があると述べ、最初の理由、つまり自分の妻が不貞をはたらいたこと、彼女を殺したことのみを話した。弟王は、女のずる賢さや裏切りにあきれた。弟王は「自分だったらハーレムにいる女をすべて殺します。もう一つの理由も教えてください」と言った。兄王は断った。弟王は納得せず、兄王は「ではいっしょに狩りに行こう。私といっしょに国の外まで出かけると近習たちに知らせておきなさい」と言った。弟王は兄王から言われたとおりのことを伝えた。

兄弟王は日が傾くと馬に乗って出発し、着いた場所にテントを張った。夜が明けると兄王が弟王に言葉をかけた。「この場所にとどまるように、近習の者に言うのだ。それがすんだらいっしょに出立し、お前に理由を見せることにしよう」。弟王は侍従を呼び、自分たちが戻ってくるまでここにいるようにと言った。兄弟王はともに出発して宮殿に着いた。弟王は門番を呼ぶと馬を預け、「私が狩りから戻ったことは誰にも知らせるな」と念を押した。兄王は弟王の先に立って案内し、庭に面した窓のところに座ると弟王に「よく見ておくのだ」と言った。

弟王の妃が、黒人と白人からなる二十人の奴隷を連れて秘密の扉から出てきた。兄王が「自分の目で見るのだ。私が合図をするまで話さないように」と言った。女奴隷の一人が声をあげた。「サイード、どこにいるの？」。一人の黒人が庭の塀から飛び降りてきて服を脱いだ。黒人の女奴隷も服を脱いだので、一団には男と女がいたことがわかった。男奴隷たちはふくよかな胸の上に乗りかかり、サイードも王妃の胸に乗った。男奴隷たちは、角を突きあわせる雄山羊のように動きだした。弟王はすっかり分別を失ってしまったが、兄王が声をかけた。「何もせずに我慢するのだ」。ことを終えた一同は泉水で水浴すると体を乾かし、服を着た。そして食べ物や飲み物を持ってくると、男女が寄り添って腰をおろした。

兄王が「今こそなすべきことをしなさい」と言った。弟王は「兄上はその場所で見ていてください」と言った。弟王は処刑人を呼んで訊ねた。「お前のもとには何人の兵士がいるか？」。処刑人が「八十人です」と答えた。弟王は「武器を持たせた四十人を女部屋に面した庭の壁に立たせよ。壁を抜けてやってくる者がいれば白人も黒人も男も女も全員を殺して斬り裂き、庭の中に投げこめ。通路の入り口にも一人、出口にも一人の兵士を立たせ、だれも逃がしてはならない」と言った。

弟王は残りの兵士とともに宮殿に入り、女たちや奴隷たちを殺すようにと兵士に言った。「彼らを捕まえて連れてこい。逆らう者はその場で殺し、死体を運んでこい」。弟王は秘密の扉のところに五人の兵士を立たせると、自分は泉水の傍に立った。王妃らはずっと抱き合ってふざけていた。兵士たちが剣を持って襲いかかった。サイードは塀に飛びのって逃げたが、待ち構えていた兵士たちがその首を落とし、腕や足を斬って庭に投げこんだ。兵士たちは全員の腕をつかんで弟王のもとにひったてた。弟王は妃に声をかけた。「お前の女奴隷たちをよく見るのだ」。女奴隷や男奴隷の首や手足が運ばれてくると、弟王はばらばらになった体を井戸に投げこませた。すべてが終わると、弟王は妃の髪をつかんで彼女を木に吊るした。妃は命乞いしたが弟王は聞き入れず、妃の手足を次々に斬った。妃の胴体から首や手足がなくなると、弟王はそれらを井戸に投げこんだ。こうして弟王の心の中で妃についての一件はすべて終わった。弟王は自分の宮殿に入り、老女も女の召使も全員を井戸に投げこんで蓋をした。弟王は処刑人たちに褒美をあたえ、家来たちにもふさわしい金額を与えた。

弟王が兄王のもとに戻ると、兄王が言った。「私は同じものを見て自分の痛みを忘れることができた。神のご加護のおかげで望みを成就し、不義を重ねる仇を滅ぼすことができた。宰相に後事を託し、侍従には、王は狩りをやめて兄王とともに大切な目的を果たすためにここを離れると言いなさい。私たちはダルヴィーシュ（遊行僧）に身をやつし、浮世を旅しよう。同じ災厄にあった者と出会うことがあれば、自分たちの痛みを忘れることができるだろう。そのときは国まで戻ることにしよう。しかしそのような者に出会わなければ旅をつづけ、最後の審判がくだる日までさすらうことにしよう」。弟王はこれに同意して宰相に後事を託し、侍従を呼んだ。

兄弟王はダルヴィーシュの姿になると秘密の扉から外に出て、無人の荒野をあてもなく進んでいった。それぞれの災厄について語りあい、弟王は嘆きながら詩を吟じた。「よい心は人をよくする。だが、ふりかかる災難は軽くはならない。それが運命というもの。夜の平安の中で災難を忘れるとしても、夜の清らかさが悲嘆を深める」。二人は粛々と旅をつづけた。町に入ると托鉢で命をつなぎ、大地の草を食べ、雨水や泉に頼って渇きをいやした。

何日かの後、海辺にある緑の草原に着いた。二人は泉の傍らにある大きな木の陰に腰をおろした。叫び声が聞こえると大地が二つに分かれ、黒い煙が立ち上ってきた。煙は雲まで登っていくかと思うと、二人の方に向かってきた。弟王が「この木に登り、煙の正体をつきとめましょう」と言った。二人は木に登ると葉の間に身をひそめた。煙は、丈高く顔も胸も広い魔人の姿になった。魔人は頭の上に木の箱を載せていた。魔人は木のところまでやってきて、頭の上から箱をおろした。箱には鋼鉄でできた七つの錠がついていた。魔人は箱の錠を開けるとその中から別の箱を取り出した。その箱にも七つの錠がついていた。その錠を鍵で開けて別の箱を取り出した。どの箱にも七つの錠がついていた。魔人は七番めの箱を開けて中から若い娘を取り出した。彼女は燃え盛る太陽のように赤く輝き、カーネリアンの眼とバラ色の頬をしていた。唇はふっくらと盛り上がり、手足はすらりと伸び、爪は形が整い、太ももは大理石を思わせ、銀の大皿に載った金のネックレスのように絢爛たる美女だった。魔人が言った「愛しいひと、わが心の糧となる人よ」。魔人は娘を引き寄せた。「膝枕をしてくれ」。魔人は娘の膝の上に頭を置き、深い眠りにおちた。

娘は魔人の頭を石の上に置き、木の方を見ると二人の王に「降りてらっしゃい」と言った。兄王は魔人が恐ろしいという合図を送った。娘は「降りてこないのなら、魔人を起こして二人を殺すように言いつけます」と言った。二人は震えあがり、木から降りて娘のもとに行った。娘は体をすり寄せ「一人ずつやるのよ。そうしなければ魔人を起こして二人とも殺すように言います」と言った。二人は「魔人が怖くて何もできません」と答えた。娘が聞きいれなかったので二人は、自分たちを決して裏切らないと娘に誓わせた。兄王、次に弟王が娘と睦みあった。

ことが終ると娘は二人の印章指輪を欲しがった。二人が断ると娘はポケットから袋をとりだして中味をあけた。「これは色も姿も違う九十八人の男たちからもらった指輪よ。みんなわたしと睦みあったの。あなたたちをいれると百人になるわ。どうしてこんなことをするかわかるかしら？」。二人は、いいえと答えた。「私はいっしょに寝た男たちから指輪をもらうことにしているの。思いあがったあの魔人のせいよ。魔人は私に惚れ込んで家族のもとからさらい、七つ重ねになった箱に私を閉じ込めたわ。片時も離れず、だれひとり近づけずにわたしといっしょに寝るの。魔人はわたしを守っていると言っているわ。でも、あの強欲な魔人は、わたしを好きになっても思いどおりにはできないことには気づいていないのよ。わたしが印章指輪を持っていることも知りません。女には女の意志があります。本人以外にそれを変えさせることはできないのよ。あなたがたは進むべき道を行きなさい。自分の道を進むのよ。さあ、魔人が起きる前にここを去りなさい」。

兄弟王は心の底から驚き、娘に印章指輪を与えるとすぐに立ち去った。兄弟王は、輝くような娘との一件を語りあった。兄王は弟王に、自分たちの王国に戻ろうと言った。弟王は「私は二度と結婚しません。決して女とは寝ないことにします」と言った。兄王は「私が美しい娘たちをどうあつかうか、見ていなさい」と言った。弟王は自分の国に戻り、誰とも結婚しなかった。

兄王は国に戻るとあれこれと考え、町の娘たちの名を書いてくるように命じた。大臣は城下の家を一軒ずつ訪ねると上品な処女を探しもとめ、五千人の名を列記した。大臣には二人の娘がいたが、王には知らせなかった。王は籤を投げて落ちた場所の名前で娘を選んだ。花嫁を決めると書類を書かせて寝床を共にし、朝になると彼女を殺すように命じた。王は次々と娘を選び人々は王を呪った。

大臣が王の所業について悩んでいるとシェヘラザートという名の姉娘が、何を悩んでいるのかと訊ねた。大臣はありのままを答えた。姉娘は才気煥発で学識を備えていた。明敏なたちで洞察力があり、古い書や先人の物語にも通じていた。善と美にあふれ、何ひとつ欠けるところがなかった。姉娘は大臣に胸のうちを明かした。「王さまに伝えてください。自分には二人の娘がいる、一人は幼くもう一人は年ごろの娘です、王さまに姉娘をさしあげたい、妹娘は七歳だがふさわしいと思われるのなら妹娘もさしあげます、この国にはもう娘がいません、残っていた娘たちは王さまが殺してしまったし、他の娘たちは国から出ていってしまいましたと。わたくしは王さまに嫁ごうと思いますが条件があります。王さまが来られたら条件をお話しし、同意されたら嫁ぎますので書類を作ってください。お伝えいただけないのなら、大臣には二人の娘がいると知らせます。お父さまの面目は丸つぶれになってしまいます」。「娘よ、お前は殺されたいのかね?」。「わたくしは王さまの手から娘たちを救いたいのです」。「お前の決意はまちがっていない。言い出したら聞かないのだね」。

大臣は姉娘の言葉を王に伝えた。王は驚いて「そのとおりにしよう」と言った。王は大臣の家に行き、姉娘を見て満足した。姉娘の後には七歳の妹娘がいた。「王さま、条件がございます。わたくしは毎晩、幼い妹を楽しませてきました。夜の三時になったら妹をわたくしの元に呼んで、物語を聞かせたいのです」。「その条件を認めよう。私も物語が好きなのだ」。王は大臣に「私からのマフル（婚資）を届けさせよう。ディーワーン（官庁）に行って契約書を書こう。娘を今晩よこしなさい。私は彼女と一夜をすごし、朝になれば彼女を殺そう」と言った。

王と大臣はディーワーンで契約書を書いた。大臣は姉娘のもとに行き「神さま、どうか娘をおたすけください。お前は憎しみの渦巻く中で育った。まことにアッラーを除いて力も権威もないのだよ」と言った。姉娘は身支度を整えて香水をつけ、妹を呼んだ。「王さまのもとに行ったら、夜の三時に広間の扉を叩いてね。

わたしが扉を開けたら王さまの手に口づけし、わたしの方を向いてこう言うのよ。『お姉さま、眠くないのなら優雅なお話を聞かせてください』。その言葉が王さまとこの国の娘たちを救うことになるの」。姉娘は母親といっしょに城に入った。

時間になると王がやってきた。王は台に座っている花嫁を見てたいそう喜び、花嫁の母親はその場から立ち去った。夢うつつの中でことが終わると二人は身を清め、話をしながら食べ物や飲み物を口にした。夜の三時になると扉をたたく音がした。花嫁が「妹がやって来ました」と言った。王は「条件のとおり、扉を開けなさい」と言った。花嫁は扉を開けて妹を中に入れた。

妹が姉に「お姉さま、もし眠くないのなら、お話のひとつを語ってください」と言った。花嫁が訊ねた。「王さま、よろしいですか?」。王は「それでよい。これはわたしたちの条件に入っている」と言った。これを聞いた花嫁は心の底から喜び、王の方に顔を向けた。「それでは王さま、お聞き下さい。わたくしは次のように聞きおよんでおります。昔昔……」。

*写本について

上述の物語は、ベルリン国立図書館(Staatsbibliothek zu Berlin)に所蔵されているアラビア語によるアラビアンナイト写本の枠物語を抜粋したものである。写本目録の記載によれば[Ahlwardt 1896: 150-151]、同写本[We.663、正確にはWetzstein II 663]は百葉からなり、ヒジュラ暦一二二〇/西暦一八〇五年ころに筆写された。タイトルは記されていない。第一葉から第十五葉の表ページまでは枠物語が記されており、続けてシェヘラザード（原文ではシェヘラザート）がシャフリヤール王に語るという形式で、「商人と魔人の物語」が開始している。第二六葉の表ページからは「ムハンマド・イブン・イブラーヒームとバルマク家のジャアファルの物語」、第三九葉の裏ページからは「サラーム・アンナディームの物語」が記されている。同物語は途中で終わっており、第四六葉から第五二葉までは白紙である。第五三葉の表ページからは「アブドッラフマーンの物語」、第八二葉の表ページからは「漁師と魔人の物語」が記されている。

夜の番号による区切りはなく、シェヘラザードに話をうながす妹とのやりとりは枠物語の中で記されているのみであり、その後に続く各物語では記されていない。枠物語の後は各物語を並べただけであり、白紙の部分が含まれていることなどから、筆写途中の未完成写本であったと思われる。

この写本を見たアラビアンナイト研究者の大多数は、十九世紀初頭という写本筆写時期、シェヘラザードやシャフリヤール王は登場するが従来の枠物語とはあまりにも異なった内容、夜の番号がない、千一夜分の物語が入っていないという不完全さなどを理由に、これを正統な写本とは認めないだろう。あるいは無視しないまでも、標準的な物語と比較するための資料として写本中の各物語を用いる程度ではないだろうか。ブーラーク版やカルカッタ第二版などの印刷による完全な標準テキストが確定される以前に、「完全な」写本を探し求めていた十八〜十九世紀半ばの学者たちにとっては、同写本は参照するに値しないものであったと思われる。しかしながら詳細な分析もしないままにこのような写本を異端のテキストと断定できるのだろうか？

同写本の筆写者や筆写時の状況、書かれた底本が一つあるいは複数あったのか、口承の物語を書きとったのか、さらにはそれらをもとに作者が創作したものなのか、これらの疑問を解明するための具体的な情報は皆無だが、作成事情を探るために来歴をもう少し探ってみよう。

目録番号が示しているように、この写本はヨハン・ゴトフリート・ヴェッツシュタイン（Johann Gottfried Wetzstein、一八一五～一九〇五）が収集したものである。彼はライプチヒ大学でプロテスタント神学を学ぶ一方、アラビアンナイトのブレスラウ版を編纂したことで有名なフライシャー（Heinrich L. Fleischer、一八〇一～一八八八）のもとでアラビア語やアラム語などのセム諸語を学び、西暦十五世紀のイスラーム神秘主義思想家アブドゥラフマーン・アルビスターミーの研究で博士号を取得した。ベルリンのフリードリッヒ・ヴィルヘルム大学のアラビア語講師に着任後、一八四九年から一八六一年までダマスカスの初代プロシア領事をつとめた。帰国後はベルリン大学で教鞭をとり、政府の外交団にも参加するなど研究者兼外交官として生涯を終えた。[1]

ヴォケックの『ドイツのオリエンタリズム』によれば、当時のドイツでは若手の研究者が司書として図書館に奉職することが多かったらしい［Wokoeck 2013: 129-133］。彼らはこのような職歴のおかげで、写本などに接する機会を得るだけでなく、資料分類や目録作成にたずさわることによって、広範な文献学的素養を身につけることができた。学位取得後のヴェッツシュタインもしばらくのあいだはオックスフォード大学のボドレアン図書館に勤務しており、ここでつちかったアラビア語写本に関する知識が写本を収集するさいに役立ったと思われる。

彼の研究の特徴としては、ダマスカス滞在中にアラブ遊牧民のアラビア語方言やフォークロアの調査をしたり、スーク（市場）の聞き取り調査をしたりというように、シリア・パレスチナ地域で暮らしている人たちの文化や民族誌に関心を持ったことが挙げられる。彼を一躍有名にした聖書の『雅歌』に関する論考ではシリアの結婚式における儀礼の調査から着想を得て、雅歌が宗教的な教訓を含むものというよりは当時の恋愛歌に類するものであるという説をはじめて提示した。

ヴェッシュタインは、領事としてシリアに滞在中に膨大な量の写本を収集した。ドイツでは十八～十九世紀の初頭まで中東諸語の写本をあまり所蔵しておらず、研究者はパリへ出向いたり、筆写者に写本のコピーを依頼したりしていた。その後、ゴータ図書館の例にみられるように、中東に渡った研究者や旅行者によって写本が収集されるようになり、ヴェッシュタインの写本収集もそのような学問的風潮による。

現在、ヴェッシュタインの収集した写本は、ベルリン国立図書館、ライプチヒ大学図書館、チュービンゲン大学図書館に所蔵されている [Wetzstein 1863]。特筆すべきは、ダマスカスのリファーイー家が所有していた私設図書館の写本をすべて購入したことであり、これは近代以前の伝統的イスラーム社会における書物と知識の関係史を知るうえで極めて重要な文化遺産として位置づけられる。また個人的な関心事項であった中東の文化や文学に関する写本が多いのも特徴である。アラビアンナイトに関して言えば、おそらく師のフライシャーの影響もあったのか、十七世紀の挿絵入り写本（チュービンゲン大学図書館蔵）をはじめとして多くの写本を収集している。

ヴェッシュタインは一八五二年と一八六二年の二度にわたってベルリン国立図書館（当時は王立図書館）に写本を寄贈しており、それぞれ、Wetzstein I～、Wetzstein II～の目録番号が割り当てられている。アラビアンナイトについては、いずれも千一夜を含む完本ではないが、Wetzstein II 662、同 701 をはじめとして個別の物語写本が多く含まれている。特に一三二葉から成る Wetzstein II 662 は完本ではないものの、グロツフェルトが指摘しているようにいわゆる正統なアラビアンナイトとは異なる枠物語の結末部分を含んでおり、本稿でとりあげる写本の由来を考えるうえでも参考になる [Grotzfeld 1985: 78]。

Wetzstein II 663（以下、ヴェツシュタイン写本）は、ヴェツシュタインの個人的な関心事であった民間伝承や民衆文化にかかわるものとして収集されたアラビアンナイト写本と位置づけられる。いわゆるガラン写本（十五世紀）をはじめ、アラビアンナイト写本のほとんどは当時の口語表現がまじった中間アラビア語（Middle Arabic）によって書かれている。[2] ただし、同じ中間アラビア語であっても筆写年代や筆写者の言語能力によって、より正則的なアラビア語（フスハー）に近いものから、より口語的（アンミーヤ）なものまではばがある。ヴェツシュタイン写本では、会話の文章などにエジプト方言の口語表現が顕著であることから、エジプト系の伝承による写本と見てまちがいない。

＊ヴェツシュタイン写本の特徴

次に物語の内容を見ていこう。この写本がいわゆるシリア系（ガラン版、ガラン写本、マフディー版など）やエジプト系（ブーラーク版、カルカッタ第二版、いわゆるZER系写本）の標準的あるいは正統とされるテキスト伝承による枠物語と大きく異なる点は以下の三つだろう。

（一）中国が舞台になっていること。正統とされるテキスト伝承では、兄（シャフリヤール王）はインドから中国までを統治、弟王（シャーザマーンなど）はサマルカンドを統治することになっている。

（二）王妃の裏切りによる展開が逆になっていること。正統とされるテキスト伝承では、兄王を訪問する弟王が途中で王宮に戻ったときに自分の王妃の裏切りを知る。兄王は落胆による弟王の様子の変化に気づき、その理由を自ら確認することで自分の王妃の裏切りを知る。

（三）シェヘラザード（写本ではシェヘラザート）の妹ドゥンヤーザード（写本では名は記されていない）が七歳の幼女であること。幼い妹を寝かしつけるために物語をするという設定になっている。正統なテキスト伝承では妹は大人であり、夜をすごす楽しみとして物語をねだるという展開になっている。

まず、最初の特徴について考えてみよう。アラビアンナイトの中には、有名な「アラジンと魔法のランプ」をはじめ、「せむしの物語」のように中国を舞台にした物語が少なくない。「サイフ・アルムルーク王とバディーアト・アルジャマール姫の物語」では、中国はファグフール・シャーという王によって統治されている。王子は愛する人を探して中国までおもむき、世界の果ての不思議に魅了される。「カマル・アッザマーンとブドゥールの物語」でも主人公は中国の先にあるガユールの国王と冒険をくりひろげる。

まず、物語における中国の位置について確認しておこう。

アラビアンナイトでは、不思議な事象が起こる場所としてイスラーム圏から遠く離れた地が選ばれることが多い。インド、中国、東南アジアなどのように、イスラーム世界から見た辺境の地こそ、不思議で驚異にみちた物語が生起するトポス（場所）と言えるだろう。まったく知らない場所というのではなく、半分くらい知ってはいるが完全にはイスラーム化していない場所というのがポイントになる。このような場所は、語り手の想像力をかきたてたのだろう。ちなみに「アラジン」の話に出てくる魔法使いは北アフリカのマグリブから来たということになっており、このマグリブにしてもアラビアンナイトを語り伝えてきた人びとの住む地域（マシュリク）を中心としてみれば辺境の地と言える。また、「ものぐさのアブー・ムハンマドの話」では、主人公は魔人の背中にのって中国からマグリブにある真鍮の都まで大活劇をくり広げる。標準的なテキスト伝承ではシャフリヤールは中国からインドまでの広大な国を治めているのだが、中国だけを舞台とする変形は、アラビアンナイトの世界観としては自然な変容とみなせるだろう。

ここで非標準的テキストに登場する中国の位置づけも確認しておこう。ウォートリー・モンタギュー（Edward Wortley-Montague）がエジプトで手に入れたいわゆるモンタギュー写本（オックスフォード大学ボドレアン図書館蔵）は、奥付によれば一七六四年から翌年にかけて作成されたとみられるが、最初の部分は標準的な物語と重なっているものの、同写本にしかみられない非標準的な物語を多く含んでおり、一八三一年から翌年の作成になるラインハルト写本（ストラスブール大学図書館蔵）とならんで、正統なテキスト伝承とは大きく異なる外典的伝承の代表とされる。このモンタギュー写本の中に、王妃が王を裏切るという枠物語と同じモティーフを含む「中国の王と結婚した商人の娘の物語」が入っている。[3]

（あらすじ：中国の都の王は町の外に庭を持っていた。庭の隣に商人の家があり、商人の娘は地下の廊下を通ってひそかに庭に入っていた。庭で王妃の不義を目撃した娘が持っていたレモンを投げると、レモンは王妃の片目にあたった。王妃は王に薬を盛って眠らせ、愛人との密会を続けた。王妃の片目がないことに気づいた王が理由を問うと、王妃は商人の娘に傷つけられたと答えた。王妃の仇をとるため、王は女装して商人の家を訪ねた。娘は王の正体に気づかぬまま、自分の目撃談を語り、王妃の不義の現場を王に見せた。王は王妃とその愛人を殺し、商人の娘を妻に迎えた。王妃となった娘から生まれた王子は勇敢な戦士となって物語がつづいていく）。

モンタギュー写本はエジプト（おそらくダミエッタに近いデルタ地方）で作成されており、エジプトの民衆のあいだで流布していた口頭伝承の物語を多く含んでいる。上述の物語とヴェッツシュタイン写本の枠物語は必ずしも同じ展開ではないが、標準的な枠物語を単純化している点で類似しており、双方ともに中国が舞台になっている。ただし、上述の物語は、九九八夜以降の最後の物語となっており、最初の枠物語と類似の物語を最終に入れたという点で、グロッツフェルトが明らかにしたもうひとつの結末の存在と関係があるかもしれない。そこでは物語の舞台となる場所や登場人物に匿名性を付与することでシャフリヤールに自己覚醒と内省を迫っている。その意味では中国は、不思議なことが起こるファンタジーの世界ではなくなり、自らを観照する場所としての匿名性の高い物語空間へと変貌を遂げていたとも言えるだろう。

次に、王妃の裏切りをめぐる第二の特徴についてみていこう。標準版の枠物語では、サマルカンドを治める弟王シャーザマーンは王妃の裏切りにあって生気をうしなったが、強大な王である兄のシャフリヤールでさえ同じ目にあっていると知って心が晴れる。この展開は、アラビアンナイトの枠物語よりも古い形を残していると思われる『百一夜物語』と同じである〔鷲見 二〇一一：九～二五〕。またこれよりもさらに古い時代の漢訳仏典『旧雑譬喩経』中の話「妻と王妃の不貞」も同じような展開になっている〔西村・羅 二〇一三：三六～三八〕。この話では、美貌の王をしのぐ美青年として王のもとへ呼ばれた若者が自分の妻の不貞を知り、その容貌が醜く衰えてしまうのだが、若者は王妃の情事の現場を見て、王でさえ同じ災厄にみまわれているのだからと再び美貌をとりもどす。このように、強大な権力を持つ者でさえ自分と同じ災厄にあっていると知ってなぐさめを得るという設定は、非人間的な力を誇る魔人でさえ愛する女に裏切られるという後半の話とつながっている。そして女とは奸智に満ちた存在であると確信したシャフリヤールは精神の平安を回復することなく、残虐な王へと変貌してしまう。

しかしながらヴェッシュタイン写本では、兄王シャフリヤールの方が先に王妃の不義を知る。兄王を客人として迎えた弟王のシャフルマーンは、落胆のあまりに顔色のすぐれぬ兄王が唐突に元気になったことをいぶかるのだが、兄王からその理由を知らされると怒りのあまりに不義をはたらいた王妃を成敗する。王妃や女たちの殺害場面は微に入り細に穿っており、精神の平衡をうしなった弟王の凄惨な所業が延々と語られる。まるでシャフリヤールが呈すべき狂気を分身シャフルマーンが担っているかのように読める。シャフリヤールを狂気の王としない設定は、魔人とその愛人に出会ったあとで浮世を捨て、ダルヴィーシュ（遊行僧）の姿に身をやつして旅に出るという展開につながっていると思われる。

アラビアンナイトはその内容からイスラームを冒瀆するものであるとして、現代にいたるまでたびたび禁書の憂き目にあってきた。一方、アラビアンナイトはクッサースと呼ばれた宗教説教師による語りの流れをくむものであり、ウラマー（イスラーム知識人）や法学者などによる高邁な教義の説法ではなく、庶民にイスラームの教えをとくために利用されてきたとする見方もある。アルムサーウィーの『千一夜のイスラーム的コンテキスト』によればイスラーム知識人が編集にかかわったと思われるブーラーク版やそれに基づくカルカッタ第二版などの標準テキストは、イスラーム的言説を多用しており、イスラームの教義を説く類のものではないとしても、イスラーム的世界観を背景としたイスラーム的な風土の中で生成し伝えられてきたものであるとする [al-Musawi 2009]。アラビアンナイトに見られる世界認識は、写本にせよ印刷本にせよ、それぞれの版にかかわった人たちが生きていた時代のイスラーム的風土から影響を受けていると言えるだろう。

イスラーム的風土については、十二世紀ころから民衆のあいだで盛んになるスーフィズム（タサウウフ、イスラーム神秘主義）との関係が重要になる。神学的知識や教義的実践、あるいは形式化した信仰によってイスラーム的理解を深めるのではなく、アッラーと直接対峙するために俗世を捨てて修行に専念する人（スーフィー）が出現した。やがて、スーフィーたちの宗教実践に従おうとする人びとがその周囲に集まるようになり、教団（タリーカ）が形成されていった。教団の祖となった人や指導者（ムルシド）の多くは聖者として民衆から崇敬され、民衆レベルの宗教実践や地域レベルの集団再編成にコミットすることになる。アラブ世界がオスマン帝国の支配下に入るとスーフィズムはその様相を大きく変えていった。[4]教団の分派や地域化が進行する一方、十七～十八世紀になるとそれまでは口伝のかたちで知識として広まっていた教義が書かれたり、聖者伝説が文字化されてまとめられたりした。[5]識字層の増加は個人レベルにおける宗教実践の知識をマニュアル化することになり、文字化された聖者伝説は、日常と非日常をつなぐアッラーの意図を感得するための情報源として機能することになった。聖者伝や奇跡譚を記した書籍はエジプトで愛読され、アフマド・アルカルユービー（一六五九年没）の『奇談集』がその例として挙げられる。[6]『奇談集』は、世界の驚異（アジャーイブ）を記したアラブ文学の系統に属しているが、世界の果てにある不思議を示すのではなく、日常性の中に隠れて存在する神意としての奇跡を示すことが目的となっている。十七世紀以降になると、個人が日常語である口語世界に関心を持ち、日記や備忘録、あるいは口語辞書や口語による詩を作成するようになった。上述したような知識と実践をめぐる変化は、このような個人レベルでの動向と軌を一にしていると思われる。

　シャフリヤールとシャフルマーンの二人はダルヴィーシュに身をやつして旅をし、わが身を内省するかのような詩を吟じる。二人の感慨は男女の関係に限定されてはいるが、人間存在の深淵を知ってこそ自分たちの道を進めるのだという表現の中には、この写本の読者として想定されていた当時の人びとの日常的な信仰とその実践が反映されている。

標準版ではシャフリヤールが王国に戻って王妃とその愛人を殺し、人が変わったように残虐な狂気に満ちた生活を送るのだが、ヴェッツシュタイン写本ではシャフリヤールの方が弟王よりも先に王妃たちを殺している。そして自らの道を進もうと心に誓うと弟王と別れ、王国に戻ってからは諦観に達したかのように粛々と段取りを決めていく。このような話の運びや、王自らがシェヘラザードの条件を聞くために彼女のもとにおもむくという設定には、カルユービーの『奇談集』に類するような目的をもったもの、つまり不思議に満ちたファンタジー的様相を持つものではなく、日常的な展開の中に隣接する神意を読み取るものとしてこの枠物語を読ませようとする作者の意図が現れているのではないだろうか。『旧雑譬喩経』でも、妻にうらぎられて女とはいっしょにいられないと思った若者と王の二人は出家して精進を重ね、やがては悟りを開くことになっている。ヴェッツシュタイン写本の枠物語は時代の精神の中で変容したと解釈でき、そのせいで標準版よりも古い形が出現していると見ることもできよう。

次に、ドゥンヤーザードの年齢をめぐる三番めの特徴を見てみよう。シリア系やエジプト系の標準的アラビアンナイトでは、ドゥンヤーザード（ディーナーザード、ディーナールザードとも）は、シェヘラザードの妹となっている。カルカッタ第二版では姉妹ともに「美しく、可憐で、気高く、すっきりと均斉がとれていた」とあり、明らかにみめうるわしい大人の女性である。しかしながら古い記録ではドゥンヤーザードの身分はさまざまである。[7] たとえばマスウーディー（八九六〜九五六）の『黄金の牧場』では「（アラビアンナイトは）王、大臣、大臣の娘、娘に仕える奴隷をめぐる物語」であり、ドゥンヤーザードはシェヘラザードに仕える女奴隷になっている。またイブン・アンナディームの『アルフィフリスト（目録）』では「王の家令」となっているし、九世紀の日付が記された最古のアラビアンナイト断片を分析したアボットは、その言葉づかいから「年配の乳母」であったと推定している［Abbott 1949: 153］。

ドゥンヤーザードは十五世紀のガラン写本ではすでに妹になっているが、彼女の役回りから言うとこの変化は当然の帰結かもしれない。アラブ・イスラーム世界の文学的コンテキストの中で王妃の裏切りを見るならば、これは肉体性（外面性）に起因するカイド（奸智）が具現したものである。[8] このような文脈におけるシェヘラザードとは、肉体性を超越して女性の内面的価値を駆使し、言葉による語りの世界を提示することによってシャフリヤールひいては国を救おうとする者であり、ドゥンヤーザードとはシェヘラザードの肉体性（＝性行為）と精神性（＝語る行為）をつなぐ者であった。マルチダグラスは、シャフリヤールの分身としてのシャーザマーンを弟にすることで、カイドを潜在させる女性のいないホモソーシャルな関係を象徴するためにキャラクターの機能を分化させていると指摘している［Malti-Douglas 2004］。これに対応してドゥンヤーザードとシェヘラザードも姉妹の関係で結ばれていなくてはならない。

一方、ヴェッシュタイン写本の枠物語は女性の奸智（カイド）をめぐる話が発端となるが、作者の意図はそこからはずれ、あるいはそれを一つのアレゴリーとしながら宗教的テーマに入りこもうとしている。たとえば標準版では結婚式の日に魔人にさらわれた生娘でさえも、強大な力を誇る魔人を裏切るという絶望感が兄弟王の女性不信を決定的なものにするのだが、この写本の作者は、いっしょに寝た男たちの指輪を集める理由を当の娘の口から語らせている。彼女は厳重に錠のかかった七つ重ねの箱の中に閉じこめられており、すべての自由を奪われた状態にありながらも、自分を支配しようとする魔人にあらがい、復讐しようとする。

そして自分の心の内面を自分の言葉で語っている。ここで彼女の行為の動機となるのは、標準版が描くような女性の肉体性（カイド）そのものではない。

従来のスーフィズム研究においては、スーフィーによる自省的な内面の探求であったものが、教団の組織化が進むにつれて民衆運動へと展開していき、十八世紀を境として自己変革的な社会運動（いわゆるネオ・スーフィズム）へと軸足を変えていくと説明されてきた［東長 二〇一三］。しかしながらここでは、前述したような読者層の増加と個人レベルの読み書き能力の普及という歴史的背景のもとに、初期のスーフィーによる形而上的な自己変革とは異なる次元での内的な展開があった可能性を指摘できるだろう。スーフィズム的文脈で解釈するならば、この枠物語における魔人の愛人をめぐるエピソードは、内省を契機として個人の内面を描こうとしていると理解できる。庶民レベルにおけるスーフィズムの内的展開と近代文学の萌芽については、今後の研究が期待される。

このように伝統的なカイドの扱いからは離れて宗教的テーマに踏み込んだヴェツシュタイン写本では、肉体性を越えた存在であるシェヘラザードの分身としてのドゥンヤーザードの役割は必要ではなくなり、語りをつむぎだす契機としての機械的役割に限定されることになった。肉体性と精神性をあわせもった存在として肉体性を越えた精神性の世界を語るのであれば、シェヘラザードには分身など必要なくなるだろう。そう考えるならば、ヴェツシュタイン写本ではドゥンヤーザードが七歳の幼い娘となっていることもおのずと理解できる[9]。

ヴェツシュタイン写本の作者がドゥンヤーザードを七歳の幼い娘にしたのは、物語の整合性をねらったものと解釈できる。また、大臣が娘のシェヘラザードをとめようとして語った「ロバと牛の話」もばっさり省かれている。大臣が目的を達成できず、娘を翻意させられなかったからだ。その一方、シャフルマーンによる王妃たちの殺害場面や、シャフリヤールが王国内の処女の数を報告するようにと命じた後の女性たちの様子が描かれたりしているように、独自の内容が加筆されている。また、魔人の女が集めた指輪（印章）の数が九八個というのはシリア系の古い伝承と同じだが、魔人の女が閉じこめられた箱の鍵の数が七つという点はエジプト系の伝承と同じになっている。ただし七つの箱（シリア系は一つのガラスの櫃）というのは、どちらの伝承とも異なっている。

アラビアンナイトの結末部分については、標準的な正統テキスト伝承とは異なった複数の伝承が存在することが指摘されているが、冒頭の枠物語についても民間での伝承によるバージョンがあったと考えられる。

完全な千一夜の伝世写本を求めてやまない十八〜十九世紀の写本クエストとは一線を画したヴェッシュタインの目にとまったこの写本は、正統な標準的伝承からはずれた異端な外典の断片ではなく、アラビアンナイトが民衆のあいだで変容しながら伝承されていたことを示すものと考えられる。

＊エジプト系写本形成過程の仮説

アラビアンナイトは西暦九〜十世紀ごろのバグダードで原型が成立したとされる。その後、多くの物語がつけ加えられていき、近世のカイロで現在のような形になったと思われる。九世紀に書かれた断片には冒頭部が記されているのみであり、まとまった形の写本としては十四〜十五世紀ころにシリアで成立したものが最も古い。この時期にシリアでまとめられたものはシリア系写本と総称されており、二八〇夜前後の物語が収録されている。ガランが翻訳の底本としたのもシリア系の写本だった。全三巻から成るこの写本はガラン写本の名で呼ばれており、パリ国立図書館に所蔵されている。

一方、十六〜十七世紀以降のエジプトでは、さまざまな伝承が文字テキスト化されるようになった。これらはエジプト系写本と総称されており、シリア系写本よりもはるかに多くの物語が収録されている。さらにエジプト系写本は、アラブ世界での最初の印刷本であるブーラーク版（一八三五年）とほぼ同じ内容を含み、その底本になったと推定される写本群と、他写本には含まれていない物語を多く含む非標準的な写本群に分かれる。前者のエジプト系写本は異本間の相違が比較的少なく、これらの一連の写本群の存在を特定したエルマン・ゾータンベールの名をとって「ゾータンベールのエジプト伝本（ZER）」と呼ばれている。ZER系写本の制作年代は十八世紀末から十九世紀初頭と比較的新しい時代に集中している。

アントワーヌ・ガランによるシリア系写本の翻訳がきっかけとなり、アラビアンナイトがヨーロッパの読書界での地位を確立すると、ヨーロッパと中東の双方でアラビア語による印刷本が出版されるようになった。しかしながらこれらの印刷本は、アラブ世界で伝えられていた原典写本を底本としているわけではなく、ヨーロッパ世界の需要に応じた編集が加えられていた。さらにこれら印刷本の底本となったとされるアラビア語の諸写本にしても、オリエンタリズムに影響された中東観、ひいてはアラビアンナイト観にそって作成あるいは編集されたケースが多く、ヨーロッパの図書館に収蔵される過程で恣意的な選択がなされた可能性も指摘されている。特にガラン版の出版（一七〇四年）後には、数多くのアラビア語写本が造られたのだが、その中には後年の研究によって捏造であることが立証されたものもある。これとは逆に、オリエンタリズム的な前提に立つアラビアンナイト観にそぐわない諸写本については、充分な調査がなされてこなかった。つまり従来のアラビアンナイト研究は、ガランの翻訳に端を発する強力な思考枠の制限を受けてきたということができる。

従来の写本研究では、ガラン写本に基づく原型テキストの再構築と、標準正典版とされるカルカッタ第二版に基づく文学的分析が主な目的となっていた。上述のようなシリア系伝承とエジプト系伝承の関係、諸写本の作成時期、それらの諸写本と印刷本との関係についてはほとんど関心が払われてこなかった。したがってアラビアンナイトの諸写本について分析を試みるにあたっては、写本の成立時期や来歴、それぞれのテキスト分布や物語構成の相関関係を吟味し、ガラン写本に見られる特徴的な物語構成の影響についても再検証しなくてはならない。

次に、シリア系伝承の影響を受けながらも独自に成立したと思われる近世以後のエジプト諸写本について、その成立事情を確認しておこう。

十九世紀初頭にエジプトを訪れた旅行者によると、一七八一年に他界した高名なシェイフがアラビアンナイトの最初の二百夜を自作し、当時知られていた物語をつけ加えて千一夜の物語集を作成したという。現在のところ、この記述の裏づけとなるような資料は確認されていないが、マフディーはZERの底本となった写本の制作年代は十八世紀の半ば以降だったとしている[Mahdi 1995: 100]。エジプトではガラン版成立以前からシリア系とは異なる伝承を採録することで、千一夜を含む物語集を作ろうという動きがあった[Grotzfeld 2004: 19]。ガラン版成立以後は、ヨーロッパからの影響下にこのような動きが加速され、特にエジプトでは大量のアラビアンナイト写本が作成されたと判断できる証拠がある。

現在、ヨーロッパの図書館に収蔵されているアラビアンナイト写本は、十七世紀以降のものが大半を占めている。これよりも先、写本の作成と利用は知的エリート層に限定されていたが、都市の成長にともなって富裕な市民の中には私的に写本を所有する人びとが増えていった。このような動きは、十七～十八世紀のシリアやレバノンのキリスト教徒社会、エジプトのコプト社会などで顕著にみられた。また、私蔵書籍がコミュニティーの貴重な財産として受け継がれていったこともわかってきた。ガラン写本にしても、特定の家族内で数世代にわたって大切に伝えられていたことが確認できている。このような動きと並行して十七世紀以降には、オスマン帝国下のアラブ世界で地域文化が発展し、文学や言語の地域性が注目されるようになった。

このころになると都市中間層の中には書承文化に親しむ人びとが増えていき、文字テキストを作成する人びとも出てきた。こうして都市住民が書承文化に参入するようになると、中間アラビア語が誕生した。さらに十七世紀ころからアラビア語世界共通の書きことばであったフスハーには微妙な変化が生じるようになった。アンミーヤの語彙や語法がフスハーに混入するようになるにしたがい、アンミーヤによる口承文化がフスハーによる書承文化に貫入するようになった。十八世紀ころのエジプトで民間伝承を記したテキストが増加した背景には、このような事情があったと思われる。こうしてこの時代に集められた民間伝承がブーラーク版の編集へとつながっていくことになる。[10]

ヴェッシュタイン写本の書写時期とほぼ同じころにエジプトを訪れたイギリス人旅行者エドワード・ダニエル・クラーク（一七六九～一八二二）の『旅行記』には、アラビアンナイト写本について次のように書かれている。

「（写本の持ち主や書籍商は異教徒には売りたがらないため、写本を購入する）最良の方法はダルヴィーシュを雇うことだ……私はこのやり方で、希望するすべての写本を手に入れることができた。アラビアンナイトもしくは『アルフ・ライラ・ワ・ライラ』の写本を入手するのは容易なことではない。この作品は、作者もしくはこれを筆写者に発注した依頼主の趣味や事情にしたがって編集されたものであり、民間でしか見つけることができず、同じ話を収録した選集は二つと存在しないからだ。イスタンブールでは入手できなかったのだが、大カイロではすばらしい写本を手に入れることができた」[Clarke 1814: 30-31]。

クラークによる『旅行記』の巻末補遺には、彼が入手した写本に入っていた一七二話のタイトルが並んでいる。クラークによると、物故したウォートリー・モンタギューの甥がロゼッタに住んでおり、彼もアラビアンナイトの写本を持っていたので、二つの写本を比較したところ、共通する物語は三七話のみだったという。この記録からは、十八世紀末から十九世紀初期のエジプトでは、複数の異なったアラビアンナイト写本が存在していたということが読みとれる。

やがてヨーロッパの影響の下にブーラーク版が印刷されると、これこそが標準的なアラビアンナイトだということになった。こうして写本作成の時代は終了し、標準版をもとにしたアラビアンナイトのみが活字文化の中で正典として再生産される時代が始まった。ヴェッシュタインがWe.663の写本を収集した時期は、テキスト伝承の標準化が進行している最中であり、かつて併行して存在したはずの非標準的な異本伝承が消されていった時期と重なっている。

この章で述べてきたような中東世界におけるアラビアンナイトのテキスト伝承の形成過程については、以下の仮説が提唱できるだろう。

アラビアンナイトのテキスト伝承の形成過程

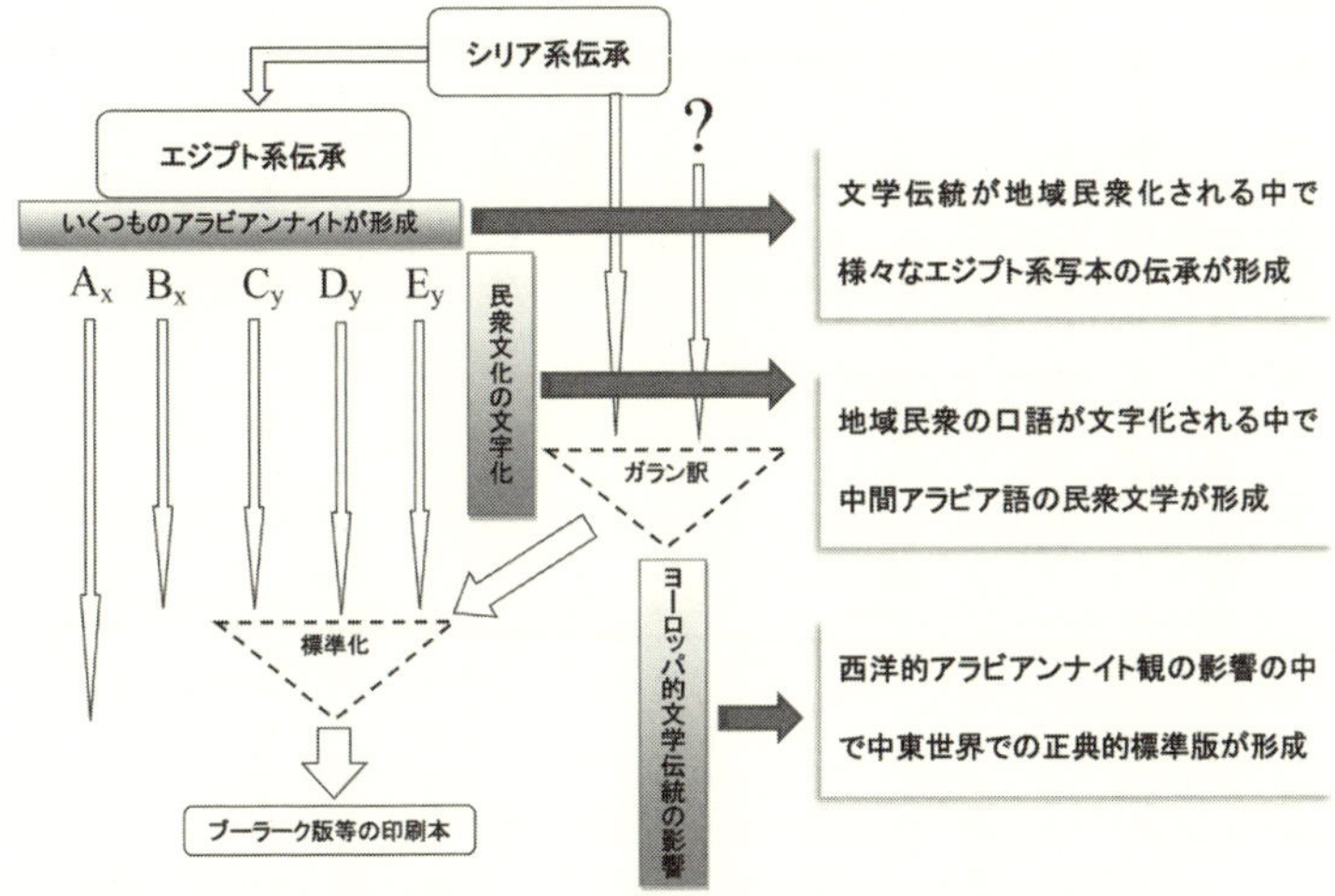

〈仮説１．エジプトで誕生した「いくつものアラビアンナイト」〉エジプト系伝承にはガランと同時代の庶民が知っていた物語が採録されており、シリア系伝承とは別系統の物語から構成されている。シリアの家庭内で伝えられていた物語集は、エジプト系の伝承と合体することで新しい物語集として再生産され、いくつものアラビアンナイトが誕生した。ガラン版以降はヨーロッパの好みにあうような構成の写本に収斂していき、最終的に標準エジプト系物語集が誕生した。

〈仮説２．文字化される民衆文化としてのアラビアンナイト〉十七世紀以降のカイロでは、裕福な商人や職人らの中流層が書籍を所有するようになり、口頭で文化を伝承してきた人びとが、文字伝承による文化に参入してきた。この時期には地方ごとの特色が顕著となっており、口語方言の影響を受けた「中間アラビア語」が誕生して民衆文化の文字化を促進した。このような社会変化が第二のアラビアンナイト誕生に影響した。

＊結語

　ガラン写本の校訂を企画し、シリア系写本の綿密な分類をおこなったマクドナルドは、アラビアンナイトとはムスリムによる文学作品であり、他の法学書や歴史書からはうかがいしれない庶民の宗教実践や世界観を知るための第一級の資料であると考えた［Macdonald 1922］。その基本的態度は、最初の訳者アントワーヌ・ガランからエドワード・W・レイン、そしてリチャード・バートン、さらには日本での前嶋信次にいたるまで一貫している。しかしながら最近では、ガラン写本がシリアのキリスト教徒たちによって読み継がれていたことを確認したシロンヴァルの研究［Sironval et Daaïf 2013］、キリスト教徒が作成したと思われる挿絵入り写本の発見、さらにはシンドバッド航海記などの物語伝承においてキリスト教徒が果たした役割の再発見があり、従来のアラビアンナイト観は大きな修正を迫られている。ガラン版によって開始されたアラビアンナイトへのアプローチは、千一夜分の完全なアラビアンナイトを探求するものであったのと同時に、「イスラーム的」かつ「アラブ的」かつ「民衆的（フォークロア的）」なアラビアンナイトの再構築を目的としてテキスト伝承自体を学術的に囲いこんでいくものであった。

　中東地域のキリスト教徒による文学活動の研究に従事するサンジョゼフ大学のハリールが指摘するように、イスラーム文明（あるいはイスラーム世界）への学者たちのまなざしは、アラブ性やイスラーム性の抽出を指向する中で、古典アラブ文学、キリスト教文学、ユダヤ・アラビア語文学などと分節する境界的な思考様式を慣性として持たざるをえない。しかしながらこのようなアプローチは、今を生きるキリスト教徒アラブ人が自らのアラブ性を忌避しなければならないほどの大きな代償をともなっている[Khalil 2001: 22]。

「定説」を離れた視点から、ヴェッシュタイン写本の枠物語をもう一度ながめてみよう。魔人の女とシェヘラザードはどちらも自分の意志で自分の道を選んでおり、どちらも殺されない。シャフリヤールの国の娘たちにしても、国外に逃れる道を選んだ者たちは殺されない。シャフリヤールは自分の道を進もうとして娘たちを殺すが、自分から国を出ていった娘たちは難を逃れている。そしてシャフリヤール以上に確固とした自分の道を知っていたシェヘラザードの生き方がシャフリヤールの道を変更させる。ここには、「自分の道」という言葉で表された「個人としての自覚」が隠されているのではないだろうか。さらに言えば、この枠物語からはスーフィー的というよりは近代のキリスト教に近いイメージが読み取れるのかもしれない。

正典とみなされてきたカルカッタ第二版やブーラーク版だけではなく、これまでの研究では無視されてきた非標準的写本群(偽典や外典)をも対象とし、十七世紀以降のアラブ世界における民衆文学と文字文化をめぐる社会的位相の中で、総体としての文明的現象としてアラビアンナイトの形成過程をとらえなおさなければならない。

注

1 ヴェッシュタインの生涯と著作については、[Huhn 1989: 1-7]を参照。

2 現在のアラビア語言語学においてMiddle Arabic(中間アラビア語)という用語は、歴史言語学的(通時的)な視点か、社会言語学的(共時的)な視点かのどちらをとるかで大きく二つの意味合いをもって使用されている[中道 二〇一〇:五八~五九;Khan 2011]。前者の立場だと、近代以前の文献における古典アラビア語との関係が主たる関心になるが、後者の立場だと、現代アラビア語話者の言語生活も関心の対象となる。

3　「中国の王と結婚した商人の娘の物語」については、モンタギュー写本Or.556の一九八葉の表ページ以降ならびに [Marzolph and Leeuwen 2004 ; 299] を参照。

4　オスマン帝国の統治時代になってからのアラブ世界の社会変容については、[Hathaway 2008] を参照。エジプトのカイロにおける社会層の変化や新しい知識層の出現については、[Raymond 1993] の第一〇章を参照。

5　識字層の増加と信仰生活への影響については、[Hanna 2003: 91-98 ; 西尾　二〇一一、第六章] を参照。

6　『奇談集』にはアラビアンナイトと類似の話が含まれている一方で [al-Qalyoubi 1977: 32]、彼自身はアラビアンナイトについて「うそ話」だとして高い評価を与えていない [Chraïbi 2008: 47-49]。『奇談集』中の類話が直接アラビアンナイトを典拠にしたものかどうかはわからないが、彼のような宗教的知識人がアラビアンナイトを読んで知っていたらしいことからは、アラビアンナイトの中でも宗教的色彩の濃い類話が巷間にひろがっていたことがわかる。

7　[アーウィン　一九九八：七二〜七三] を参照。またマスウーディーについては [al-Masʿūdī 1966: 406]、イブン・アンナディームについては [Ibn al-Nadīm 2009, II/1: 322] を参照。ちなみに前者は jāriya、後者は qahramāna というアラビア語の単語を使っている。

8　女性のカイド（奸智）とアラブ・イスラーム文化との関連については、[西尾　二〇〇六；二〇一一、終章] を参照。

9　アラブ世界では民話や昔話は女性や子どものものとされ、遊牧民社会や農村では夜に物語を話してきかせるという習慣が残っている。その意味で、幼い娘に物語をきかせるという設定変更はごく自然なものであると言える。

10　ブーラーク版とZERの関係については、[Mahdi 1995: 97-101; Garcin 2013] を参照。後者はブーラーク版で使用されている行政用語や物質文化語彙等を手掛かりに各物語の制作年代を探ろうとする研究であり、たとえばハージブ（本来は侍従を意味する）という単語について時代が下るほどより広い権限を持った職を意味するものとして物語中で使われているという指摘［Garcin 2013: 42-43］は、ヴェッツシュタイン写本中の同単語の使用にも当てはまり、同写本の制作年代と矛盾しないと言える。

参照文献

アーウィン、ロバート　一九九八『必携アラビアン・ナイト――物語の迷宮へ』（西尾哲夫訳）、平凡社。

鷲見朗子　二〇一一『百一夜物語―もうひとつのアラビアンナイト』河出書房新社。

東長靖　二〇一三『イスラームとスーフィズム――神秘主義・聖者信仰・道徳』名古屋大学出版会。

中道静香　二〇一〇「イブン・マンマーティーの逸話集に見られる口語的要素――Middle Arabic 資料としての『カラークーシュ』写本」『アラブ・イスラム研究』第八号、関西アラブ研究会、五七～七九頁。

西尾哲夫　二〇〇六「アラビアンナイトと中東世界の女性観――カイドの概念をめぐって」『比較文學研究』八七号、東大比較文学会、三～一六頁。

――　二〇一一『世界史の中のアラビアンナイト』（NHKブックス）NHK出版。

西村正身・羅黨興訳　二〇一三『壺の中の女――呉天竺三蔵康僧会旧雑譬喩経全訳』渓水社。

Abbott, Nabia 1949 "A Ninth-Century Fragment of the 'Thousand Nights': New Light on the Early History of the *Arabian Nights*." *Journal of Near Eastern Studies*. 8: 129-164.

Ahlwardt, Wilhelm 1896 *Verzeichnis der arabischen Handschriften der Königlichen Bibliothek zu Berlin*, Achter Band. Berlin: A. Asher.

Chraïbi, Aboubakr 2008 *Les Mille et Une Nuits: Histoire du texte et classification des contes*. Paris: L'Harmattan.

Clarke, Edward Daniel 1814 *Travels in Various Countries of Europe, Asia, and Africa. Part the Second. Greece, Egypt, and the Holy Land*. New York: D. Huntington.

Garcin, Jean-Claude 2013 *Pour une lecture historique de Mille et Une Nuits*. Paris: Sindbad.

Grotzfeld, Heinz 1985 "Neglected Conclusions of the *Arabian Nights*: Gleanings in Forgotten and Overlooked Recensions." *Journal of Arabic Literature*. 16: 73-87.

———— 2004 "The Manuscript Tradition of the *Arabian Nights*." Ulrich Marzolph and Richard van Leeuwen *The Arabian Nights Encyclopedia*. 2 vols. Santa Barbara/Denver/Oxford: ABC CLIO, pp.17-21.

Hanna, Nelly 2003 *In Praise of Books: A Cultural History of Cairo's Middle Class, Sixteenth to the Eighteenth Century*. Syracuse: Syracuse University Press.

Hathaway, Jane 2008 *The Arab Lands under Ottoman Rule, 1516-1800*. Harlow: Pearson.

Huhn, Ingeborg 1989 *Der Orientalist Johann Gottfried Wetzstein als preußischer Konsul in Damaskus (1849–1861)*. Berlin: Klaus Schwarz.

Ibn al-Nadīm 2009 *Kitāb al-Fihrist*. London: Al-Furqān Islamic Heritage Foundation.

Khalil, P. Samir 2001 "La littérature arabe médiéval des Chrétiens." *Revista de Ciencias de las Religiones*. IV: 21-49.

Khan, Geoffrey 2011 "Middle Arabic." Stefan Weninger (ed.) *The Semitic Languages: An International Handbook*. Berlin: De Gruyter Mouton, pp. 817-835.

Macdonald, Duncan B. 1922 "A Preliminary Classification of Some Mss. of the Arabian Nights." T. W. Arnold and R.

A. Nicholson (eds.) *A Volume of Oriental Studies: Presented to Edward G. Browne on his 60th Birthday*. Cambridge: Cambridge University Press, pp.304-321.

Mahdi, Muhsin 1995 *The Thousand and One Nights*. Leiden/New York/Köln: E.J. Brill.

Malti-Douglas, Fedwa 2004 “Homosociality, Heterosexuality, and Shahrazād.” Ulrich Marzolph and Richard van Leeuwen 2004 *The Arabian Nights Encyclopedia*. 2 vols. Santa Barbara/Denver/Oxford: ABC CLIO, pp. 38-42.

Marzolph, Ulrich and Richard van Leeuwen 2004 *The Arabian Nights Encyclopedia*. 2 vols. Santa Barbara/Denver/Oxford: ABC CLIO.

al-Mas‘ūdī 1966 *Les prairies d'or*. Edition Barbier de Meynard et Pavet de Courteille, revue et corrigée par Charles Pellat. Tome 2. Beyrouth: Librairie orientale.

al-Musawi, Muhsin J. 2009 *The Islamic Context of the Thousand and One Nights*. New York: Columbia University Press.

al-Qalyoubi, Ahmad 1977 *Histoires étranges et merveilleuses*. Traduction intégrale sur les manuscrits originaux par René R. Khawam. Paris: Rhébus.

Raymond, André 1993 *Le Caire*. Paris: Fayard.

Sironval, Margaret et Lahcen Daaïf 2013 “Marges et espaces blancs dans le manuscrit arabe des *Mille et Une Nuits* d'Antoine Galland.” *Les non-dits du nom. Onomastique et documents en terres d'Islam. Mélanges offerts à Jacqueline Sublet*. Sous la direction de Christian Müller et Muriel Roiland-Rouabah. Beyrouth: Presses de l'Ifpo, pp. 85-126.

Wetzstein, Johann G. 1863 *Catalog: arabischer Manuscripte in Damaskus gesammelt von Dr. J. G. Wetzstein*. Berlin: Trowitzsch & Sohn.

Wokoeck, Ursula 2013 *German Orientalism: the Study of the Middle East and Islam from 1800 to 1945*. London: Routledge.

あとがき

西尾 哲夫

いつごろから始まった習慣かは定かでないのだが、海外調査に出るさいにはかならず司馬遼太郎の『街道をゆく』を持参して、旅先のホテルやフィールドワークの現場で読むことにしている。夜を徹して読みふけるというものではなく、読み始めるページも本を閉じるページもその時次第だ。両手で水をすくうかのような司馬の文体は、そこここであった人たちの現在と過去を交錯させながら、ときには地球大の視点、あるいは人類史の流れからその土地に詰まった生の空間を描き出してくれる。

ふりかえって思うに、司馬の著作をひもときながら街道を歩くことで、異文化の中に浸りながらも外部の観察者として存在したい、もう少し恰好よく表現するならば、ときとして輪郭も定かではない自分という存在と他者との境界を再認識することで、自分を見失わないようにしているのかもしれない。

司馬遼太郎は、泥くさい大阪人の生き方を「地をはうようなリアリズム」と評している。この言葉には強く惹かれる。「都会とは何か」と訊ねられた司馬は、即座に「数寄」であると答えている。

諸行のすべては単なる偶然ではなく、かといって全知全能の存在にゆだねられた必然でもない。人や出来事とのであいの多くが一回性や一過性の事象にすぎないにしても、人はそこに何らかのパターンを見出し、情報として他者と共有しながら生きている。その実践の現場を人によってはブルデュー的ハビトゥス、あるいはデリダ的範例性とよぶのかもしれない。だが、司馬の言う「数寄」には、人間と人間集団（社会）を観察可能な対象物として分節するような近代の学問では分析できないものが含まれているのだろう。

本書は、「地をはうようなリアリズム」によってそのような世界のつながりに迫ろうとする研究者たちの記録である。本書の「まえがき」を敷衍する論考（堀内正樹「世界のつながり方に関する覚え書き」『成蹊大学文学部紀要』第四九号、二〇一四、七七頁）の中でふれているように、イスラーム世界に関する記念碑的な共同研究の成果と言える『イスラム世界の人びと』シリーズ（一九八四、東洋経済新報社）は、今を生きる人びとの等身大の姿を理解しようとする野心的な試みであった。編者二人は、この「等身大」という言葉に魅了された研究者の世代である。だが、この言葉が使いならされていく中で、泥くささを失っていく学問的潮流に敢えて棹さしてみたくなった。

本書の母体となった国立民族学博物館の共同研究『非境界型世界の研究――中東的な人間関係のしくみ』（平成二二～二五年度、研究代表者・堀内正樹）には、本書の執筆陣に加えて奥野克己さん（京都文教大学総合社会学部・教授）、小杉麻李亜さん（ブルネイ・ダールッサラーム大学・客員研究員）、苅谷康太さん（東京外国語大学アジア・アフリカ言語文化研究所・助教）三名も正式メンバーとして参加していたが、さまざまな理由から論考を掲載できなかった。しかしながら、この三名を含めた共同研究での討論の場から、メンバー全員が多大な知見を得ることができた。メンバーの一人としてあらためて感謝したい。

本書の出版にあたっては、館外での出版を奨励する国立民族学博物館の制度を利用した。研究出版委員会ならびに外部査読者には本書の原稿段階で貴重な意見をいただき、この場をかりてお礼申し上げたい。また、現下のような人文科学書の出版事情のなかで、悠書館の長岡正博さんは中東地域に関する研究の重要性から本書の刊行の意義をみとめ、編集にあたっていただいた。これら関係機関、関係諸氏に深甚なる謝意を表したい。

二〇一四年九月

間文化研究機構国立民族学博物館教授・総合研究大学院大学文化科学研究科教授
主要業績：『ヴェニスの商人の異人論――人肉１ポンドと他者認識の民族学』みすず書房、2013。『世界史の中のアラビアンナイト』（ＮＨＫブックス）ＮＨＫ出版、2011。『アラビアンナイト――文明のはざまに生まれた物語』（岩波新書）岩波書店、2007。

錦田愛子（にしきだ・あいこ）
最終学歴：総合研究大学院大学文化科学研究科地域文化学専攻博士課程修了　**学位**：文学博士　**現在**：東京外国語大学アジア・アフリカ言語文化研究所准教授
主要業績："Palestinian Migration under the Occupation: Influence of Israeli Democracy and Stratified Citizenship" *Sociology Study*, Vol.3, No.4, David Publishing Company, 2013.「パレスチナ人のグローバルな移動とナショナリズム――『中心』を相対化する『周辺』の日常実践」三尾裕子・床呂郁哉（編）『グローバリゼーションズ――人類学、歴史学、地域研究の現場から』弘文堂、2012。『ディアスポラのパレスチナ人――「故郷（ワタン）」とナショナル・アイデンティティ』有信堂高文社、2010。

堀内正樹（ほりうち・まさき）
最終学歴：東京都立大学大学院社会科学研究科社会人類学専攻博士課程単位取得満期退学　**学位**：文学修士　**現在**：成蹊大学文学部教授
主要業績：「世界のつながり方に関する覚え書き」『成蹊大学文学部紀要』49、2014。「アンダルシア音楽のしくみ」西尾哲夫・堀内正樹・水野信男（編）『アラブの音文化――グローバル・コミュニケーションへのいざない』スタイルノート、2010。"Metrical Aspect of Arab-Andalus Music in Morocco: The Relation between Music and Poem." *Mediterranean World XVII*, Hitotsubashi Univ., Tokyo, 2004

水野信男（みずの・のぶお）
最終学歴：東京藝術大学大学院音楽研究科音楽学専攻修了　**学位**：博士（文学）　**現在**：兵庫教育大学名誉教授
主要業績：『音楽のアラベスク――ウンム・クルスームの歌のかたち』世界思想社、2004。『民族音楽学の課題と方法――音楽研究の未来をさぐる』（編著）世界思想社、2002。『ユダヤ音楽の歴史と現代』アカデミア・ミュージック、1997。

米山知子（よねやま・ともこ）
最終学歴：総合研究大学院大学文化科学研究科比較文化学専攻博士課程修了　**学位**：文学博士　**現在**：関西大学総合情報学部非常勤講師、静岡大学人文社会科学部非常勤講師
主要業績：『回るアレヴィー――トルコの都市における場とパフォーマンスの人類学』スタイルノート、2011。「儀礼における身体技法の展開――トルコ・アレヴィーのセマーを例に」西尾哲夫・堀内正樹・水野信男（編）『アラブの音文化――グローバル・コミュニケーションへのいざない』スタイルノート、2010。「トルコ・アレヴィーのセマー・パフォーマンスと場の関係性」『舞踊学』32、2009。

大川真由子（おおかわ・まゆこ）
最終学歴：東京都立大学大学院社会科学研究科社会人類学専攻博士課程満期退学
学位：博士（社会人類学） **現在**：早稲田大学人間科学学術院助教
主要業績：『帰還移民の人類学――アフリカ系オマーン人のエスニック・アイデンティティ』明石書店、2010。「植民地期東アフリカにおけるアラブ性とアラビア語――エリート・オマーン移民の苦悩と挑戦」『歴史学研究』873、2010。「奴隷言説の現在――ザンジバルにおける奴隷制とアフリカ系オマーン人の歴史認識」『アジア・アフリカ言語文化研究』75、2008。

大坪玲子（おおつぼ・れいこ）
最終学歴：東京大学大学院総合文化研究科超域文化科学専攻博士課程退学 **学位**：学術博士 **現在**：東京大学大学院総合文化研究科学術研究員
主要業績：「誠実な浮気者――イエメンにおけるカート市場の事例から」『文化人類学』78巻2号、2013。「嗜好品カートと現代イエメンの経済・社会」東京大学大学院総合文化研究科提出博士論文、2012。「イエメン」大塚和夫責任監修『世界の食文化 10 アラブ』農文協、2006。

小田淳一（おだ・じゅんいち）
最終学歴：筑波大学大学院文芸・言語研究科フランス文学専攻博士課程満期退学 **学位**：文学修士 **現在**：東京外国語大学アジア・アフリカ言語文化研究所教授
主要業績：『セーシェルの民話Ｉ』東京外国語大学アジア・アフリカ言語文化研究所、2014。“Combinaisons micro-macroscopiques des motifs du récit dans les contes comoriens.” Y-S. Live & J. Oda (éd.) *Culture(s), création et identités: un regard anthropologique pluriel*, Institut de recherches sur les Langues et les Cultures d'Asie et d'Afrique (ILCAA), Université nationale des Etudes Etrangères de Tokyo, 2014.「コモロ人ディアスポラの民話に見る表象群」髙知尾仁（編）『人と表象』悠書館、2011。

齋藤 剛（さいとう・つよし）
最終学歴：東京都立大学大学院社会科学研究科社会人類学専攻博士課程単位取得満期退学 **学位**：博士（社会人類学） **現在**：神戸大学大学院国際文化学研究科准教授
主要業績：「ムフタール・スースィーと『治癒をもたらす妙薬』」柳橋博之（編）『イスラーム 知の遺産』東京大学出版会、2014。「聖者信仰の『本質化』を超えて――モロッコにおけるフキーの治療の事例から」『アジア・アフリカ言語文化研究』80、2010。「〈先住民〉としてのベルベル人？――モロッコ、西サハラ、モーリタニアのベルベル人とベルベル文化運動の展開」綾部恒雄監修、堀内正樹・松井健（編）『講座世界の先住民族――ファースト・ピープルズの現在 4 中東』明石書店、2006。

西尾哲夫（にしお・てつお）
最終学歴：京都大学大学院文学研究科博士課程修了 **学位**：文学博士 **現在**：人

執筆者紹介（五十音順）

新井和広（あらい・かずひろ）
最終学歴：Department of Near Eastern Studies, The University of Michigan　**学位**：Ph.D.　**現在**：慶應義塾大学商学部准教授
主要業績：「商品化するイスラーム――雑誌『アル＝キッサ』と預言者一族」倉沢愛子（編）『消費するインドネシア』慶應義塾大学出版会、2013。「東南アジアにイスラームをもたらしたのは誰か？――ワリ・ソンゴの起源をめぐる問題とアラブ系住民」永原陽子（編）『生まれる歴史、創られる歴史――アジア・アフリカ史研究の最前線から』刀水書房、2011。*Arabs who Traversed the Indian Ocean: The History of the al-ʿAttas Family in Hadramawt and Southeast Asia, c. 1650 - c. 1960*. Ph. D. Dissertation, Department of Near Eastern Studies, The University of Michigan, 2004.

池田昭光（いけだ・あきみつ）
最終学歴：東京都立大学大学院社会科学研究科社会人類学専攻博士課程満期退学　**学位**：社会人類学修士　**現在**：東京外国語大学アジア・アフリカ言語文化研究所ジュニア・フェロー
主要業績：「流れに関する試論――レバノンからの視点」『アジア・アフリカ言語文化研究』87、2014。「物事は『ついでに』」黒木英充（編）『シリア・レバノンを知るための64章』明石書店、2013。「『逆』への手がかり――三木亘と宮本常一」『アリーナ』14、2013。

井家晴子（いのいえ・はるこ）
最終学歴：東京大学総合文化研究科超域文化科学専攻文化人類学コース博士課程単位取得満期退学　**学位**：学術修士　**現在**：日本学術振興会特別研究員 RPD
主要業績：「つながりとしての妊娠・出産――モロッコ農村部から妊産婦をとりまく環境を考える」『アジア遊学』（特集：世界の出産）勉誠出版、2011。「ハイリスク妊娠・出産と民俗概念――モロッコ王国農村部住民の『異常』『困難』に対する認識と対応をめぐって」『保健の科学』杏林書院、2007。「出産の人類学再考――出産方法の選択の場を巡って」『民族學研究』68巻4号、2004。

宇野昌樹（うの・まさき）
最終学歴：フランス社会科学高等研究院博士課程 DEA（高等教育免状）修了、のち退学　**学位**：社会学修士　**現在**：広島市立大学国際学部教授
主要業績：「アラブの春とイスラエルの核」高橋伸夫（編）『アジアの「核」と私たち――フクシマをみつめながら』（東アジア研究所講座）慶應義塾大学東アジア研究所、2014。「ドルーズ派――イスラームと非イスラームの境界に生きる人びと」黒木英充（編）『シリア・レバノンを知るための64章』明石書店、2013。「レバノン系・シリア系移民ディアスポラを考える」駒井洋（監修）、宮治美江子（編）『中東・北アフリカのディアスポラ』（叢書3　グローバル・ディアスポラ）明石書店、2010。

〈断〉と〈続〉の中東

——非境界的世界を游《およ》ぐ——

2015年3月10日　初版第1刷発行

編　者　堀内正樹
　　　　西尾哲夫

装　丁　尾崎美千子

発行者　長岡 正博

発行所　悠 書 館

〒113-0033　東京都文京区本郷2-35-21-302
TEL 03-3812-6504　FAX 03-3812-7504
URL http://www.yushokan.co.jp/

印刷：理想社　製本：新広社

ISBN978-4-86582-001-0

イスラーム歴史文化地図

ムハンマドの誕生から今世紀まで、世界中に拡大してゆくさまを、歴史・政治・経済・社会・文化のあらゆる側面から地図と写真で解説。

M・ルースベン&A・ナンジー＝著
中村公則＝訳
A4判・210ページ
12000円＋税

古代ユダヤ戦争史
――聖地における戦争の地政学的研究――

約束の地にいかに定住し、統治し、守り抜こうとしたのか――旧約聖書が描く戦争を臨場感豊かに再現。

M・ギホン&H・ヘルツォーク＝著
池田裕＝訳
四六判・468ページ
4800円＋税

古代エジプト人物列伝

さまざまな地位や立場にいた百人の古代エジプト人の生涯から浮かび上がる、ファラオのもとでの生活。

トビー・ウィルキンソン＝著
内田杉彦＝訳
A5判・488ページ
6000円＋税

西アジア文明学への招待

西アジアはなぜ現代文明の基層となりえたのか？――考古学・自然科学・文字文献学等の研究者により、総合的に解説。

筑波大学西アジア文明研究センター＝編
B5判・296ページ
2500円＋税